BESTSELLER

José María Zavala (Madrid, 1962) es licenciado en ciencias de la información por la Universidad de Navarra y doctor en ciencias económicas por la UNED. Estudioso de los archivos y la documentación sobre la Casa de Borbón, en los últimos años ha publicado obras de síntesis e investigación como *Dos infantes y un destino*, *La maldición de los Borbones*, *El patrimonio de los Borbones* o *Bastardos y Borbones*, y biografías pioneras que han aportado datos decisivos sobre Eulalia de Borbón (*La infanta republicana*), los hermanos de don Juan de Borbón, Alfonso (*El Borbón de cristal*) y Jaime (*Don Jaime, el trágico Borbón*), y el duque de Cádiz (*El Borbón non grato*). Además, es autor de la trilogía sobre la Guerra Civil (*Los horrores de la Guerra Civil*, *En busca de Andreu Nin* y *Los gángsters de la Guerra Civil*), que lo ha convertido en un autor de referencia para la divulgación histórica en España.

Biblioteca

JOSÉ MARÍA ZAVALA

Bastardos y Borbones

DEBOLS!LLO

El papel utilizado para la impresión de este libro ha sido fabricado a partir de madera procedente de bosques y plantaciones gestionados con los más altos estándares ambientales, garantizando una explotación de los recursos sostenible con el medio ambiente y beneficiosa para las personas.

Por este motivo, Greenpeace acredita que este libro cumple los requisitos ambientales y sociales necesarios para ser considerado un libro «amigo de los bosques». El proyecto Libros Amigos de los Bosques promueve la conservación y el uso sostenible de los bosques, en especial de los bosques primarios, los últimos bosques vírgenes del planeta.

Primera edición en Debolsillo: enero, 2012

© 2011, José María Zavala
© 2011, Random House Mondadori, S. A.
   Travessera de Gràcia, 47-49. 08021 Barcelona
© de las fotografías de los anexos: Arles Iglesias

Printed in Spain – Impreso en España

ISBN: 978-84-9989-364-8 (vol. 732/2)
Depósito legal: B-37916-2011

Compuesto en Fotocomposición 2000, S. A.

Impreso en Barcelona por:

P 993648

A todos los bastardos, reales o no,
despojados de su historia por seres mezquinos

Índice general

Agradecimientos

«De bien nacidos es ser agradecidos.»

Agradezco por eso a mis editores David Trías y Emilia Lope su inestimable ayuda para alumbrar a la criatura que el lector tiene ahora en sus manos.

Alberto, Leticia, Nuria y Cristina pertenecen también a esa entrañable «familia» de Plaza & Janés, a la que me siento unido desde noviembre de 2003, cuando publiqué *Los horrores de la Guerra Civil*, que tan calurosa acogida obtuvo entre el público. Lo mismo que *La maldición de los Borbones*, de quien este nuevo libro es en parte deudor.

Gracias, como siempre, a mi familia en la vida real —Paloma, Borja e Inés— por colmarme de felicidad.

INTRODUCCIÓN

Bastardos y Borbones

—¡Bas-tar-do…!

Además de abrupto al oído, el término originario del francés antiguo *bastart* resulta hiriente para quien no se resigna a escucharlo.

La Real Academia Española lo reserva, en su diccionario, a quien «degenera de su origen o naturaleza».

Aplicado a la realeza, el desdén con que sigue empleándose hoy es todavía mayor.

Recuerdo, en este sentido, el cruel comentario de Emanuela Dampierre, viuda del infante don Jaime de Borbón y madre del duque de Cádiz, sobre su nieta ilegítima Estefanía de Borbón: «Odio a los bastardos —sentenció por escrito la duquesa de Segovia—. No lo puedo resistir. Siempre acaban acercándose a uno por interés… Ella [Estefanía, hija ilegítima de Gonzalo de Borbón Dampierre] hizo unas declaraciones en las que decía haber echado en falta a un padre. Es muy fácil. Todo el mundo echa en falta aquello de lo que carece, pero ¡qué le vamos a hacer…!».

Parecida frialdad debió estremecer también a Alfonso de Bourbon —«El Borbón desconocido», como se autoproclama este hombre apellidado como el conocido whisky francés— tras sentirse abandonado por quienes un día supo que eran sus padres: Alfonso de Borbón y Battenberg, primogénito del rey Alfonso XIII, y la cubana Edelmira Sampedro.

Alfonso de Bourbon vive en la actualidad su ancianidad en California, Estados Unidos, donde pude al fin localizarlo y entrevistarme con él.

Nadie de su pretendida familia ha brindado jamás un solo desvelo a este caballero distinguido y afable, confiado desde su nacimiento a unas monjitas suizas de la orden de San Carlos Borromeo. Nadie, salvo la reina Victoria Eugenia de Battenberg, quien, según una de las más íntimas amigas de Alfonso de Bourbon, se ocupó a su muerte de dejarle una pensión vitalicia para que pudiese subsistir el resto de su vida.

En 1969, el mismo año que Franco designó a don Juan Carlos como su sucesor en la jefatura del Estado a título de rey, Alfonso de Bourbon visitó a su tío don Juan en Estoril. Meses después pudo conocer a su otro tío don Jaime, en París, donde residía con su segunda esposa, la prusiana Carlota Tiedemann. De ambos recibió luego, en su domicilio de San Diego, una cariñosa felicitación del nuevo año 1970.

Tanto de él como de Estefanía de Borbón, afincada también en Estados Unidos, hablaremos largo y tendido en estas mismas páginas.

Rendiremos igualmente homenaje a otra bastarda ignorada hasta hoy: Mercedes Basáñez, hija natural del rey Alfonso XII y hermana de Alfonso XIII, cuya identidad emerge al fin, con toda justicia, en esta obra.

Mercedes Basáñez era el fruto no deseado del amor insaciable de Alfonso XII, volcado esta vez en la esposa del entonces primer secretario de la embajada de Uruguay en Madrid, Adolfo Basáñez de la Fuente. Al distraído representante de la República del Uruguay pareció no importarle ceder el lecho conyugal al legítimo depositario de la monarquía española. Pero la historia encierra, a menudo, paradojas como ésta.

Mercedes Basáñez regresó a Uruguay con sus padres, siendo una niña. En 1925, con cuarenta años ya, volvió a España convertida en esposa del embajador de Chile en Madrid, Emilio Rodríguez Mendoza. Durante el lustro que permaneció en la capital española, gozó del favor de su hermano Alfonso XIII y del cariño de la infanta Isabel, apodada «la Chata».

Hallándose en el exilio de Fontainebleau, Alfonso XIII encargó a su secretario, el marqués de Torres de Mendoza, que escribiese a su hermana y al marido de ésta agradeciéndoles todo su apoyo en los momentos más duros. La carta y otros valiosos documentos los hallará el lector en estas mismas páginas.

Capítulo especial merece la correspondencia vaticana, que revela detalles de otros dos hijos bastardos de Alfonso XII: Alfonso y Fernando Sanz, frutos de la relación adúltera del monarca con la cantante de ópera Elena Sanz.

Ofrecemos también las cartas del padre Bonifacio Marín, camarero secreto del papa León XIII y confesor de la reina Isabel II, así como las del criado de palacio Prudencio Menéndez, las cuales desvelan extremos tan interesantes como ignorados de esta otra comprometida paternidad de Alfonso XII.

Merecido tributo rendimos también a Juana Alfonsa Milán Quiñones de León, hija natural de Alfonso XIII, de quien aportamos detalles sobre el trayecto final de su vida, ingresada en el hospital madrileño de la Fuenfría a causa de una más que probable demencia senil.

Juana Alfonsa Milán era hija del monarca y de Beatrice Noon, de ascendencia irlandesa, antigua institutriz de los infantes en palacio, a quienes impartía también clases de piano. Expulsada de la corte para evitar el escándalo, Beatrice Noon dio a luz en París a Juana Alfonsa, que adoptó finalmente como primer apellido uno de los títulos históricos de Alfonso XIII: el ducado de Milán.

De su educación se ocupó, al principio, el entonces embajador español en París, José Quiñones de León, convertido en su padre putativo.

Muchos años después, he podido entrevistarme con una persona que la visitó asiduamente durante su larga convalecencia en el hospital de la Fuenfría.

Obnubilada a veces, Juana Alfonsa trató de hacer valer allí su regia condición, como me contaba Carmen Valero: «Llegó incluso a pedir que le hiciesen reverencias. Tenía unos ratos tremendos y otros buenísimos. "¡A mí no me levantéis la voz porque soy la hija de Alfonso XIII!", clamaba. Y eso, en el pueblo [Cercedilla], pues no sentaba bien. Al mismo tiempo, ella tenía mucha falta de cariño. Yo iba todos los días a verla; procuraba que viniera conmigo algún conde o marqués, para que así se sintiera más acompañada».

Sirva este párrafo como anticipo de una entrevista que ilumina con gran nitidez el sombreado perfil de esta hija de rey.

Arrojaremos también luz sobre el que hemos denominado «enigma Picazo», en alusión al célebre actor español Ángel Picazo, señalado por algunos como hijo ilegítimo de Alfonso XIII.

Además de su asombroso parecido físico con el monarca, a quien encarnó en la película *Las últimas horas*, estrenada en 1966, ofrecemos al lector nuevos indicios sobre la paternidad de este genial actor de cine y teatro, cuya biografía sigue siendo hoy, en gran parte, un misterio. Su mismo certificado de defunción, en lugar de esclarecer sus orígenes, alimenta aún más la intriga, como en uno de los *thrillers* que tanto le gustaban a él.

De bastardos rebosa la dinastía que reina hoy en España.

Empezando por los ocho hijos ilegítimos de la reina María

Cristina de Borbón, viuda de Fernando VII, con su apuesto guardia de corps Agustín Fernando Muñoz.

Casada con él en secreto para no perder la regencia ni poner en peligro el futuro reinado de su hija legítima Isabel II, María Cristina debió disimular hasta la extenuación sus constantes embarazos, recurriendo al miriñaque, las ropas abultadas y la abundancia de adornos.

El lector hallará por vez primera el pasaporte a nombre de la «condesa de Isabela», gracias al cual la reina pudo cruzar la frontera de incógnito para visitar a sus hijos instalados en París.

Pero la falsa acreditación de María Cristina es cosa de niños comparada con su decisión de bautizar a cada uno de sus ocho hijos en diferentes parroquias, atribuyéndoles en sus certificados el nombre de otros padres para mantener oculto el engaño. A todo ello aludiremos, respaldados de nuevo con documentos, en el momento oportuno.

Revelaremos también detalles sobre la verdadera paternidad de las infantas Eulalia, Paz y Pilar, hijas de Isabel II; no así de su padre oficial, el rey consorte Francisco de Asís, apodado «Paquita» en las cortes europeas por razones obvias.

Intentaremos descifrar el «misterio de la niña de Alcaudete»: la supuesta hija ilegítima de la infanta Eulalia de Borbón, de la cual publicamos en el anexo documental de este libro sus certificados de nacimiento y de bautismo.

Inscrita como «Eulalia de Borbón» en ambas partidas, la niña abandonada en un hospicio de la villa jienense de Alcaudete vino al mundo el 12 de febrero de 1883, diecinueve años después que su presunta madre, la infanta Eulalia.

La primavera anterior, Eulalia había disfrutado de lo lindo con el futuro rey Carlos I de Portugal en la Feria de Sevilla. Su romance sale a relucir también en la copiosa correspondencia entre ambos, la cual tuve oportunidad de exhumar ya en mi biografía de Eulalia, *La infanta republicana*, publicada en esta misma editorial.

Bastardos tampoco faltan en la rama carlista de los Borbones de España. Aludiremos así a los tres hijos ilegítimos de la infanta Elvira de Borbón y Borbón-Parma, protagonista en su día de un escandaloso romance tras fugarse, ciegamente enamorada, con el pintor florentino Filippo Folchi. La infanta dio tres hijos al mediocre artista, el primero de los cuales, Jorge Marco de León, nació el 20 de mayo de 1900; cuatro años después lo hicieron los gemelos León Fulco y Filiberto.

Elvira murió repudiada por su padre don Carlos María de los Dolores de Borbón y Austria-Este, jefe de la rama carlista, nominado Carlos VII por sus partidarios.

El 16 de noviembre de 1896, Carlos VII sentenció a su hija a morir en vida declarando en público, sin piedad: «A los carlistas. Sois mi familia, mis hijos queridísimos, y me considero en el deber de anunciaros que una hija mía, la que fue infanta doña Elvira, ha muerto para todos nosotros».

Pero no siempre los adulterios regios dieron frutos palpables. El destino quiso también que todo un monarca como Alfonso XIII cayese rendido a los pies de la cantante francesa Genoveva Vix, convertida así en efímera reina de corazones.

Nacida en Nantes en 1879, Genoveva Vix tenía treinta y seis años la primera vez que el monarca la vio actuar en Madrid. Era realmente bella y distinguida; poseía un don natural para la interpretación y su voz era un torrente desbordado de fuerza y de increíbles matices.

Recién llegada a Madrid, se la escuchó cantar acompañada del genial guitarrista Andrés Segovia, en un gran concierto celebrado en el hotel Ritz que congregó a lo más granado de la aristocracia y de la nobleza.

Alfonso XIII la visitó luego en un pisito alquilado por ella en la calle Almagro. Más tarde volvió a verla en París, donde protagonizó otro apasionado romance con la celebérrima Bella Otero, reina también, pero de la frivolidad. La Bella Otero fue reemplazada muy pronto en el corazón de Alfonso XIII por otra atractiva damisela: la argentina Celia Gámez.

Camuflado bajo el nombre de «Monsieur Lamy», el monarca viajó a París para encontrarse con su diva, a la que había conocido en Madrid cuando el empresario José Campúa la contrató para actuar en el teatro Romea de la calle Carretas. «La Perla del Plata», como era ya conocida Celia Gámez, cantó para Alfonso XIII, en público y en privado, el inolvidable tango «A media luz» que la hizo tan irresistible ante sus ojos.

Otros escarceos amorosos dejaron, en cambio, huellas perceptibles. A una de éstas ya hemos aludido: Estefanía de Borbón, hija secreta de Gonzalo de Borbón Dampierre, hasta que la reconoció en 1983, tras reunirse con ella en Londres, pagado por la revista *Hola*, en una exclusiva de muchas cifras.

Nadie, fuera de su círculo más íntimo, sabía hasta entonces que don Gonzalo era padre de una hija nacida en Miami, Florida, el 19 de junio de 1968, fruto de su relación con la atractiva Sandra Lee Davies Landry, divorciada a su vez de Gareth Davies en 1965 y más tarde unida al astronauta Alfred Worden, uno de los primeros en viajar a la Luna a bordo del *Apolo XV*.

Bautizada el 4 de agosto como Stephanie Michelle de Borbón por el reverendo Roger J. Radloff, la hija bastarda de Gonzalo de Borbón fue finalmente reconocida por él mismo, pudiéndose apellidar ya Borbón con todas las de la ley.

Tampoco su primo hermano don Juan Carlos, rey de España, se libró de que le adjudicasen la paternidad de una hija ilegítima. El semanario milanés *Oggi* salió el 13 de septiembre de 1989 con una sensacional exclusiva que removió los cimientos de La Zarzuela.

Olghina di Robilant, antigua novia de don Juan Carlos en Estoril, dejó boquiabierto a medio mundo con estas palabras: «El rey de España es el verdadero padre de mi hija. Hoy puedo declarar tranquilamente que hubiera podido arrastrar a Juan Carlos a los tribunales, pero hubiese comprometido su futuro». La Zarzuela jamás desmintió a Olghina di Robilant.

Según publicó el semanario, Paola di Robilant, nacida el 18 de octubre de 1959, era también hija de don Juan Carlos. Con Olghina di Robilant, precisamente, he podido entrevistarme también. La aristócrata, de 76 años, rompe al fin su silencio veinte años después de sus polémicas declaraciones.

El llamativo mutismo de la Casa Real española sobre tan grave acusación, contrastó con su fulminante desmentido sobre otra pretendida paternidad de don Juan Carlos: la de Marie José de la Ruelle, una francesa de cuarenta y siete años que en septiembre de 2001 emprendió acciones legales en París para demostrar que era hija del rey de España y de otra antigua novia suya, la princesa María Gabriela de Saboya.

La noticia pasó casi inadvertida en España. Tan sólo el diario *El Mundo* se hizo eco de ella con cierto relieve.

Finalmente, el Tribunal de Gran Instancia de Burdeos rechazó las pruebas genéticas que reclamaba la demandante, condenándola a pagar una indemnización.

Antes de profundizar en esta y otras muchas historias sorprendentes de los Borbones de España, quiero advertir al lector que los nombres de algunos entrevistados así como determinadas situaciones han sido alterados por petición expresa de aquéllos, sin que ello afecte en modo alguno al sentido y alcance de cuanto se relata en estas páginas.

EL AUTOR,
en Madrid, a 23 de febrero de 2010

La confesión

Pocas veces he sentido un aleteo tan intenso en mi estómago como el de aquella mañana, mientras aguardaba impaciente a que el oficial del Registro del Ministerio de Justicia posase sobre la mesa de la salita de consulta la carpeta que contenía el «Expediente del Padre Don Juan de Almaraz, confesor de la Reyna María Luisa».

La sensacional historia que a continuación vamos a relatar podría haber inspirado al príncipe de las letras Alejandro Dumas, de haberla conocido, lo cual fue posible pues aconteció en vida de él, su célebre obra *El conde de Montecristo*.

Mi amigo Juan Balansó, uno de los mayores expertos en casas reales del último tercio del siglo XX, me había hablado varias veces de una reliquia documental que, de existir y conservarse milagrosamente aún, daría un giro copernicano a la ya de por sí convulsa historia de los Borbones de España.

Nadie, durante casi dos siglos, había publicado jamás su contenido íntegro; ni mucho menos había sido capaz de reproducirlo mediante cualquier medio, ni siquiera una simple fotocopia.

Pero entre los papeles privados de fray Juan de Almaraz, confesor de la reina María Luisa de Parma, esposa de Carlos IV y madre de Fernando VII, guardaba yo entonces la remota esperanza de encontrar al fin el increíble documento.

Balansó (q. e. p. d.) había dado fe de su existencia en dos de sus libros (*Trío de príncipes* y *La Corona vacilante*), pero en ninguno de ellos había logrado transcribirlo completo; señal inequívoca de que él nunca pudo tenerlo en sus manos o de que, incluso, alguien debió referírselo tan sólo de palabra.

¿Tendría yo ahora más suerte que él? En efecto, la tuve…

Minutos después, tras apartar algunos documentos del expediente de Almaraz, descubrí un sobre lacrado con una inquietante palabra manuscrita: «Reservadísimo».

Justo debajo, con la misma caligrafía, se indicaba: «Reservado a mi confesor si muero sin ella [sin confesión], nadie lo podrá abrir ni ver más que el confesor».

Pero yo abrí, trémulo, el sobre y quedé pasmado al leer esta asombrosa revelación:

Como confesor que he sido de la Reyna Madre de España (q. e. p. d.) Doña María Luisa de Borbón. Juro *imberbum sacerdotis* cómo en su última confesión que hizo el 2 de enero de 1819 dijo que ninguno, ninguno [se repite en el original] de sus hijos y [*sic*] hijas, ninguno era del legítimo Matrimonio; y así que la Dinastía Borbón de España era concluida, lo que declaraba por cierto para descanso de su Alma, y que el Señor la perdonase.

Lo que no manifiesto por tanto Amor que tengo a mi Rey el Señor Don Fernando 7.º por quien tanto he padecido con su difunta Madre. Si muero sin confesión, se le entregará a mi Confesor cerrado como está, para descanso de mi Alma. Por todo lo dicho pongo de testigo a mi Redentor Jesús para que me perdone mi omisión.

Roma, 8 de enero de 1819

Firmado Juan de Almaraz

Si lo que el sacerdote sostenía era cierto, los Borbones de España no estaban en condiciones de exigir sangres absolutamente puras a sus herederos al trono en el momento de desposarse.

¿Qué sentido tenía entonces descalificar a un sucesor por unirse en santo matrimonio a una persona ajena al círculo de la realeza, es decir, por casarse «morganáticamente»?

Pensé enseguida en cuántas renuncias a los derechos dinásticos y en cuántos sinsabores podían haberse ahorrado no pocos Borbones; empezando por el príncipe de Asturias, primogénito del rey Alfonso XIII, a quien éste obligó a renunciar para que pudiera desposarse con la cubana Edelmira Sampedro-Ocejo, que no era de estirpe regia; sólo tras aquella renuncia y la de su hermano, el infante don Jaime, casado con la noble italiana Emanuela Dampierre, pudo don Juan de Borbón convertirse en príncipe de Asturias y, como tal, en heredero legítimo de la Corona española.

Pero ¡cómo habría cambiado la historia de España si, en lugar de Juan Carlos I, hijo del conde de Barcelona, hubiese reinado cualquiera de sus dos tíos mayores!

Nadie, seguramente, reparó entonces en la existencia del asombroso documento que releía yo aquella mañana, sumido en la perplejidad.

De todas formas, algo barruntó ya en su día la infanta Eulalia de Borbón, tía del rey Alfonso XIII, al aducir que los miembros de su estirpe no podían presumir en modo alguno de sangres cristalinas; entre otras cosas, porque ella misma sabía que no era hija de su padre oficial, el rey consorte Francisco de Asís, a quien apodaban «Paquita» en las cortes europeas por razones obvias, sino de uno de los muchos amantes de su libidinosa madre, la reina Isabel II.

Pero la deslumbrante revelación del padre Almaraz, estampada de su puño y letra en aquel legajo bajo juramento ante el Altísimo, ya en el tramo final de su vida, iba infinitamente más lejos: significaba que si era verdad lo que él decía (y no había razón, en principio, para pensar que un sacerdote probo como él fuese capaz de mentir así en un documento legado a su confesor), la dinastía de los Borbones se había extinguido en España con Carlos IV y María Luisa.

Recuerdo que el inefable Balansó bautizó ya en su día a los Borbones como «la dinastía de los Puigmoltejos», convencido de que el rey Alfonso XII no era hijo del rey consorte Francisco de Asís, sino del apuesto oficial de Ingenieros Enrique Puigmoltó y Mayans (hijo a su vez del conde de Torrefiel), con quien la reina Isabel II había protagonizado un apasionado romance. Los descendientes de Alfonso XII podían considerarse así también ilegítimos.

Pero si lo que Almaraz juraba era verdad, la bastardía del rey Alfonso XII no era exclusiva de él ni de sus cuatro hermanas —las infantas Isabel, la Chata, Pilar, Paz y Eulalia— sino que alcanzaba también de pleno a sus ascendientes más inmediatos: a su madre, la reina Isabel II, y a su abuelo, el rey Fernando VII.

De ahí la extraordinaria importancia del testimonio de Almaraz pues, si era cierto, evidenciaba también que «ninguno» de los catorce hijos de la reina María Luisa de Parma lo era del rey Carlos IV.

«¡Menudo cisma dinástico!», pensé.

Semejante revelación provenía de la supuesta confesión de la reina María Luisa en su mismo lecho de muerte. ¿Podía asegurarse, entonces, que ella también había cometido perjurio en asunto tan embarazoso, minutos antes de rendir su alma ante el Altísimo?

El testimonio de Almaraz suponía así que, tanto el rey Fernando VII como el resto de sus hermanos, eran bastardos.

Veamos a continuación, por orden de nacimiento, a quiénes se consideraba como tales:

— Carlos Clemente, infante de España (1771-1774).

— Carlota Joaquina, infanta de España (1775-1830). Casada con el futuro rey Juan VI de Portugal.

— Luisa, infanta de España (1777-1782).

— María Amalia, infanta de España (1779-1798). Casada con su tío el infante Antonio Pascual.

— Carlos Domingo, infante de España (1780-1783).

— María Luisa, infanta de España (1782-1824). Casada con el príncipe heredero Luis de Parma, futuro rey Luis I de Etruria.

— Carlos Francisco, infante de España (1783-1784).

— Felipe Francisco, infante de España (1783-1784). Gemelo del anterior.

— Fernando VII, rey de España (1784-1833).

— Carlos María Isidro, infante de España (1788-1855). Impulsor de las guerras carlistas tras oponerse a que su sobrina, Isabel II, sucediese a su padre Fernando VII.

— María Isabel, infanta de España (1789-1848). Casada en primeras nupcias con el futuro rey Francisco I de las Dos Sicilias y, en segundas nupcias, con Francesco del Balzo.

— María Teresa, infanta de España (1791-1794).

— Felipe, infante de España (1792-1794).

— Francisco de Paula, infante de España (1794-1865). Casado con la princesa Luisa Carlota de las Dos Sicilias y más tarde, tras enviudar, con Teresa Arredondo. Padre del rey consorte Francisco de Asís, desposado con Isabel II.

Por si fuera poco, además de los catorce partos, la reina sufrió en sus entrañas diez abortos fruto también, probablemente, de sus relaciones extramatrimoniales, de acuerdo con el testimonio de Almaraz.

En cualquier caso, tan frenético historial obstétrico tuvo su reflejo en la apariencia física de la reina, quien en 1789, a la edad de treinta y un años, era ya vieja, a juzgar por el testimonio del embajador ruso Zinoviev, que la pintó así: «Partos repetidos, indisposiciones, y, acaso, un germen de enfermedad hereditaria, la habían marchitado por completo: el tinte amarillo de la tez y la pérdida de los dientes fueron el golpe mortal para su belleza».

El expediente inexplorado de Juan de Almaraz, conservado en el archivo del Ministerio de Justicia, es una auténtica caja de sorpresas. Cuando juzgué concluida mi tarea, tras localizar la increíble confesión manuscrita del sacerdote, volví a toparme con otro documento inédito no menos sobrecogedor: una carta secreta del gobernador de Peñíscola.

PEÑÍSCOLA, FEBRERO DE 1834

Fechada en la localidad castellonense, el 13 de febrero de 1834, la carta del principal mandatario de Peñíscola produce aún hoy escalofríos al leerla.

Dice así:

> El gobernador de aquella Plaza
>
> Dice que al tomar posesión del Gobierno de la misma [Peñíscola] ha encontrado en un encierro al sacerdote D. Juan de Almaraz, que fue conducido a ella a consecuencia de una Real Orden de que acompaña copia, expedida por este Ministerio en 21 [de] octubre de 1827, en la cual se califica de reo de alta traición al referido Almaraz y se encargaba fuese incomunicado

vigorosamente y vigilado bajo la responsabilidad personal del gobernador, y como desde aquella fecha no haya podido alcanzar aquel desgraciado ningún alivio en su dura prisión, a pesar de los beneficios decretos dictados por el magnánimo corazón de V. M. en bien de todos los españoles, cree su deber hacer presente que la conducta observada en la prisión por este reo ha sido la correspondiente a su respetable carácter que su edad de sesenta y siete años, sus enfermedades dimanadas de su senectud y sus padecimientos de seis años y medio de encierro sin comunicación, le hacen inepto para el mal como para el bien: y que todo lo que puede formar la felicidad de este respetable anciano es que V. M., tendiéndole su mano, beneficie para que no muera en su encierro, le permita volver a Extremadura, su patria, y acabar sus días en el seno de su familia.

El máximo funcionario de la prisión quedó horrorizado al abrir la mazmorra y contemplar, instantes después, a un anciano de largos y enmarañados cabellos y barba blanca crecida hasta la cintura que se le arrojó sollozando a sus pies.

Aquel espectro viviente dijo ser el fraile Juan de Almaraz, incapaz ya casi de articular palabra tras casi siete años de silencio e incomunicación.

Parecida impresión debió de llevarse, cuatro años atrás, el arzobispo de México, Pedro José Fonte, al penetrar en la lóbrega celda y ver aquel mismo fantasma arrodillado ante él implorando la indulgencia de un superior.

Sucedió a mediados de 1830, mientras Fonte era administrador de la sede metropolitana de Valencia, donde halló refugio tras ser expulsado meses atrás por los insurrectos de su diócesis en el país hispanoamericano.

Debido a su fama de hombre prudente y conciliador, y a su cercano parentesco con el ministro de Gracia y Justicia, Francisco Tadeo Calomarde, el prelado Fonte fue elegido por

Fernando VII para intentar invalidar ante él y ante la historia el terrible testimonio de fray Juan de Almaraz.

¿Cómo acabar con aquella horrible pesadilla, que arrebataba el sueño a un monarca sin escrúpulos como Fernando VII?

Muy sencillo: Fonte recibió el regio encargo de arrancar con sigilo al prisionero una retractación de lo que éste había escrito sobre la confesión de la reina María Luisa. Con tal fin se presentó en la fortaleza de Peñíscola, mostrando al gobernador una real orden para que le dejara comunicarse con Almaraz.

Una vez ante éste, trató de consolarle, prometiéndole que si se desdecía de su «horrible calumnia» contra la dinastía de los Borbones obtendría el perdón del rey y podría administrar de nuevo los santos sacramentos.

El preso no lo dudó y estampó su firma en un documento en el que enmendaba su testimonio rubricado en 1819, pidiendo a la vez humildemente perdón al monarca.

Con aquella rectificación por escrito en sus manos, Fernando VII respiró de momento aliviado; pero sólo de momento pues, a juzgar por su actuación posterior, el soberano demostró no tenerlas todas consigo.

Transcurrió, en efecto, el tiempo y Almaraz siguió confinado en su celda, en el mismo régimen de incomunicación.

Ante esta nueva injusticia, el arzobispo Fonte recurrió a Calomarde para tratar de que el monarca cumpliese su palabra. Alegó el prelado que su propia conciencia había quedado también comprometida, tras haberse ofrecido como instrumento del rey para obtener, mediante juramento, la ansiada retractación del prisionero.

Pero el ministro de Gracia y Justicia le previno del peligro de su insistencia en liberar al preso, replicándole —en palabras del propio José Muñoz Maldonado, conde de Fabraquer, oficial mayor de la Secretaría de Gracia y Justicia— que «el rey había visto con el más alto desagrado su recuerdo, debiendo borrar completamente de su memoria aquel asunto, como si nunca hubiera tenido conocimiento de él. Que había cumplido bien la misión que se le había confiado; pero que, terminada ésta, no debía volver a pensar en ella si no quería exponerse a recibir una muestra terrible del desagrado de Su Majestad».

El miedo atenazó para siempre la voluntad del arzobispo, que desde aquel día corrió un tupido velo sobre la suerte del infeliz Almaraz.

De todas formas, dos años después, el 29 de octubre de 1832, en vida aún de Fernando VII, el nuevo gobernador de Peñíscola volvió a reparar en la reclusión de Almaraz en esta otra misiva «reservada», esperando obtener algún favor para el desgraciado clérigo:

> Hace presente, se halla en aquel castillo sin comunicación desde el 24 de septiembre de 1827 el Reo D. Juan de Almaraz: que habiendo leído el Real Decreto de Amnistía lo hace presente a V. M. para si lo tiene a bien se digne decirle si esta soberana gracia comprende al referido Almaraz o si podrá tener algún alivio.

El gobernador de Peñíscola pecó entonces de ingenuo al pasar por alto que difícilmente el mismo rey que había encarcelado al fraile para que no revelase el gran secreto de su auténtica filiación y la de sus trece hermanos, iba a correr ahora el riesgo de que lo hiciese.

Pero cuando el nuevo gobernador tomó posesión de la plaza, en febrero de 1834, Fernando VII ya había muerto. Al frente del Estado estaba ahora, como regente, su cuarta esposa María Cristina de Borbón, reina gobernadora durante la minoría de edad de su hija Isabel II.

Ante esta nueva circunstancia, se entiende que el gobernador de Peñíscola insistiese sobre la suerte de Almaraz, haciendo constar al pie de su escrito: «Recuérdose a la Junta de Sres. Ministros con la mayor urgencia».

Añadamos que al régimen absolutista de los últimos años de Fernando VII, sucedió el régimen liberal, una de cuyas medidas fue la concesión de una amnistía para toda clase de delitos políticos, mediante el decreto de 16 de enero de 1834.

Sólo entonces el oficial mayor de la Secretaría de Gracia y Justicia, conde de Fabraquer, reveló al presidente del Consejo de Ministros, Francisco Martínez de la Rosa, la existencia del prisionero de Peñíscola, cuya identidad había sido escamoteada del registro por orden de Fernando VII para no dejar una sola huella de su comprometedora existencia.

Martínez de la Rosa consultó el caso con la reina gobernadora, la cual ignoraba la flagrante injusticia cometida por su esposo. María Cristina otorgó finalmente el perdón a fray Juan de Almaraz, a quien jamás había condenado un tribunal por delito alguno, sino tan sólo en virtud de sentencia dictada y ejecutada por el poder absoluto de un rey.

Otro preso no tuvo en cambio «tanta suerte» como él. Me refiero al célebre bandido madrileño Luis Candelas, a quien la reina gobernadora negó el perdón por más que éste se lo imploró en una desconocida carta en la que, entre otras cosas, le decía:

> ¡Ah, Señora! Esa grandiosa prerrogativa de ser árbitra en momento de su vida, empleadla con el que ruega, próximo a morir. Si los servicios que prestaría a V. M. si se dignase perdonarle son de algún peso, creed Señora que no los escaseará. Si esta exposición llega a vuestras manos, ¿será posible que no alcance gracia de quien tantas ha dispensado?

Candelas, conocido como «el bandido de Madrid», fue ejecutado a garrote vil el 6 de noviembre de 1837.

Almaraz falleció sólo trece días después que él, habiendo alcanzado al fin la libertad. En su expediente hallé un sobre lacrado, con la siguiente anotación manuscrita:

> Según un parte del Jefe político de Castellón del 20 de noviembre de 1837, falleció el Padre Almaraz el día 17 del mismo mes, cuyo parte está entre los papeles del Obispado de Cuenca, en el cual poseía un beneficio.

Tenía así Almaraz setenta años cuando le sobrevino la muerte, pues había nacido en 1767, como reza su partida de bautismo:

> En la Ciudad de Badajoz, a 24 días del mes de febrero de mil setecientos sesenta y siete, yo Don Juan Rodríguez Romero, Cura Theniente del Sagrario de esta Sta. Iglesia Catedral, Bauticé y puse los Santos óleos a Juan Francisco Thomas León, que nació el día veinte de este dicho mes, hijo de Juan Almaraz, difunto, y de María Thorivia Falcato, naturales de esta ciudad. Fue su madrina Ana Falcato […] Fueron testigos Félix Almaraz, su abuelo paterno, Joseph Falcato, su abuelo materno.

Cuando Juan de Almaraz vino al mundo, ignoraba su atribulado destino; no sabía que Dios le llamaría a convertirse en presbítero profeso de la orden de los Agustinos Calzados, ni mucho menos que, en el tramo final de su vida, un monarca malvado y sin escrúpulos dispondría su encarcelamiento con su acostumbrada vileza…

El desafío

Se preguntará el lector, con razón, cómo descubrió Fernando VII el secreto de confesión de su madre, según el cual su verdadero padre no era el también rey Carlos IV, sino uno de los numerosos amantes de la reina.

Pues bien, todo empezó al fallecer la reina María Luisa. En su testamento, la soberana legó cuatro mil duros a su confesor. Pero, por más que éste reclamó la cantidad durante siete interminables años, desde 1819 hasta 1826, no percibió ni un solo duro.

Y eso que la reina había pedido encarecidamente a su hijo, el rey de España, que cumpliese a rajatabla su última voluntad.

Al clérigo, sumido en la pobreza, se le agotó finalmente la paciencia. En 1826 elevó una reclamación al monarca para que cumpliese la cláusula testamentaria de su madre. Pero Fernando VII ni siquiera le contestó.

El heredero acudió entonces a los infantes, hermanos del rey, para que le expusiesen su justa petición; pero, por más que hablaron éstos con el monarca, no lograron que aquél accediese a pagar al sacerdote lo que le correspondía.

Fue entonces cuando el imprudente clérigo empezó a jugar con fuego, pasando de las súplicas a las amenazas. No se le ocurrió otra cosa que escribir al mismísimo Fernando VII para explicarle que su madre María Luisa le había dicho en confesión, autorizándole a revelarlo después de su muerte, que «ninguno» de sus hijos lo era del rey Carlos IV y que la dinastía de Borbón era así papel mojado en España.

Por si fuera poco, además de revelar al rey el peor pecado contra el legitimismo dinástico, le conminó a que reuniese al cuerpo diplomático para hacerle partícipe de aquel increíble secreto en descargo de su propia conciencia. Si el rey no lo hacía, entonces estaba dispuesto a hacerlo el sacerdote, en vista de lo mal que aquél le trataba.

Nadie, como era natural, pudo persuadir ya a Fernando VII de que eran «hijos legítimos los demostrados por constante y no interrumpido matrimonio»; por más que sus consejeros le aseguraron que contra aquel axioma legal carecían de validez incluso los testimonios de los mismos padres, una obsesión casi patológica se apoderó del monarca: hallar el modo de sellar para siempre los labios del osado sacerdote.

LA REAL TRAMPA

Los papeles reservados de fray Juan de Almaraz me hicieron partícipe aquella mañana de otro descubrimiento: una importantísima carta manuscrita de Fernando VII al papa León XII, que rezumaba perfidia de principio a fin.

Dice así:

> Beatísimo Padre:
>
> Sabe bien Vuestra Beatitud las amarguras que trae consigo la Soberanía. Entre las que me han rodeado, y que no cesan, sobresale una que me causa un mal sacerdote y peor vasallo: éste es Don Juan de Almaraz: tengo en mi poder las pruebas más concluyentes del Plan más infame que medita contra el bien de esta Monarquía, atacándola en su raíz.
>
> Vuestra Santidad conoce que en este delito no hay que atender a fuero alguno. No obstante, para la prosecución y conclusión de la causa intervendrá la autoridad Eclesiástica en todo lo que así lo requieren las piadosas leyes de estos mis Reynos; mas ahora sólo trato de asegurar la persona de Don Juan de Almaraz, que se la ponga en absoluta incomunicación y a disposición de mi Encargado de Negocios, Don José Narciso de

Aparici, a quien doy las órdenes competentes para la buena asistencia del Reo y demás.

Procedo por mí a dar este paso porque por ahora no estoy decidido todavía a formación de Causa con la esperanza de que acaso en presentándose el dicho Don Juan de Almaraz podrá terminarse todo con menor castigo que el que forzosamente le habría de sobrevenir entregado a un Tribunal, en cuyo caso no me sería ya tan fácil poder usar de mi Real Clemencia, y de lo que daré noticia a Vuestra Santidad.

Mi Encargado de Negocios, que podrá estar en manos de Vuestra Beatitud con mi filial respeto, recogerá la contextación [*sic*].

Dios conserve la salud de Vuestra Santidad los muchos años que yo le deseo para bien de la Iglesia y exaltación de la fe católica.

Beatísimo Padre
de Vuestra Santidad
afecto y sumiso Hijo,
Fernando 7.º

San Ildefonso, 4 de septiembre de 1827

Pero ni con estas ladinas palabras, Fernando VII logró que fray Juan de Almaraz regresase por su propio pie a España, desde Roma, donde había acompañado en su exilio a los reyes padres, Carlos IV y María Luisa.

Aclaremos que Fernando VII jamás permitió a sus padres que retornasen del destierro al que los había condenado Napoleón Bonaparte.

En contra de lo que él mismo había expresado al pontífice, su «Real Clemencia» acabó siendo mucho más cruel e implacable con el padre Almaraz que cualquier tribunal de justicia.

La razón era muy sencilla: por nada del mundo estaba dispuesto Fernando VII a que la sensacional confidencia de su madre, el mismo día de su fallecimiento en Roma, pudiese trascender a la opinión pública si el confesor era procesado ante los tribunales ordinarios.

Almaraz no mordió el infame anzuelo del rey. Y entonces, el monarca ideó la forma de traerlo a España por la fuerza: una noche, en plena via Condotti, el padre Almaraz fue secuestrado mientras dormía en su habitación; poco después se le embarcó en la fragata *Manzanares*, anclada en Civitavecchia, que arribó finalmente al puerto de Barcelona, donde se hallaba Fernando VII con motivo de la sublevación de Cataluña, en 1827.

Nada más desembarcar, el responsable de la expedición, José Pérez Navarro, oficial de la Secretaría de Marina, comunicó al rey que la víctima se hallaba a buen recaudo en la bodega del barco, añadiendo que poco le había faltado para morirse de miedo durante la travesía.

—Y teniendo, como tenías —alegó el monarca—, orden de no dejarle hablar con nadie, ¿qué habrías hecho si te hubiese pedido confesión?

—Le hubiera absuelto yo mismo —respondió, tajante, el oficial—, y le hubiera traído el cuerpo a Vuestra Majestad conservado en un tonel de aguardiente.

Radiante de satisfacción, Fernando VII celebró la chanza y distinguió a Navarro con el nombramiento de capitán del puerto de La Habana.

Pero antes le ordenó que condujese enseguida a fray Juan de Almaraz hasta el castillo de Peñíscola. Una vez allí, el cabecilla de los secuestradores entregó en mano al gobernador de aquella fortaleza, el coronel Luis Gerzábal, la orden regia de incomunicar al prisionero de por vida para que no pudiese revelar ya a nadie su secreto.

Al mismo tiempo, Fernando VII, a quien todas las precauciones le parecían pocas ante tamaño riesgo para su propia corona, encargó al capitán general de Valencia, Francisco Longa, que vigilase cada día el exacto cumplimiento de su regia voluntad, señalándole incluso la cantidad de veinte reales diarios para la manutención del prisionero, el cual no debía figurar en registro alguno, como si se lo hubiese tragado la tierra.

Así transcurrieron, como hemos visto, siete espantosos años de oscuridad y aislamiento en el interior de una miserable mazmorra.

Pero ¿murió fray Juan de Almaraz diciendo la verdad sobre la reina a la que había servido como confesor en el ocaso de su vida?

EL TESTAMENTO

Sin ser una prueba concluyente de la veracidad del fraile, el testamento de la reina María Luisa sí concede al menos visos de credibilidad a su testimonio. ¿Acaso no resulta ya sospechoso que una madre excluya a sus hijos de la sucesión universal de todos sus bienes en beneficio de su presunto amante?

Pues eso mismo hizo María Luisa de Parma en su última voluntad, expresada el 24 de septiembre de 1815, la cual extractamos así:

> María Luisa, por la gracia de Dios, Reina de España y de las Indias: hacemos saber por este presente diploma que, meditando continuamente acerca de la fragilidad humana, y la incertidumbre de la última hora de nuestra vida, hemos resuelto,

ahora que, por el favor de Dios, conservamos el entendimiento sano y libre pensar seriamente en la salvación de nuestra alma [¿no es razonable suponer que, precisamente para «salvar su alma», la reina confesase todas sus iniquidades al padre Almaraz en su lecho de muerte?], y disponer al mismo tiempo de los medios que nos quedan, teniendo la apreciable aprobación de S. M. el Rey D. Carlos IV, nuestro augusto señor y muy amado esposo [...] Instituimos y nombramos nuestro heredero universal de todo lo que pueda pertenecernos en el momento de nuestra muerte, con acción y derecho de toda especie, sin ninguna excepción, a D. Manuel de Godoy, Príncipe de la Paz [escrito de su puño y letra por la reina], a quien, en descargo de nuestra conciencia, debemos esta indemnización por las muchas y grandes pérdidas que ha sufrido obedeciendo nuestras órdenes y las del Rey.

La coletilla final de la reina debió encolerizar ya del todo al rey Fernando VII, quien, huelga decirlo, se pasó la voluntad de su madre por el arco del triunfo:

En consecuencia, suplicamos a nuestros muy amados hijos e hijas que se declaren satisfechos de nuestra disposición y de mantenerla y observarla, como un acto de justicia cristiana [...] Finalmente, instituimos a nuestro muy amado esposo Carlos IV, Rey de las Españas y de las Indias, ejecutor del presente [testamento]. Nadie mejor que él, con quien hemos tenido siempre una sola voluntad, ejecutará lo que acabamos de disponer en su presencia, con su consentimiento y con su entera aprobación.

No resulta descabellado afirmar, a la sola luz del testamento legalizado, que Fernando VII tenía motivos sobrados para arremeter contra el favorito Godoy ante los ojos de su padre, el rey Carlos IV.

Tanto es así que, si no supiéramos que el documento que a continuación vamos a transcribir fue redactado en octubre de 1807, en los prolegómenos del motín de Aranjuez, por el entonces príncipe de Asturias y heredero del trono, podría creerse a pies juntillas que lo escribió mucho después, tras enterarse de que su madre lo había excluido de la herencia en beneficio del hombre a quien él ya tanto odiaba.

¿Qué decía Fernando VII sobre Manuel Godoy en ese documento secreto, descubierto por el rey Carlos IV? Ni más ni menos que esto:

> No sólo ha hecho con su autoridad, con su poder y con sus sobornos que se le haya prostituido la flor de las mujeres de España, desde las más altas a las más bajas, sino que su casa, con motivo de audiencias privadas, y la Secretaría misma de Estado, mientras que la gobernó, fueron unas ferias públicas y abiertas de prostituciones, estupros y adulterios, a trueque de pensiones, empleos y dignidades, haciendo servir así la autoridad de V. M. [Carlos IV] para recompensar la vil condescendencia a su desenfrenada lascivia, a los torpes vicios de su corrompido corazón. Estos excesos, a poco que entró ese hombre sin vergüenza en el Ministerio, llegaron a tal grado de notoriedad, que supo todo el mundo que el camino único y seguro para acomodarse o para ascender, era el de sacrificar a su insaciable y brutal lujuria el honor de la hija, de la hermana o de la mujer…

¿Sospechó por un momento Fernando VII que el hombre del que así hablaba podía ser su propio padre? ¿Entiende ahora el lector por qué el monarca no pudo conciliar el sueño hasta que logró sepultar en vida al padre Juan de Almaraz?

Si no era hijo de Carlos IV ni de Manuel Godoy, ¿quién pudo ser entonces el verdadero progenitor de Fernando VII?

RETRATOS Y AMANTES DE LA REINA

María Luisa de Parma, a la que Espronceda llamó «impura prostituta», siempre fue lo que, en el lenguaje vulgar, se denomina «ligera de cascos» o «pendón desorejado».

Hija del infante don Felipe, hermano de Carlos III, y de Luisa Isabel de Francia, hija mayor de Luis XV, María Luisa de Parma había nacido en Madrid el 9 de diciembre de 1751.

En 1765, a la edad de catorce años, la adolescente se desposó con su primo hermano Carlos Antonio, príncipe de Asturias y heredero de la Corona de España por la incapacidad de su hermano mayor, Felipe Pascual. Reaparecía así, una vez más, la maldita consanguinidad en los Borbones de España, que tantos disgustos acarrearía a la salud mental y física de algunos miembros de la dinastía.

La reina María Luisa era nieta, por línea paterna, de los reyes de España Felipe V e Isabel Farnesio, y, por línea materna, de Luis XV de Francia y María Leczinska.

A juzgar por los diversos perfiles de ella que a continuación vamos a consignar, cobra si cabe aún más sentido el testimonio lapidario de fray Juan de Almaraz, según el cual, recordemos, «ninguno» de los catorce hijos de la reina lo fue de su esposo legítimo, el rey Carlos IV.

Veamos, en primer lugar, la semblanza que dejó escrita de ella para la posteridad el padre jesuita Luis Coloma, en sus *Retratos de antaño*:

> Contrastaban grandemente la gravedad y tiesura del Rey [Carlos III] con la ligereza y petulancia de su nuera y sobrina la Princesa de Asturias [María Luisa, en efecto, ostentó tan distinguido título desde 1765 hasta finales de 1788, para ser luego reina durante veinte años], cuyas calaveradas amargaban ya

la vejez de Carlos III, y habían de hacer funestamente célebre en la historia el nombre de María Luisa.

Claro que el retrato del canónigo de Zaragoza, Juan de Escoiquiz, era mucho más completo y atrevido:

> Una constitución ardiente y voluptuosa; una figura, aunque no hermosa, atractiva; una viveza y gracia extraordinarias en todos sus movimientos; un carácter aparentemente amable y tierno, y una sagacidad poco común para ganar los corazones, perfeccionada por una educación fina y por el trato del mundo […] Una mujer que, a sus brillantes cualidades exteriores ya enunciadas, juntaba un corazón naturalmente vicioso, incapaz de un verdadero cariño; un egoísmo extremado, una astucia refinada, una hipocresía y un disimulo increíbles, y un talento que, aunque claro, dominado por sus pasiones, no se ocupaba más que en hallar medio de satisfacerlas.

Hablando de clérigos, quizá el testimonio del abate Andrés Muriel prevalezca sobre el resto:

> María Luisa de Parma estuvo dominada por las pasiones y flaquezas de su sexo, y no poseyó ninguna de sus virtudes. Tuvo ya escandalosos amoríos, torpes devaneos en vida del rey Carlos III, a los cuales no pudo poner eficaz remedio la solícita vigilancia de este monarca. Cuando Carlos IV subió al trono, la nación oyó, pues, hablar ya sin disfraces del libertinaje de la reina […] Lo que conviene dejar sentado es que el proceder libre de la reina hubiera sido doloroso, aun cuando no hubiera producido otro mal efecto que presentar a la vista del público el triste espectáculo del adulterio sentado descaradamente en el solio, haciendo alarde de impunidad […] Verdad es que si ninguno de los amantes de la reina hubiese llegado a tener las

riendas del gobierno, el reprensible proceder de esta princesa, aunque de pernicioso influjo, por venir el escándalo de la persona más elevada del reino, no hubiera pasado más allá de un mal ejemplo o de un desliz confinado en la esfera de las flaquezas humanas. Mas no pasó largo tiempo sin que su albedrío fuese dominado por el amor de un joven más dichoso o más desventurado que sus predecesores, al cual lanzó precipitadamente y con particular empeño a los primeros empleos de Palacio y al gobierno de la Monarquía. Este joven fue D. Manuel Godoy.

Transcribamos ahora la opinión de un laico como el embajador de Francia en la corte de Madrid, monsieur Alquier, quien no dudaba en manifestar lo siguiente con su afilada pluma:

> No hay mujer que mienta con más aplomo, ni que tenga más perfidia. La necesidad de ocultar a los ojos del rey, desde hace treinta años, su vida disoluta, le ha formado el hábito de un profundo disimulo… Antidevota y aun incrédula, pero excesivamente débil y tímida, la apariencia del menor peligro la sume en todos los terrores de la superstición, y es de ver cómo se cubre de rosarios y reliquias cuando truena… A los cincuenta años tiene unas pretensiones y una coquetería difícilmente perdonables en una joven bonita… Sus gastos en joyas y adornos son enormes, y rara vez llega un correo de gabinete procedente de la Embajada sin que le traiga dos o tres vestidos… Godoy le pega y la insulta; otros amantes le roban.

El embajador Alquier daba fe, en efecto, del maltrato físico y psíquico al que sometió Godoy a la reina en más de una ocasión. Pero su testimonio no era, ni mucho menos, aislado: sabemos también que el gentilhombre de cámara de Carlos IV, señor Gálvez Cañero, relató a Manuel Mallo de la Fuente este insólito suceso que luego glosó el marqués de Villa Urrutia en su biografía de la reina:

> Cumplía su guardia [el testigo Gálvez Cañero] en uno de los corredores de palacio, cuando vio que, de pronto, se abría una puerta de las habitaciones reales, dando paso a la siguiente comitiva: primeramente iba el rey, Carlos IV, solo, con su andar tardo y las manos a la espalda; detrás de él, a mediana distancia, juntos y formando pareja, la reina María Luisa y don Manuel Godoy. Llevaba la reina señales en el rostro, o de haber llorado, o, cuando menos, de abatimiento o contrariedad. En cambio, a su lado iba Godoy, hablándola, aunque en voz muy baja, vivamente, con gestos y ademanes como de reconvención y reproche. La reina, por su parte, procuraba aplacarle, al parecer, en actitud de persona que se sincera y defiende de los cargos que se le hacen. No debió de lograrlo, sin duda, ni satisfacer al favorito las explicaciones que la reina le daba en su camino, porque, subiendo de punto el enojo e irritación de aquél, pudo ver el asombrado palaciego que Godoy, colérico, alzaba la mano e imprimía una sonora bofetada en la mejilla de la reina. Ésta no protestó; pero, al ruido del cachete, volvió la cabeza Carlos IV, preguntando: «¿Qué ruido ha sido ése?». A lo que contestó María Luisa, que iba muy agitada y encendida: «Nada; un libro que se le ha caído al suelo a Manuel». Y la «Trinidad» prosiguió su marcha como si nada hubiera ocurrido.

El abate Muriel no vacilaba en afirmar que María Luisa había tenido varios amantes, además de Manuel Godoy y del hermano mayor de éste, Luis, incorporado antes que aquél al Real Cuerpo de Guardias de Corps.

De hecho, Luis Godoy tuvo que salir precipitadamente de la corte por el escándalo de su romance con la reina, dejando el campo libre a su hermano Manuel, que desde entonces se convirtió en favorito indiscutible, aunque la reina siguiese contando con sustitutos ocasionales.

La extensa relación de amantes de María Luisa la extrajo en buena parte el marqués de Villa Urrutia, su polémico biógrafo, de un librito no menos controvertido de Chartreau, titulado originalmente en francés *Vie politique de Marie Louise de Parme, reine d'Espagne* y publicado en París en 1793.

De la misma lista de donjuanes daba fe también, por cierto, el cronista regio de Madrid, Pedro de Répide, informador privilegiado de los entresijos de la corte.

¿Quiénes eran, pues, los afortunados galanes que podían presumir de compartir, aunque sólo fuera esporádicamente, la alcoba de la reina de España?

El marqués de Villa Urrutia nos ilustra así sobre tan delicado asunto en su obra *La reina María Luisa, esposa de Carlos IV* (Madrid, 1927):

> El que encabezó la lista, no corta, de los bienaventurados que figuraron en la Corte celestial de María Luisa, por haber sido, sin duda, el más osado, fue el conde de Teba, D. Eugenio Eulalio Portocarrero Palafox, primogénito de la condesa de Montijo y heredero del título y grandeza.

Como este conde de Montijo fue uno de los promotores, en 1808, del motín de Aranjuez contra los reyes y contra Godoy, Villa Urrutia infiere que lo hizo «por el deseo de vengarse de la mujer olvidadiza y caprichosa que con él había compartido los divinos goces del amor primero».

Es decir que, según el controvertido biógrafo de la reina, el primer amante de ésta conocido fue precisamente el conde de Montijo, afiliado luego a la masonería e impulsor también de la sublevación de Riego contra el poder absoluto de Fernando VII.

Al conde de Montijo sucedió, como hemos visto, Agustín Lancaster (hijo del duque de Abrantes), a quien Villa Urrutia calificaba de «conquistador acreditado con más años y experiencia que los ardidos Guardias», en alusión a los hermanos Godoy.

Tras Montijo y Lancaster se situaba, como tercer amante de la reina, un hombre singular, Juan Pignatelli, más tarde conde de Fuentes. Pignatelli quedó exento de los Guardias de Corps desde septiembre de 1775; tres años después se le señalaba ya como la persona de mayor aceptación en el cuarto del príncipe y de la princesa de Asturias. «El exento —apostillaba Villa Urrutia— tenía veinte años, y María Luisa a los veintisiete había sido ya, por lo menos, tres veces adúltera.»

Presa de los celos, la reina se las arregló para que a Pignatelli se le destinase a París, en misión diplomática; irritaban terriblemente a María Luisa los escarceos amorosos de su entonces favorito con la duquesa Cayetana de Alba, uno de los puntales de la compleja corte de Carlos IV; la reina tampoco soportaba que la duquesa Cayetana fuera más culta y bella que ella.

Pronto se sumó, a su relación de amantes, un tal Manuel Mallo, criollo venezolano, oriundo de Popayán y con familia avecindada en Caracas, que enseguida hizo las delicias de la insaciable soberana.

Curiosamente, Mallo era amigo íntimo de Esteban Palacios, tío del joven Simón Bolívar, futuro libertador de América.

Mallo era otro apuesto guardia de corps que atrajo como un imán la mirada lasciva de María Luisa. No en vano Hans Roger Madol, en su obra *Godoy, el fin de la vieja España* (Revista de Occidente, 1935), aseguraba que la reina era una «chulapona desgarrada, maja bravía donde las hubiere, buscadora perpetua de las sensaciones viriles de los apuestos cortesanos que la rodeaban y de los más granados guardias de corps».

Precisamente sobre Manuel Mallo, el doctor Cabanés relataba una divertida anécdota que ya reproduje en mi libro *La maldición de los Borbones*, y que traigo ahora de nuevo a colación a propósito de las aventuras extraconyugales de la reina ninfómana. La escena tuvo lugar en marzo de 1800, tras una pelea pasajera de María Luisa con su amante el Príncipe de la Paz:

> —Manuel —dijo el rey a Godoy—, ¿quién es ese Mallo, que todos los días cambia de coche y aparece con caballos nuevos? ¿De dónde saca el dinero para satisfacer gustos tan dispendiosos?
>
> —Señor —replicó Godoy con la mayor seriedad del mundo—; Mallo, en efecto, no posee un solo maravedí; pero se dice que lo sostiene una mujer vieja y fea que roba a su marido para pagarse un amante.
>
> El rey comprendió la alusión y, riéndose a carcajadas, dijo:
>
> —¡Cómo, María Luisa! ¿Qué piensas tú de eso?
>
> —¡Ah, Carlos! —respondió la interrogada—, ¿no sabes tú que Manuel se complace en bromear?

Godoy salió incluso más fortalecido aquel día. Ni la reina ni el rey cornudo pudieron prescindir ya jamás de él.

En 1808, tras los terribles sucesos de Aranjuez, María Luisa escribió a su hija, la reina de Etruria: «Pedimos [al gran duque de Berg] que salve al Príncipe de la Paz y que nos lo deje cerca de nosotros para acabar juntos, tranquilamente, nuestros días».

¿Pueden concebirse acaso amor y dependencia mayores del gran favorito en la corte de Carlos IV?

El propio monarca testimoniaba su pasión por ambos —María Luisa y Godoy— en una carta fechada en Nápoles, el

7 de enero de 1819. La misiva se redactó recién fallecida su esposa y cuando ésta, como ya vimos, había nombrado a su amante heredero universal de todos sus bienes con la anuencia de su burlado marido.

Dice así:

> Amigo Manuel: No te puedes figurar cómo he quedado después del terrible golpe de la pérdida de mi amada esposa, después de cincuenta y tres años de mi feliz matrimonio. Yo he estado bastante atropellado; pero, gracias a Dios, estoy mucho mejor. No dudo que en la enfermedad la habrás asistido con todo el esmero posible; pero, habiendo faltado la reina, no es decente que Carlota viva en mi casa. Yo la señalo mil duros al mes, y así, llévatela a vivir fuera contigo, y harás bien en ejecutarlo antes de que yo vaya a Roma. Esto no impide que vengas a verme siempre que quieras, y quedo, como siempre, el mismo,

> CARLOS

Pero Godoy no estuvo sólo a la cabecera del lecho durante la agonía de la reina; compartió también éste con ella en la plenitud de su vida.

MONARCA Y VASALLO

Manuel Godoy y Álvarez de Faria, nacido en Badajoz el 12 de mayo de 1767, era la otra cara del cornudo y apaleado Carlos IV.

El doctor Jacoby retrató juntos, en pocas pinceladas, al esposo y al amante de la reina María Luisa:

Monarca de inteligencia limitada; de carácter duro, completamente dominado por su mujer, y que no tuvo en su vida más que dos sentimientos vivos: su amistad por el amante de su mujer [Godoy], que era un hombre corto, astuto y cobarde, con todos los vicios y ninguna cualidad, y un odio implacable hacia su hijo [Fernando VII], que fue un tirano sanguinario, cobarde y pérfido, muy vicioso y estúpidamente devoto.

Nunca dos hombres —rey y vasallo— fueron tan distintos. Mientras el monarca se desentendía de los asuntos de Estado y de las mujeres, convirtiendo sus aficiones a la caza y los relojes en verdaderas manías, el apuesto guardia de corps conquistaba el corazón de la reina, verdadero impulsor de sus ambiciones hasta la cima de la nación.

No era extraño así que Carlos IV adornase su retrete como si fuera el tocador de una dama, diese él mismo cuerda y pusiese en hora su colección de cuatro mil relojes, o saliese a cazar a menudo llevando siempre debajo su ropa de montería. Mientras él se entretenía de ese modo, la marcha del país iba de mal en peor y su mujer le infligía continuas infidelidades, tal y como refleja el siguiente documento alusivo a la reina que se conserva en los archivos del Ministerio de Relaciones Exteriores de París:

Es el vicio en toda su fealdad, es el escándalo más nauseabundo; ni urbanidad, ni delicadeza, ni pudor, privado o público; las costumbres están corrompidas, sin estar dulcificadas... Ningún miramiento, ningún velo esconde este horrible espectáculo a los ojos de la multitud, y tal vez en toda España no hay una sola persona que no sepa que, para alimentar la extraña sensibilidad de la reina, no es demasiado la asiduidad de un funcionario titular (el rey), las atenciones pasajeras del Prínci-

pe de la Paz (Godoy) y el concurso frecuente de la flor y nata
de los guardias de corps...

No se sabe muy bien si el monarca era tonto o ingenuo.

Juzgue si no el lector: invitado a cenar con su esposa por
Napoleón, reparó enseguida en que a la mesa había únicamen-
te cuatro servicios y exclamó entonces, muy compungido: «¿Y
Godoy, señor?».

Napoleón, sonriendo, mandó llamar al amante de la reina,
sin el cual el rey era incapaz de disfrutar en las grandes y pe-
queñas ocasiones.

Entre tanto, el hidalgo trató de imitar el poder de un rey
escudado en su condición de amante. Su ascenso social y político fue fulgurante: en enero de 1791 era ya brigadier de la
Guardia de Corps; veinte días después era nombrado mariscal
de campo; al cabo de cuatro meses, teniente general; y casi un
año y medio después, secretario de Estado, cargo equivalente al
de primer ministro.

Por si fuera poco, María Luisa logró que le distinguiesen
también con los títulos de duque de Alcudia, con Grandeza de
España, caballero del Toisón de Oro (la más alta condecoración
de los Borbones), capitán general de los Ejércitos y, por supuesto, secretario particular de la reina.

Por fin, el 22 de julio de 1795, con motivo de la Paz de
Basilea, se le concedió también el título de Príncipe de la Paz.

Muchos, desde entonces, sospecharon que semejante en-
cumbramiento, sin parangón alguno en la historia moderna
de España, surgió en el mismo lugar donde prende la vida humana.

Algunos, incluso, entonaban esta elocuente estrofa:

Las majas de la Corte
están contentas,
pues dicen que a Godoy
le hacen alteza.
No es una burla,
porque siempre los pillos
tienen fortuna.

Pero el marido engañado hacía oídos sordos, alejado también de los asuntos de Estado. El diplomático francés Desdevises du Dézert recordaba que el rey de España y de las Indias dedicaba tan sólo un cuarto de hora diario al estado de la nación. Sin embargo, pasaba horas enteras charlando con torneros, armeros o criados de cuadra, con quienes llegaba incluso a boxear cuando se hallaba de buen humor. «Carlos IV —concluía Desdevises du Dézert— sería clasificado por los alienistas modernos en la clase de los semiimbéciles, capaces de recibir cierta instrucción, pero desprovistos de la más mínima dignidad y de la más mínima energía.»

Así era este grandullón de mirada huidiza y frente deprimida, con napia borbónica, boca entreabierta y rolliza figura sostenida por dos auténticas columnas salomónicas.

Carlos IV sentía una pasión irrefrenable por la caza, tanto o más que su padre, y practicaba esgrima, lucha libre y boxeo con palafreneros y marinos. La naturaleza le había dotado de una fuerza física extraordinaria, pero su carácter era abúlico y sumiso a la caprichosa voluntad de su esposa, como testimonia Gaspar Melchor de Jovellanos:

En este día primero [cuando subió al trono, el 14 de diciembre de 1788] ambos recibieron a los embajadores de familia y ambos despacharon juntos con los ministros de Marina y Estado, quedando desde la primera hora establecida la participación del mando a favor de la reina como naturalmente y sin esfuerzo alguno.

La reina María Luisa esgrimió así siempre el cetro dentro y fuera de palacio, tras conocer al gran amor de su vida.

El flechazo

La carta de Luis Godoy a sus padres, don José Godoy, coronel de la milicia y regidor de Badajoz, y doña María Antonia Álvarez de Faria, miembro de una noble familia portuguesa, es el único y valioso testimonio de que disponemos para saber, a ciencia cierta, cómo empezó Manuel Godoy a disfrutar de la intimidad de palacio.

Su hermano Luis, más precoz que Manuel para ganarse el favor de la reina, escribía así a sus padres el 12 de septiembre de 1788:

> Manuel, en el camino de La Granja a Segovia, tuvo una caída del caballo que montaba. Lleno de coraje lo dominó y volvió a cabalgarlo. Ha estado dos o tres días molesto, quejándose de una pierna, aunque sin dejar de hacer su vida ordinaria. Como iba en la escolta de la Serenísima Princesa de Asturias, tanto ésta como el Príncipe se han interesado vivamente por lo ocurrido. El brigadier Tejo me ha dicho que hoy será llamado a palacio, pues desea conocerlo Don Carlos.

Desde aquel día, la buscona María Luisa hizo cuanto estuvo en su mano para conocer a fondo a su guardia. A ella aludía con desprecio el infante Antonio Pascual, llamándola «sabandija» en una desconocida carta dirigida a su sobrino, futuro Fernando VII.

La epístola del quinto hijo varón de Carlos III (hermano así de Carlos IV), conservada al principio en el archivo del difunto conde de Oñate, constituye una muestra curiosa de la intimidad de la corte presidida por el triángulo amoroso de los reyes y el favorito, que algunos llamaron «la trinidad en la tierra».

Pese al lenguaje basto y soez, la misiva del infante Antonio Pascual, en cuyo sobre se lee ya la misteriosa consigna «Reservadísimo y urgente», la cual despertó sin duda la morbosa inclinación de su sobrino Fernando mientras se deliberaba en Bayona sobre sus derechos a la Corona de España, merece reproducirse en su integridad.

Juzgue si no el lector:

> Querido sobrino: Hubiera deseado escribirte cosas gratas; pero no es mía la culpa, porque los personajes que forman este Tribunal, que han dado en llamar Junta Suprema, son unos cagatintas que no saben dónde tienen las narices más que para oler majaderías y doblar la cabeza a los antojos pésimos del fantasmón de Murat, que hace lo que quiere por detrás, por delante y por los costados.
>
> La sabandija [alude a la reina María Luisa] se cartea que es un gusto con el Gran Duque de Berg, y ha conseguido que se ponga en libertad al príncipe choricero [Manuel Godoy]. Pero el pachorro de tu padre ha sido el que con más calor ha solicitado su libertad y que no le corten la cabeza. El feliz matrimonio [Carlos IV y María Luisa] continúa recluso en El Escorial, guarnecido por los traidores carabineros y por los soldados franceses a las órdenes del general Watier, de ese beodo que ronca en la mesa cuando se sirven los postres. Lo sé de buena tinta.
>
> Tu padre, que no puede ya con el reuma, dice que sus do-

lores son «las espinas que le has clavado en el corazón». ¿De dónde habrá sacado mi hermano esas palabras tan bonitas? Se las habrá enseñado la sabandija.

Dice Murat, al solicitar la soltura [liberación] de Godoy a mis compañeros supremos, que tú le diste la palabra de libertarle cuando tenías el pie en el estribo para salir de Madrid. ¡Embustero! ¿Por qué no me lo dice a mí? Los cagatintas de mis compañeros se han mamado la breva y han bajado la cabeza, por lo que pronto verás al favorito en esas tierras. ¿Por qué no se le ahorcó cuando te dije? Luisita, la de Etruria [hermana de Fernando VII], lo afirma; dice que le diste la palabra a Murat en su cuarto. ¿Ves qué desvergonzada? Los que pidieron la libertad de Godoy fueron mi hermano y la sabandija, que hasta lloró y se postró de rodillas, y el francés se comprometió a salvar al preso.

Los guardias de corps, que son unos verdaderos caballeros, se han negado a hacer la entrega del preso, y han dicho que la hicieran los granaderos provinciales. ¡Chúpate esa! Así me gusta. Los de corps le hubieran entregado para llevarle a la horca. En fin, ya tienes al mocito [Godoy] en poder del coronel Martel, y pronto le verás en Bayona.

La extensa posdata del infante a su sobrino, futuro rey de España, tampoco tiene desperdicio:

Dile a Chamorro [así motejaban a Pedro Collado, criado de Fernando VII y zafio aguador de la Fuente del Berro, además de compañero infatigable del rey en sus correrías nocturnas] que haga una excursión a París de Francia y me compre una de esas máquinas para la boca, que se llaman dentaduras postizas, y encárgale que los dientes no sean de muertos, que los franceses son muy cucañeros y dan gato por liebre.

El cleriguito cordobés que tanto te entró por el ojo derecho, y que yo te dije que era un truhán, está enfermo de una paliza que le dieron la otra noche unos manolos que le encontraron pelando la pava con una mujerzuela, en un portal de la calle de Santa Isabel.

Y no te canso más. Vale.

ANTONIO PASCUAL

Igual que el infante Antonio Pascual, la reina había perdido toda la dentadura, sólo que en su caso se debía a los innumerables partos.

María Luisa padeció terribles dolores de boca, junto al tormento de las hemorroides. Para disimular su horrible aspecto, se hizo implantar unos dientes postizos, fabricados por el odontólogo de la corte, Antonio Saelices de Medina de Rioseco. Pero la pobre reina debía sumergir en un vaso de agua todas aquellas piezas para poder masticar; eran pura fachada que atenuaban sólo en parte su fealdad.

No era extraño así que el padre Coloma la dibujase de esta guisa: «Tiene una de esas bocas grandes y hendidas, a modo de culebra, que prometen para la vejez una ridícula proximidad entre la nariz y la boca».

Fernando VII heredó de su padre el trono y de su madre, los suplicios de la boca. El 11 de marzo de 1801, en Aranjuez, el dentista Juan Gariot presentó una factura, «por haver [*sic*] limpiado los dientes de S. A.» durante los años 1799 y 1800, de 2.620 reales, a 160 reales cada una de las dieciséis sesiones que requirió, además de dos limetas de elixir «para las encías de Su Alteza», que costaron 60 reales. El mismo odontólogo le limpió la dentadura cinco veces en 1802 y cuatro más en 1803, cobrando por ello 2.880 reales.

Del martirio de la boca tampoco se libró el benjamín de la reina, el infante Francisco de Paula. La herencia genética de su madre pesó, sin duda, en él; no así la de su padre, cuya identidad era para fray Juan de Almaraz un misterio.

La huella de Godoy

Existen obras de arte, como el soberbio y célebre lienzo de Goya *La familia de Carlos IV*, que, sin ser tan concluyentes como una prueba de ADN, ofrecen en cambio sugestivos indicios de paternidad.

El protagonista de este célebre óleo no es, como sugiere el título, el mismo monarca, sino un niño de seis años vestido de rojo, que aparece en el centro de la imagen con el cuerpecito adornado por la banda de Carlos III cruzándole el pecho. Es el infante Francisco de Paula, a quien ya entonces los rumores de la corte señalaban como hijo adulterino de la reina y de su favorito Manuel Godoy.

Los personajes de este cuadro del entonces pintor de cámara del monarca, realizado en el Palacio Real de Aranjuez en 1800, parecen mirar a un testigo invisible, posiblemente el propio Manuel Godoy.

Se cuenta que el mismo Renoir, al visitar el Museo del Prado, comentó sobre esta primera obra de Goya incorporada a la pinacoteca: «El rey parece un tabernero y la reina, una mesonera… o algo peor; ¡pero qué diamantes le pintó Goya!».

Entre tanta fealdad parece refulgir, en efecto, como un lucero, la belleza más llamativa del infante Francisco de Paula, embutido en su ropaje encarnado. Para algunos bastó comparar el perfil del niño y el de su hermana, la infanta María Isabel, retratada también por Goya, para dudar de su paternidad. Sus narices respingonas, un calco de la de Godoy, contrastaban con el resto de apéndices genuinamente borbónicos.

Las fechas también coinciden. Francisco de Paula nació en 1794, en pleno apogeo del romance de la reina con Godoy; su hermana María Isabel lo había hecho en julio de 1789, apenas un año después de que el impetuoso guardia de corps irrumpiese en el corazón ardiente de la reina.

No era extraño así que lady Holland, esposa de un diplomático británico, aludiese en sus memorias al «indecente parecido» entre Francisco de Paula y Godoy; rumor, por cierto, que muy pronto se extendió por las distintas legaciones extranjeras.

La infanta María Isabel, casada luego con el futuro Francisco I de las Dos Sicilias, tendría que aguantar también que su propia suegra, la reina María Carolina de Nápoles, cuestionase su paternidad.

En una carta a su ministro Gallo, la soberana napolitana no dudaba así en llamar «pequeña bastarda» a su nuera, «a quien —escribía— quiero mucho porque es muy buena y no es culpa suya haber sido procreada por el crimen y la maldad».

Más tarde, los partidarios de Carlos María Isidro —los carlistas— se aferrarían a la presunta bastardía del infante Francisco de Paula para invalidarlo como continuador de la dinastía de los Borbones en España, pues su hijo, Francisco de Asís, se casaría con la futura Isabel II.

Por eso, cuando las Cortes de Cádiz decretaron en marzo de 1812 que Francisco de Paula quedase desprovisto de todo derecho de sucesión a la Corona, así como sus futuros descendientes, los carlistas se apresuraron a esgrimir este documento como prueba fehaciente de que los rumores sobre la paternidad de Godoy eran ciertos.

Sin embargo, en julio de 1820 otro decreto de las Cortes invalidó el anterior con este argumento ante el que ya nada pudieron alegar los carlistas:

Se ha examinado la proposición relativa a que por haber cesado las circunstancias políticas que obligaron a excluir al infante, se revoque aquella disposición, que se fundó en la necesidad de precaver una nueva perfidia de Bonaparte.

¿Cuáles eran esas «circunstancias políticas» que aconsejaron despojar al infante de sus derechos? Ni más ni menos que el riesgo de que un niño, como era entonces Francisco de Paula, pudiese ser utilizado en su provecho por el mismo Napoleón Bonaparte. Exactamente igual que hizo éste, aunque fuesen ya adultos, con Carlos IV y Fernando VII.

Recordemos que España había sido invadida por las tropas de Bonaparte en 1812; un niño como Francisco de Paula podía haber caído entonces bajo la tutela e influencia de Napoleón, convirtiéndose en su marioneta.

Significaba eso que, en contra de lo que ansiaban los carlistas, la exclusión temporal de Francisco de Paula como sucesor al trono no tuvo como base el «indecente parecido» con Godoy al que aludía lady Holland, sino la necesaria prudencia en aquellos críticos momentos para la nación.

Juan Balansó me mostró en cierta ocasión la copia de una carta de Godoy a la reina, fechada en Calzada de Oropesa el 17 de julio de 1801, en la que el favorito decía a su amada María Luisa: «He visto las graciosas cartas del Infante don Francisco [de Paula] y ciertamente encantan, pues se distinguen de los demás hermanos los sentimientos de Su Alteza».

¡Cómo habría cambiado la historia de España si la confesión de fray Juan de Almaraz, datada en Roma el 8 de enero de 1819, hubiese salido entonces a la luz!

El enredo

Hace ya algunos años, durante una visita a un amigo anticuario, éste me reveló que acababa de «cazar» la pieza documental más hermosa y deslumbrante de toda su vida.

Los buenos libreros de siempre acostumbran emplear el término cinegético cada vez que salen a buscar libros o archivos de cualquier tipo por las ferias y anticuarios de medio mundo. «Que tengas buena caza», se desean, animosos.

Significaba eso que Antonio Campos, dada su avanzada edad, había tenido que aguardar casi medio siglo para experimentar el gozo indescriptible de abatir la joya de la Corona, nunca mejor dicho, pues mientras se hallaba «de caza» en la localidad francesa de Anglet, entre Bayona y Biarritz, en la bella región de Aquitania, vio lo que nunca en su larga vida pensó que sería capaz de ver: un montón de cartas y documentos autógrafos extendidos sobre uno de los mostradores de la feria.

Tras permanecer en silencio varios minutos, escudriñando entre aquellos papeles redactados en perfecto castellano, el expositor le dijo algo que él ya sabía: «Pertenecen al archivo privado de la reina María Cristina de Borbón de España».

Aparentando calma, Antonio Campos volvió a examinar minuciosamente varios legajos y pudo comprobar en todos ellos la autenticidad de la enrevesada e inconfundible caligrafía de la Reina Gobernadora, con la cual estaba ya familiarizado, pues en su propia casa conservaba algunas cartas originales de ella a varios políticos de la época, así como una copia manuscrita del testamento abierto a su muerte, acaecida en su lujoso castillo de Sainte-Adresse, cerca de El Havre, en agosto de 1878.

Poco a poco, sin perder el disimulo, cualidad imprescindible en un veterano librero como él, consiguió que aquel vendedor le llevase luego hasta su misma casa, donde pudo contemplar la mayor obra de arte que jamás admiraron sus ojos. Apilados en varias estanterías de nogal, contó a simple vista casi un centenar de libros y carpetas, algunos de los cuales comprobó luego que contenían secretos inconfesables de la Reina Gobernadora, apodada así porque durante seis años, mientras su hija Isabel II era aún menor de edad, ocupó la regencia del reino.

Días después, con la garantía de la más absoluta discreción, Antonio Campos cerró el trato con el vendedor francés. Todo aquel impresionante archivo pasó finalmente a manos del Estado español, que en 2003 empezó a digitalizarlo, una vez depositado en el Archivo Histórico Nacional, donde hoy se conserva para que todos, historiadores y curiosos, puedan consultarlo.

Precisamente entre aquellos voluminosos legajos descubrí yo uno de los más inconfesables secretos de María Cristina de Borbón, el cual vamos a desvelar en este mismo capítulo.

Pero retrocedamos en el tiempo para conocer mejor a la misma reina que puso finalmente en libertad al decrépito fray Juan de Almaraz, en Peñíscola.

EL REY Y EL GUARDIA

Al principio, todos aclamaron a María Cristina de Borbón a su llegada a Madrid, el 11 de diciembre de 1829.

Viajaba en una carretela tirada por ocho caballos ingleses. El rey Fernando VII cabalgaba al estribo derecho; sus hermanos, los infantes don Carlos y don Francisco de Paula, al izquierdo. Seducía a la muchedumbre María Cristina con su hermoso traje azul celeste, color que sus partidarios asumirían desde aquel día bautizándolo como «azul cristino».

Cuántas esperanzas había depositadas en aquella dama siciliana, nacida un 27 de abril de 1806 en Palermo, ciudad donde la familia real de Nápoles se había refugiado ante la ocupación del reino por Napoleón. Empezando por su marido, Fernando VII, que anhelaba más que nunca el sucesor que no habían podido darle sus tres esposas anteriores: María Antonia de Nápoles, María Isabel de Braganza y María Josefa Amalia de Sajonia.

Era tan atractiva María Cristina, que su esposo se enamoró de ella sin ni siquiera conocerla. Bastó un retrato de esmalte en miniatura que le mostró Luisa Carlota, hermana mayor de ella, para seducir al lascivo monarca.

Para los liberales, la lozana María Cristina representaba la esperanza contra el absolutismo que encarnaba el infante don Carlos, llamado a relevar a su hermano mayor en el trono ante la falta de descendencia de éste y la vigencia de la ley sucesoria que postergaba a las mujeres respecto a los varones.

En la escalera de honor de palacio aguardaban a la reina el mayordomo mayor, el sumiller de corps, los grandes de España, gentilhombres y el resto del servicio, incluidas las señoras de tocador. Se dispararon salvas de artillería y repicaron las campanas.

Hasta conocer en persona a su amada, el resignado rey tuvo que consolarse auscultando con la mirada el retrato que le entregó su cuñada Luisa Carlota, y con las esporádicas cartas que cruzó con su novia mientras ésta viajaba hacia España.

Fernando escribió así esta carta, fechada el 2 de diciembre de 1829, en Madrid:

Pichona mía, Cristina: Anoche, antes de cenar, recibí tu cariñosísima carta del 29 y tuve el mayor gusto en leer que tú, salero de mi vida, estabas buena y ya más cerca de quien te adora, y se desvive por ti, y no piensa más que en su novia, objeto de sus más dulces pensamientos. Puedes creer que todos los días más de una vez, cuando estoy solo, canto aquel estribillo:

Anda salero
salerito del alma,
cuánto te quiero.

Al tratamiento de «Pichona mía», «azucena» o «ricura», respondía ella siempre con un discreto «Mi muy querido tío» o «Majestad y tío».

Cortés y sumisa, se despedía así:

Adiós, mi amado tío, crea el amor de quien os besa la mano y se dice vuestra más afecta y obediente sobrina y futura esposa.

Pero los días felices pasaron muy pronto. La precipitación y osadía de Fernando VII mancillaron el matrimonio desde la misma noche de bodas, consumada con una violación.

Tres meses después de morir Fernando VII, en 1833, se verificaba en una estancia de palacio el matrimonio secreto entre María Cristina y el guardia de corps Agustín Fernando Muñoz, hijo de unos estanqueros de Tarancón (Cuenca), de quien la reina se había enamorado perdidamente a raíz de una excursión a la finca de Quitapesares, cerca de La Granja de San Ildefonso.

La historia sentimental de los Borbones volvía a escribirse así de forma parecida a como la consignó la reina María Luisa de Parma, abuela de María Cristina, al perder también la cabeza por su amante Manuel Godoy.

Por no hablar de la propia madre de María Cristina, la infanta María Isabel, hermana de Fernando VII, la cual se casó frisando ya los cincuenta, tras enviudar, con el general napolitano Francisco del Balzo, quince años menor que ella.

DECLARACIÓN DE AMOR

Antes de ahondar en el polémico matrimonio de María Cristina de Borbón con su apuesto guardia de corps, resumamos el contenido de una interesante hoja anónima que, bajo el título *Casamiento de la reina Cristina con D. Fernando Muñoz* y firmada con el seudónimo «El Labriego», se hizo circular en 1840.

Impresa a tres columnas, la hoja se repartió profusamente en Madrid aquel año, precedida de un artículo sobre «La cuestión de la Regencia» publicado por *El Eco del Comercio*, razón por la cual muchos pensaron entonces que su verdadero autor era don Fermín Caballero, principal redactor de aquel periódico y natural de Cuenca, como Agustín Fernando Muñoz.

¿Qué se decía en aquella hoja clandestina?

El protagonista, al principio, era Agustín Fernando Muñoz, un apuesto garzón de veinticinco años que a punto estuvo de ser expulsado del Cuerpo de Guardias de Corps, en 1832, señalado como sospechoso de simpatizar con Carlos María Isidro.

Casualmente, Muñoz pudo librarse del castigo por hallarse ausente de Madrid con licencia en su pueblo de Tarancón. Pero, sobre todo, en razón de su amistad con el también guardia de corps Nicolás Franco, amante de la modista y confidente de la reina, Teresa Valcárcel, la cual intercedió por él para deshacer el entuerto.

A esas alturas, la reina ya había puesto sus ojos en Muñoz. Muy pronto, urdió un plan para conquistarle: aprovechando la semana que aquél servía de garzón en palacio, organizó un viaje a la hacienda de Quitapesares, la madrugada del 17 de diciembre de 1833.

Pero el crudo temporal del invierno hizo que María Cristina regresase a palacio aquella misma mañana. Resuelta a partir de nuevo al día siguiente, ordenó que durante la víspera los vecinos de los pueblos adyacentes abriesen paso en el puerto. La reina pudo reemprender así el viaje a Quitapesares, acompañada en su coche por el ayudante general de guardias, Francisco Arteaga y Palafox, el gentilhombre Carbonell y, cómo no, por el propio Muñoz, sentado frente a ella.

Llegados a Quitapesares, salió María Cristina a pasear por los jardines con Arteaga y Muñoz. Pero enseguida fingió que necesitaba algo y envió a Arteaga a buscarlo a la quinta. Fue así como la pareja se quedó completamente sola; ocasión que la reina debió aprovechar para declararse al guardia. Aquel mismo día regresaron a Madrid, donde al cabo de unas horas el romance se convirtió en la comidilla de toda la corte.

María Cristina pensó entonces en seguir los mismos pasos de su madre, casándose cuanto antes con el hombre al que tanto amaba.

PASO EN FALSO

Las relaciones de Muñoz en la corte se reducían entonces a un puñado de personas: el marqués de Herrera, el escribiente del consulado Miguel López de Acevedo, a cuya mujer había cortejado él mismo cuando era un simple guardia, y el sacerdote Marcos Aniano González, paisano suyo, que se hallaba accidentalmente en Madrid recién ordenado y postrado en cama, en la callejuela de Hita.

Muñoz habló con el presbítero para que le casase con la reina, ofreciéndole una capellanía de honor si encontraba el modo de hacerlo en secreto; también le pidió que confesase a la reina, desconfiada con los sacerdotes de su Real Capilla.

Intentaron primero obtener la licencia del patriarca, pero éste se mostró receloso con el joven clérigo, consciente de la gravedad de administrar un matrimonio morganático y mantenerlo en secreto: también negó su aprobación el obispo de Cuenca, de quien era diocesano el propio Marcos Aniano.

Recurrieron entonces los enamorados al nuncio de Su Santidad, el cardenal Tiberi, el cual se resistió al principio. Pero, una vez repetida la instancia con esquela autógrafa de la real novia, el representante del pontífice acabó concediendo licencia al sacerdote Aniano González para una sola celebración. Estas diligencias se practicaron entre el 25 y 27 de diciembre de 1833.

El 28 de diciembre ofició así el presbítero conquense esa única ceremonia nupcial, asistido por el también clérigo Acislo Ballesteros, y con el marqués de Herrera y el escribiente del consulado, Miguel López de Acevedo, como testigos.

No tardó Muñoz en recelar de los que estaban en el secreto, alejándolos de palacio por temor a que pudiesen hablar algún día. Fue así como a Teresa Valcárcel se la trasladó a Bayona por un escribano que dio fe de la entrega a su marido, un francés del que vivía separada. A Nicolás Franco, ascendido a teniente coronel, se le destinó a la Tenencia de Rey de Jaca, mientras que el gentilhombre Carbonell tomó posesión de su nueva plaza en Andalucía.

Despejado así el peligro, la reina no toleró la menor crítica sobre su relación con Muñoz. De hecho, no le tembló el pulso al firmar la orden de destierro para Pedro Jiménez de Haro, editor de *La Crónica*, periódico que sólo había publicado cinco números hasta entonces, y para Ángel Iznardi, firmante de un polémico artículo y fundador luego de *El Eco del Comercio*.

¿Qué pecado tan grave habían cometido ambos para merecer semejante castigo?

Bastó con que publicasen el siguiente suelto, el 5 de febrero de 1834, un mes después de la boda secreta de la reina con su guardia:

> Ayer se presentó Su Majestad la Reina Gobernadora en *char avant* [*sic*] carruaje abierto, cuyos caballos dirigía uno de sus criados, y en el asiento del respaldo iba el Capitán de Guardias, Duque de Alagón.

Resultó que el «criado» era el propio Muñoz. Pero la reina se tomó el error como un ultraje y, sin pensarlo dos veces, ordenó cerrar el periódico y desterrar de la corte a los responsables de la afrenta.

Con razón escribía el afectado Iznardi a su amigo cubano Domingo del Monte una desconocida carta, digno ejemplo del profesional íntegro, reacio a revelar sus fuentes ante la mayor adversidad.

Fechada el 24 de febrero de 1834, en Carabanchel Alto, la misiva contextualiza también la pugna política entre liberales y carlistas, a propósito de la relación de la reina con Muñoz, estando «tan cercana la privanza de Godoy».

Dice así:

Aquí me tienes, desterrado de la Corte no sé por cuántos días: el motivo es el más liviano que tú te puedas figurar, porque se reduce a haber insertado la noticia de que la Reina había salido a paseo, gobernando los caballos de su coche uno de sus criados, según lo leerás en el número 5 de *La Crónica*, que te remito. La noticia la remitió a la redacción D. Andrés Arango, pero no conviniendo a éste dar la cara ni siendo decente que yo lo descubriera, me tienes aquí purgando pecados ajenos, si es que ha habido pecado, que yo no lo creo. En Madrid se ha dicho que un tal Muñoz, a quien la reina ha elevado a gentilhombre desde guardia de corps, era precisamente el que iba rigiendo los caballos, y sea que la reina descubriese alguna alusión maligna en el artículo, cosa que yo no descubro ni hubiera consentido, o sea que a Muñoz disgustase que se le llamase criado, lo cierto es que el Superintendente de policía, por orden verbal de la reina, suprimió *La Crónica* y me desterró. Te aseguro, Domingo mío, que en este lance he sentido mucho menos mi propia desgracia que el descrédito que ha traído sobre la reina esta medida arbitraria; porque, como tú sabrás, la suerte de los liberales de España está unida, en el día, con la de la reina, y el perderse ella es perdernos nosotros, al menos por ahora. Desde este suceso no queda cosa que no digan los carlistas de las relaciones de María Cristina con Muñoz, y como está tan cercana la privanza de Godoy, la comparación es cómoda de hacer y las consecuencias tristes de sacar.

Si María Cristina de Borbón era suspicaz hasta ese extremo, se comprenderá mejor por qué guardaba tan celosamente el secreto de su enlace con Muñoz.

Pero la boda de poco sirvió para tranquilizar su escrupulosa conciencia, pues jamás resultó válida ni para las leyes canónicas que el clérigo, recién ordenado, desconocía, ni mucho menos para las civiles.

Amigo y paisano del contrayente, Marcos Aniano González había pasado por alto la imprescindible intervención del párroco en la ceremonia, prescrita por el Concilio Tridentino, que era ley del reino.

La verdad era tan incómoda y doliente como que la piadosa María Cristina y su no menos compasivo esposo habían convivido maritalmente en pecado mortal, como simples amantes y padres de una prole de ocho hijos ilegítimos.

Por eso, en cuanto regresó a Madrid, tras varios años de exilio en París durante la regencia del general Espartero, María Cristina recurrió a su hija Isabel II para que revistiese a su amado Muñoz con todos los honores posibles.

Sumisa y complaciente con su madre, Isabel II dispuso así este real decreto el 12 de febrero de 1844:

> En atención a las particulares circunstancias y a los méritos que concurren en D. Agustín Fernando Muñoz Sánchez, y teniendo en cuenta la alta consideración que por su distinguida posición merece, vengo en hacerle merced de Grande de España de primera clase con el título de duque de Riánsares [nombre de una ermita cercana a Tarancón], para sí y sus descendientes primogénitos por el orden de sucesión regular,
>
> Yo, la Reina

El hijo de los estanqueros de Tarancón quedó así equiparado, por el favor real, a la jerarquía civil más cercana a la realeza.

Sobre él recayeron, desde entonces, todo tipo de títulos y distinciones: marqués de San Agustín; el collar del Toisón de Oro, la más alta condecoración de los Borbones españoles; la maestranza de Granada; cruces y más cruces…

Pero nada de todo eso podía librarle de una preocupación que aún le quitaba el sueño.

LA CEREMONIA DE LA VERDAD

En el Archivo Histórico Nacional localicé un librito cuyo título despertó por sí solo mi curiosidad: «Desposorio del Excmo. Sr. D. Agustín Fernando Muñoz y Sánchez, duque de Riánsares, con S.M. la Augusta Reyna Madre Dña. María Cristina de Borbón», leí, sin dar crédito.

¿Era acaso aquel documento el testimonio fehaciente del inválido casamiento oficiado en 1833 por el sacerdote Marcos Aniano, amigo de Muñoz?

Enseguida comprobé que no era así, sino que tenía ante mis ojos un revelador legajo jamás publicado.

Suscrito el 12 de octubre de 1844 por don Juan José Bonel y Orbe, obispo de Córdoba y confesor de la reina Isabel II, en la primera parte del documento se aludía al real decreto expedido por Isabel II el día anterior, según el cual:

Atendiendo a las poderosas razones que le había expuesto la referida Señora Su Muy Augusta Madre y después de haber oído a su Consejo de Ministros, había venido en *autorizarla para que contraiga matrimonio con don Fernando Muñoz, duque de Riánsares* [la cursiva es mía] declarando que por este matrimonio de conciencia, o sea con persona desigual, no decae de mi gracia y cariño, y que debe quedar con todos los honores y prerrogativas que le corresponden como Reyna Madre, pero que su marido sólo gozará de los honores, prerrogativas y distinciones que por su clase le competan, conservando sus armas y apellidos; y que los hijos de este matrimonio quedarán sujetos a lo que dispone el artículo doce de la ley nueve, título segundo, libro décimo de la Novísima Recopilación, pudiendo heredar los bienes libres de sus padres con arreglo a lo que disponen las leyes.

El confesor de Isabel II proclamaba nada menos que ésta había autorizado a su madre a contraer matrimonio con su guardia de corps… ¡señal inequívoca de que la pareja aún no estaba casada ni canónica ni civilmente!

Recordemos que esto sucedía en octubre de 1844, y que el primer hijo de María Cristina y de Muñoz, al que siguieron luego otros siete «muñoces», como se les dio en llamar entonces, había nacido diez años atrás.

Tan sólo faltaba por venir al mundo el último de esos «muñoces», José María, el cual lo haría dos años después, cuando su madre tenía ya cuarenta años de edad.

El documento revelaba también que tampoco existía el «matrimonio secreto» que algunos historiadores, incluidos varios biógrafos de Isabel II y de María Cristina, habían referido como válido en sus obras.

Más claro, agua: María Cristina seguía siendo viuda de Fernando VII, mientras que Agustín Fernando Muñoz era un soltero ya maduro, a quienes la reina Isabel II autorizaba por fin a convertirse en esposos legítimos en octubre de 1844, once años después de la muerte de Fernando VII.

Prosigamos ahora con el increíble relato del obispo de Córdoba. Tras anunciar que unía la Real Orden mencionada al expediente formado «para la práctica de las diligencias de exploración de libertad y voluntad de los señores contrayentes, bajo el competente número de testigos que prestaron sus declaraciones respectivas, y dispensadas las canónicas amonestaciones por las graves causas que son muy obvias», dio así comienzo a la descripción de la ceremonia matrimonial:

Nos revestimos de medio pontifical en el Altar portátil colocado al efecto en la misma habitación, asistido del señor D. Nicolás Luis de Lezo Racionero, de la Santa Iglesia Patriarcal de Sevilla, capellán de honor de S. M. y maestro de ceremonias de su Real Capilla, y con todas las que prescribe el Ritual Romano, y a la hora de las *nueve y media de la noche desposamos por palabras de presente que hacen y celebran verdades, y legítimo matrimonio según orden de Nuestra Santa Madre Iglesia, recibiendo sus recíprocas promesas y consentimientos al referido Excmo Sr. D. Agustín Fernando Muñoz y Sánchez,* natural de la villa de Tarancón, Obispado de Cuenca... *de estado soltero* y de edad de treinta y seis años cumplidos en cuatro de mayo último, *con S. M. la Señora Doña María Cristina de Borbón, viuda del señor Rey don Fernando Séptimo* que está en gloria... de edad de treinta y ocho años cumplidos en veintisiete de abril último. [La cursiva es mía.]

El documento probaba así que María Cristina de Borbón y Agustín Fernando Muñoz contrajeron «matrimonio legítimo» el 12 de octubre de 1844, a las nueve y media de la noche, en los aposentos privados de la Reina Gobernadora, ante un altar portátil alrededor del cual se congregaron los oficiantes y contrayentes referidos.

De la ceremonia matrimonial dieron fe, como testigos, el presidente del Gobierno, Ramón María Narváez, además de Alejandro Mon, secretario de Estado y del Despacho de Hacienda; Luis Mayans, de Gracia y Justicia; Francisco Armero Peñaranda, de Marina, y Pedro José Pidal, de Gobernación, entre otros.

La nueva situación civil de la reina, dejando de ser viuda para pasar a segundas nupcias, hizo que perdiese su pensión de viudedad.

El 8 de abril de 1845 el Congreso le concedió, sin embargo, una asignación de tres millones de reales como tributo de gratitud nacional por sus servicios al Estado.

La viuda de Fernando VII se convirtió así, finalmente, en esposa del antiguo soltero de Tarancón.

DOBLE VIDA

La insistencia en este punto resulta crucial para entender por qué María Cristina de Borbón llevó una doble vida hasta que su hija Isabel II fue reina efectiva.

Por un lado, María Cristina quiso evitar de aquel modo que el matrimonio morganático con su guardia de corps le impidiese ocupar legalmente la regencia durante la minoría de edad de su hija; por otro, temió que su matrimonio desigual sirviese también a sus enemigos políticos para poner en tela de juicio el futuro reinado de Isabel II.

Indignados con Fernando VII por restablecer la Ley de Partida, tras derogar la «Ley Semisálica» de Felipe V, para que su hija Isabel II pudiese reinar en lugar de su tío Carlos María Isidro, los carlistas tampoco estaban dispuestos a tolerar que María Cristina ejerciese como regente habiendo celebrado un matrimonio desigual con Muñoz. Para colmo, existía el riesgo de que descubriesen que la cuñada de Carlos María Isidro, nominado Carlos V, era madre soltera de ocho hijos.

Al drama exterior se unía el no menos intenso drama interior que asolaba a María Cristina, cuya piadosa conciencia se debatía en torno a la validez o no de ese matrimonio improvisado en una estancia de palacio, meses después de fallecer su marido.

La posibilidad de que el enlace fuese nulo la convertía, a ojos de la nación, en la vulgar amante de un apuesto guardia de corps, además de en madre soltera de ocho hijos. Si en cualquier monarquía del mundo una situación semejante sería aún hoy motivo de escándalo, convirtiéndose en comidilla de políticos y periodistas, imagine el lector las terribles consecuencias que hubiese tenido hace más de siglo y medio.

Con razón, el conde de Romanones advertía la terrible odisea interior y el sufrimiento contenido de María Cristina para no perder lo que más anhelaba en el mundo:

> En la lucha que ésta sostuvo para conservar la Regencia y no abandonar a su hija Isabel y a la vez seguir los impulsos de su corazón, lucha tremenda, que sintetiza seis largos años de tortura, en que se puso a prueba su bien templado ánimo, puede encontrarse la explicación del hecho extraño de que, habiendo contraído nupcias, o creyendo haberlas contraído con Muñoz, a los diez días de conocerle y a los tres meses de ser viuda, dejara pasar once años sin hacerlas públicas, y, aun requerida por Cortina, al renunciar la Regencia, se negara a reconocer que hubiera mantenido relación alguna con el garrido guardia de Corps.

Tampoco resulta así extraño el comentario de José Montero Alonso:

> Las modas de la época —miriñaque, ropas abultadas, abundancia de adornos— permiten disimular el estado físico determinado por los embarazos de la reina. Mas no faltan, explicablemente, comentarios, hablillas y malicias sobre una realidad difícilmente ocultada. Alguien, por ejemplo, ha dicho que nuestra reina es una dama casada en secreto y embarazada en público.

Romanones abundaba en esta misma paradoja:

> María Cristina de Borbón se presentaba en público con frecuencia en visible estado de embarazo, cuando oficialmente

era viuda; así compareció ante las Cortes para jurar el Estatuto Real.

Aun así, María Cristina hizo todo cuanto estuvo de su mano para disimular sus continuos embarazos.

El 29 de agosto de 1834 huyó espantada de La Granja, tras desatarse una epidemia de cólera en Segovia, refugiándose en El Pardo, donde se encerró aprovechando el rigor sanitario para no ser vista en los tres últimos meses de gestación.

El 17 de noviembre, entre las once y las doce de la noche, alumbró a su primera hija con Muñoz, María de los Desamparados, asistida por su suegra, doña Eusebia Sánchez, y por el médico de palacio, don Juan Castelló.

Tan sólo nueve días después del parto, la reina tuvo ya que pasar revista en la Florida al segundo escuadrón de guardias que salió para el norte.

En la misma noche del alumbramiento, sacaron a la recién nacida en un coche cerrado por la puerta de El Pardo situada frente a Las Rozas. La pequeña iba en brazos del administrador del Real Sitio, don Luis, acompañado del doctor Castelló, quienes la entregaron luego a la señora Rafaela Tadea Castañedo, viuda del antiguo administrador de la granja Villanueva. Esta mujer estableció su residencia en Segovia junto con la niña y un ama de cría, para que estuviese más cerca de sus verdaderos padres.

Al año siguiente, María Cristina intentó de nuevo conciliar su doble vida.

El 29 de mayo de 1835, embarazada otra vez, acudió desde el Palacio de Aranjuez a clausurar el Parlamento, regresando ese mismo día al Real Sitio.

El 8 de julio volvió a Madrid; a los tres días se trasladó a La Granja para vivir aislada y lo más cautelosa posible, debido a su estado.

Por eso, el 17 de julio expidió una Real Orden el mayordomo mayor, marqués de Valverde, suprimiendo los besamanos. Todas las precauciones fueron pocas. Desde La Granja salían cada tarde María Cristina y Muñoz hacia la finca de Quitapesares, donde se declararon mutuo amor, para encontrarse con su hija, traída desde Segovia por la señora Castañedo y el ama de cría en un espléndido coche. Los encuentros diarios hicieron que muy pronto, entre los vecinos del lugar, la niña empezase a ser conocida como «la hija de la reina».

El 14 de agosto, embarazada de seis meses, María Cristina tuvo que cumplir de nuevo con sus obligaciones de regente, acudiendo a un gran Consejo de Ministros y Magnates convocado por el conde de Toreno con motivo del pronunciamiento de varias provincias.

El 12 de septiembre volvió a encerrarse en El Pardo, donde ni los gentilhombres ni las damas la vieron en mucho tiempo.

Nacida al fin María del Milagro, el 8 de noviembre de 1835, fue conducida en enero del año siguiente a París con su hermanita María de los Desamparados. Su abuelo paterno Juan Muñoz y el sacerdote Juan González Caboreluz, tío del confesor Marcos Aniano González, a quien aquél debía el favor de su nombramiento como oficial de la Real Biblioteca, hicieron juntos el viaje con las dos niñas.

Para evitar sospechas, alegaron que el motivo del viaje era un encargo de libros de la biblioteca al padre González Caboreluz. Una conocida casa de comercio de Aranjuez financió los gastos de estancia de los niños en París. Pronto corrió la misma suerte que sus dos hermanas mayores el resto de la prole ilegítima de María Cristina y Agustín Fernando Muñoz.

Pasaporte falso

María Cristina cuidó hasta el último detalle para consolidar su doble vida de reina y madre de ocho bastardos.

Viajar a París requería exhibir en la frontera un pasaporte falso que no levantase sospechas sobre la verdadera identidad de su poseedora.

Nadie absolutamente, fuera de su círculo más íntimo de familiares y amigos, debía saber que ella, madre de la reina de España y antigua regente de la nación, residía temporadas en París con su esposo y sus hijos.

En el Archivo Histórico Nacional hallé el documento diplomático que, con el número 5.162, permitió a la reina cruzar de incógnito el puesto fronterizo en numerosas ocasiones.

Resultaba curioso que el titular de ese falso pasaporte fuera una tal «condesa de la Isabela», parecida distinción a la que, en 1848, concedió Isabel II a su hermanastra Cristina Muñoz y Borbón, titulándola «marquesa de la Isabela».

El desconocido documento acreditativo, encabezado por el primer secretario de Estado, duque de Sotomayor, dice así:

> Por cuanto ha resuelto conceder pasaporte a la Señora Condesa de la Isabela que con su familia, comitiva y criados pasa a Francia.
>
> Por tanto ordena a las autoridades civiles y militares del reino le dejen transitar libremente y a las de los países extranjeros adonde se dirija pide y encarga no pongan embarazo alguno en su viaje a la referida Señora Condesa de la Isabela y demás personas que la acompañan.
>
> Antes bien le den todo el favor y ayuda que necesitase, por convenir así al bien del servicio nacional.

Dado en Madrid, a 6 de mayo de mil ochocientos cuarenta y siete.

EL DUQUE DE SOTOMAYOR

Otro duque, el de Riánsares, necesitaba también su propio pasaporte para cruzar la frontera francesa. Sólo que el suyo, a diferencia del de su esposa, fue expedido con su verdadero nombre.

El capitán general de Castilla la Nueva se lo facilitó sin rechistar.

Dice así:

> Concedo libre y seguro pasaporte al Excmo. Sr. Duque de Riánsares, Reg. de Caballería, que pasa a París acompañando a S. M. la Reina Madre.
>
> Por tanto ordeno y mando a los jefes militares y autoridades civiles sujetos a mi jurisdicción, y a los que no lo están, pido y encargo no le pongan impedimento alguno en su viaje, antes bien le faciliten los auxilios que se expresan y raciones que se marcan, pagando los bagajes a los precios reglados por S. M. como igualmente los que necesite y puedan contribuir al servicio nacional, anotando a continuación el comportamiento que haya tenido en su marcha. Debiendo presentar este pasaporte al Comisario de Guerra encargado de pasarle revista, según lo prevenido por S. M. en los artículos 3.º, 4.º y 5.º del capítulo 1.º de la Real Instrucción de 12 de enero de 1824.
>
> Dado en Madrid, a siete de marzo de mil ochocientos cuarenta y siete,

JOSÉ MANSO

La camarilla regia

A esas alturas, la Reina Gobernadora disponía ya de su camarilla palatina de aduladores, de la que formaban parte, en lugar privilegiado, sus propios suegros don Antonio y doña Eusebia, así como la hija de éstos, Alejandra, nombrada camarista del regio alcázar.

Completaban la nómina de favoritos don José Muñoz, contador del Real Patrimonio; don Marcos Aniano González, confesor de Su Majestad, capellán de honor, administrador del Buen Suceso, prebendado de Lérida y deán de La Habana, títulos obtenidos gracias a su amistad con Agustín Fernando Muñoz y al impagable gesto de casarlos, aunque fuese en vano; don Juan González Caboreluz, ayo de la reina Isabel II, además de oficial de la Real Biblioteca; don Serafín Valero, hijo del dómine de Tarancón, administrador de Vista Alegre; don Miguel López de Acevedo, nombrado director de la Casa de la Moneda en atención a sus servicios prestados como testigo del enlace secreto de la reina con Muñoz, siendo escribiente del consulado; don Atanasio García del Castillo, antiguo administrador de la Casa de Campo y del Alcázar de Sevilla; el ex jesuita don Juan Gregorio Muñoz, y otros parientes y amigos de la regia pareja trasladados desde Tarancón a la corte.

Los padres de Muñoz eran, como decimos, el centro medular de esa camarilla palatina. Cada vez que iban al teatro, ocupaban el palco de proscenio frente al de Su Majestad. Paseaban por el Prado en carruaje tirado por tres mulas y al despedirse de la reina, en sus frecuentes visitas a palacio, la tuteaban: «Adiós, hija».

La pasión de María Cristina y Muñoz quedaba al descubierto en los bailes organizados por la propia reina en el palacio del conde de Altamira, que en el carnaval eran de máscara.

Ningún invitado ignoraba el correspondido afecto de la reina por su guardia de corps, ni siquiera los vínculos secretos que unían a la pareja.

En uno de aquellos bailes de disfraces, todos los asistentes pudieron ver al conde de Toreno, al ministro Moscoso de Altamira, al general Freire y otros personajes de la época haciéndole la corte a Muñoz, ataviado de arriero manchego sin careta. Los demás iban, en cambio, de uniforme, excepto Toreno y Moscoso, que vestían de rigurosa etiqueta. Mientras la reina bailaba rigodones, como hacía de pequeña en la corte de Nápoles, Muñoz cenaba con Acevedo, Herrera y algún que otro amigo.

El escritor francés Charles Didier, que residió un año entero en España, recreaba el ambiente de aquellas fiestas en las que cuanto se consumía era de pago, aunque fuese un simple vaso de agua.

Resultaban cómicos, para Didier, los bailes baratos organizados por la regia pareja en su madrileño palacio de las Rejas, donde se instaló años después de la regencia. En el cuarto de los refrescos, unos mozos se encargaban de servirlos en mangas de camisa y con sucios delantales, mientras el olor del tabaco, mezclado con el de las lámparas de aceite, hacía irrespirable el ambiente en el salón de baile.

La reina bailaba casi todo el tiempo con cuantos la invitaban, que eran muchos, sin importarle la edad ni el aspecto que tuviesen. El propio Didier vio a Su Majestad bailando un *galop* con un diplomático que pasaba ya de los setenta años. Varios hidalgos decrépitos tomaban antes clases de danza en casa de la marquesa de Valverde para disfrutar luego del honor de tener a la reina por pareja.

Bailando también se ahogaban las penas.

Los ocho «Muñoces»

La prolífica María Cristina emuló a su abuela María Luisa de Parma en lo que a maternidad se refiere; los amoríos son otra cosa.

A sus dos hijas con el rey Fernando VII, las infantas Isabel y Luisa Fernanda, sumó ella los ocho vástagos que tuvo con Agustín Fernando Muñoz, de los cuales damos cumplida cuenta ahora, enumerándolos por riguroso orden de nacimiento:

1. María de los Desamparados Muñoz y Borbón (1834-1864) fue la primera condesa de Vista Alegre en 1847. Nacida en El Pardo el 17 de noviembre de 1834, contrajo matrimonio con el príncipe polaco Ladislao Czartoryski en el salón azul, llamado de la Emperatriz, de la Malmaison, la residencia que María Cristina compró a Luis Felipe de Orleans por 500.000 francos. Su descendencia se ha extinguido.

2. María del Milagro Muñoz y Borbón (1835-1856) fue la primera marquesa de Castillejo en 1847. Contrajo matrimonio en la Malmaison el 23 de enero de 1856 con Felipe, príncipe italiano del Drago. Entre sus descendientes figuran las familias italianas Colonna, Ruffo della Scaletta y Nasalli Rocca.

3. Agustín María Muñoz y Borbón (1837-1855) fue el primer duque de Tarancón, título creado el 29 de febrero de 1848 para los segundogénitos de la Casa de Riánsares. Fue también vizconde de Rostrollano y guardiamarina de la Armada. Falleció soltero en la Malmaison, en junio de 1855.

4. Fernando María Muñoz y Borbón (1838-1910) fue segundo duque de Riánsares y de Tarancón, marqués de San Agustín, primer conde de Casa Muñoz en 1848, vizconde de Rostrollano y de la Alborada en 1849. Coronel retirado de caballería, contrajo matrimonio en 1861 con Eladia Bernaldo de

Quirós y González de Cienfuegos, hija de los octavos marqueses de Campo Sagrado. Entre sus descendientes se hallan los
Muñoz, los Sánchez de Toca y los López Dóriga.

5. Cristina Muñoz y Borbón (1840-1921) fue la primera
marquesa de la Isabela en 1848 y vizcondesa de la Dehesilla al
año siguiente. Se casó con José María Bernaldo de Quirós y
González de Cienfuegos, noveno marqués de Campo Sagrado,
en la Malmaison, el 20 de octubre de 1860. Entre sus descendientes se cuentan los Álvarez de Toledo, los Mencos, Chico de
Guzmán, Allendesalazar, Méndez de Vigo, Olazábal, Espinosa
de los Monteros y diversas ramificaciones.

6. Juan Bautista Muñoz y Borbón (1841-1863) fue primer
conde del Recuerdo en 1848 y vizconde de Villa Rubio al año
siguiente, además de segundo duque de Montmorot en Francia y ayudante del emperador Napoleón III. Murió soltero, sin
descendencia.

7. Antonio de Padua Muñoz y Borbón que nació el 3 de
noviembre de 1842 y murió pocos años después de ser bautizado en París.

8. José María Muñoz y Borbón (1843-1863) fue el primer
conde de Gracia en 1848 y vizconde de la Arboleda al año siguiente. Murió también soltero y sin descendencia.

Falsedad y suplantación

Detallada la prole de María Cristina y Muñoz, nos disponemos
a exhumar otro importante documento que ha permanecido
inédito desde el 13 de octubre de 1844, cuando fue redactado
y rubricado por don Juan José Bonel y Orbe, obispo de Córdoba.

La trascendencia de este legajo, conservado en el Archivo

Histórico Nacional, aconseja reproducirlo en su integridad. La propia interesada, María Cristina de Borbón, lo llevó consigo al exilio, manteniéndolo oculto hasta después de su muerte por las poderosas razones que enseguida veremos.

La primera vez que abandonó España, en 1840, dejando a sus hijas Isabel y Luisa Fernanda bajo la tutela del regente Baldomero Espartero, María Cristina sustrajo de palacio numerosos documentos y joyas que luego reclamó en vano el propio Espartero, así como los gobernantes revolucionarios de 1854 y de 1868.

En 1840, sin ir más lejos, un grupo de expertos encargados de investigar las desapariciones informó así al gobierno en un comunicado: «Esta comisión ha hallado que se han sustraído de palacio documentos que, aun tratándose de particulares, no podían sustraerse sin delito». El dedo acusador señaló enseguida a la reina madre, que residía entonces en París.

De la lectura del documento que a continuación vamos a transcribir, cualquier fiscal que se precie hallaría hoy día materia fundada para formular una acusación por presuntos delitos de falsedad documental y suplantación de personalidad.

El lector, sin embargo, comprenderá que el modo de actuar de María Cristina de Borbón obedeció a los elevados intereses que había entonces en juego, como sin duda eran conservar la regencia y velar por el futuro de su hija Isabel II como reina de todos los españoles.

Nadie, por tanto, debía conocer su relación secreta con Agustín Fernando Muñoz, ni mucho menos saber que tenía ocho hijos ilegítimos con él, nacidos la mayoría en Madrid pero educados todos en París, lejos de la corte.

María Cristina y Muñoz urdieron con tal fin un burdo montaje, tal y como revela el siguiente documento cuyos párrafos esenciales me he permitido subrayar.

Empieza así relatando los increíbles hechos Juan José Bonel y Orbe, obispo de Córdoba:

Se dignó S. M. manifestarnos y declararnos en fe de su
Real Palabra que a consecuencia de su trato y comunicación
con el citado su señor esposo, después de haber quedado viuda con ánimo de contraer matrimonio cuando las circunstancias lo permitiesen en el modo y forma que dispusiera Nuestra Santa Madre Iglesia y llevados del mutuo amor que se
profesaban habían tenido ocho hijos bautizados en diferentes
parroquias con los nombres de otros padres por las razones que
son bien obvias.

A saber, la primera llamada María de los Desamparados,
María del Carmen, María del Milagro, Isabel, Fernanda, Juana,
que nació en diez y siete de noviembre de mil ochocientos
treinta y cuatro y fue bautizada en doce de diciembre siguiente en la Iglesia Parroquial de San Miguel y San Justo de esta
Corte por el teniente de cura de la misma D. José Velasco, poniendo por padres a don Jacobo Villanoba y Jordán, natural de
Barcelona, y doña Rafaela Tadea Castañedo Herrero, natural
de esta Corte.

La segunda, María del Milagro, María del Carmen, De-
samparo, Isabel, Fernanda, Juana, Patrocinio, que nació en
ocho de noviembre de mil ochocientos treinta y cinco y fue
bautizada en cinco de diciembre siguiente en la Iglesia Parroquial de San Millán de esta Corte por don Antonio Do-
mínguez, teniente de cura de la misma, como hija de don
Francisco Prego, natural de Marco, Reyno de León, y doña
Dolores Núñez Doménec y Castañedo, natural de Marín, Ar-
zobispado de Santiago.

El tercero, Agustín María, Raimundo, Fernando, Longi-
nos, que nació en quince de marzo de mil ochocientos treinta y siete y fue bautizado en treinta de abril siguiente en la
Iglesia Parroquial de San José de esta Corte por el teniente de

cura don Martín Fernández Campillo, expresándose por padres a don Agustín de Rivas y a doña Baltasara Sánchez.

El cuarto, Fernando María, José, Nicolás, Avelino, que nació
en siete de abril de mil ochocientos treinta y ocho y fue bautizado en veintisiete del mismo en la Iglesia Parroquial de San Ildefonso de esta Corte por el teniente de cura don Agustín Andreu con la expresión de ser sus padres los citados don Agustín
Rivas y doña Baltasara Sánchez, naturales de esta Corte.

La quinta, Cristina, María del Carmen, Juana, Eusebia, Vi-
centa, que nació en diez y nueve de abril de mil ochocientos
cuarenta y fue bautizada en veintiocho del mismo en la Iglesia
Parroquial de San Martín de esta Corte por el teniente de cura
D. Manuel Díaz como hija de don Pío Sánchez y doña María
Carrillo, naturales de esta Corte.

El sexto, Juan Bautista, María de la Guardia, Eusebio, José,
que nació en veintinueve de agosto de mil ochocientos cuarenta y uno y fue bautizado en dos de junio de mil ochocientos cuarenta y dos en la Iglesia Parroquial de La Magdalena de
París por S. Y. Pesini, presbítero, expresándose hijo de don
Agustín Funes y Carrillo, y doña María Albiol.

El séptimo, Antonio de Padua María de la Guardia Mar-
celo, que nació en tres de noviembre de mil ochocientos cuarenta y dos y fue bautizado en la Iglesia Parroquial de San Pedro de París en veintitrés de diciembre siguiente por P. F.
Choel, cura de San Pedro de Chaillot, como hijo de los citados
don Agustín Carrillo y doña María Albiol.

Y el octavo, José María de la Guardia, Eusebio, Juan, Tomás, Doroteo, que nació en veintitrés de diciembre de mil
ochocientos cuarenta y tres y fue bautizado en seis de febrero
del presente año de mil ochocientos cuarenta y cuatro en la
Iglesia Parroquial de San Germán de Auxcroir de París por J.
Sassen, presbítero de la misma, como hijo de los referidos don
Agustín Carrillo y doña María Albiol, según expresan con más
extensión las respectivas ocho partidas que nos exhibió S. M.,

advirtiéndonos estar equivocadas las fechas de los días en que nacieron los cinco primeros, que fueron los que ha manifestado, cuyos ocho hijos que actualmente viven los reconoce y ha reconocido siempre como suyos y del citado su esposo Excmo. Sr. D. Fernando Muñoz, duque de Riánsares, y como tales los han cuidado y cuidarán con el amor y cariño propio de padres, y cual corresponde a su elevada clase. Y mediante a que todos han sido tenidos en tiempo hábil para contraer matrimonio por no existir entre ambos impedimento alguno, y están ya legitimados por el subsiguiente que han de celebrar en el día anterior doce del corriente, expresaba S. M. que proveyéramos lo que creyéramos más oportuno atendidas todas las circunstancias para la enmienda, corrección o nuevo asiento de las partidas de bautismo de los referidos ocho hijos conforme exige la naturaleza e importancia del caso, a fin de que la filiación quede cierta, legal y legítima en todas sus partes con la debida claridad y expresión de día, mes y año del nacimiento de cada uno, el de su bautismo, iglesia donde se verificó, sacerdote que lo administró, padrinos, testigos y demás que pueda ser conducente para que reputados y tenidos como originales se deduzcan ahora y en todo tiempo los certificados de las partidas en el modo y forma que puedan servir estos documentos para todos los efectos que convenga, ratificándose S. M. en todo lo que deja manifestado y declarado, y expresando por último hallarse en la edad de treinta y ocho años cumplidos, y se sirvió firmarlo de que certificamos y lo firmamos,

María Cristina de Borbón
Juan José, obispo de Córdoba

A continuación, el obispo de Córdoba tomó juramento al duque de Riánsares:

Enseguida, en el referido día, mes y año [13 de octubre de 1844], y en la misma habitación de S. M., se nos presentó el mencionado Excmo. Sr. D. Fernando Muñoz, duque de Riánsares, a quien recibimos juramento en debida forma, puesta la mano sobre la cruz que traía al pecho, ofreciendo también a fuer de caballero decir verdad en lo que supiera y fuera preguntado, y habiendo leído la anterior manifestación y declaración que se ha servido hacer S. M. su Augusta Esposa la Sra. Doña María Cristina de Borbón, dijo que todo cuanto en ella se confiesa es cierto.

Por último, el obispo de Córdoba dispuso una importante medida cautelar para exonerar a María Cristina y a Muñoz de posibles responsabilidades legales, así como para proteger el buen nombre de sus ocho «hijos naturales»:

Vistas las dos anteriores manifestaciones y declaraciones en que S. M. la Augusta Reina Madre y su esposo el Excmo. Sr. D. Fernando Muñoz reconocen por hijos suyos naturales los ocho contenidos en las respectivas partidas presentadas, y no debiendo hacer la enmienda en sus originales para evitar los gravísimos inconvenientes que ofrece el caso por su naturaleza de reservado y demás circunstancias que son bien obvias, debemos mandar y mandamos que se unan a este expediente las referidas ocho partidas, y que en un libro separado se extiendan las respectivas ocho nuevas partidas de bautismo.

Así fue como nadie pudo rebatir jamás, con pruebas, la legitimidad de los hijos de María Cristina y Muñoz. Hasta hoy…

Las cartas del Vaticano

La historia de Borbones y bastardos debe escribirse, a ser posible, con documentos irrefutables.

Por eso, si en páginas anteriores presentábamos algunos legajos inéditos del expediente de fray Juan de Almaraz que cuestionan la pureza de sangre y la legitimidad de los descendientes del rey Carlos IV, además de la increíble confesión de la Reina Gobernadora sobre su matrimonio con Muñoz y sus ocho hijos naturales, en este otro capítulo nos disponemos a ofrecer reveladores despachos reservados del Vaticano y la nunciatura española sobre otro hecho de extraordinarias consecuencias para la dinastía.

Me refiero, claro está, a la probada bastardía del rey Alfonso XII, fruto de los amores tempestuosos de la reina Isabel II con otro atractivo oficial, llamado en este caso Enrique Puigmoltó y Mayans.

No en vano, en cierta ocasión la propia Isabel II, mientras discutía con su hijo Alfonso XII por cuestiones financieras, lo cual era demasiado frecuente entre ambos dado que la madre pedía constantemente al rey cuantiosos préstamos que jamás devolvía, le espetó: «Lo que tienes de Borbón lo tienes por mí». Y se quedó tan ancha.

La nieta de la ardiente y voluptuosa reina María Luisa de

Parma poco tuvo así que envidiar a ésta en amores, como enseguida veremos.

Hace ya casi medio siglo que el padre Cristóbal Fernández logró acceder a los despachos internos de la curia eclesiástica sobre tan peliagudo asunto. La casi desconocida correspondencia exhumada por el clérigo revela hechos increíbles. ¿No resulta acaso insólito que la propia Isabel II sugiriese, en un documento privado, que el padre de la criatura que llevaba entonces en las entrañas (el futuro Alfonso XII) no era su esposo, el rey consorte Francisco de Asís, sino el ya mencionado Enrique Puigmoltó y Mayans?

«¿ES QUE DESEAS QUE ABORTE?»

Fechado en Madrid, el 14 de octubre de 1857 (Alfonso XII nacería sólo mes y medio después, el 28 de noviembre), el comunicado reservado de monseñor Giovanni Simeoni, encargado interino de Negocios de la Santa Sede, al cardenal Antonelli, secretario de Estado, desliza un párrafo que le deja a uno helado.

Dice Simeoni:

> Ya en precedentes informes dije a V. E. que el general Narváez había hablado fuertemente a S. M. [Isabel II] de la obligación que le incumbía de acabar con el escándalo [el romance de la reina con Enrique Puigmoltó], habiendo sido en estos últimos meses tan enérgicas las expresiones, que la misma Reina, llorando, le repuso: «¿Es que deseas que aborte?».

Dos párrafos después, monseñor Simeoni alude a un nuevo hecho que constituye otro claro indicio de la paternidad de Alfonso XII:

Sobre la importante cautela sugerida por V. E. en su despacho de quitar de las manos del conocido sujeto [Enrique Puigmoltó] la carta de que alardea, no será tan fácil de lograrlo [*sic*] al Gobierno. La Reina misma ha prometido hacérsela restituir; pero es ésta una de esas promesas que luego no pone empeño en cumplir.

¿Qué carta era ésa tan importante que requería ser recuperada de inmediato para preservar el buen nombre de la reina Isabel II?

El propio monseñor Simeoni nos da la respuesta en otro de sus despachos oficiales al cardenal Antonelli, fechado el 15 de septiembre, más de dos meses antes del nacimiento del futuro Alfonso XII, a quien, por cierto, bautizaría luego el nuncio Lorenzo Barili en representación del papa Pío IX:

El mismo monseñor Claret [confesor de Isabel II] me ha dicho —afirma Simeoni— haberle asegurado la Reina que el padre de la prole que espera es su augusto esposo; pero que en una carta amatoria al oficial de referencia [Enrique Puigmoltó] ha escrito de su puño y letra que dicha prole debe atribuirse a ese oficial, en cuyas manos está la carta.

En román paladino: el verdadero progenitor de Alfonso XII era el capitán de ingenieros valenciano Enrique Puigmoltó y Mayans, como atestiguaba la propia Isabel II en una carta manuscrita dirigida a su amante, donde aseguraba que él era el padre del hijo que entonces esperaba.

¿No es extraordinaria esta revelación, silenciada durante tanto tiempo por obvias razones, igual que el testimonio de Juan de Almaraz?

Los Puigmoltó

Añadamos tan sólo unos rasgos del favorito de Isabel II o el padre del rey Alfonso XII, como se prefiera.

Nacido en Onteniente, en agosto de 1827, Enrique Puigmoltó era hijo de un prócer valenciano, el conde de Torrefiel, de nombre Rafael Puigmoltó y Pérez, alcalde de aquella localidad en tiempos de Fernando VII. El padre del favorito era un hombre profundamente inquieto y turbulento, que ambicionaba a toda costa figurar en la corte, pero de la cual siempre se le mantuvo alejado por orden expresa de Fernando VII.

Pese a ello, don Rafael no se cansó de elevar peticiones de gracias y recompensas; en una de ellas reclamó que se le reconociesen sus grados de militar, alegando que fue ayudante de Bessiers en 1824, como general de caballería.

Pero el conde de Torrefiel cometió la osadía de alinearse en la guerra civil junto a los carlistas, enemigos acérrimos de Fernando VII. El monarca no le perdonó jamás semejante afrenta, cerciorándose de que lo condenaban en 1836 a diez años de presidio en Ceuta por «infidencia y espionaje».

Preso en la cárcel madrileña del Saladero, Torrefiel intentó no ser trasladado a Ceuta, arguyendo enfermedades que no padecía; pero la Reina Gobernadora, tras retirarle la llave de gentilhombre, se encargó de que lo condujesen hasta allí.

Finalizada la guerra carlista, el conde de Torrefiel logró ser rehabilitado de todos sus títulos y honores. A diferencia de sus padres, Isabel II olvidó el pasado, consintiendo que se le designase senador por Madrid, en enero de 1846.

Don Rafael Puigmoltó tenía dos hijos, Rafael y Enrique. Ambos eran pendencieros y algo bravucones; ninguno de los dos se libró del arresto por dar sablazos y bofetones, o por hablar mal de un superior.

Rafael, el primogénito, siendo teniente de artillería, asistía en 1853 a los bailes y recepciones que la reina ofrecía en el palacio de La Granja. Pero el azar quiso que al año siguiente, mientras cumplía destino en Alicante, ascendido ya a capitán, falleciese a causa del cólera morbo.

Su hermano Enrique era entonces teniente de ingenieros, de guarnición en Baleares, tras pasar por la academia diez años atrás, durante los cuales pidió continuos permisos para visitar los balnearios de Puda, Vich y Baden, donde trataba de reponerse de una crónica afección herpética, similar a la que sufría su futura amante Isabel II; no en vano, a los padecimientos cutáneos de su padre, sumaba ésta el carácter herpético de su abuela María Luisa de Parma y el de su propia madre, María Cristina; herpetismo que heredaría también el tataranieto de María Luisa, Juan Carlos I, actual rey de España.

Al enterarse de la muerte de su hermano, Enrique Puigmoltó solicitó permiso a la reina para estar junto a sus padres, en Valencia.

El 8 de marzo de 1856 fue destinado como oficial del regimiento del arma, de guarnición en Madrid; se le puso, en concreto, al mando de la cuarta compañía, segundo batallón.

En la corte alcanzó el favor de la reina, que lo distinguió con la Gran Cruz de San Fernando de primera clase y con el título de vizconde de Miranda. Recompensas, como sucedía a menudo con los amantes de Isabel II, ganadas con admirable arrojo en el regio lecho, convertido en auténtico campo de batalla. Sólo que, en el caso de Enrique Puigmoltó, la condecoración de San Fernando se le otorgó por arriesgar su vida en la defensa del Real Palacio los días 14, 15 y 16 de julio de 1856, cuando el general Espartero abandonó el poder y su homólogo O'Donnell tuvo que hacer frente a la sublevación.

Tras alejarse para siempre de la villa y corte de Madrid, a raíz de su sonado romance con la reina, Puigmoltó recaló en Valencia, donde contrajo un primer matrimonio en 1863, el mismo año que fue elegido diputado por Enguera.

En 1879 ascendió a brigadier; y en 1881 obtuvo la Cruz de San Hermenegildo, casándose en segundas nupcias cuando ya era conde de Torrefiel, vizconde de Miranda y general de división.

Fallecido en 1900, el favorito se llevó buena parte de sus secretos de alcoba a la tumba. Pero aun así, los documentos vaticanos revelan hoy detalles desconocidos de su regio idilio.

CUESTIÓN DE ESTADO

Prosigamos con hechos consumados: en el mismo despacho reservado del 15 de septiembre de 1857, monseñor Simeoni ponía en antecedentes al cardenal Antonelli sobre el escandaloso romance de la reina, convertido en una peligrosa carga de profundidad para el Estado.

La trascendencia del documento nos anima a reproducirlo casi íntegro, pese a su extensión.

Dice así:

> Eminencia reverendísima:
> Hace tiempo que generalmente se viene hablando del cambio del Gabinete Narváez, a causa de la fuerte oposición que le hacen algunos, incluso pertenecientes al partido moderado. No me parece del todo ajena esta causa; *pero hay otra, bien deplorable por cierto, que no dejará de afligir el ánimo del Santo Padre [Pío IX]. Hace algunos días que ha comenzado a cundir entre la clase alta, aunque hasta ahora había podido conservarse en relativo secre-*

to, el trato que S. M. tiene, desde hace meses, con un oficial del cuerpo de ingenieros. Llega éste a las habitaciones de la Reina después de media noche, permaneciendo en ellas hasta el amanecer.

El presidente del Consejo de Ministros y el ministro de Estado han hablado fuertemente a S. M. con la amenaza de presentar la dimisión, y le han expuesto la necesidad de alejar del Real Palacio a tal sujeto; el duque de Valencia ya le habría enviado, sin más, a servir en el Ejército de Cuba o de Filipinas, si no le hubiera contenido el temor de producir, con el disgusto, alguna desgracia en el próximo parto de Su Majestad.

He tenido largo coloquio sobre este desagradable asunto con monseñor Claret, confesor de S. M., el cual, considerando que ello es ya tema de justas críticas, y que ya ha hablado seriamente sobre el caso a la Reina fuera de confesión, me ha manifestado haberla declarado repetidas veces, con enérgicas palabras, la estrecha obligación que tiene de alejar a dicho militar, no solamente del Real Palacio, sino también de Madrid; y también las funestas consecuencias que su conducta puede ocasionar a la nación y al trono. *Y quiera Dios que, dando a luz un varón, no se abran campo las dudas sobre la legitimidad del mismo* y, consiguientemente, sobre el derecho de suplantar a la hermana en la sucesión a la Corona. *El mismo monseñor Claret me ha dicho haberle asegurado la Reina que el padre de la prole que espera es su augusto esposo; pero que en una carta amatoria al oficial de referencia ha escrito de su puño y letra que dicha prole debe atribuirse a ese oficial, en cuyas manos está la carta.* Añadiome monseñor Claret que, en la triste situación en que él se halla, ha dicho claramente y más de una vez a la Reina que le es imposible aguantar tal estado de cosas; y que la Reina, a sus muchísimas y graves reflexiones, siempre le había mostrado buena voluntad, prometiéndole, hasta con lágrimas en los ojos, alejar de Madrid el objeto de sus ilícitos amores; pero, hasta el presente, no lo ha hecho [la cursiva es, una vez más, mía].

En febrero de 1858, Isabel II no sólo seguía sin cumplir su promesa hecha al padre Claret, sino que sus relaciones con Puigmoltó eran aún más intensas.

El propio nuncio Barili daba fe de ello, en otro comunicado fechado el día 25 de aquel mes:

> El mismo monseñor Claret con toda firmeza me ha asegurado, a primeros de este mes, que él estaba engañado y que las deplorables relaciones de Su Majestad con el joven oficial de ingenieros, acaso nunca de veras rotas, poco después del nacimiento del príncipe de Asturias se han reanudado con gran vigor. Le pregunté que dónde pudo obtener indicios tan fuertes para caer en un parecer tan contrario al anterior, y me respondió que algunas de las más ilustres damas de la reina y algún probo oficial de Palacio se lo habían comunicado, inculpando de ello a otro oficial y a una camarera secreta, no sólo de intervenir, sino desgraciadamente en Palacio hay división de partidos entre los cortesanos, procurando los unos insinuarse en el afecto de la Reina, en detrimento de los otros.

Previamente, monseñor Simeoni había llamado la atención, con extraordinaria perspicacia, sobre las dos causas que, en sus propias palabras, convertían a la reina en esclava de «una pasión que la domina»:

> Estoy cada día más persuadido —advertía el encargado de Negocios de la Santa Sede— de que son dos principalmente las causas: la primera, la educación que le dieron en los primeros tiempos de revolución, encaminada precisamente a pervertirla; no me es grato referir aquí las indignas artes empleadas para lograr el inicuo fin; la segunda causa debe atribuirse a los que se empeñaron en unirla en matrimonio con un joven de ningún criterio [Francisco de Asís] y de figura casi ridícula, ha-

cia el cual la augusta esposa nunca pudo concebir sentimientos, no diré ya de amor, ni siquiera de simpatía. Añada V. E. a todo esto el incentivo por parte de personas que están a su lado, y reparará en que si la Reina merece por su conducta alta desaprobación, también por otra parte merece compasión.

Permítame el lector una reflexión fugaz: ¿no eran acaso las dos razones esgrimidas por Simeoni argumentos de peso para proceder a la anulación eclesiástica del matrimonio entre Isabel II y Francisco de Asís?

Las cartas del Papa

Lejos de arreglarse, el escandaloso romance de la reina y el oficial de ingenieros adquirió proporciones inusitadas, hasta el extremo de que obligó a intervenir al mismísimo pontífice.

Al padre Vicente Cárcel Ortí, notable historiador de la Iglesia española contemporánea, debemos la exhumación de importantes documentos vaticanos.

El 13 de marzo de 1858, el cardenal Antonelli hizo llegar así al nuncio Barili un despacho, acompañado de dos cartas personales de Pío IX para Isabel II y Francisco de Asís, cuya entrega confió el Papa a la propia discreción de su representante en España.

El despacho reservado dice así:

No hace falta decirle —advertía el cardenal Antonelli al nuncio Barili— de cuáles molestos pensamientos está preocupado el ánimo del Santo Padre, calculando las desastrosas consecuencias que hace temer, ya referente a la religión, ya al orden público, ya a otros, incluso personales, un asunto tan grave y que ha adquirido tales proporciones, que le hacen objeto de perniciosos e inconvenientes comentarios.

Ha creído, por consiguiente, el Santo Padre haber llegado el momento de usar con SS. MM. los paternales avisos y las solícitas insinuaciones que, respectivamente, se dirigen a ambas partes. Éste es el objeto de las dos cartas autógrafas adjuntas, cuyo contenido ha querido Su Santidad que V. S. I. conozca enteramente, remitiéndole a tal fin copias exactas.

En cuanto a poner tales cartas en manos de Sus Majestades, se deja enteramente al parecer de V. S. I., cuya perspicacia y prudencia sabrá bien determinar tanto la oportunidad de darles curso, como el modo de hacerlo en tiempos tan inciertos.

Espero alguna noticia sobre el recibo de las supradichas cartas y el parecer de V. S. I. sobre su entrega.

Pero monseñor Barili no estimó oportuno entregar, de momento, las cartas del Papa a los reyes. La razón constituía en sí misma una esperanza: movida por los consejos de su confesor, la reina había experimentado una conversión interior que le hizo asistir a unos ejercicios espirituales, tras los cuales ordenó el traslado definitivo de su amante a Valencia.

El propio nuncio Barili daba así cuenta de ello al cardenal Antonelli, el 12 de abril:

> Eminencia reverendísima:
>
> No se me ha presentado ocasión para poder contestar con la necesaria precaución y con toda la amplitud correspondiente al despacho reservado de V. E. I. de 13 de marzo, que me trajo el señor Pablo de Marchesi del Búfalo. Pero no queriendo diferir más lo que hay de más esencial en el argumento de que allí se trata, diré que llegó cuando la Reina estaba terminando un curso de ejercicios espirituales, dirigidos por su confesor, y que el Martes Santo, previa la confesión, comulgó para cum-

plir el precepto de la Iglesia. Dudando de la oportunidad del momento para la comisión que se me había confiado, quise aconsejarme, recomendado el mayor secreto, con el confesor, quien me dijo tener ahora esperanzas de que las cosas no irían mal, y que, por consiguiente, era de parecer que ese aviso del Santo Padre, de momento no necesario, podía reservarse como recurso supremo para otra grave circunstancia, si desgraciadamente se repitiese. Me parece recto el consejo, sobre todo reflexionando que en la Reina produciría muy fuerte impresión el saber que Su Santidad estaba informado de ciertas cosas. De haber necesidad, no habría que atender a esto; pero no habiéndola, convenía no arriesgarse a alguna consecuencia desagradable.

Mas si el Santo Padre, en su alta prudencia, me encarga que se dé curso (y puede indicármelo con esa frase por telégrafo, si es preciso) procuraré obedecer de la mejor manera.

¿Leyó finalmente Isabel II la carta de Pío IX? No puede afirmarse con rotundidad. Pero he aquí, ahora, un extracto de esa misiva secreta para quien quiera hacerlo. Conservada en el archivo de la Academia de la Historia, de donde la rescató hace tiempo Carmen Llorca, dice así:

El interés que tomo por todo aquello que afecta a su Augusta Persona, me ha aconsejado manifestarle lo que ha llegado a mis oídos en estos mismos días. Parece que una persona muy influyente en el presente estado de cosas en España, trata de introducir en la Corte a alguien cuya proximidad daría pretexto a los enemigos del trono y a los agitadores políticos para hablar contra V. M., buscando disminuya el respeto que se le debe. Por lo demás, cualquiera que sea la importancia que se deba dar a estos rumores, cierto es que en el actual estado de cosas todos debemos levantar los ojos al Cielo.

¿Quién era el conspirador anónimo que intentaba, según el Papa, introducir a Enrique Puigmoltó en la corte para desprestigiar a la reina?

Con certeza, tampoco se sabe.

De todas formas, la carta de Pío IX evidencia su gran interés por los asuntos de España, así como la cantidad de personas ávidas de influir en la moldeable Isabel II.

ULTIMÁTUM DEL CONFESOR

La insistencia del padre Claret, acompañada de sus oraciones y penitencia constantes, abrieron finalmente los ojos a Isabel II. La reina expulsó de la corte a su favorito, sumida temporalmente en los más elevados designios.

Previamente, el nuncio Barili había informado al cardenal Antonelli sobre el ultimátum del confesor a Isabel II para que zanjase de una vez el escándalo:

> En consecuencia, lleno de celo como está [el padre Claret], y usando de apostólica libertad, protestó ante la Reina que no podía él con su presencia cohonestar semejante escándalo, ni ser tenido ante el público por un estúpido que no ve lo que tiene delante de los ojos, ni ser vergonzoso traidor a sus deberes; así que escogiese la Reina entre cumplir las promesas tantas veces repetidas o entre su partida de Madrid. La Reina se echó a llorar, suplicando a monseñor Claret que no la abandonase; éste, sin embargo, tras largos discursos, repuso que ya no se fiaría más de palabras, sino de hechos. Por lo cual,
>
> 1.º S. M. debería hacer vida conyugal con su marido por las noches.
>
> 2.º Ordenar la salida de Madrid del joven con quien tenía relaciones.

3.º Licenciar de su servicio a la sobredicha camarera y al indicado oficial de Palacio [los cuales, según informaba el nuncio, facilitaban los encuentros entre la reina y su amante]; y mientras no le constase que todas estas tres cosas se habían hecho, él no volvería más a Palacio.

Pero la reina se mostró aún remisa, dejándose cortejar unos meses más por el oficial de ingenieros. Su confesor se vio obligado así a cumplir su palabra, alejándose un tiempo de la corte.

Meses después, como ya sabemos, Isabel II regresó al redil, desembarazándose del único hombre en su vida que le dio un hijo varón y un heredero, aunque fuese ilegítimo.

Pero la concupiscencia de la carne siempre fue mucho más fuerte en ella que todos sus buenos propósitos.

EL PRIMER ADULTERIO

Monseñor Brunelli, representante de Pío IX en España entre 1847 y 1854, fue el primero en denunciar al Papa las bajas pasiones de la reina ninfómana.

Poco después de llegar a Madrid, en julio de 1847, Brunelli informó al Vaticano sobre la que él mismo calificó como «vida extremadamente desordenada» de Isabel II.

He aquí su despacho cifrado:

Por desgracia debo decir que no podemos contar para nada con la Reina, porque son muy pocas las cosas que dependen de su voluntad. Y lo peor es que, por la desviación de sus principios, la mala inclinación de su corazón y la superficialidad de su inteligencia, no se da cuenta, o mejor dicho, es incapaz de percatarse de las urgentes necesidades de la religión y de la Iglesia en sus extensos dominios. Lleva una vida extremadamente desordenada, que provoca grave escándalo en la nación, inquieta y disgustada por otros mil motivos. Si manifiesta alguna inclinación hacia la Santa Sede y su delegado es sólo con la esperanza de conseguir la nulidad de su matrimonio.

Brunelli confirmaba así un nuevo escándalo de la reina, unida entonces al general Francisco Serrano —el «general Bonito», como ella le llamaba—, predecesor de Enrique Puigmoltó.

En honor a la verdad y en su propio descargo, añadiremos que Isabel II, con tan sólo dieciséis años, fue obligada por su madre a desposarse con su primo hermano, al que no podía ver ni en pintura.

El gran rédito político que la Reina Gobernadora pretendía obtener con semejante enlace consanguíneo entre una mujer ardiente como Isabel II y un hombre apocado como Francisco de Asís, no justificó su cruel decisión.

Aquella boda impuesta despertó el temperamento pasional que la joven reina había heredado de su abuela y de su madre.

No en vano María Luisa de Parma, la abuela, había sucumbido a los encantos del guardia de corps Manuel Godoy, mientras que María Cristina de Borbón, la madre, hizo lo mismo con el también oficial Agustín Fernando Muñoz, desposándose con él en secreto.

Tres reinas de la Casa de Borbón —María Luisa, María Cristina e Isabel II— bebieron así los vientos por tres hombres uniformados.

Del primer adulterio de Isabel II, casada con su primo Francisco de Asís, daba fe el ex ministro García Ruiz, contemporáneo de los hechos, en sus *Historias*:

De entre las liviandades del Real Palacio no salían más que intrigas estériles, cambios infecundos de Gabinetes y escándalos a montones y de todas clases... El rey Francisco, que estaba separado de su mujer, no por celos, que no tenía, sino por odio personal a Serrano, favorito de aquélla, vivía en El Pardo, y el Gobierno procuró cortar el escándalo que tal separación producía, y al efecto comisionó a Benavides, hombre agudo y despreocupado, para que viese de convencer al esposo de que se uniese a la esposa.

Mejor informado aún estaba monseñor Brunelli, que aludía al primer romance extraconyugal de la reina en este otro despacho reservado:

La relación sentimental de la soberana con el general Serrano es notoria, y todos hablan de ella sin reserva ni respeto alguno. Mientras la reina está en Madrid, el asunto pasa inadvertido; pero cuando marcha de veraneo aumenta el escándalo, como ocurrió el mes de mayo en Aranjuez y recientemente en La Granja, ya que no se toman precauciones. El general Serrano ha seguido a la reina, que no convive con su marido, y nunca la abandona; pasean juntos y asisten a las cacerías, carreras de caballos, al teatro y hacen algunas excursiones por Segovia y El Paular. Estas imprudencias han provocado reacciones en los círculos políticos y en la prensa, y el propio Gobierno está preocupado por las graves consecuencias que la escandalosa conducta de la soberana puede provocar y ha convertido en tremenda cuestión política lo que en principio pareció ser simplemente un entretenimiento pasajero de la temperamental reina.

El rey consorte Francisco de Asís tampoco soportaba a su libertina esposa, como advertía el nuncio Brunelli en otro comunicado que dejaba la reputación de aquélla por los suelos:

> El rey, insensible a cualquier manifestación amorosa de su esposa, no sólo no siente por ella la menor atracción, sino que le repugna y trata de evitar cualquier contacto con ella porque la teme, creyéndola capaz de cualquier exceso. Es verdad, por otra parte, que en los pocos meses que han convivido no han faltado por parte de la reina algunos momentos de gran excitación y furor, que han llegado a poner en grave peligro la integridad personal del rey. Por ello el ministro Pacheco me advertía que una eventual unión de los regios esposos bajo el mismo techo podía dar origen a nuevos y más graves escándalos. No cabe duda, sin embargo, que el rey estaría dispuesto a reanudar la vida matrimonial al menos de forma aparente, con el fin de calmar las habladurías de la Corte y del pueblo. Pero la dificultad principal, dificultad insuperable de momento, nace de la reina. Habría que conocer muy a fondo su carácter y seguirla muy de cerca para darse cuenta de todas sus extravagancias. Odia a su esposo porque ni física ni espiritualmente le place y porque es más fuerte su pasión por personas que la adulan y despiertan en ella vicios y caprichos; porque hay que decir que, además de sus relaciones ilícitas con el general Serrano, la reina se presenta y se comporta muchas veces en público de forma chocante y populachera. Y lo peor es que nadie puede corregirla ni aconsejarla. Los principios religiosos no le dicen nada, porque en su primera infancia fue obligada a las prácticas religiosas y ahora le aburren y molestan tanto que los viola continuamente sin remordimiento alguno.

MALAS INFLUENCIAS

Monseñor Brunelli responsabilizaba en parte al embajador británico en Madrid, Edward George Bulwer-Lytton, de la deplorable conducta de la reina, a quien, en sus propias palabras, «rodeaba de personas desacreditadas y depravadas que la pervierten con sus consejos».

Dispuesto a no dejar títere con cabeza, el prelado atribuía también al infante Francisco de Paula (presunto hijo de Godoy, como ya vimos) una mala influencia sobre su sobrina.

El primero de los acusados por Brunelli, el diplomático Bulwer-Lytton, era autor de célebres comedias y novelas históricas como *Los últimos días de Pompeya* y *Rienzi*, publicadas ambas con gran éxito en 1835.

Recordemos a este propósito que monseñor Simeoni, encargado de Negocios de la Santa Sede, reprobaría años después, sin facilitar nombres, esa misma influencia perniciosa de que era víctima Isabel II.

Brunelli, por su parte, denunciaba así los hechos:

> Este hombre [Bulwer-Lytton] que no tiene religión alguna, y de quien son conocidas su mala fe y su desenfrenada moralidad, es el autor de la total perversión de mente y de corazón de la joven soberana, que por otra parte es digna de la mayor compasión, tanto por la edad en que ha subido al trono, como por la educación que ha recibido y los ambientes en que ha vivido. Cómplice y consejero fue, entre otros, un tal Enrique Mislei, famoso revolucionario italiano, amigo del embajador inglés, que consiguió hacer llegar a manos de la reina los primeros libros contra la fe y las costumbres. Igualmente influyeron en ella su tío don Francisco de Paula y su primo, el infante don Enrique [ambos masones], comprados con elevadas

cantidades de dinero de las cuales tenían urgente necesidad para pagar las enormes deudas contraídas y satisfacer sus vicios. Además, el embajador Bulwer, gracias a la amistad personal que le une a la reina, ha sabido rodearla de personas desacreditadas y depravadas que la pervierten con sus consejos.

De esas malas compañías, tanto para la dócil reina como para su no menos impresionable esposo, dejó constancia Ildefonso Bermejo, conocedor de no pocas intimidades de los monarcas, en su *Estafeta de Palacio*:

> ¿Qué consejeros íntimos tenía la reina? Muchos que desatinaban y uno que le decía: «Señora, divorciaos de vuestro esposo; declaradle impotente y la ley os favorecerá». ¿Quién aconsejaba al rey? Muchos insensatos, y entre ellos uno más arrojado que todos, que le decía, presentándole una pistola: «Tomad, señor, amartillada; yo os diré dónde encontraréis a Serrano y disparadla contra su corazón». Una y otra cosa se propuso, pero ninguna se llevó a cabo, aunque lograron la separación.

No le hizo falta al rey consorte disparar finalmente aquella pistola contra su odiado general Serrano, pues muy pronto éste salió del corazón de su esposa sustituido por Puigmoltó.

LA PRIMOGÉNITA BASTARDA

Con motivo de este nuevo idilio, el nuncio Barili había cursado este revelador despacho al Vaticano:

> Estoy esperando la respuesta a S. M. del Santo Padre sobre el bautismo de la futura prole. Aunque las desagradables noticias por mí suministradas en el pliego anterior tienen alguna

publicidad, Vuestra Eminencia verá si deben tenerse en cuenta para la gracia solicitada. Lo que puedo decir es que, con ocasión de pedir la ropita bendecida para la princesita de Asturias [Isabel, la Chata] no se tuvieron en cuenta noticias semejantes o sospechosas peores aún, surgidas, por desgracia, en situaciones iguales a la presente.

¿Qué insinuaba el nuncio apostólico?

Ni más ni menos que el hijo que la reina estaba a punto de alumbrar podía considerarse tan bastardo como la infanta Isabel, nacida seis años atrás.

En la corte se rumoreaba ya entonces que la Chata tampoco era hija de su padre oficial, sino del comandante y gentilhombre de cámara José Ruiz de Arana y Saavedra, distinguido por la reina, en prueba de su incondicional amor, con el título de duque de Baena, además de con la Cruz de la Orden de Carlos III y la Cruz Laureada de San Fernando.

Muy pronto, los rumores se convirtieron en una evidencia para muchos. Hasta el punto de que la infanta Isabel fue motejada como «la Araneja» para la posteridad, haciendo un juego de palabras con el segundo apellido de su ilustre progenitor.

¿No recordaba este sobrenombre al de Juana la Beltraneja, a quien todos suponían hija del valido don Beltrán de la Cueva y no de su padre oficial Enrique IV de Castilla, el Impotente?

Claro que, si de apodos se trataba, el de la Chata hablaba por sí solo, pues los madrileños la llamaban así por su insignificante nariz, impropia de su casta. A falta del preceptivo análisis de ADN, la napia borbónica constituía entonces un claro indicio de paternidad; exactamente a como sucedió con el infante Francisco de Paula y su hermana, la infanta María Isabel, retratados magistralmente por Goya.

Sobre la paternidad de la Chata jamás albergó la menor duda Ceferino Míguez, duque de Guanarteme, tal y como hizo constar en su estudio genealógico publicado en 1966.

«El pollo Arana», como llamaban entonces sus detractores al presunto progenitor de la infanta Isabel, se convirtió en un hombre muy influyente en el gobierno de la época.

En honor a la verdad, añadiremos que don José Ruiz de Arana se hizo acreedor por su heroísmo a los favores regios. Sucedió en el tumultuoso año de 1848, tres antes del nacimiento de la infanta Isabel, cuando el entonces intrépido capitán de coraceros aplastó la sublevación que lideraba el general progresista Francisco Serrano, antiguo favorito de la reina.

El historiador Ricardo de la Cierva elogiaba así el valor del nuevo amante de Isabel II, herido de bala en un hombro durante la revuelta en la que actuó como ayudante de campo del capitán general de Madrid, José Fulgosio:

Con su arrojo suicida, que le habría llevado a la victoria del 26 de marzo en la barriada del Príncipe, el capitán general Fulgosio decidió pasar al ataque en la Puerta del Sol, donde la Guardia Civil rechazaba los asaltos rebeldes a Gobernación. El capitán Ruiz de Arana desbordó a los sublevados de España y por la calle del Carmen marchó hacia Fulgosio, que ya cargaba delante de sus tropas, para contenerle mientras los coraceros acosaban al enemigo.

Pero cuando entraba en la plaza, Fulgosio recibió una descarga cerrada en el pecho, y el capitán sólo pudo recogerlo y meterle en un portal, donde expiró con el tiempo justo para pedirle entrecortadamente a su subordinado: «Dígale a la Reina cómo muero por ella».

El heroico superviviente de la revolución conquistó aquel día el corazón de su reina.

Ruiz de Arana asistía ya a los «bailes pequeños» que se celebraban por la noche en palacio, entre un reducido número de miembros de la familia real y de la alta nobleza que servían en la corte. En esos «bailes pequeños» conoció la reina a su nuevo favorito, quien, paradojas del destino, procedía de una familia muy relacionada con el rey consorte Francisco de Asís.

Arana no era un simple plebeyo, ascendido sólo por su valor a la cúspide de palacio. Descendía, como decimos, de una aristocrática familia del más rancio abolengo. Sus abuelos maternos eran los duques de Rivas: Juan Martín de Saavedra, antiguo jefe de palacio durante el reinado de Fernando VII, y María Dominga Ramírez de Baquedano, también marquesa de Villasinda y sexta condesa de Sevilla la Nueva.

La hija mayor de éstos, María Candelaria de Saavedra, nacida en 1794 y séptima condesa de Sevilla la Nueva, era la madre del «pollo Arana», casada con José María Ruiz de Arana y Álvarez en marzo de 1823.

Los padres del nuevo favorito habían ocupado puestos de gran responsabilidad en el entorno palaciego. La madre, sin ir más lejos, había sido aya de las hijas del infante Francisco de Paula, hermano menor de Fernando VII; y luego, sucesivamente, dama de honor de las reinas Isabel II y María de las Mercedes.

El padre del pollo Arana fue introductor de embajadores durante el reinado de Fernando VII, cargo diplomático que mantuvo después con Isabel II, precisamente; en aquellos años se le designó también gentilhombre de cámara de la reina y secretario particular del infante Francisco de Paula.

Nacido el 28 de agosto de 1826, su hijo el pollo Arana hizo enseguida buenos negocios valiéndose de su privilegiada posición.

El propio ex ministro García Ruiz aseguraba cómo en 1853, mientras Isabel II se hallaba con su esposo en La Granja, éste daba rienda suelta a sus pasiones y le hablaba con pasmosa naturalidad de su amante.

García Ruiz definía a Isabel II como «una nueva Mesalina, siempre sedienta, nunca harta de torpes y libidinosos placeres»; y aseguraba, emulando a la imperial corte romana, que «hacíase llevar el valido [Ruiz de Arana], para forzarla, viandas estimulantes, así de tierra como de mar, y tomaban sendos baños en marmóreas pilas llenas de rico vino de Jerez».

Arana disfrutó del favor real hasta el fin de sus días. En 1867, Isabel II le encargó que acompañase en su nombre a los reyes de Portugal, durante una visita a España. Luego hizo que le designasen senador real y embajador ante la Santa Sede.

Más tarde, ya en el exilio, Arana pidió permiso a la reina para revelar a la infanta Isabel que él era su verdadero padre. Autorizado a ello, fue al lado de su hija y la consoló. Por entonces residía él en París, en la avenida de Friedland, cerca del palacio de Castilla, propiedad de Isabel II.

A esas alturas tenía ya su propia familia, tras casarse en 1859 con Rosalía Osorio de Moscoso, hija menor de los condes de Trastámara.

La duquesa de Baena era una dama de profundas convicciones religiosas, conocida por sus obras de beneficencia y con una excelente reputación en la corte. No en vano fue, sucesivamente, dama de honor de la reina Isabel II, antigua amante de su esposo, y de las también reinas María de las Mercedes, María Cristina y Victoria Eugenia. Falleció en París, en 1918.

Su esposo había muerto mucho antes que ella, el 23 de junio de 1891.

SECRETARIO, AMANTE...

De la simple lectura de las cartas del rey consorte Francisco de Asís a la infanta Pilar, podría creerse a pies juntillas que aquél era su verdadero padre. Pero no era así.

Transcribamos una de esas misivas; en concreto, la que Francisco de Asís, preocupado por la formación y el ejemplo en una adolescente de quince años, escribió el 20 de noviembre de 1877. Dos años después, a la muerte prematura de Pilar, su hermana Paz conservó la epístola como oro en paño en el archivo familiar.

Dice así:

> Queridísima hija Pilar:
> Con mucho gusto he leído tus cartas y veo con satisfacción tus buenas disposiciones para el estudio. No dudo que, prestando atención y poniendo buen deseo, aprovecharás las lecciones que te dan los entendidos maestros encargados de hacerlo.
> Más de una vez te he dicho, y ahora te lo vuelvo a repetir, que has llegado a una edad en que no tendrías disculpa si no aprendieras, pues no te falta inteligencia y tu razón se encuentra bastante formada para conocer el triste papel que hacen las personas ignorantes.
> Tu carta me ha satisfecho y confío en que fijarás tu imaginación y que, sin dejar de divertirte lo que permite y exige tu edad, comprenderás que la educación de una joven, sobre todo cuando esta joven es una infanta, no son los paseos y las diversiones los que la constituyen, y que debes dar preferencia al estudio, a la lectura de obras instructivas y propias de tu edad y no a andar corriendo de teatro en teatro y juzgando producciones que no puedes ni debes entender aún. Sé que este lenguaje no será muy de tu gusto. Todos cuantos teníamos tus

años apreciábamos las cosas de la misma manera; pero después, cuando hemos crecido, vimos cuán sinceramente nos querían aquellos que no nos daban todos nuestros gustos.

La tendencia de tu sexo es a las futilidades, y quisiera que, sin convertirte en una pedante, cosa altamente ridícula, te formes un carácter serio y formal que más tarde te granjeará el respeto y la consideración de la sociedad.

Espero tener el placer en breve de que me remitas, como me ofreces, algunos de tus trabajos, para que pueda estimar tus adelantos reales.

Nada tengo que recomendarte la docilidad en escuchar a las personas que están encargadas de dirigirte, pues creo que seguirás sus consejos y que en esto, como en todo lo demás que te llevo dicho, darás prueba de que de veras quieres a tu padre, que te ama de corazón

FRANCISCO DE ASÍS MARÍA

¿Había algo más natural para un padre que desvivirse por la educación y progresos de la hija amada?

A juzgar por su carta, Francisco de Asís ignoraba que Pilar tampoco era hija suya; de hecho, desde el mismo nacimiento de la niña, en junio de 1861, el «padre» se había prodigado en muestras de cariño hacia ella, colmándola de regalos y chucherías. Pero, como advertimos, ella no era de su misma sangre. En cierta ocasión, para tranquilizar a la emperatriz Eugenia de Montijo sobre la salud de la infanta Pilar, barajada como futura esposa del hijo de Napoleón III, Isabel II aseguró que su padre «había sido un real mozo, sano y fuerte». Justo lo que no era el débil y enfermizo Francisco de Asís.

Tan sólo dos meses antes de que la infanta muriese a causa de una meningitis tuberculosa, en junio de 1879, lo hizo también el único amor de su vida, el príncipe imperial Luis Napoleón, mientras combatía contra los zulúes en África enrolado en el ejército británico, dado que, como príncipe desterrado, se le prohibió luchar en las filas francesas.

La infanta Paz consignó, en su diario, aquel frustrado idilio:

> Cada paso que doy me recuerda a mi hermana. ¡Cuántos castillos en el aire hacíamos juntas! El hijo de Napoleón III era el personaje principal. Desde que volvimos a España estaba deseando que Alfonso [su hermano] lo convidase. Rezaba siempre por él, cuando se fue a la guerra de los zulús. Lo mataron dos meses antes de que muriese ella. La emperatriz Eugenia tomó de la tumba de su hijo una corona y la mandó a la de Pilar a El Escorial.

Poco antes de su muerte, una violeta, que era la flor de los Bonaparte, se le cayó a Pilar de su libro de oraciones y el tallo se rompió. Al enterarse, semanas después, del fallecimiento del príncipe imperial, la infanta languideció y murió.

Si Francisco de Asís no fue el padre de la infanta Pilar, ¿quién fue entonces?

A falta de una prueba genética, estamos en condiciones de afirmar que el progenitor de la infanta Pilar, así como el de su hermana Paz, como luego veremos, fue Miguel Tenorio de Castilla, nacido el 8 de agosto de 1818 en Almonaster la Real, provincia de Huelva.

El nombre de Miguel Tenorio, como tal, seguramente no aporte gran cosa al lector; veamos, por eso, quién era este «galán sobremanera y mozo alentado», como lo definía uno de sus compañeros en la Universidad Sevillana, apellidado Bermejo.

Hijo del licenciado José María Tenorio Herrera y de Leona de Castilla y Forero, Miguel Tenorio fue recibido en el seno de la Iglesia católica el 11 de agosto de 1818, en la parroquia de

San Martín de Almonaster la Real, según consta en su certificado de bautismo archivado en el libro 16, folio 274.

El párroco don Justo Pastor Espinosa de los Monteros administró aquel día el santo sacramento en presencia de los padrinos Miguel Pablo Tenorio, abuelo paterno, y de la esposa de éste, María Francisca Javiera de Castilla.

Al recién nacido se le pusieron los nombres de Miguel, Fabricio, Rafael, Ciriaco y Francisco Javier de los Dolores, de acuerdo con la generosa costumbre de adornar al neófito con santos.

Años después, aquel niño demostró poseer uno de los dones más preciados para conquistar a las mujeres: escribía poesías como nadie. Sus primeras estrofas se las dedicó, de hecho, a su entonces novia Isabel Tirado Rañón, oculta bajo el seudónimo de «Belisa», en un librito publicado en 1841.

A su condición de poeta romántico, sumaba Tenorio la de político del partido moderado. Con sólo veinticinco años era ya gobernador de la provincia de Huelva, y llegaría a serlo de una docena de provincias más.

En 1853 se le designó Caballero de la Maestranza de Ronda y, poco después, obtuvo la Gran Cruz de Isabel la Católica, convirtiéndose en gobernador de Zaragoza.

Su actuación durante la sublevación de Hore, en febrero de 1854, al lado del gobierno del conde de San Luis, le hizo acreedor de la llave de gentilhombre de cámara de la reina «por su leal, decidido y acertado comportamiento».

El 20 de abril juró su cargo de gobernador de Zaragoza ante el marqués de Ayerbe. Pero a raíz de «la Vicalvarada», fue destituido de sus funciones y no pudo seguir disfrutando del favor real como premio a su lealtad inquebrantable.

En 1857 se lo nombró comisario regio en los Santos Lugares; al año siguiente obtuvo el acta de diputado a Cortes, cargo que desempeñaría durante ocho legislaturas consecutivas en Madrid, donde se sintió soliviantado por las incesantes críticas a Isabel II y Francisco de Asís.

El destino dejó libre de ataduras a Tenorio, que perdió a su esposa Isabel Tirado Rañón, víctima del cólera, el 28 de junio de 1856. La pobre mujer, natural de la Palma del Condado, había sido condecorada con la Banda de la Orden de Damas Nobles de la reina María Luisa de Parma.

Su temperamento romántico y su encendido monarquismo le movieron a escribir al general Sanz, jefe del Cuarto del Rey, el 12 de octubre, festividad de la Virgen del Pilar.

Si poco antes reproducíamos una carta del rey consorte Francisco de Asís a su «hija» Pilar, transcribiremos ahora otra del futuro amante de la reina, de cuya relación adúltera nacería precisamente aquella infantita.

Nada hacía presagiar que el mismo hombre que manifestaba en su carta «el más cariñoso respeto a S. M. el Rey», apelando a «la lealtad castellana», iba a ser capaz de engañar al mismísimo monarca:

> Mi querido general:
> Si no hubiese dificultad en ello, quisiera merecer de V. que saludase en mi nombre con el más cariñoso respeto a S. M. el Rey y le pidiese una Orden para que me permitan visitar ampliamente el Monasterio y el Palacio del Escorial. He visto algunas personas que tienen licencias hasta perpetuas para entrar en los Sitios Reales, y me sería muy agradable deber la mía directamente a S. M.
> La visita del Escorial es para mí en estos momentos necesaria. ¿Quiere Vd. saber por qué? Lo diré sin la menor reserva. Yo tengo un corazón que arde hoy de un modo desusado en el antiguo y casi extinguido fuego de la lealtad castellana. Es

mi pasión única; día y noche pienso en el honor y en el porvenir de nuestros Reyes; todo lo que los engrandece me hala-
ga y recrea; todo lo que les ofende me hiere en lo más profundo del alma. Pues bien, colocado así, con esta disposición de
espíritu, en medio de la sociedad más irreverente y murmura-
dora del mundo que es la de Madrid, tengo en el pecho una
fuente de lágrimas que muchas veces suben hasta los ojos, porque oigo explicar lo que está pasando del modo que más me
lastima. Deseo, pues, ir a consolar mi fe monárquica al austero
retiro de Felipe II. Allí pediré a Dios por SS. MM. en presencia de las cenizas de sus augustos abuelos y procuraré adivinar
si están destinados a reposar por muchos siglos bajo la protección de la monarquía, o tal vez condenados a la violación y al
escarnio como las del Panteón de San Dionisio después que se
hubo levantado en París la guillotina de María Antonieta sobre
el pedestal de la calumnia.

Francisco de Asís concedió, naturalmente, el ansiado permiso a Tenorio, quien pudo recluirse así en El Escorial para
implorar al cielo la continuidad de la dinastía. El rey agradeció
las oraciones de su humilde servidor, y cuando Tenorio regresó a Jerusalén, en mayo de 1858, le regaló una medalla de plata acuñada para conmemorar el nacimiento de la infanta Isabel,
que en realidad era hija de José Ruiz de Arana.

Ignoraba entonces Francisco de Asís que, tres años después,
«el hombre de la medalla de plata» sería el padre de la infanta
Pilar.

La propia Isabel II contribuyó, sin duda, a vencer la resis-
tencia inicial de Tenorio, el hombre leal e irreductible que parecía vislumbrarse en su correspondencia privada.

Si había un don que la reina sabía convertir en defecto era
su extroversión; la pasmosa facilidad con que hacía que hasta el
último de sus vasallos se sintiese en palacio como en su propia

casa. Era alegre, desenfadada, casi picaresca… y solía adornar su expresión con una sonrisa jovial y una voz muy agradable.

A su dulce encanto y cordialidad, sumaba la reina una vida relajada que favorecía las tentaciones libidinosas. Muchos días se levantaba a las tres de la tarde, para acostarse avanzada ya la madrugada. Al principio, recibió más de una vez a Tenorio vestida con un peinador y calzada con zapatillas, como hacía en las audiencias con los diplomáticos. Jugó también con él al rehilete, uno de sus juegos preferidos, que consistía en lanzar una pequeña flecha con una púa en un extremo y plumas en el otro para clavarla en un blanco.

Más de una vez bailó con él horas enteras en palacio, poniéndose a continuación uno de sus trajes con incrustaciones de piedras preciosas para irse al teatro y cenar luego en el departamento más reservado de cualquiera de los mejores restaurantes madrileños.

Para colmo, además de reina, Isabel II resultaba atractiva a los hombres. Tenorio cayó fulminado ante su mirada oscura y resplandeciente; se sintió cautivado ante sus sensuales escotes que mostraban el inicio de la curva de sus bien formados senos.

No hay duda de que él vio en ella la grandiosidad de la reina y de la mujer. Su nariz ladeada le daba cierta gracia; tenía el pelo negro, peinado con raya en medio, generalmente hacia atrás. Como mujer presumida, le gustaba lucir un ramito de flores sobre una oreja. Su figura, aunque rolliza, estaba bien proporcionada y los afamados modistas de París contribuían a realzarla con vestidos de rico terciopelo negro o de brillante brocado.

Además de todo eso, Tenorio no era de piedra.

Consciente de ello, Isabel II lo acercó cada vez más a ella. Hasta que el 20 de abril de 1859 dictó esta Real Orden:

En atención a las buenas circunstancias que concurren en D. Miguel Tenorio y Castilla, vengo en nombrarle mi secretario particular, con el sueldo que disfrutaba su antecesor D. Ángel Juan Álvarez.

Tenorio fue así, además de amante, secretario particular de la reina durante seis largos años, hasta el 10 de agosto de 1865. Poco después, Isabel II se enamoró de Carlos Marfori, sobrino del general Narváez.

Designado consejero de la Corona, Tenorio se trasladó a San Sebastián y luego a Segovia, donde fue nombrado ministro plenipotenciario en Alemania.

La revolución de septiembre de 1868 reunió de nuevo a Tenorio con su reina en París.

...Y PADRE

Para entonces, entre junio de 1861 y febrero de 1864, la reina ya había alumbrado a tres infantas: Pilar, Paz y Eulalia.

Las tres, como advierte De la Cierva, «eran enteramente sanas, inteligentes, bellísimas, simpatiquísimas, dotadas de un sorprendente sentido político, aficionadas a las artes y a la literatura».

Pero durante su vida las tres ofrecieron claros indicios de no ser hijas de Francisco de Asís: ninguna mostraba el menor cariño ni simpatía por el rey, y al parecer las dos menores —la infanta Pilar, como hemos visto, falleció con sólo diecisiete años— no sintieron en exceso la muerte del monarca.

La infanta Paz, por su parte, rehusó siempre firmar con el primer apellido Borbón.

Todas esas reveladoras señales, y sobre todo una deslumbrante biografía escrita por el doctor Manuel Martínez González, amigo de Gregorio Marañón, que investigó durante su jubilación la vida y milagros de su ilustre paisano Miguel Tenorio de Castilla, hacen sospechar que el verdadero padre de las tres infantas no fue Francisco de Asís, sino el propio Tenorio de Castilla, doce años menor que la reina Isabel.

Por si fuera poco, el cronista Pedro de Répide, que lo sabía casi todo de los entresijos de la corte isabelina, asegura que en una ocasión una persona se mostró preocupada ante la reina por la salud de las tres infantas, en vista de la tuberculosis que acabó con la vida de Alfonso XII, y que Isabel II la tranquilizó diciéndole: «No hay cuidado, el padre de éstas disfrutaba de muy buena salud».

La anécdota recuerda a la que protagonizó la emperatriz Eugenia de Montijo, preocupada en su caso por la salud de la infanta Pilar, con la que pretendía casar a su hijo Luis Napoleón.

Répide insinuaba que el padre de las tres infantas era Tenorio, y el autor de su biografía, el doctor Martínez González, probaba que así era al menos en el caso de la infanta Paz.

No en vano Tenorio falleció a las cuatro y media de la madrugada del 11 de diciembre de 1916, en el palacio de Nynphenburg, tras residir allí durante veintiséis años nada menos, en la suite 122 del ala sur, por deferencia precisamente de la infanta Paz.

¿No es éste un detalle muy revelador del gran cariño que la infanta profesaba a quien consideraba su verdadero padre?

Redactado de su puño y letra con una caligrafía admirable, dieciséis años antes de su muerte, el testamento de Tenorio designa a la infanta Paz heredera universal de todos sus bienes.

Dice así:

En la ciudad de Munich el día tres del mes de mayo del año de mil novecientos. Yo Don Miguel Tenorio y de Castilla, hijo legítimo de Don José María Tenorio y de Doña Leona de Castilla, natural de la villa de Almonaster, de ochenta y dos años de edad, propietario, ministro plenipotenciario de primera clase de España cesante, viudo de Doña Isabel Tirado, hallándome en pleno uso de mi inteligencia, creyendo como creo en la existencia de Dios, y en la fe católica en la que he vivido y quiero morir, ordeno mi testamento en la forma siguiente:

Primero. Designo por mis albaceas ejecutores testamentarios al excelentísimo señor Don Tomás de Ybarra, gran cruz del mérito naval, a Don José Ángel de Cepeda y Cepeda, secretario de la Diputación Provincial de Huelva, y a Don Ignacio Justo de Cepeda y Córdova, caballero maestrante de Sevilla, los tres juntos y cada uno de por sí por el orden en que aparecen designados y con todas las facultades en derecho necesarias, incluso las prórrogas de ley o costumbre.

Segundo: Instituyo por única y universal heredera de todos mis bienes a Su Alteza Real la Señora Infanta de España Doña María de la Paz, hija de Sus Majestades los Reyes Don Francisco de Asís y Doña Isabel Segunda, esposa de Su Alteza Real el Señor Príncipe Don Luis Fernando de Baviera, suplicando a ambos egregios Señores se dignen aceptar este pobrísimo y humildísimo testimonio de mi veneración y gratitud.

Tercero: En uso de las facultades que la ley me concede prohíbo que en mi testamento intervenga la autoridad judicial.

Ésta es mi última y constante voluntad. Fdo.: Miguel Tenorio.

Adviértase que Tenorio tuvo especial cuidado en no mentar el apellido Borbón en su testamento al referirse a su hija Paz.

Pero es que además ésta aceptó gustosamente todas las pertenencias de su padre, como lo prueba un documento registrado en el consulado de España en Munich, el 9 de marzo de 1917, aportado en su día por el doctor Martínez González:

De entre todos los bienes legados en Munich por el enviado español Miguel Tenorio de Castilla, fallecido el 11 de diciembre de 1916 en Munich, he recibido por entrega del cónsul español:

1. Una gran maleta de cuero cerrada y provista de los sellos del Juzgado municipal y del Consulado español de Munich, con su contenido.

2. Un baúl atado y provisto de los sellos del Juzgado municipal y del Consulado español de Munich, con su contenido.

3. Una gran butaca de cuero.

Declaro que los sellos de ambas autoridades, aplicados a los envoltorios consignados en los números 1 y 2, estaban intactos y que también me entregó el Cónsul la llave de la mencionada maleta.

Declaro, finalmente, que en esa maleta, entre otras cosas, se encontraban los siguientes objetos: una cartera manual de cuero, un cofrecillo taraceado con dos relojes de oro y sus correspondientes cadenas también de oro, un reloj de oro, dos pares de gemelos, dos prendedores de pecho con brillantes, un alfiler de oro, un lote de monedas de cobre y plata, una moneda de bronce con estuche, una cajita con oro, un lápiz de oro, un rosario, dos monóculos de oro, además treinta marcos en efectivo, un servicio de hueveras de plata, un lote de fotografías, un espejo de mano, un jarrón, un servicio de café, un barómetro, un estuche con dos condecoraciones, un lote de objetos de escritorio, dos cofrecillos, un lote de revistas, vestidos y ropa, un crucifijo, un bastón, un paraguas. Fdo.: María de la Paz de Borbón y Borbón, Infanta de España.

El propio biógrafo de Paz, Miquel Ballester, disipa cualquier duda sobre la paternidad de la infanta.

En cierta ocasión, según Ballester, la propia infanta, al ver abatido al antiguo secretario de su madre durante un ágape en el palacio de Nynphenburg, le asió del brazo y anunció solemnemente a sus invitados: «Les presento a mi padre, Miguel Tenorio».

Aquella insólita declaración, además de causar estupefacción en los presentes, surtió en ellos el mismo efecto que el resultado positivo de una prueba de ADN.

LA SANTA DE MÉRIDA

Sobre la paternidad de la infanta Eulalia no existen, en cambio, más que fundados indicios.

Lo mismo que sus hermanas Pilar y Paz, ella había nacido en ese intervalo de tiempo —entre el 20 de abril de 1859 y el verano de 1865— en que Miguel Tenorio fue secretario particular de la reina y amante suyo.

Pero Eulalia, al contrario que Paz, jamás manifestó que su padre fuera Miguel Tenorio, ni se conoce documento alguno que lo pruebe. ¿Significa eso que no lo fuera? No, necesariamente.

El propio Alfonso XIII, nieto de Isabel II, reveló a la princesa Alicia de Coburgo, prima hermana de la reina Victoria Eugenia de Battenberg, que «el papá de la infanta Eulalia, la hija menor de Isabel II, había sido uno de los guardias de la reina». Así se lo contó la princesa, en una carta, al historiador británico Theo Aronson.

El testimonio de Alfonso XIII concuerda con la siguiente revelación que hizo su tía Eulalia al periodista Ramón Alderete, secretario del infante don Jaime de Borbón y Battenberg: «Sabe tan bien como yo que al rey [Francisco de Asís] no le gustaban más que los hombres y que, en consecuencia, nunca ha tenido hijos... Yo creo, y me gusta creerlo, que soy la hija de un hermoso capitán de la escolta real, con el que mi madre tuvo algunas debilidades...».

De su respuesta se desprende con claridad que ni la propia Eulalia sabía a ciencia cierta quién era su padre; aunque estuviese convencida, eso sí, de que no lo era Francisco de Asís.

Tampoco lloró ella la muerte de su padre oficial, como admitió en sus memorias:

> No agitó ninguna cuerda del sentimiento en nuestros corazones... ni un recuerdo, ni un simple detalle que se tiñera de emoción... nada le unió a mí... habíamos sido ajenos el uno al otro.

Eulalia concluía recordando sus bellas manos que nunca fueron paternales para ella, y su fina voz, que tampoco le dedicó palabras de cariño.

Siglo y medio después del nacimiento de Eulalia, sigue siendo en parte un enigma la identidad de su progenitor, pues ni la propia Isabel II supo con certeza absoluta quién fue el padre de su última hija.

Y es que, en cuestión de amores, «Isabel II solía embrollarse con las matemáticas», como dijo, irónico, Balansó.

Por otra parte, la historiadora Ana de Sagrera, amiga de Eulalia en el ocaso de su vida, contó a Balansó, delante de un testigo, que cierto día la anciana infanta, durante uno de sus paseos por la playa, se quedó ensimismada mirando el mar, respiró hondo y le comentó: «Me gusta tanto la mar... ¡Cómo se nota que soy hija de marino!».

La propia Eulalia confirmó esa misma afición en sus memorias: «Heredé de mi padre el gusto por la mar».

Pues bien, ni a Miguel Tenorio, ni mucho menos a Francisco de Asís les agradaba el mar hasta el punto de convertirlo en una profesión vocacional.

A Francisco de Asís le asustaba tanto, que cuando la familia real tuvo que ir en visita oficial a las islas Baleares, la travesía en barco supuso para él un auténtico calvario durante el cual vomitó una y otra vez.

Existe, finalmente, un indicio que vincula a la infanta con Miguel Tenorio de Castilla. No es otro que su propio nombre: Eulalia.

¿Por qué llamaron así los reyes a su hija pequeña, si no existía constancia alguna de ese nombre hasta entonces en la genealogía de los Borbones de España? ¿Pudo tener algo que ver el hecho de que Miguel Tenorio fuese gran devoto de santa Eulalia, tan popular y venerada en su pueblo natal de Almonaster la Real?

Precisamente allí, en la provincia de Huelva, rodeada de jarales y viejas encinas, permanece hoy impasible al tiempo la ermita de Santa Eulalia, declarada Monumento Histórico-Artístico por Juan Carlos I en abril de 1976.

Casi un siglo antes, otra niña había sido bautizada con el mismo nombre de la santa de Mérida en otro remoto pueblo andaluz.

La otra Eulalia

En octubre de 2008 recibí una carta que esperaba con gran interés y, por qué no decirlo, con cierto escepticismo también.

Sin necesidad de abrirla, supe ya que había llegado a mis manos: «Juzgado de Paz de Alcaudete (Jaén)», indicaba el membrete del sobre.

Empecé a devorarla enseguida:

> Estimado José María:
> Adjunto tengo el placer de remitirte los certificados que me has pedido, esperando que te sean de utilidad y quedando a tu entera disposición para lo que necesites, te facilito el número de teléfono del Juzgado […] por si necesitaras llamarme en horario de oficina, así como mi email […], deseándote todo el éxito del mundo en tu nuevo libro y rogándote me tengas informado en la investigación que nos ocupa. Sin otro particular y agradeciéndote tu interés y simpatía se despide tu amigo, Sergio Burgos Pérez.

En realidad, Sergio Burgos no era mi amigo, pues ni siquiera había tenido oportunidad de conocerlo personalmente hasta entonces, sino que tan sólo había conversado con él por teléfono en tres ocasiones.

Acababa yo entonces de publicar *La infanta republicana*, una biografía de Eulalia de Borbón, tía abuela del rey Juan Carlos I. Enterado de ello, Sergio Burgos recurrió a mí, a través de un colega del periodismo a quien ambos conocíamos, para que le ayudara a desentrañar un misterio que le intrigaba desde hacía tiempo.

¿Cuál era aquella «investigación que nos ocupa» a la que aludía Sergio Burgos en su carta? El azar quiso que este oficial del juzgado de Alcaudete descubriese sin quererlo una insólita partida de nacimiento a nombre de… ¡Eulalia de Borbón!

Su estupor debió de ser palmario; al principio, pensó que podía tratarse de la partida de nacimiento de la mismísima infanta Eulalia. Pero, en cuanto comprobó las fechas, se convenció de que no lo era: la infanta había nacido el 12 de febrero de 1864, en el Palacio Real de Madrid, mientras que la partida que halló en el registro del juzgado acreditaba que aquella pequeña lo había hecho exactamente el mismo día y mes pero del año 1883, en Alcaudete; es decir, diecinueve años después que la infanta y en un lugar también diferente.

¿Quién era entonces aquella chiquilla, nacida el mismo día y mes que la infanta Eulalia y que, por increíble que parezca, se llamaba también igual que ella?

EL ESCENARIO

Enclavada en el extremo sudoeste de la provincia de Jaén, en la comarca de la sierra sur, a escasos cuarenta kilómetros de la capital, la villa de Alcaudete conserva innumerables vestigios del pasado.

Una sola visita allí basta para convencerse de la remota historia de su núcleo urbano, adscrito en la época romana al municipio flavio de Sosontigi.

Más de doscientos asentamientos arqueológicos, inventariados desde el Paleolítico superior, atestiguan sus insondables raíces, diseminadas a lo largo de todo el término municipal de casi 240 kilómetros cuadrados.

El entorno es paradisíaco: geología, botánica y fauna se funden en el paisaje, constituyendo una sobrecogedora panorámica desde la Sierra Ahillos; por no hablar del paisaje agrario, formado por blancos cortijos rodeados de millares de olivos; o del paisaje acuático, integrado por tres formidables lagunas donde se conservan ejemplares únicos de aves acuáticas invernales —malvasías, fochas, zampullines o flamencos—, que chapotean a salvo de la extinción entre carrizos, eneas, taráis y salicornias.

Alcaudete se vendió a la Corona a finales del siglo XIV, instalada la dinastía de los Trastámara, cuyo monarca Enrique III el Doliente de Castilla había sido el primer príncipe de Asturias de la historia.

Poco después, pasó como señorío a manos de los Montemayor, una de las ramas familiares de los Fernández de Córdoba.

Durante el siglo XIX, el pueblo vivió momentos de intensa agitación social y política; empezando por la sublevación de los vecinos contra el invasor francés, la batalla en sus calles entre los partidarios de Isabel II y de Carlos María Isidro, o la desamortización de bienes y propiedades eclesiásticas confiada por la Reina Gobernadora a su ministro Mendizábal.

La perspectiva de la villa, conforme uno se acerca a ella, ofrece un conjunto de casas singulares, desperdigadas por la ladera de un cerro. Una vez en el pueblo, el punto de referencia es sin duda la plaza de Santa María, desde donde emerge hacia el cielo la imponente silueta de la iglesia de Santa María la Mayor, construida a finales del siglo XV junto al castillo, que debe su estructura actual a la orden militar de Calatrava.

El interior del templo consta de una sola planta rectangular con tres naves, a modo de capillas, rematadas por bóvedas de crucería. La nave central es más ancha y elevada que las laterales, obra del arquitecto Martín de Bolívar.

Pilares góticos, arcos ojivales o las mencionadas bóvedas de crucería son señales evidentes del predominio gótico-mudéjar en pleno Renacimiento, durante el cual se amplió la capilla mayor bajo la dirección del arquitecto Francisco del Castillo.

Precisamente en esta capilla mayor, cubierta con bóveda vaída y decorada con dibujos geométricos, había sido bautizada nuestra pequeña protagonista…

Los documentos

Transcribamos ahora, fielmente, su certificación literal de nacimiento, la cual me hizo llegar muy cortésmente el propio oficial del juzgado de Alcaudete.

Archivada en el tomo 20, folio 15, de la Sección Primera del Registro Civil de Alcaudete, la partida dice textualmente así:

> Ministerio de Justicia. Registros Civiles. Número 2140. Eulalia Borbón [Anotado en el margen superior izquierdo].
>
> En la Villa de Alcaudete, a las diez de la mañana del día trece de febrero de mil ochocientos ochenta y tres, ante D. Serafín Hernández Romero, Juez municipal en ella, y D. Juan Miguel Díaz y Pino, Secretario, compareció con su cédula personal número dos mil cuatrocientos sesenta y uno, expedida en Jaén, en veinticinco de octubre último, D. Juan Manuel Panadero Giménez, soltero, natural de esta expresada villa, término municipal de la misma, provincia de Jaén, mayor de edad, de oficio encargado en la Casa Cuna, domiciliado en dicho esta-

blecimiento, calle Rafael Díaz Castillejo número treinta y ocho, presentando con objeto de que se inscriba en el Registro Civil una niña; y al efecto como Encargado manifiesta:

Que dicha niña fue expuesta en el [ilegible] del Establecimiento a las nueve de la mañana del día de hoy, *nacida al parecer la noche anterior* [la cursiva es mía; es decir, el día 12 de febrero].

Que es hija de padre desconocido y la exhibe cual la recibiera: envuelta en un pedazo de algodón azul, pañal de lienzo de algodón, armilla de indiana clara, gorro blanco y envuelta en un pañuelo de estambre a cuadros de colores, todas las prendas muy destrozadas. No se le nota señal ni defecto alguno, ni encontrado papel alguno.

Y que a la expresada niña se le había puesto el nombre de Eulalia y el apellido de Borbón.

Todo lo cual presenciaron como testigos Marcial Hidalgo Garrido y Alonso Serrano Sarmiento, naturales de esta villa, el primero casado y zapatero, el segundo soltero y amanuense, domiciliados en las calles Arroyo Casa sin número y Puerta de Alcalá trece.

Leída íntegramente esta acta, e invitados a leerla por sí los que la han de suscribir, se estampó en ella el sello del Juzgado municipal, y la firmaron el señor Juez, el compareciente y los testigos, de todo lo cual yo, el Secretario, certifico. Firmado Serafín Hernández, Juan Manuel Panadero, Marcial Hidalgo, Alonso Serrano y Juan Miguel Díaz.

La misteriosa niña, abandonada en un hospicio, fue bautizada en la iglesia de Santa María la Mayor de Alcaudete el mismo día de su inscripción en el registro.

El propio párroco, Manuel Ocaña Rodríguez, certificó de su puño y letra la administración del santo sacramento, tal y como consta en el libro 36, folio 47, del archivo parroquial.

En el margen superior izquierdo, el sacerdote anotó: «Eulalia Expósita», indicando que la niña había sido confiada a un establecimiento benéfico.

La partida de bautismo reza así:

> En la Villa de Alcaudete, Provincia y Obispado de Jaén, en el día trece de febrero de mil ochocientos ochenta y tres: Yo, el presbítero Don Manuel Ocaña, Coadjutor de la Iglesia Mayor Parroquial de Santa María de la misma, de Vicenta Parochi, bauticé solemnemente en ella a una niña que dicen fue entregada en la Casa de Veneficencia [*sic*] de esta Villa, como 'a las nueve de la mañana de hoy, a la que puse por nombre Eulalia y por apellido Borbón, con el cual aparece en la papeleta de este Juzgado municipal. Fue su padrino, nombrado por mí, Francisco López y Pérez, de estado soltero, de esta naturaleza y feligresía; al que advertí el parentesco espiritual y demás obligaciones contraídas por éste por este Santo Sacramento, del que fueron testigos D. Nicasio Hidalgo y D. José Garrido, sirvientes de esta parroquia; y en fe de ello lo firmo como el párroco fecha ut supra. Rubricado. Rvd. Sr. D. Manuel Ocaña Rodríguez.

EL VÍNCULO REAL

Sesenta años atrás, el 20 de noviembre de 1821, había sido bautizado en aquella misma iglesia de Alcaudete un recién nacido que llegaría a ser el único vínculo conocido de la villa jienense con la Casa Real.

El entonces párroco, José Romero y Castaneda, administró el agua bautismal al niño llamado Antonio Romero de Toro, quien años después heredaría el marquesado de Romero Toro.

Cuando nuestra indefensa expósita vino al mundo, el marqués de Romero Toro era ya un sesentón que residía apaciblemente en Alcaudete, tras una incesante trayectoria política que le llevó a ser primero diputado a Cortes por el distrito de Puente del Arzobispo (Toledo), en mayo de 1857.

Antonio Romero de Toro había estudiado jurisprudencia en la Universidad literaria de Granada, donde obtuvo la licenciatura el 9 de noviembre de 1843. En febrero de 1877, casado ya con Casilda Norzagaray de Pereda, resultó elegido presidente de la Diputación Provincial de Jaén, cargo que desempeñó sólo unos meses.

Pero la mayor distinción de toda su carrera política tuvo lugar en la legislatura de 1867, cuando la reina Isabel II, madre de la infanta Eulalia de Borbón, lo designó senador real con carácter vitalicio.

El nombramiento se produjo justo un año antes de que la soberana fuese condenada al exilio, tras «la Gloriosa» revolución.

Con cuarenta y seis años, Antonio Romero de Toro veía recompensada así su acrisolada fidelidad a la monarquía.

El comunicado del nombramiento, rubricado por el entonces presidente del Gobierno, general Narváez, dice así:

Presidencia del Consejo de Ministros.

Excmo. Señor: S. M. la Reina (q. D. g.) se ha servido expedir el Real Decreto siguiente:

Revestida de la prerrogativa que me compete en virtud de los artículos catorce y quince de la Constitución y sído mi Consejo de Ministros, vengo en nombrar Senador del Reino a Don Antonio Romero de Toro, que reúne las circunstancias contenidas en el párrafo quince del artículo quince de la Constitución.

Dado en Palacio a trece de diciembre de mil ochocientos

sesenta y siete. Está rubricado de la Real mano. El presidente
del Consejo de Ministros, Ramón María Narváez. De Real
Orden lo traslado a V. E. para su conocimiento y el de ese alto
Cuerpo Colegislador.

A esas alturas, Isabel II había caído ya en brazos de un nuevo favorito: Carlos Marfori y Calleja, de quien Antonio Romero de Toro había oído hablar largo y tendido.

Lista de amoríos

Pariente del general Narváez e italiano de origen, Carlos Marfori había desempeñado importantes cargos políticos en provincias, hasta su llegada a Madrid, donde en 1857 fue designado gentilhombre de cámara y gobernador civil.

A su don de hacerse querer, gracias a su carácter dúctil y
apacible, el nuevo amante de la reina sumaba todos los encantos físicos que cautivaban a la soberana: era alto y fornido, moreno, de mirada penetrante, y con un generoso bigote cuyas
guías le encantaba a él mismo retorcer.

Manuel del Palacio, en sus *Crónicas íntimas*, nos ha dejado
una descripción muy visual de él:

> Hombre vestido a lo jaque, con chaquetilla corta o marse-
> llés abrochado, según las estaciones, amén de sombrero gacho,
> polainas y demás adornos y arrequives. Su rostro, en armonía
> con su traje, ostentaba unas enormes patillas de las llamadas de
> «boca de jacha».

Si algo perdía a Marfori eran las mujeres.

El propio general Narváez se vio obligado, para cubrir las

apariencias, a casarlo con su sobrina Concepción Fernández de Córdoba, a la que había dado un hijo ilegítimo.

Además de atractivo, Marfori era valeroso y arrogante, dotado de una extraordinaria habilidad para refinar sus cualidades tan viriles, haciéndolas parecer seductoras. Su carácter contradictorio a veces, pues no era él un hombre culto sino un político decidido capaz de mostrarse sumiso y humilde, pero también orgulloso y rebelde, hechizó enseguida a Isabel II.

Su irrupción en palacio coincidió con la ascensión de Antonio Romero de Toro a senador vitalicio por designación real.

En 1867, Marfori se convirtió en ministro de Ultramar, intendente de palacio y marqués de Loja, título al cual renunció en mayo de 1868.

Ese mismo año acompañó a la reina al destierro, instalándose con ella en el hotel Basilewski, en París, bautizado por los cortesanos de Isabel II como Palacio de Castilla, situado entre la avenida Kleber, llamada antiguamente avenida del Rey de Roma, y la calle Dumont D'Urville.

Restaurado Alfonso XII en el trono, Marfori regresó a España con la reina, pero fue detenido en Madrid y encarcelado poco después en el castillo gaditano de Santa Catalina.

Los nuevos políticos de la Restauración, empezando por Cánovas, que detestaba al favorito, pidieron la cabeza de éste... y la obtuvieron.

La reina le escribió una carta como amarga despedida. Fechada en París, el 25 de enero de 1875, dice así:

> Marfori: Quiero que estas palabras mías se graben en una medalla que lleves como testigo de mi eterna gratitud por la lealtad, abnegación y ejemplar desinterés con que me has acompañado en mi desgracia, dándome consejos y cooperación para mis trabajos políticos a través de todo género de di-

ficultades y amarguras, hasta que con el auxilio de Dios y de los leales españoles, tenga el placer de ver en el Trono a mi querido hijo Alfonso XII. Tú, que has sido el más fiel cortesano de mi dolor, cuando la soledad y los desengaños me agobiaban, y que al lucir para mí mejores días decides contra mi voluntad separarte de mi lado, recibe al menos, como única recompensa, que quieras aceptar la expresión indeleble del reconocimiento y del cariño que te conservará siempre el corazón de tu buena amiga, la reina Isabel.

Caído Marfori en desgracia, ocupó el corazón de la reina el último de sus amantes conocidos: Ramiro de la Puente y González Adín, marqués de Altavilla.

El gran cronista Pedro de Répide nos dejó una semblanza nada edificante de él:

> Aquel farolón comprometía a la ex reina con sus jactancias, y después de separado de ella no ponía en sus palabras el recato que todo hombre debe usar al referirse a sus triunfos amorosos. Hasta cuando no hablaba dejaba conocer el mudo y elocuente testimonio de un reloj de oro que le suscitaba demasiado frecuentes deseos de conocer la hora, y en el cual se veía grabada esta inscripción: «A mi Ramiro, su Isabel».

Nacido en Sevilla, en 1845, De la Puente o Altavilla, como se prefiera, estaba casado con una señora rolliza, que recordaba así en parte a la regia señora que cortejaba en palacio.

Dotado de una hermosa voz de cantante aficionado, el marqués debió de admirar a la simpar Elena Sanz, amante de Alfonso XII. Fue además capitán de artillería en el barrio de Salamanca, durante los preparativos de la Restauración.

Como Ruiz de Arana y Puigmoltó, Altavilla era también militar.

El nuevo amante llegó al Palacio de Castilla en noviembre de 1875 y allí se quedó, designado por la reina secretario particular suyo, como lo fue Miguel Tenorio.

Por las noches, el marqués recorría alegremente los cabarets y cualquier otro garito que se terciase en busca de mujeres de baja estofa, sin las cuales no concebía la vida.

La historiadora Carmen Llorca lo retrata así:

> Es un joven alocado y alegre, fanfarrón pero simpático y a la vez pendenciero, aunque sin desenvainar la espada porque le basta con la pluma. Tiene una bonita voz de tenor, ansias de vivir y de hacer embrollos. Capaz, no de sustituir, pero sí de hacer olvidar a Marfori. Justamente el antídoto que la reina necesitaba. Un afecto poco exigente, obsequioso y divertido, y una amistad que la hacía reír y rejuvenecer.

Acerca de su nefasta influencia sobre Isabel II, el marqués de Molins, embajador español en París y antiguo ministro de la Corona durante el gobierno del conde de San Luis, escribía a Cánovas, alarmado:

> La Reina, cada vez peor. Va a todas partes... con el amigo. Pero lo que no creerá usted es que fue a comulgar el día de la Concepción en la parroquia de Saint Pierre de Chaillot con él y con la señora; cuando la Reina Cristina me lo contaba, le saltaban las lágrimas de rabia. Quien esto hace, ¿cómo quiere usted que pueda respetar ni sus palabras ni sus escritos?

El duque de Miranda censuraba también las correrías del sujeto, de las cuales informaba así a Cánovas:

> Ahora le da por ir a todas partes, de día al bulevar y de visitas, de noche a los salones de los particulares... Pero lo que

da al caso trascendencia mayor y le reviste de circunstancias que se prestan al ludibrio es que la señora va a todos estos sitios acompañada de Puente y su mujer. Ésta llama la atención por su enorme corpulencia; todos preguntan quién es y cuando le dicen el nombre llueven las pullas y las burlas más sangrientas… Molins está afligido y ruborizado, su mujer es un potro cuando se encuentra en un salón con la reina y tiene que alternar, acompañándola, con los Puente; y todos padecemos al ver a la que es reina madre arrastrando por los suelos el decoro de una monarquía tan penosamente restaurada y tan rodeada aún de enemigos y peligros.

Cegada por la pasión, Isabel II cubrió de condecoraciones a su marqués del alma, en pago de su amor: Placa del Mérito Militar, Encomiendas de Isabel la Católica y de Carlos III, cruces de San Gregorio y del Sol de Persia por doquier… Pero las nuevas circunstancias políticas presionaron también sobre este alegre romance, diluido finalmente como todos los anteriores.

Ironías del destino: el mismo marqués laureado acabó sus días como conservador del cementerio de la Patriarcal. Ni siquiera entonces Pedro de Répide se apiadó de él: «Al ser, por fin —escribía el ilustre cronista de la villa—, retirado de su cómodo empleo en París, recibió en Madrid, a guisa de propina o jubilación, la conservaduría del claustrado cementerio de la Patriarcal, donde actuó como un vulgar asaltatumbas, sin respeto ninguno a aquel campo mortuorio, cuya rapiña y destrucción comenzó, adelantándose a la labor del tiempo y a la del hampa macabra. Ése fue el aprovechamiento de tal amigo de la mujer de los tristes destinos, que ya no podía ofrecer más que ruinas y entregaba, como prenda de amorosa despedida, un cementerio abandonado».

Claro que, en pasiones irrefrenables, la reina tampoco andaba a la zaga a su querido marqués, como testimonia esta carta que ella misma escribió a un apuesto turco-albanés, de nombre Jorge, por el que bebía los vientos en mayo de 1870, mientras Carlos Marfori gozaba aún de sus favores:

> Mi Jorge de mi vida, alma del alma mía:
> Yo te adoro a cada instante más y más. Siento mi vida toda dentro de tu vida bendita mía. Sí, yo te enseñaré el castellano; tú ya lo sabes, mi vida. Yo también de seguro entiendo el albanés, porque te adoro y el amor verdadero, el amor del alma, hace que se hablen todos los idiomas del mundo, porque el lenguaje del amor es superior a todos. Sí, alma mía; sí, mi vida; sí, mi Jorge adorado, tú me enseñarás el albanés y el inglés y todos los idiomas, y yo te enseñaré a ti el lenguaje de mi alma, que es la tuya misma y que te adora infinito, infinito… Quiero que tú reposes de tus fatigas en mi pecho, que se abrasa de amor por ti…

Además del turco-albanés, Isabel II intimó con el húngaro Josef Haltmann en sus últimos años de exilio en París, donde también conoció al odontólogo estadounidense apellidado McKeon.

En cuestión de amores, la soberana jamás reparó en edades ni ideologías. Sólo le importó el hombre. Por eso no tuvo reparo tampoco en llevarse al huerto a su propio primo Carlos Luis de Borbón, infante de España y duque de Parma, que le doblaba la edad y para colmo era partidario de su principal enemigo dinástico: su tío Carlos María Isidro.

Las dos «Eulalias»

Tres años antes de que la misma reina insaciable designase a Romero de Toro senador vitalicio, en febrero de 1864, mientras Miguel Tenorio era aún secretario particular suyo, alumbró a una preciosa niña tras un largo y laborioso parto.

A las cuatro menos cuarto de la madrugada del 12 de febrero (el mismo día y mes, recordemos, en que nacería otra niña llamada igual que ella en Alcaudete, diecinueve años después) vino al mundo una criaturita con síntomas evidentes de asfixia, a quien algunos dieron al principio por muerta.

De hecho, llegó a administrarse el agua de socorro a la recién nacida, y durante algunos minutos se temió por su vida. Pero, por fortuna, todo quedó en un terrible susto.

Al día siguiente del natalicio (igual que sucedería con «la otra Eulalia de Borbón», en Alcaudete), se celebró el bautizo; sólo que éste, en lugar de oficiarse en una parroquia popular, se consumó en la Capilla Real de Palacio con la solemnidad acostumbrada, por tratarse de una infanta de España.

El patriarca de las Indias, don Tomás Iglesias, derramó el agua bautismal sobre la cabecita de la niña, arrimada a la pila de santo Domingo de Guzmán.

A diferencia de la pila en que luego sería bautizada la niña abandonada en una inclusa, la de la infanta había sido cubierta con un dosel bordado de oro. A los lados del altar se dispusieron también dos bufetes con cubiertas de tela de oro, y sobre ellos y sus gradillas, un conjunto de bandejas, floreros y toallas.

Si a «Eulalia de Alcaudete» se la llamó simplemente Eulalia, la infanta de España recibió noventa y tres nombres en total, el último de los cuales era el de María de Todos los Santos, como era tradicional en la Casa Real española.

Los ocho primeros eran: María, Eulalia, Francisca de Asís (por su padre oficial), Margarita (por su madrina), Roberta (por su padrino), Isabel, Francisca de Paula (por su abuelo paterno) y Cristina (por su abuela materna).

El boato del acontecimiento en palacio contrastaba con la pobreza, miseria más bien, con que la pequeña había sido rescatada del hospicio para convertirla en ciudadana del mundo.

El mismo día que fue inscrita en el registro, tal y como consta en su certificado de nacimiento, la criatura iba «envuelta en un pedazo de algodón azul, pañal de lienzo de algodón, armilla de indiana clara, gorro blanco y envuelta en un pañuelo de estambre a cuadros de colores, todas las prendas muy destrozadas».

«Todas las prendas muy destrozadas»... Diecinueve años atrás, en cambio, la infanta Eulalia de Borbón fue presentada en bandeja de plata a los asistentes por su padre oficial, el rey consorte Francisco de Asís.

Allí estaba presente también el confesor de Isabel II, el padre Claret, cuya firme intervención resultó decisiva para que el apuesto Enrique Puigmoltó abandonase de una vez la corte.

La asistencia del padre Claret contrastaba con la de José Ruiz de Arana, antiguo amante de la reina; ambos representaban los dos polos opuestos del alma de Isabel II: la devoción y el pecado.

Pasión borbónica

Su hija Eulalia sucumbió también ante esa misma sensualidad, cualidad casi connatural a los Borbones de España.

¿Cómo no iba a seguir la pequeña infanta la estela de su madre, si no vio ni oyó casi otra cosa en su infancia y adolescencia que las continuas infidelidades de la reina, primero en Madrid y luego en París, donde hizo instalar en la corte a su entonces amante Marfori?

Por si fuera poco, su bisabuela paterna, la reina María Luisa de Parma, tampoco había sido un dechado de virtudes, como ya vimos. Incluso su propia abuela, la reina María Cristina de Borbón, a la que también aludimos, se sintió atraída desde muy joven por la concupiscencia de la carne cultivada en la ardiente corte de Nápoles, de la cual un estadista llegó a comentar que las princesas tenían *le diable au corps* y que si no se apresuraban a casarse era probable que tuviesen hijos sin conocer esposo.

Lady Blessington daba fe de las pasiones que desataba la abuela de Eulalia «en los corazones combustibles de sus compatriotas». A más de un apuesto galán «se le aconsejó que saliera de viaje, en bien de su salud, por habérsele visto mirando demasiado fijamente a la linda Cristina». Comentario nada exagerado, pues María Cristina fue amonestada nada menos que por el arzobispo de Nápoles a causa de un escarceo con un distinguido oficial de la guardia palatina, lo cual recordaba su intenso romance con el también guardia de corps Agustín Fernando Muñoz, culminado secretamente en los altares.

Su nieta Eulalia iba a sentirse también fascinada, desde su más tierna juventud, por todo lo prohibido. Con quince años se enamoró ya perdidamente del primer galán que salió a su encuentro. El romance surgió a finales de 1879, cuatro años antes del nacimiento de «la otra Eulalia», en Alcaudete.

Con motivo de las segundas nupcias de Alfonso XII con María Cristina, visitó Madrid el archiduque Carlos Esteban de Austria; la reina pensaba casar a su hermano con su cuñada, la infanta Pilar. Por esa razón Alfonso XII, que conocía muy bien a la rebelde Eulalia, o al menos eso creía él, ordenó que su hermana pequeña no fuera presentada al joven Habsburgo.

Pero el veto, lejos de surtir efecto, alimentó el morbo de la chiquilla por conocer al joven de elegante porte de marino de la armada imperial. Una tarde, apoyada en el vitral de su ventana, distinguió por un pequeño camino los galones dorados de su uniforme y bajó corriendo al jardín, seguida a cierta distancia por su dama de honor.

Cuando lo tuvo enfrente, abordó al archiduque y empezó a conversar animadamente con él. «Había desobedecido al Rey, ¡pero había hablado con el guapo mozo que era Carlos Esteban!», se vanagloriaba Eulalia, años después, en sus memorias.

Aquella misma tarde, Carlos Esteban expresó su perplejidad al rey porque nadie le hubiera presentado a su hermana pequeña. Al cabo de unos días, el joven enamorado pidió la mano de la infanta al monarca y éste le autorizó a visitarla, reservándose la última palabra hasta después de consultarlo con la afectada.

«¡Claro que estoy enamoradísima!», repuso ella luego, con la ligereza propia de sus quince años.

El rey accedió al compromiso, que al final no fue más que un mero efluvio juvenil: «Un amor, muerto sin lágrimas, que no dejó estela en mi alma», acabó reconociendo Eulalia.

En sus memorias publicadas en Inglaterra, en 1915, veinte años antes que las aparecidas en España, bajo el título *Court Life from Within* (*Vida de la corte desde dentro*), la infanta plasmó sus recuerdos de forma mucho más osada y reveladora. En ellas se enorgullecía, ante su dominante hermana mayor Isabel, de haber «cometido un pecado mortal» con Carlos Esteban.

Su relato, suprimido en la versión española, refleja la auténtica personalidad de la infanta:

Nos permitieron pasear juntos por el jardín, seguidos a pocos pasos por una dama de honor. Pero al llegar a un recodo del parque, nos pudimos esconder un instante entre los arbustos; momento que aprovechó el archiduque para besarme. Cuando volvimos a palacio me apresuré a contárselo, ilusionada, a Isabel. Quedó sin habla y la dama de honor casi se desmaya. Me declararon que yo había cometido un pecado mortal. «Bien —repuse—, ¡me alegro mucho! ¡Por fin he cometido un pecado mortal! ¡Pensé que nunca me iba a ser posible, dada la vigilancia!» Se pusieron como basiliscos y me ordenaron ir a confesarme al instante. Lo hice a la mañana siguiente, desafiante, y tan excitada que alcé la voz y pude ser oída por todos los que se hallaban cerca del confesionario. ¡Había cometido un pecado mortal! ¡Había sido besada por un archiduque…! Desde entonces, empezó a correr la voz de que yo era coqueta, reputación que me encantaba: ¡una infanta de España besada a los quince años! Era casi un récord.

Eulalia fue así, desde joven, la viva estampa de su madre: caprichosa, desafiante, obstinada, lenguaraz, pizpireta, apasionada, picaresca, sensual… y adorable también.

A su genio envolvente unía ella un innegable atractivo físico: era esbelta, con talle de avispa, cabellos dorados y tez blanca, en la que destacaban sus ojos azules como turquesas, que miraban duros y escrutadores.

LA CARTA

En otoño de 2007, escudriñando en la Real Biblioteca, reparé en la existencia de una carta del rey Alfonso XII a su hermana Paz, que luego reproduje en *La infanta republicana*; carta, por cierto, que la propia Paz escamoteó de sus memorias, hurtándola a la historia, como si quisiese sellar aquellas cuartillas con el más absoluto sigilo.

Pero, por fortuna, la reveladora epístola jamás fue destruida y se conserva hoy donde siempre debió estar: en la Real Biblioteca, clasificada con la signatura II/4557, doc. 758.

Mientras leía sus párrafos, tuve la sensación de contemplar a la infanta Eulalia como en un tapiz en relieve, con sus líneas, sombras y contornos.

Advirtamos que la carta está fechada en Madrid, el 27 de julio de 1883, cinco meses después del nacimiento de la misteriosa «Eulalia de Borbón» en Alcaudete; es decir, que ya entonces Alfonso XII estaba al corriente de las veleidades amorosas de su antojadiza hermana.

El rey se quejaba a Paz de la alarmante inconstancia de Eulalia en el amor, la cual le había hecho romper primero con el archiduque Carlos Esteban y luego con su primo Antonio de Orleáns, hijo de los duques de Montpensier, con quien acabaría casándose para divorciarse años después.

Alfonso XII censuraba, indignado, el desdén con que Eulalia había tratado al archiduque y a su primo carnal:

> El casarse es para toda la vida, y en una mujer se arriesga todo al dar ese paso. Yo no la obligaré, pues, nunca y sólo me opondré o impediré toda boda que no sea con persona honrada y de su clase. Eulalia lo sabe. Y en cuanto a la conveniencia de haber roto con Antonio, yo no creo que ningún hombre se puede ofender porque se le diga, desde el primer día, que no; pero creo que ninguna mujer tiene el derecho de consentir a un hombre, engañarlo durante más de un año y luego, de golpe y porrazo, darle calabazas. Eso es sencillamente lo que Eulalia ha hecho con Steffi [Carlos Esteban], primero, y luego con Antonio, y cosa muy extraña es que dos veces seguidas, con dos muchachos buenos y agradables, se haya equivocado hasta el punto de creer primero que podía ser feliz con ellos y luego convencerse de lo contrario.

Sobre el desenlace de su noviazgo con Antonio de Orleáns, el rey se lamentaba así:

> Por eso no apoyaba yo esta ruptura y la chica lo ha hecho solita, porque así le ha pasado por la cabeza y yo sentiría en el alma que el Tío [su suegro, el duque de Montpensier, casado con la infanta Luisa Fernanda, hermana a su vez de Isabel II] creyese que yo había tenido la menor parte en el asunto.

Pero la mayor sorpresa, a mi juicio, fue reparar en la existencia de un tercer pretendiente al que el monarca aludía, enigmático, como «el portugués», y que no era otro que Carlos de Braganza, futuro rey de Portugal, como luego descubrí.

Alfonso XII advertía también, muy preocupado, que su hermana Eulalia no era «tan cómoda de tener tanto tiempo soltera» y daba a entender que ya les había dado «serios disgustos»:

> Si ya pensaba en el portugués y por tal de aquella posición, estaba dispuesta a soltar a Antonio; en ese caso, lo más prudente; pues que el hecho era el mismo, era no soltar a Antonio, sino cuando el otro [Carlos] hubiera dicho algo, y no que ahora no hay Antonio y está en lo posible que el portugués venga comprometido con otra o no le guste Eulalia (sería mal gusto, pero en fin) y se quede ésta sin nadie y ya sabes que no es tan cómoda de tener tanto tiempo soltera, pues no es tan segura de carácter como tú o Isabel. En fin, hoy no tiene a nadie y me alegraré con el alma que sea reina de Portugal y si eso no cuaja, que vuelva lo de Antonio; pues la quiero mucho y para ser feliz y no darnos serios disgustos, necesita o grandes deberes y ocupaciones, o el calor de la Patria bajo la sujeción de los tíos en sus primeros años. Si las dos bodas no se hacen, entonces deseo que se case con cualquier otro príncipe; pues al

menos, después de llevarla al altar, yo ya no tengo necesidad de incomodarme y habré salvado mi responsabilidad. Siento que la carta de hoy sea tan poco agradable; pero a ti, digo siempre cuanto pienso.

El «portugués»

El monarca daba fe de que Eulalia no era «segura de carácter». Casi nunca lo fue. La lectura repetida de aquella carta despertó mi curiosidad por la figura del misterioso Carlos, «el portugués». En las memorias de Eulalia hallé esta primera referencia a él: «Ya hecho Carlos un hombre —escribía Eulalia—, permaneció una larga temporada en España mientras se hablaba de la ventaja de unirlo a una infanta española. Diplomáticos y políticos comenzaron a tratar de la conveniencia de que fuera yo la que sellara la amistad hispanoportuguesa».

Por nada del mundo estaba dispuesta ella a pasar por el aro, a diferencia de otras princesas e infantas europeas. Jamás entendió el valor del sacrificio en aras de un bien para la nación. Amaba la libertad por encima de todo, entendida ésta como la facultad de hacer siempre su santa voluntad. Más tarde, reclamaría esa misma libertad para todas las mujeres, erigiéndose en abanderada del feminismo en su época.

Eulalia describía a Carlos de Braganza en pocas pinceladas, reconociendo que pudo haber existido algo entre ellos:

Hombre de refinado espíritu, artista, elegante, discreto y simpático en extremo, Carlos de Braganza, a quien además tenía yo profundo y antiguo afecto, hubiera podido inspirarme amor si no hubiese sido príncipe heredero. La perspectiva de un Trono, el temor a ser reina y el pensar que con ello sería más esclava de lo que era, me llevaron a confiar a mi hermano mi propósito de no complacer a quienes trataban de hipotecar mi libertad en nombre de intereses políticos o de ventajas dinásticas.

La infanta zanjaba así la cuestión, en sus memorias: «Me pesaba demasiado la diadema del infantazgo para ceñirme a las sienes una corona».

Así fue. Descartado el matrimonio con Carlos de Braganza, acabó desposándose con su primo Antonio de Orleáns, dos meses antes de que el rey de Portugal hiciese lo mismo con Amelia de Orleáns.

Finalmente, Eulalia aludía a la leyenda surgida de amor frustrado y de pasión no correspondida entre ambos, «que a los dos nos hizo reír mucho cuando la recordábamos en París, donde nos reuníamos con frecuencia».

Pero sus memorias publicadas en España jamás me convencieron como fuente fidedigna para acercarme a su vida. Empezando porque no las escribió ella, sino un periodista cubano llamado Alberto Lamar Schweyer, a quien la infanta dictó sus vivencias como le dio la gana.

En ellas advertí errores y omisiones imperdonables. ¿Acaso no es ya un disparate que una madre confunda el nacimiento de su segundo hijo, en 1888, con el de su hija, alumbrada dos años después? ¿O que cite al general Baldomero Espartero, cuando en realidad pretende aludir al también general Prim? ¿Por qué asegura entonces que Isabel II asistió a la boda de Alfonso XII y María de las Mercedes, cuando todo el mundo sabe que se negó? ¿Tampoco recordaba que, en el momento de la Restauración, su hermano Alfonso XII no estaba en Inglaterra sino de vacaciones con ella misma en París? ¿Y que era imposible que jugara en Sevilla con su primo Fernando de Orleáns, por la sencilla razón de que éste había muerto dos años antes de que ella visitase la capital andaluza?

En fin, pensé entonces por qué razón iba a confesar Eulalia al amanuense su prolija relación de amantes.

Entre la correspondencia privada de la infanta, compuesta por centenares de cartas manuscritas con su propia madre Isabel II, su abuela la reina María Cristina, su hermano Alfonso XII o su sobrino Alfonso XIII, localicé una carpeta cuyo encabezamiento al principio me desconcertó: «Conde de Barcelos», leí.

Más tarde, averigüé que aquel título nobiliario correspondía precisamente a Carlos de Braganza. Confirmé que el iniciador de su dinastía, don Alfonso de Portugal (1370-1461), hijo natural del rey Juan I y de doña Inés Pires, contaba entre sus títulos con el de conde de Barcelos, igual que otros descendientes suyos.

La carpeta del «conde de Barcelos» me reveló el secreto que Eulalia guardaba tan celosamente en sus memorias. De las numerosas cartas cruzadas entre ella y Carlos, desde noviembre de 1895, cinco años antes de la separación oficial de Eulalia y Antonio de Orleáns, hasta poco antes de la trágica muerte del monarca portugués en atentado, en febrero de 1908, se desprendía que ambos eran amantes. «Mi querida Eulalia —clamaba él en una de aquellas misivas—: Sabes muy bien que si te puedo ser útil en cualquier cosa, dispones de mi cuerpo y alma <u>enteramente</u>» [el subrayado es del original].

Pero ¿por qué permaneció inédita durante más de un siglo toda esa correspondencia recogida en *La infanta republicana*?

Respondamos a eso con otras preguntas:

¿Cómo iba la infanta a pregonar que entre sus numerosos amantes figuraba nada menos que el rey Carlos I de Portugal, casado con su sobrina la reina Amelia de Orleáns? ¿Acaso no la juzgaría implacablemente la historia y sus propios descendientes si dejaba escrito para la posteridad que había mantenido relaciones íntimas con Carlos de Braganza, aun antes de divorciarse de su esposo Antonio de Orleáns, y mientras el monarca simulaba ser fiel a la reina Amelia?

La Feria de Abril

Cuando surgió el flechazo, en la Feria de Sevilla de 1882, Carlos tenía veinte años, los mismos que Eulalia.

Todavía era príncipe heredero de la Corona portuguesa, la cual recaía entonces en las sienes de su padre, Luis I.

La madre de Carlos, María Pía de Saboya, era hija del rey Víctor Manuel II de Italia.

Antes de posar su mirada resignada en Amelia de Orleáns, hija de la condesa de París, que era hija a su vez del duque de Montpensier y de la infanta Luisa Fernanda, el apuesto pretendiente al trono portugués quedó embobado con Eulalia, prima carnal de la madre de la futura reina de Portugal.

Cabalgó junto a ella en las dehesas, a orillas del manso río, junto a los hermosos jardines del Alcázar sevillano. La infanta de penetrante mirada azul turquesa y andar desenfadado, le atraía más aún vestida con traje campero, ancho sombrero castoreño y garrocha.

Eulalia residía en el Alcázar sevillano desde el 15 de octubre de 1876, recién restaurado en el trono su hermano Alfonso XII.

Más tarde, al trasladarse a la corte madrileña, siguió visitando a sus tíos, los duques de Montpensier, en su palacio de San Telmo. Fue allí precisamente donde el príncipe portugués sacó a bailar a la infanta rebelde, mientras las aristócratas del país, cu-

biertas con mantones de Manila, danzaban, entre polcas y rigodones, animadas sevillanas al son de las castañuelas.

Adquirido por los duques de Montpensier en 1849, el palacio de San Telmo fue pronto su residencia oficial. Aquel edificio emblemático de la arquitectura barroca sevillana iba a
convertirse en escenario de uno de los más recónditos episodios del romanticismo. Por sus amplios salones y patios interio-
res pasearon y cruzaron miradas cómplices Carlos y Eulalia, tras
franquear el portón principal de la fachada churrigueresca.

Carlos fue incapaz ya de olvidar a Eulalia; trató de inmor-
talizarla en dos bellos retratos al pastel que él mismo pintó,
emulando así el gusto artístico heredado de los Coburgo. Uno
de ellos lo envió al Museo de Arte Moderno de Madrid; el
otro se lo llevó consigo él mismo al palacio de Ajuda, su residencia portuguesa, donde pudo contemplarlo hasta poco antes
de su muerte.

En Ajuda, Carlos escribió luego algunas de sus cartas más
íntimas a su adorada Eulalia, que parecía mirarle fijamente a los
ojos desde lo alto de su estudio neogótico, junto a los paisajes
suizos y las evocaciones de los dramáticos episodios de la historia portuguesa que adornaban también, en marcos de exuberantes dorados, las paredes de la estancia.

Ambos retratos tenían la suave entonación —oro, azul y
rosa— de la escuela francesa que inmortalizó Nattier; sin duda,
según Almagro San Martín, «porque el modelo forzó el estilo
al ser de pura raza gala, sangre de Capetos: una cabeza enhies-
ta, donde el prognatismo y la frialdad celeste de la mirada dice
altivez, mientras la sonrisa ambigua, como la de "Gioconda",
acentúa la feminidad inteligente».

Eulalia había subyugado también al célebre pintor Ricardo
de Madrazo, en cuyo retrato al óleo de cuerpo entero con las
manos cruzadas sobre el traje de seda dorada, acompañado de

un bolero rojo, destacan sus ojos claros y profundos, su mirada insinuante, la nariz nada borbónica y su acentuado mentón de mujer emprendedora y decidida.

Lenbach también la pintó, pero con los ojos y el cabello más oscuros, como si el artista alemán hubiese querido recrear a la infanta según el tipo de mujer española al que ella, rubia y más bien pálida, jamás se adecuó.

La Feria de Sevilla ya nunca más volvió a ser igual para ellos. Cuatro años después de conocerse, el 22 de marzo de 1886, Carlos hizo reina de Portugal a la hija mayor de los condes de París.

Pero él nunca pudo evitar ser como era…

TAL PARA CUAL

Arrastrado por el mal ejemplo de su primo el príncipe de Gales, futuro Eduardo VII de Inglaterra, Carlos de Portugal vagó como un espectro por los corazones de un sinfín de mujeres.

El hijo de la reina Victoria de Inglaterra vivía sólo para sus yates a vapor y a vela, sus lujosos automóviles y, cómo no, para sus amantes captadas lo mismo en teatrillos de variedades que en castillos escoceses.

Carlos siguió su estela, hallando así fácil distracción entre las campesinas de los alrededores de Vilaviçosa. Hubo quien dijo, incluso, que un gran número de paletos del Alentejo debían tener un poco de sangre Coburgo.

Los incondicionales de Maxim's llamaban al rey Carlos «Su Loción», en alusión al agua de Portugal que hacía crecer el pelo, según comentaban. Una caricatura de la época mostraba así a don Carlos dirigiéndose a Windsor mientras decía: «Su Loción busca una satisfacción».

Las malas lenguas, a veces bien informadas, aseguraban que el monarca instaló en Lisboa a una brasileña que conoció en París, María Amelia Laredo, llamada curiosamente igual que su esposa.

De esta supuesta relación extraconyugal nació María Pía de Sajonia-Coburgo-Braganza, el 13 de marzo de 1907, un año antes de que el rey Carlos muriese asesinado en la plaza del Comercio de Lisboa.

Conocida también por el seudónimo literario de Hilda Toledano, María Pía sostuvo hasta su muerte, acaecida el 6 de mayo de 1995, que era hija ilegítima de Carlos de Portugal. En su longevidad, contrajo matrimonio en tres ocasiones: la primera, con Francisco Javier Bilbao Batista, un cubano fallecido en 1932; a continuación, con el italiano Giuseppe Manlio Blais, muerto en 1983; y finalmente con el portugués Antonio da Costa Amado-Noivo, cuarenta y cinco años más joven que ella.

La propia Toledano, que no le andaba precisamente a la zaga a su padre, cuenta en sus memorias, tituladas *Recuerdos de una infanta viva*, sus amoríos con el rey Alfonso XIII, Mussolini o el dictador cubano Batista. Una mujer de mundo, sin duda, con los genes de Braganza grabados a fuego, según ella, en la sangre.

La infanta Eulalia se parecía bastante a Hilda Toledano. De uno de sus incontables amantes daba fe su propio marido, el infante Antonio de Orleáns, en una extensa carta a Isabel II, fechada en París el 21 de marzo de 1900.

Tras quejarse a la reina de que su hija dosificaba de forma inhumana las relaciones íntimas con él («reloj en mano», especificaba), descubría el *pastel* de Eulalia con el conde de Jametel:

Querida mamá:

Te extrañará esta carta mía, pero yo ya no tengo madre y entonces me dirijo a ti que eres la madre de mi mujer que creo no conoces suficientemente para que sepas todo lo que me ocurre.

Sabrás que hace ya bastantes años mi mujer por causa de ella es como si no existiese para mí. Empezó por darme el tiempo fijo para estar con ella con reloj en mano y luego fue alejándose de mí diciendo que estaba enferma de la matriz y que el médico le prohibía usar del matrimonio y por último que me quería únicamente como primo y no como marido [...] Todo eso era una comedia para estar ella libre y ver a sus numerosos amigos que ha tenido con entera libertad creyendo que yo no sabría nada [...] Pues bien, desde su último regreso está cada día más desatinada y sé que aunque diga que no, se pasa todo el día con el Conde de Jametell [*sic*]. Va a todas partes con él entrando en tiendas y cuando van los dos a jugar al *lawn tennies* [*sic*] se cambian de traje en el mismo cuarto, 3, Rue de Civry; luego ella se desnuda delante de él.

Pregúntale a tu hija, puesto que tantos humos tiene, qué casa está poniendo y dónde; porque fue a elegir papeles para la pared, aparatos de baño en casa de Porchet, y muebles, el lunes 19. Pregúntale de quién es el coche en el que conduce el Conde de Jametell [*sic*] a tu hija por calles donde no pasa gente honrada y eso que decía que no estaba aquí el Conde. Pregúntale a dónde fue a comer el jueves 15, a ver si puede ocultar el *cabinet particulier* [*sic*] en donde estuvieron los dos encerrados por dentro, estando un amigo mío y testigos que podrían justificarlo enseguida en el cuarto inmediato al suyo oyendo todo. Pregúntale qué billetes fue a tomar con el Conde al *nouveau* Théatre Sérafin. Pregúntale cómo pasa el Conde Jametell [*sic*] para toda la gente alrededor de mi casa por preceptor de mis hijos.

Por último, pregunta a todos mis criados, empezando por el negro, cuántas veces va por día el Conde a casa y si sube al tocador o adónde, y pregúntale también a los policías y a todos los cocheros de la estación qué hay sobre el particular...

Desenmascarada ante su madre por su propio esposo, Eulalia satisfacía entonces su lujuria con Georges Maurice (Jorge) Jametel, como se llamaba en realidad su amado conde, a quien había conocido casualmente, una tarde de compras, en una de las mejores *boutiques* de ropa de París. Al entrar en ella, se dejó seducir por el apuesto dependiente de negros bigotes. Preguntó otro día por él y fueron juntos a cenar.

Nacido en San Petersburgo en 1859, Jametel era cinco años mayor que la infanta. En 1886, meses después de la boda de Eulalia con Antonio de Orleáns, adquirió, por intercesión de ésta, su título condal al Vaticano.

Pero el asunto iba aún más lejos: cuatro años antes de su carta a Isabel II, el infante Antonio de Orleáns envió otra a la reina regente María Cristina, asegurándole que Eulalia había tenido un aborto tras sus relaciones con Jametel.

Naturalmente, la infanta calló también este hecho en sus memorias, como hizo con sus relaciones con Carlos de Portugal y el conde de Jametel.

La insólita carta de Antonio de Orleáns, fechada en París el 21 de julio de 1896, dice así:

> Eulalia ha venido de St. Beatenberg aquí para hacerse una operación de que le rascaran la matriz ya que no se le paraban sus cosas. Según yo me he enterado por los médicos no proviene eso más que de un aborto y como yo hace más de año y medio que no estoy con ella, el promovedor de él es el Conde Jamelett [*sic*] que estuvo este invierno en Madrid y hace todos los viajes con ella ahora, incluso ha ido y vuelto de Suiza con ella. Lo que más me induce a creer que es eso, es que ella no quiere que nadie sepa que está en París operada desde el jueves, viviendo bajo el nombre de Condesa de Chipiona en el Hotel de Calais y teniendo todo el día en su cuarto a ese amigo…

¿Fue acaso aquella misma «condesa de Chipiona» la que alumbró, trece años atrás, a la pequeña Eulalia de Borbón en Alcaudete?

EL GRAN SECRETO

El 12 de febrero de 1883 había nacido, en efecto, una niña inscrita y bautizada al día siguiente como Eulalia de Borbón.

Alcaudete contaba entonces con unos diez mil habitantes, de modo que un suceso como aquél era francamente difícil que pasase inadvertido en un pueblo tan pequeño.

Quien sí debió de estar al corriente del mismo, además del juez, el párroco y los testigos, fue don Antonio Romero de Toro, senador vitalicio por designación real. El marqués de Romero Toro era el único y leal nexo de unión de la villa con la corte. No resulta descabellado pensar que tuviese conocimiento del natalicio, así como de la intención de los verdaderos padres de perpetuar en la pequeña el nombre de Eulalia y el apellido Borbón.

¿A quién podía ocurrírsele semejante iniciativa, en pleno reinado de Alfonso XII, si no era con el beneplácito de la Casa Real? ¿Iba a ser capaz un juez municipal de registrar a la criatura con aquel nombre si no era obedeciendo un mandato superior? ¿No es razonable pensar también que el propio párroco, antes de administrar el agua bautismal a la pequeña, se cerciorase de su regia procedencia?

Nadie, en su sano juicio, puede creer que una niña cualquiera, abandonada en un hospicio, fuese registrada por un juez con idéntico nombre y apellido que la mismísima hermana del rey Alfonso XII, simplemente porque un zapatero remendón (Marcial Hidalgo Garrido) y un amanuense (Alonso Serrano Sarmiento) diesen fe de ello como testigos.

¿Se imagina el lector que una niña fuese inscrita hoy, en el Registro Civil, con el mismo nombre que la infanta Pilar de Borbón, hermana del rey Juan Carlos I, sin un parentesco demostrable con la familia real?

Con mayor razón aún era imposible que eso sucediese en un pueblo de diez mil habitantes, en su mayoría monárquicos, a finales del siglo xix.

Sea como fuere, el marqués de Romero Toro se llevó el gran secreto a la tumba el mismo día y mes que bautizaron a la niña Eulalia de Borbón, sólo que nueve años después.

El 13 de febrero de 1892, en efecto, don Antonio Romero de Toro rindió su alma al Altísimo en su villa natal de Alcaudete.

Al día siguiente, su hijo Antonio Romero Norzagaray comunicó al presidente del Senado y artífice del pronunciamiento militar que hizo posible la Restauración, Arsenio Martínez Campos, el triste deceso en este despacho escrito de su puño y letra:

> A las diez de la mañana del día de ayer, ha dejado de existir mi venerado padre el Excmo. Sr. Marqués de Romero Toro.
>
> Con la triste orfandad en que yo quedo sumido resulta también una vacante en el número de senadores vitalicios que debe conocer el Gobierno de S. M. y la Cámara de su digna Presidencia.
>
> Y al cumplir este doloroso encargo que mis deberes de ciudadano me imponen con rigor inexorable, deja tranquila mi alma la profunda convicción de que el autor de mis días llevó su honroso cometido con la lealtad a la Patria, que distinguió toda su vida.

Hoy, un viejo vecino de Alcaudete que oyó hablar del secreto, me comenta: «Creo que aquella pobre niña murió poco después de que la bautizaran; entonces, muchos recién nacidos como ella no salían adelante».

Triste epitafio para una niña que pudo haber sido infanta de España.

A ella pudieron dedicarse estos mismos versos que la infanta Paz compuso para su hermana Eulalia:

> *Si tu dulce esperanza*
> *colmada ves al fin,*
> *y el mundo te sonríe,*
> *no te acuerdes de mí.*
>
> *Cuando todo alegría*
> *respire junto a ti,*
> *no pienses que hay tristeza;*
> *no te acuerdes de mí.*
>
> *Mas si la infausta suerte*
> *te hace un día infeliz,*
> *cuando llores, Eulalia,*
> *¡acuérdate de mí!*

El chantaje

El 25 de noviembre de 1885 se destapó la caja de los truenos en palacio.

Aquel infausto día murió el rey Alfonso XII, minado por la tuberculosis, a raíz de una más que probable enfermedad venérea.

Para ninguno de sus íntimos era un secreto que Alfonso XII, igual que su abuelo Fernando VII, tenía su propia camarilla de vividores de la época que le reían las gracias, acompañándole en sus continuas conquistas; entre ellos, jamás faltaban Julio Benalúa, Vicente Bertrán de Lis, y los duques de Tamames y de Sesto.

Cuando todo acabó, los doctores Alonso Rubio, Santero y García Camisón suscribieron el siguiente dictamen, hurtado en su día para ocultar la verdadera causa de la muerte del soberano:

Los infrascritos, doctores de la Facultad de Medicina, han reconocido en el día de hoy a S. M. el Rey; y después de tener en cuenta todos los antecedentes de la enfermedad y apreciados, además, los síntomas que ofrece al presente, consideran que la enfermedad que en la actualidad padece es una tuberculosis aguda, que pone al augusto enfermo en grave peligro. Real Sitio de El Pardo, a 24 de noviembre de 1885.

Al día siguiente falleció el monarca, a quien sólo faltaban tres días para cumplir veintiocho años.

Su hermana Eulalia sentenció: «Es un golpe tan atroz que todos nos hemos quedado como estatuas».

Concluida la agonía, Eulalia estaba tan nerviosa y afligida que fue incapaz de sostener la pluma en su mano. Rogó pues a su tía, la duquesa de Montpensier, que escribiera a Paz todo lo que ella le iba dictando.

La desconocida carta, fechada el 26 de noviembre, un día después de la muerte de Alfonso XII, nos ha dejado el testimonio más sobrecogedor de las últimas horas de vida del monarca. Probablemente Paz no pudo leerla entonces, dado que el mismo día 26 había partido con su marido, Luis Fernando de Baviera, en tren desde su palacio muniqués hacia París.

La víspera había recibido ella un telegrama de su hermana pequeña, presagiando el desenlace fatal: «Alfonso, peor. Estamos todos en El Pardo. Eulalia».

Uno de los más crudos fragmentos de esa carta de Eulalia, exhumada de la Real Biblioteca, dice así:

> No quería parar de hablar [el rey], quería tener a alguien para seguir la conversación; le dije: «Camisón [su médico, Laureano García Camisón] me ha encargado te pida no hables porque te cansa». Me contestó: «Si te vas y no me dejas contarte las cosas, diré versos». Esta idea me espantó; era una manía el no estar callado cuando no podía hablar, y de cuando en cuando decía: «Estoy muy bien, hablo muy bien».
>
> El día y la tarde la pasamos en el cuarto de al lado y entrando alguna vez que otra. A las siete creímos lo mejor para no alarmarle decirle que aunque Crista quería quedarse [la reina María Cristina], nos íbamos los demás a Madrid y volveríamos al día siguiente. También se lo creyó y se despidió. Por su-

puesto, ni siquiera nos acostamos. No tengo más que decirte que hasta hoy ni me he lavado ni me he peinado. La venida del día se hace eterna. Tuvo dos o tres amagos de disnea, pero se le cortaron. Crista estaba en el cuarto y fue la que avisó porque después de calmarse de los ataques le dijo Alfonso: «Dame un beso, me voy a dormir».

Ella notó algo raro en la respiración y le dijo a la criada: «Abra V. la ventana para verle la cara». Al haber hecho apagar la luz, se la vio, comprendió lo que era y llamó. Eran las ocho y cuarto cuando a la voz del criado «¡El rey se muere!», entramos todos; ya no conocía y era tan cadáver como hoy… Nos quedamos mudos. Le besamos la mano y salimos.

«¡MIS HIJOS!, ¡MIS HIJOS!»

Ante el inminente final, Alfonso XII hablaba, paradójicamente, por los codos. «Era una manía el no estar callado», aseguraba Eulalia.

¿Escuchó acaso la infanta, entre semejante locuacidad, los encendidos lamentos de su hermano que otros, menos olvidadizos o más atentos que ella, sí pudieron advertir aquellos días en la regia alcoba del palacio de El Pardo?

Si ella los percibió, ¿calló entonces por deber de discreción, como hizo luego con tantos otros episodios de sus desmemoriados recuerdos?

Según varios testigos, el monarca exclamó horrorizado, en sus contados momentos de lucidez: «¡Mis hijos!, ¡mis hijos!… ¡Qué conflicto!, ¡qué conflicto!».

¿A quiénes requería así Alfonso XII, en su lecho de muerte, como si presintiese una especie de apocalipsis familiar?

Su muerte permitió revelar un gran secreto: el monarca

había asegurado su vida al suscribir, en febrero del año anterior, una póliza con la compañía La Previsión, de Barcelona, por importe de 500.000 pesetas.

Pero no era éste su mayor sigilo, no; el rey había aludido, mientras encaraba la muerte, a otro secreto inconfesable en vida. Entre amagos de disnea, Alfonso XII evocó de repente a sus dos hijos bastardos, lamentando el incierto futuro que les aguardaba si la parca le impedía al final incluirlos en su testamento, como así sucedió.

¿Quién velaría entonces por las dos indefensas criaturas? Esta incertidumbre le atormentó.

En un solo instante, visualizó así toda una vida.

Añadamos que la «despistada» infanta Eulalia escribiría años después, el 30 de abril de 1926, una carta al mayor de esos niños, llamado Alfonso, como su hermano, en la que le decía: «He albergado siempre la esperanza de que el lazo secreto que nos une conservará siempre sólida nuestra amistad».

Ese niño era su propio sobrino.

La diva

Tenía sólo quince años la primera vez que la vio.

El entonces príncipe Alfonso se hallaba en el Theresianum de Viena, adonde se había trasladado para proseguir sus estudios iniciados en el colegio Stanislás de París.

Fue su propia madre, Isabel II, ante quien ya había cantado Elena Sanz en el palacio de Basilewski, la que convenció a la joven para que visitase luego a su hijo en el Theresianum de Viena, ciudad a la que se dirigía para actuar en el teatro Imperial.

«Hoy vendrá a verme la Elena Sanz», suspiraba el entonces

príncipe Alfonso a su madre, en una carta fechada el 19 de diciembre de 1871.

Nada más verla luego, en el colegio, Alfonso se sintió anonadado por aquella exuberante mujer, la cual, para colmo de atracción en un adolescente, era ocho años mayor que él.

La diferencia de edad estimuló aún más la precocidad del príncipe, heredada de su madre Isabel II, como asegura el psiquiatra Enrique Rojas: «En el aspecto sexual, indiscutiblemente, tuvo importancia la herencia materna».

Igual que muchos de sus antepasados, el futuro Alfonso XII tampoco fue un joven normal en este sentido. «En una persona sana y madura —explica Rojas—, la sexualidad no ocupa nunca un primer plano, está siempre en un tercer o cuarto lugar, aparece como algo que pertenece a la propia intimidad, nunca en un lugar destacado, algo que ocurría en el caso del joven Alfonso.»

Dejemos ahora a Benito Pérez Galdós, testigo presencial del primer encuentro de Alfonso y Elena, que relate el romántico episodio:

> Ello fue —consignó en sus *Episodios Nacionales*— que al ir Elenita a despedirse de Su Majestad, pues tenía que partir para Viena, donde se había contratado por no sé qué número de funciones, Isabel II, con aquella bondad efusiva y un tanto candorosa que fue siempre faceta principal de su carácter, le dijo: «¡Ay, hija, qué gusto me das! ¿Con que vas a Viena? ¡Cuánto me alegro! Pues, mira, has de hacer una visita a mi hijo Alfonso, que está, como sabes, en el Colegio Teresiano. ¿Lo harás, hija mía?». La contestación de la gentil artista fácilmente se comprende: con mil amores visitaría a Su Alteza; no: a Su Majestad, que desde la abdicación de doña Isabel se tributaban al joven Alfonso honores de rey.

Como testigo de la pintoresca escena, aseguro que la presencia de Elena Sanz en el Colegio Teresiano fue para ella un éxito infinitamente superior a cuantos había logrado en el teatro. Salió la diva de la sala de visitas para retirarse en el momento en que los escolares se solazaban en el patio, por ser la hora del recreo. Vestida con suprema elegancia, la belleza meridional de la insigne española produjo en la turbamulta de muchachos una impresión de estupor: quedáronse algunos admirándola en actitud de éxtasis; otros prorrumpieron en exclamaciones de asombro, de entusiasmo. La etiqueta no podía contenerles. ¿Qué mujer era aquélla? ¿De dónde había salido tal divinidad? ¡Qué ojos de fuego, qué boca rebosante de gracia, qué tez, qué cuerpo, qué lozanas curvas, qué ademán señoril, qué voz melodiosa!

En tanto, el joven Alfonso, pálido y confuso, no podía ocultar la profunda emoción que sentía frente a su hechicera compatriota… [Al partir Elena Sanz] las bromas picantes y las felicitaciones ardorosas de «los Teresianos» a su regio compañero quedaron en la mente del hijo de Isabel II como sensación dulcísima que jamás había de borrarse.

EL REENCUENTRO

Casi seis años después del flechazo, el 4 de octubre de 1877, siendo ya rey, Alfonso XII volvió a ver a su idolatrada Elena Sanz Martínez de Arrizala en el Teatro Real de Madrid.

En esta nueva ocasión, el tenor roncalés Julián Gayarre cantaba la ópera *La favorita*, de Donizetti. Y, casualidades de la vida, la protagonista era precisamente la favorita del rey en la vida real: Elena Sanz, emparentada con el político Martín Belda, que llegaría a ser marqués de Cabra, pues su padre era primo de éste.

Transfigurada en el papel de doña Leonor de Guzmán, favorita del rey Alfonso XI y madre del bastardo Enrique, conde de Trastámara, más tarde primer rey de esta casa, Elena Sanz cautivó al público con su primera interpretación en el Real, a la que siguió su encarnación en el muchacho Maffeo Orsini, en *Lucrecia Borgia*, donde la musa del rey bordó el *racconto* del primer acto y el brindis del tercero.

Al término de las actuaciones, Alfonso XII se apresuró a reclamar la presencia de Elena Sanz en los salones que formaban el conjunto de su palco en la ópera, a modo de palacio en miniatura. Constaban aquéllos de una gran habitación de descanso, compuesta a su vez de una sala y de dos gabinetes laterales, con salida a una terraza, la cual coronaba el pórtico.

La habitación central estaba forrada de fino papel en tono barquillo, un gabinete punzó y otro celeste y blanco con medias cañas doradas, grandes espejos, arañas de cristal tallado y muebles tapizados de seda. Una cálida chimenea de mármol de Granada, labrada por el escultor Manuel Moreno, presidía la estancia donde Alfonso y Elena pasaron solos inolvidables momentos. Los techos de estilo Renacimiento, pintados por Llop, acompañaban a la pareja con sus lindas escenas de ninfas, musas y amorcillos. En un gran medallón del centro, Flora, fiel reminiscencia de la propia Elena, representaba el genio de la juventud y la hermosura, repartiendo sus dones rodeada de Artes, Letras y Emblemas de España.

A esas alturas, Alfonso XII ya había puesto de moda entre la sociedad madrileña dos viejas costumbres adquiridas durante su estancia en el Theresianum de Viena: la adopción de las «teresianas», copia de los gorros que él llevaba en su adolescencia en aquel colegio; y las características «patillas alfonsinas» que el joven monarca había copiado de las que adornaban el rostro austero del emperador austríaco Francisco José. De esa misma guisa cayó rendida Elena Sanz a sus reales pies.

Pero llegar hasta allí no fue tarea fácil para la amante del rey.

TALENTO Y ESFUERZO

Nacida en Castellón de la Plana, el 15 de diciembre de 1849, Elena Armanda Nicolasa Sanz Martínez de Arrizala Carbonell y Luna había sido educada con su hermana Dolores en el Colegio de las Niñas de Leganés, donde entró con sólo diez años para aprender canto y formar parte del coro.

El colegio se hallaba bajo el patronazgo del marqués de Leganés, más conocido por sus otros títulos de duque de Sesto y marqués de Alcañices.

El centro benéfico ocupaba un discreto edificio en la calle de la Reina, situado a la derecha según se descendía por la calle del Clavel a la de San Jorge. En un palacete de la misma calle de la Reina había residido de niño, con sus padres, el célebre escritor francés Victor Hugo durante la invasión napoleónica; no en vano su padre era uno de los generales más distinguidos del rey intruso, José Bonaparte.

Muy pronto, Elenita destacó entre sus compañeras de coro por su increíble voz mientras entonaba motetes, misereres y otras piezas religiosas propias de Semana Santa.

Empezó a ser conocida como «la niña de Leganés», incluso después de abandonar el colegio, en 1866. Con apenas diecisiete años, muchas familias aristocráticas se la disputaban ya para gozar de su canto en reuniones y tertulias.

Nunca el conde de Romanones, testigo directo del romance regio, tuvo tanta razón al afirmar que «los reyes atraen como el imán al hierro al elemento femenino, y las mujeres acuden a ellos como las mariposas a la luz».

Enseguida se convirtió en discípula del profesor de música del Real Conservatorio, Baltasar Saldoni, y el tenor Enrico Tamberlik le pronosticó una fulgurante carrera.

Tamberlik fue precisamente quien la recomendó que viajase a París, inscribiéndola en el teatro Chambery, donde representó en 1868 el papel de Azucena en *El Trovador.*

Tres años después, le sorprendieron allí los caóticos días de la Commune, entre los meses de marzo y mayo de 1871. Pero Elena no se arredró, sintiéndose llamada a los lugares de mayor peligro y, a despecho de la metralla de las fuerzas de MacMahon, recogió y curó heridos, rozando así el heroísmo como protectora de la desgracia ajena.

Enterada de su reputación y después de oírla cantar, la reina Isabel II le dispensó todo su amparo, haciendo posible que viajara a Italia para perfeccionar sus estudios y labrarse un prometedor futuro en la ópera.

Elena se convirtió así en una asidua cantante en la Scala de Milán, junto a Julián Gayarre, alcanzando sonoro renombre por sus interpretaciones en *La favorita*, *Un ballo di maschera* y *Carlos V*, de Halévy.

Al mismo tiempo, se embarcó en giras por todo el mundo, acompañando a Gayarre por los escenarios de Argentina y Brasil, así como a Adelina Patti en los de San Petersburgo, donde actuó ante el mismísimo zar de Rusia.

En 1876, la tiple había sido contratada ya en la Ópera de París por dos temporadas, añadiendo a su elenco otros dos soberbios papeles en *Rigoletto* y *Tristán e Isolda.*

La reina Isabel II la recibió con su efusión más cariñosa en el palacio de Basilewski; la convidó a comer, llevándola luego en su coche a los paseos por el *Bois.* Para que la oyeran cantar, invitó en repetidas *soirées* a sus amigas, entre las cuales estaba la célebre soprano Ana de Lagrange, tan querida del público madrileño.

Pero Isabel II, además de adorar el canto, lo predicaba ella misma con su discutible ejemplo...

LOS PINITOS DE LA REINA

Pocos saben que la madre de Alfonso XII se erigía a veces en protagonista de algunas óperas en su lindo teatrito privado, transformándose en una mediocre heroína de Cimarosa, de Mercadante y hasta de Rossini.

Isabel II había heredado de su madre, la reina María Cristina, una voz de andar por casa. Sólo que mientras esta última exhibió siempre el timbre característico de las mezzosoprano, la hija lució en cambio una discreta voz de tiple ligera.

Su maestro de canto, el paciente Francisco Frontera de Valldemosa, sufrió lo indecible para educar la rebelde voz de la reina, la cual desafinaba más de lo permitido. Aunque para los cortesanos que la escuchaban serviles en su teatrito, la soberana había sido dotada por la Providencia de un talento inigualable. Isabel II nombró cantante de su cámara a la gran Manuela Oreiro de Lema en 1849, que interpretó para ella, en la intimidad de palacio, las óperas *Ildegonda* y *La conquista de Granada*, ambas de Arrieta; además de *Luisa Miller*, de Verdi, y la *Straniera*, de Bellini.

La reina disfrutaba también de lo lindo caracterizándose de heroína junto a la Oreiro y a otros afamados artistas de su tiempo, como la contralto Sofía Vela; el tenor Lázaro Puig, marqués de Gaona; el barítono Adolfo de Gironella, o el bajo de la Real Capilla, Joaquín Reguer.

Los preparativos de estas actuaciones privadas eran más importantes incluso que las representaciones mismas. Para la Oreiro, así como para el resto del reducido elenco de la compañía, constituía un gran honor alternar en el escenario con la mismísima reina de España, que siempre se mostró agradable y atenta con sus colegas de reparto.

El teatro de la reina tenía segundas partes, generosos coros y nutrida orquesta. Todo ello bajo la genial batuta de Valldemosa, que también dirigió muchas de las funciones celebradas en el Liceo Artístico y Literario.

Pero además de su pequeño teatro de palacio, la reina impulsó la construcción del nuevo Teatro Real donde Elena Sanz cosechó algunos de sus principales triunfos.

Gracias a su regia contribución, el 7 de mayo de 1850 el conde de San Luis cursó la siguiente orden para Antonio López Aguado y Custodio Moreno, encargados de dirigir las obras del nuevo teatro:

> Ministerio de la Gobernación del Reino.
>
> Decidida S. M. la reina a que la capital de la Monarquía no carezca por más tiempo de un coliseo digno de la corte, he tenido a bien mandar que se proceda inmediatamente a terminar las obras del Teatro de Oriente, bajo los planos que se hallan aprobados.
>
> Siendo usted el autor de éstos, y el que ha dirigido una gran parte de las obras que se hallan hechas en el expresado teatro, ha tenido a bien mandar S. M. que usted se encargue de llevar a cabo el proyecto, a cuyo fin se dictarán por ese Ministerio las disposiciones oportunas.

El 10 de octubre de ese mismo año, Isabel II inauguró el Teatro Real.

Las carrozas y carretelas ricamente forradas se estacionaron a la entrada de coches aquella noche solemne. Los palafreneros y postillones trataron de ordenar el brillante cortejo de aristócratas y potentados que acudían a contemplar la nueva maravilla. En las rojas butacas de terciopelo, en los palcos aislados por medio de tabiques, todo el mundo aguardaba con impaciencia la llegada de la familia real, que ocupó el palco central cuajado de frutas, hojas y floraciones de talla, cuyas esbeltas columnas soportaban, estoicas, los pabellones de terciopelo carmesí con adornos dorados.

A la aclamada irrupción de Isabel II y Francisco de Asís, la orquesta tocó la «Marcha Real». Detrás de los monarcas se alinearon los mantos, diademas, bandas, uniformes y pecheras relumbrantes del séquito palatino.

Veintisiete años después de aquella noche inaugural, Elena Sanz pisó aquel mismo escenario, convertida en favorita del monarca en la ficción y en la realidad.

Isabel II la admiraba y ayudó a que llegase lo más lejos que pudo. Ella misma convenció a Teodoro Robles, empresario del Teatro Real y gentilhombre de su cámara, para que contratase a la amante de su hijo. Robles obedeció sin rechistar.

Pero en 1878, tras dos años repletos de éxitos, toda la rutilante carrera de Elenita se apagó. Tenía sólo veintinueve años y, ante ella, el más incierto futuro.

LA OTRA FAMILIA

En abril de 1879, Alfonso regaló a Elena un retrato suyo vestido de almirante, dedicado así:

Cuando mandaba la escuadra blindada, querida Elena, todas las brújulas marinas sentían distinta desviación según la proximidad de los metales que cubrían mi férrea casa; si allí hubieses estado tú, tus ojos las hubieran vuelto todas hacia ellos, como han inclinado el corazón de tu Alfonso.

Alfonso XII exigió a Elena que se retirase de los escenarios y guardase silencio; a cambio, la instaló en un pisito luminoso de la antigua Cuesta del Carnero, hoy calle de Goya, esquina con Castellana, donde la visitaba con frecuencia, entregándose a ella con verdadera devoción.

Como era natural, con semejante ímpetu sensual el retoño no tardó en llegar: el 28 de enero de 1880 nació, en el número 99 de la avenida de los Campos Elíseos de París, el primer hijo de la favorita y el rey, bautizado en la parroquia Lo Honoré como Alfonso Enrique Luis María Sanz y Martínez de Arrizala.

El primogénito bastardo del rey llevaba así el mismo nombre que su padre y hubiese podido reinar igual que él de no haber sido por el destino, que permitió en cambio hacerlo, con el numeral trece, al hijo póstumo y legítimo del monarca.

El diario *La Publicidad* se hizo eco del natalicio de forma enigmática: «Hace unos días, la señorita X dio a luz en París un niño. Se asegura que el acta de nacimiento, hecha en presencia de un embajador, se ha redactado de forma que el recién nacido sería llamado a recoger la sucesión al trono».

La pareja tuvo al año siguiente otro hijo varón, llamado Fernando. Precisamente el mismo nombre que Alfonso XII imploró a su esposa María Cristina, en su lecho de muerte, que pusiera al hijo que ésta llevaba ya en las entrañas, para que no se llamase Alfonso. Por nada del mundo quería el supersticioso monarca que su hijo reinase con el numeral trece; pero la reina, influenciada por los ministros de la Corona, le desobedeció.

La noticia del alumbramiento de Alfonso Sanz estremeció de dolor, y sobre todo de celos, a María Cristina, incapaz hasta entonces de alumbrar al ansiado varón que sucediese a su esposo en el trono de España. La reina daría a luz a dos niñas seguidas, las infantas María de las Mercedes y María Teresa.

Pero la ausencia de un varón inquietaba a muchos, empezando por los propios monarcas. Algunos arbitristas de la eugenesia se dirigieron al rey para darle consejos que asegurasen con un varón la sucesión en la Corona. Uno de ellos era británico, de nombre Albert Byron Hansford, el cual escribió al monarca desde Altor Hampshire el 23 de septiembre de 1880, veinte días después del nacimiento de la infanta Mercedes, afirmando que si seguía sus instrucciones tendría un hijo tan seguro como que el sol resplandecía en el cielo.

El 30 de septiembre envió otra carta Victor Advielle, residente en París, en la calle de Puente de Lodi número 1, en la cual se mostraba mucho más difuso y ceremonioso que el inglés y, desde luego, más osado, pues pedía al rey una condecoración en pago de su receta.

Otro ciudadano italiano, Alberto Leone, escribía desde Mesina, dando como señas la lista de Correos, como si fuese un hombre sin domicilio o sencillamente un vagabundo. Leone animaba a los reyes a participar con otros matrimonios en un experimento de fertilidad.

Finalmente Von Bernay, de Friburgo, en Baden, y Kristian Siegmann, natural de Heidhausen, cerca de Werden, en el Rin, recomendaban a la regia pareja que copulase antes de la medianoche por ser, en su opinión, mucho más eficaz.

En cualquier caso, todos ellos coincidían en que la reina, para bien de la dinastía, debía acostarse del lado derecho.

Entre tanto, humillada en su amor propio de esposa y de reina, María Cristina presionó al presidente del Gobierno, Antonio Cánovas del Castillo, para que expulsase a Elena Sanz de España, donde acababa de instalarse de nuevo con su primogénito.

Los deseos de la reina se cumplieron y la antigua cantante regresó a París con su retoño, al que matriculó luego en un colegio religioso. Finalmente, ella volvió a Madrid para residir esta vez en un palacete en la confluencia de las calles de Alcalá y Jorge Juan.

Advirtamos que el pequeño Alfonso (de Borbón) Sanz fue concebido durante la viudez del monarca, tras la muerte prematura de la reina María de las Mercedes; si bien nació cuando Alfonso XII ya estaba casado en segundas nupcias con María Cristina.

Mujeriego empedernido

De todas formas, eso no impidió al monarca compartir a su esposa y a la favorita con otra de sus amantes, Adelina Borghi, apodada «la Biondina» por su rubia melena, que también era contralto y cantante en el Teatro Real antes de ser expulsada de España para evitar un nuevo escándalo.

Curiosamente, la Biondina se hizo muy popular con su interpretación del paje Urbano de la ópera *Los Miserables*, obra que había sustituido a *La favorita* en el madrileño Teatro Real.

Pero fuera del escenario, en el palco regio donde la reina María Cristina presenciaba la ópera, se vivió un drama silencioso más conmovedor aún que la desgarradora exclamación de Massini «¡Oh, terrible tormento!».

La patética expresión de la soberana, cohibida por las crueles miradas de los espectadores mientras la Biondina regía el proscenio, pudo figurar también en los anales operísticos.

El propio Romanones revivía así aquel trance:

> La reina asistía todas las noches a la función Real. Se ne-
> cesitaría la pluma de un Stendhal para describir el combate si-
> lencioso que se libraba a diario en el palco regio, lucha ante
> todo de la mujer consigo mismo, la más dura que puede man-
> tenerse; nada se traslucía al exterior, porque los celos suponen
> conceder cierta beligerancia a la amante, y esto no lo podía
> otorgar la soberana. Con ímprobo esfuerzo sujetaba las lágri-
> mas y se mantenía serena e indiferente; de tal modo lograba su
> propósito, que nadie percibía en su rostro cuanto acontecía en
> el fondo de su alma. Se daba cabal cuenta de la existencia de
> su desdicha, pues, además de lo que sus ojos veían, a menudo
> llegaban a sus manos reveladores de los más íntimos detalles
> y llegaban por caminos insospechados; un libro podría escri-
> birse sobre los anónimos en palacio; entonces, después y has-
> ta la última hora no dejaron de encontrarse sobre la mesa de
> los reyes.

Hasta tal punto trascendieron los anónimos rumores que
Cánovas, presionado por María Cristina, ordenó al gobernador
Elduayen que expulsase a la contralto de Madrid. El propio El-
duayen llevó a la Biondina en su coche oficial, acompañándo-
la luego a pie hasta el mismo vagón del expreso que salía para
Francia.

Aun así, dos años después volvió a verse al paje Urbano
danzar por el escenario del Teatro Real; señal de que el idilio
prohibido proseguía hasta poco antes de la muerte del rey.

Alfonso XII, como su madre, era insaciable en el amor. En
la Real Academia de la Historia se conserva una prueba elocuente: la carta de Mariano Roca de Togores, marqués de Molins y embajador en París tras la Restauración, al propio Cánovas del Castillo.

Molins da cuenta en esa epístola, fechada el 3 de diciembre de 1877, de la grave confesión que hizo la reina Isabel II, molesta sin duda por el casamiento de su hijo con la hija de su odiado duque de Montpensier, sobre la disipada vida de Alfonso XII:

> Dice aquella persona [la reina madre] que no sabe por qué a ella se le exige la continencia, cuando el novio [Alfonso XII] tiene éstas y las otras, y aquí los nombres, y que ha estipulado la continuación de N., y volvió a nombrarla, en su servidumbre de casado.

La carta pone así de manifiesto que, en pleno idilio con María de las Mercedes, y sólo un mes antes de casarse con ella, el joven rey no sólo «tenía a éstas y las otras», sino que se proponía introducir a una de ellas en su servicio íntimo tras su boda.

LAS CARTAS ÍNTIMAS

Pero Elena siempre fue especial para él.

Entre otras cosas, porque le dio dos hijos varones, Alfonso y Fernando Sanz y Martínez de Arrizala, el segundo de los cuales, a diferencia del primero, sí fue concebido mientras el monarca estaba casado con María Cristina.

La mejor prueba de ello es la fecha de nacimiento de Fernando Sanz que figura inscrita en el Registro Civil de Buenavista: 25 de febrero de 1881.

Su madre no cautivó sólo al rey. El ex jefe del Gobierno de la Primera República, Emilio Castelar, quedó impresionado al conocerla:

Quien haya visto en su vida a Elena Sanz —escribió— no podrá olvidarla nunca. La color morena, los labios rojos, la dentadura muy blanca, la cabellera negra y reluciente como el azabache, la nariz remangada y abierta con una voluptuosidad infinita, el cuello carnoso y torneado a maravilla, la frente amplia, como de una divinidad egipcia, los ojos negros e insondables, cual los abismos que llaman a la muerte y al amor.

Incluso Pérez Galdós dedicó a la musa un espacio de honor en sus célebres *Episodios Nacionales*:

Moza espléndida, admirablemente dotada por la Naturaleza en todo lo que atañe al recreo de los ojos, completando así lo que Dios le había dado para goce y encanto de los oídos.

Tampoco Julián Cortés Cavanillas, biógrafo de Alfonso XII, escatimó piropos a la cantante:

Elena Sanz era el tipo representativo de la «buena mujer» de aquella época. Muy alta, con todas las curvas necesarias y perfectas para demostrar la hermosura integral, con ojos grandes y oscuros, bien sombreados por abundantes y largas pestañas, y con labios abultados y sanguíneos, propios de los temperamentos ardientes, enamoraba por estas gracias tanto como por su voz, modulada y exquisita, y por la elegancia de su rico atuendo «a la última» de París. Si a tantas cualidades físicas y artísticas se añade su natural bondadoso y su limpio concepto de la caridad y de la abnegación, no es difícil comprender que la famosa Elena despertara grandes pasiones en todos los lugares donde su presencia dejaba un recuerdo inolvidable.

Pero ninguno de estos requiebros, provenientes de tres hombres que ya lo habían visto casi todo, podía compararse con las cartas íntimas que escribió Alfonso XII a su amada; cartas que comprometían seriamente su reputación de hombre casado, por muy rey que él fuese.

En ellas, Alfonso XII suspiraba, rendido, ante su diva: «Tú estás que te hubiera comido a besos y me pusiste Dios sabe cómo…».

También ejercía de padre sin recato alguno, interesándose por «los nenes» y preguntando a su madre, coloquialmente, si necesitaba más «guita».

Media docena de copias de esas cartas me las mostró Balansó, en su casa, una tarde de septiembre de 1995, antes de transcribirlas en su libro *Trío de príncipes*.

El propio señor Cobián, abogado defensor de la familia real en el pleito de filiación presentado por los hijos de Elena Sanz, tuvo en sus manos algunas de esas cartas que, a su juicio, no probaban que Alfonso XII fuese padre de Alfonso y Fernando Sanz. «En estas cartas —aseguraba Cobián— aparece desbordada toda la espontaneidad de quien las escribiera. Leyéndolas se adquiere la certidumbre de que jamás pensó en que pudieran conservarse para fines interesados. Seguro de la lealtad ajena, mostró su autor la ingenuidad propia, diciendo cuanto le plugo, cuanto sintió, cuanto ideó, sin reservas, sin temores, sin presión ni cautela alguna. Y a pesar de esto al hablar de "los nenes" ni una sola vez los titula sus hijos. No hay en ellas la más leve indicación de que lo fueran.»

Pero, dijera lo que dijese Cobián, no hace falta ser un lince para adivinar que a quienes llamaba el rey con gran afecto «los nenes» eran sus propios hijos.

El letrado negó además la autenticidad de toda esa correspondencia. Pero si era falsa, ¿a cuento de qué iba la Casa Real a pagar por ella 750.000 pesetas de entonces, equivalentes en la actualidad a más de 2,7 millones de euros, para que no se publicara?

Veamos todos esos increíbles billetes amorosos que hoy conserva, como el más preciado tesoro, la nieta de su regio autor, María Luisa Sanz de Limantour:

> Idolatrada Elena:
> Cada momento te quiero más y deseo verte, aunque esto no es posible en estos días. No tienes idea del recuerdo que dejaste en mí. Cuenta conmigo para todo. No te he escrito por falta de tiempo. Dime si necesitas «guita» y cuánta. A los nenes un beso de tu
>
> ALFONSO

> Elena mía:
> Qué retratos y cómo te los agradezco. El chico hace bien en agarrarse lo mejor que tiene y por eso me parece le va a gustar tocar la campanilla… Tú estás que te hubiera comido a besos y me pusiste Dios sabe cómo…
> Daría cualquier cosa para veros. Mas no es posible.
>
> ALFONSO

> Idolatrada:
> Perdona si no soy siempre gentil; si anoche te hice tanto sufrir. En el pecado llevo la penitencia, pues varias veces me he despertado pensando en ti y lleno de remordimientos. De diez menos cuarto a diez y media te verá con sumo gusto mañana domingo
>
> TU ALFONSO

Idolatrada Elena:

Mucho gusto he tenido en verte todos estos días en las funciones y siempre que puedo te miro y se me van los ojos tras de ti y tras de ellos. Mi corazón y mis sentidos.

Ayer te vi en tu ventana.

Mil besos de tu invariable,

A.

Elena mía:

Mil gracias por tu billete de ayer y cuanto me dices. Mucho sentí no poderte ver anoche, y aún más triste estoy ante la idea de que te hayas enfriado conmigo.

Otra vez haremos aún más, y así sudarás y no hay enfriamiento posible.

Tuyo de corazón,

A.

LA HERENCIA

La inesperada muerte de Alfonso XII, con tan sólo veintisiete años, le impidió dejar atada su última voluntad.

El monarca falleció así angustiado por el incierto porvenir de sus «otros hijos», abandonados en manos de la Providencia.

Excluidos de su testamento, Alfonso y Fernando Sanz no se beneficiaron de la póliza de seguro contratada por su padre con La Previsión por valor de 500.000 pesetas, equivalentes en la actualidad a más de 1,8 millones de euros.

Quedó estipulado que el dinero debía satisfacerse a los veinte años de la firma del contrato, o inmediatamente después de la muerte del regio asegurado, como así sucedió.

Sin ser boyante la situación económica de Alfonso XII, tampoco podía considerarse desesperada, como se la calificó en el debate parlamentario sobre la lista civil del monarca.

De hecho, éste legó a su hijo Alfonso XIII la cantidad de 1.313.902 pesetas, equivalentes en la actualidad a más de 4,5 millones de euros, sobre un capital que a su muerte se elevaba a 6.640.676 pesetas (más de 22,2 millones de euros).

Además, la infanta María Teresa, hermana mayor de Alfonso XIII, nacida sólo tres meses después que su hermano bastardo Alfonso Sanz, fue la gran beneficiada de la póliza de seguro de La Previsión, percibiendo en total 478.155 pesetas (casi 1,8 millones de euros), que en julio de 1887 se invirtieron en valores rusos al 5 por ciento de interés, depositados en el Banco de Inglaterra.

Pero todo ese dinero no era más que migajas de una antigua fortuna, la de los Borbones de España, que Alfonso XII no pudo recomponer en sus diez años de reinado.

Los dispendios de su madre Isabel II tuvieron mucho que ver en la precaria situación económica de la familia real, mantenida en gran parte en el exilio con la generosa ayuda de nobles como el duque de Sesto, además de la financiación ajena que hizo posible la restauración alfonsina.

Prueba de ello es que «la de los tristes destinos» no dejó al morir, el 9 de abril de 1904, otra propiedad que el Palacio de Castilla, adquirido en 1868, cuando a resultas de «la Gloriosa» revolución debió exiliarse en París. Con el producto de su venta se liquidaron numerosas deudas, entregándose donativos y regalos a sus antiguos amigos y servidores.

La propia infanta Eulalia señaló que el testamento de su madre «es un ejemplo de sus desordenadas bondades y de su poco sentido administrativo».

Isabel II las pasó así canutas en sus últimos años de exilio.

Sobre su penuria económica hay muchos datos y anécdotas. Cierto día pidió ella al célebre abogado Nicolás Salmerón, ex presidente de la República, que asumiese su defensa ante los tribunales. Salmerón accedió encantado… ¡sin cobrarle ni un duro a la reina!

Agradecida, Isabel II le dedicó al abogado un retrato suyo, enmarcado en plata con perlas y piedras preciosas. El republicano, en un gesto que le honraba, aceptó complacido el retrato, pero devolvió el valioso marco a la soberana.

Años después, se repitió la escena con otro abogado, Manuel Cortina, que cifró sus honorarios en un nuevo retrato firmado de Isabel II. En la dedicatoria, la reina le indicaba, entre otras cosas: «Y, como ves, sin joyas», dejando bien claro que se había hecho retratar sin alhaja alguna.

El propio Alfonso XII, en una de sus cartas íntimas a Elena Sanz, reconocía sus apuros económicos para pasarle a ella y a sus hijos una pensión de 5.000 pesetas mensuales: «Querida Elena: Hasta hoy no te he podido remitir lo que va adjunto porque cerré el mes con deudas y sin un cuarto».

¿Podía ser más explícito?

A la muerte de Alfonso XII, sin un duro tras retirarse de los escenarios por decisión del rey, y a cargo como estaba de sus dos hijos bastardos, Elena urdió un plan para salir de su crítica situación.

EPÍSTOLAS DEL CONFESOR

Antes de nada, recurrió al padre Bonifacio Marín, camarero secreto del papa León XIII y confesor de la reina Isabel II, con quien ya había mantenido contacto epistolar antes de morir Alfonso XII.

Pero la ayuda económica, solicitada a través del confesor, resultó inútil.

Convertida en blanco indefenso de la ira de una mujer despechada, como sin duda era la reina viuda María Cristina, la pobre Elena Sanz dejó de percibir incluso la pensión que le pasaba el rey.

Con razón, Romanones afirmaba: «Doña María Cristina sufría como mujer y como reina; los últimos años de su matrimonio constituyen, si no una tragedia, sí un conflicto de celos de los muy frecuentes en la vida».

Desesperada, Elena Sanz reunió toda la documentación que conservaba sobre su romance con el rey y visitó al abogado republicano Rubén Landa, en París. Landa le puso luego en contacto con otro letrado de mayor renombre: Nicolás Salmerón.

Entre los documentos comprometedores, figuran las cartas autógrafas del padre Bonifacio Marín a Elena Sanz, las cuales señalan al propio sacerdote como intermediario y confidente del romance regio.

En la primera de esas desconocidas cartas, fechada el 4 de abril de 1880, Bonifacio Marín informa a Elena Sanz de que ha cumplido una misión cerca del rey, «habiendo sido recibido y oído con gratitud y amabilidad inexplicables, cuyo júbilo particular le comunico por orden expresa a la par que con toda mi espontaneidad».

El 14 de mayo, el clérigo confirma que Ramiro de la Puente y González Adín, marqués de Altavilla, ha recibido carta de Elena Sanz, lo cual revela que el antiguo amante de Isabel II era también cómplice del amor secreto del hijo.

Escribe así el padre Bonifacio:

R. [se refiere al marqués de Altavilla] ha recibido su última [carta]. Mucho celebro su determinación eficaz sobre el

ilustre paciente, pues un fracaso por descuido hubiera sido do-
blemente sensible... A este fin ha pedido a Su Majestad la
Reina que escriba a Su Majestad el Rey, lo cual ha hecho hace
días. Si usted pudiera apoyarle por uno u otro medio en su ra-
cional y necesaria pretensión, se lo agradecería infinito... Mil
besos a los niños.

Alude ya el sacerdote a los dos hijos de Elena Sanz en ese
momento, el mayor de los cuales, Jorge, había nacido en 1875
de padre desconocido; el otro, Alfonso, fruto de las relaciones
extraconyugales del monarca, vino al mundo meses antes de la
epístola del padre Marín. Por último, Fernando, hijo también
del rey, aún no había nacido.

De entre la copiosa documentación, destaca una carta de
Bonifacio Marín a Elena Sanz, sin fechar, que debió de redac-
tarse en verano de 1882, así como un telegrama cursado por
aquél el 14 de diciembre de 1881. Ambos documentos prue-
ban que Isabel II estaba también al corriente de la paternidad
de los dos niños, a quienes consideraba sus nietos.

Veamos la carta primero, en la que el prelado informa del
próximo viaje de Isabel II a Bayona y de las mil piruetas que se
le ocurren para que «los niños» puedan ser presentados por fin
a la reina.

Isabel II, por cierto, llama a Elena Sanz «mi nuera ante
Dios»; lo cual tampoco resulta extraño pues, como recordará el
lector, la propia reina actuó de celestina para que su hijo y Elena se conociesen en Viena, bendiciendo luego esa relación.

Dice así don Bonifacio Marín a Elena Sanz:

Decididamente parte la señora [Isabel II] el veintiuno y
pasará por Bayona el veintidós a las doce y diez minutos del
día.

Ya tenía convenido su encuentro, pues de otro modo no hubiera hecho yo tal indicación a Vd. [Elena Sanz], porque por nada del mundo le hubiese ofrecido un papel ridículo.

El otro día en la discusión del caso con la señora dijo:

—Necesita mucha prudencia por Cristina [la esposa de Alfonso XII]; pero al fin Elena es mi nuera ante Dios.

Me reí con toda el alma.

Hoy he conferenciado de nuevo y determinado:

1.º Se presenta Vd., Malvina y Dolores, en Bayona a saludar a la señora.

2.º Se retira Vd. o se hace la indiferente y que presenten Malvina o Dolores a los niños como cosa de ellas; para que el Cónsul, los Camposagrado y demás españoles de Bayona no atribuyan a Vd. la cosa.

3.º No suban Vds. ninguna en el tren, porque todos los dichos la acompañarán hasta Biarritz, en donde la esperan otros; por tanto esperan Vds. otro tren o se marchan en coche a Biarritz.

Yo no sabía que esta señora quería y conocía tanto a Malvina, pues hoy lo ha demostrado.

Reservado. La Merced no quiere la presentación de los niños, con pretexto de caridad o amor hacia Vd.; pero es por celos, porque como él tiene, desea para él todos los mimos y que no se coja cariño a otros. La señora y yo queremos y nos basta, pues él no hará poco si no lo despiden por ser cuñado del otro.

Cuando llegue Vd. a Biarritz, telegrafíeme la dirección, para telegrafiarla yo después mi paso, en el que la dejaré el dinero.

No puedo ir el veintiuno; será el treinta o treinta y uno.

¿Cuántas veces ha llorado para escribir su carta? Al menos cuatro.

Lo siento sin sorpresa, porque se lo necesita y sólo a mí puede hacerlo con franqueza extensiva.

Finalmente, este telegrama del sacerdote a Elena Sanz resulta tanto o más elocuente:

> Hoy miércoles, a las cinco y media de la tarde, estará Vd. sin falta con ambos niños en Palacio, pues les espera la señora.

Isabel II amaba a los dos nietos ilegítimos que le había dado su hijo Alfonso XII.

EL LACAYO DEL REY

Prudencio Menéndez, servidor fiel de Alfonso XII en palacio, fue cómplice también del romance secreto.

Disponemos de una docena de cartas suyas a Elena Sanz, escritas entre 1879 y 1885 con garrafales faltas de ortografía y de sintaxis, propias de un hombre de su casi nula cultura, pero que constituyen un testimonio de primera mano sobre la «otra familia» de Alfonso XII.

De su lectura se desprende el interés del monarca por el estado de su amante y de sus hijos en cada momento; de esa «otra familia» a la que dejó abandonada, sin quererlo, tras su muerte, pero a la que mantuvo asistida en vida siempre que pudo.

En su primera carta, fechada en La Granja de San Ildefonso el 10 de agosto de 1879, Prudencio Menéndez refiere el accidente que sufrió el rey durante una excursión, poco antes de celebrarse los segundos esponsales regios.

Su coche volcó en el camino de La Granja y el monarca se hizo una fortísima luxación en la mano y brazo derechos, que le impedía escribir. Su ayuda de cámara lo hizo entonces por él, considerando su «primer deber» informar de ello a la favorita para su tranquilidad y para que no diera pábulo a «tantas mentiras como le contarían».

Consciente de la influencia de Elena Sanz sobre el rey, el lacayo le imploraba también: «Le ruego, señora mía, que cuando le escriba le encargue por Dios no haga ningún esfuerzo hasta que la cura esté hecha, pues de hacer ensayos podría quedar mal, dígaselo Vd. por Dios, que a Vd. le hará caso».

En otra carta, datada el 27 de julio de 1880, cuando Alfonsito Sanz contaba tan sólo seis meses, Menéndez aludía así a él: «Celebro mucho esté tan bueno el Señorito y que la distraiga a Vd., que bien lo necesita».

El 19 de diciembre de 1881, nacido ya su hermano Fernando, el ayuda de cámara escribió a su madre: «Dios la protege y conservará en la plenitud de sus facultades por su buen proceder y hermoso corazón, y principalmente para cuidar de los hermosos Ángeles que la rodean… muchos besos a los niños».

El 14 de enero de 1882 volvió a preocuparse por ellos: «Sentí mucho la indisposición de Fernandito y supongo el malísimo rato que Vds. se llevarían y luego los colmillos de Alfonsito, no dudo que habrán pasado malísimos días».

Casi un mes después, el 10 de febrero, cursó recibo de dos cartas de Elena Sanz al monarca, comprometiéndose a remitirle las contestaciones y despidiéndose de ella con «mil besos a los niños».

El 30 de julio, Menéndez confirmó a Elena que había recibido unos retratos de sus hijos para entregárselos al rey de su parte. «Puede usted escribir directamente aquí y yo las mandaré [las cartas para el rey] como hemos quedado conbenidos [sic]», indicó el criado. Y añadió: «El 25 salió [el rey] para Comillas y como Vd. be [sic] me he quedado en este Real Sitio [La Granja]».

A continuación, se interesó por Fernando, lamentando que la estrecha vigilancia en palacio impidiese la fluida comunica-

ción entre ella y el monarca: «Siento mucho la indisposición de
Fernandito y espero no sea nada, efecto del calor, los niños tienen mil alternativas. Por no saber las señas, no la he escrito a
Vd. antes, sepa Vd. que quiso [el rey] dejarme carta, pero el
gendarme no nos dejó ni respirar».

El 9 de septiembre informó del encuentro de Isabel II con
Elena Sanz, en Biarritz, al que también aludió el padre Bonifacio Marín: «El veinticinco vino el señor de su expedición y me
dijo haberle dicho su madre la havía [*sic*] visto a Vd. en Biarritz;
esto es todo lo que en este tiempo he sabido de Vd.; hoy que-
dará en su poder la carta y tan pronto tenga contestación se la
mandaré a Vd. Nada puedo decirle del tiempo que aún estaremos en ésta [San Ildefonso], yo creo sea hasta fines de este [sep-
tiembre], tan pronto lo sepa se lo diré a Vd. Ruego a Vd. dé mis
cariñosos afectos a los niños».

El 18 de diciembre, de regreso en Madrid, Prudencio Menéndez piropeó así a los hijos del rey: «No me extraña que los
niños estén tan hermosos, pues siempre lo fueron y dicho está
que, cuanto mayores sean, más gusto dará verlos; la ruego a Vd.
les dé un beso de mi parte».

Dos años después, el 9 de febrero de 1885, el criado hizo
llegar a Elena, de parte del rey, unos regalos para Alfonsito y
Fernando: «Los juguetes me los mandó [Alfonso XII] comprar
para los niños y se a [*sic*] alegrado aya [*sic*] sido de su gusto,
también a él le gustaron los regalitos y los retratos, principalmente los que tienen los trages [*sic*] de terciopelo, lelló [*sic*] la
carta de los niños de felicitación y dijo que Fernandito salía tan
aficionado a los caballos como él».

En esa misma epístola, Prudencio Menéndez daba fe de
cómo el rey se preocupaba por ella: «Le di a leer la carta que
Vd. le escribió y me dijo sentía mucho que estuviese Vd. mala
y sufriera Vd. tanto y con tantas contrariedades que le perjudi-

carían a Vd. para su cura… Hoy día de la fecha entrego a su hermana de Vd. la paga, no se a [*sic*] podido arreglar antes porque como Vd. sabe siempre andamos sin tiempo para nada… Mis afectos cariñosos a los niños».

Tras agradecer a Elena y a los niños los regalos con motivo de su onomástica, Menéndez confirmó nuevamente, el 12 de mayo, el pago de la mensualidad que también efectuaba el rey a la hermana de su favorita: «Hoy día de la fecha he entregado a su señora hermana la paga que, efecto de mucho jaleo de este mes de elecciones y carreras y pichón, no hemos tenido tiempo ni para comer».

Pocas cartas resultan tan convincentes como éstas. Sus autores, Prudencio Menéndez y Bonifacio Marín, jamás pensaron que algún día, como hoy, verían finalmente la luz.

En ellas, se desvivieron en secreto por Alfonso y Fernando Sanz, alabaron sus progresos, lamentaron sus enfermedades, les enviaron juguetes, pidieron sus retratos… Los trataron, en suma, como lo que realmente eran: hijos del rey.

LA TRIBUNA DE CASTELAR

Del regio romance se hicieron eco muy pronto varios periódicos españoles y extranjeros. Pero de entre la abundancia de artículos, sobresale el que escribió Emilio Castelar, considerado uno de los más elocuentes oradores y prosistas del siglo XIX español, que hoy se conserva con broche dorado en las hemerotecas:

> Necesítase para departir de todo esto, suma delicadeza por tratarse de dos damas, las cuales llevan dos coronas, la una de reina, la otra de artista. No rompemos ningún secreto muy

guardado y recatadísimo diciendo que un día empeñaron callados litigios más o menos jurídicos e hicieron parciales componendas más o menos privadas la Reina Cristina de Habsburgo y la contralto Elena Sanz de Andalucía. Los objetos a que tales tratos se referían, eran dos niños criados en casa de la cantante y que llevan sendos nombres de regios almanaques: Alfonso y Fernando. Poco se había escrito de ambos en los últimos tiempos, cuando rompe la semana pasada Elena Sanz a hablar en coloquio, con un redactor de periódico francés, delatando al público porfiadas persecuciones y repetidas exigencias, todas ellas imperdonables por tratarse de dos criaturas puestas bajo sus alas y educadas en su mansión de hadas y arpegios.

Castelar describía a continuación una fiesta en la que había oído cantar, extasiado, a Elena Sanz, para arremeter después contra los «matrimonios de Estado» y defender el papel de los bastardos en la historia de la monarquía española:

¡Qué horóscopos del destino! Elena cantaba *La Favorita*. Su increíble belleza resaltaba en el marco de la escena mucho, pues lo escultórico de aquellas facciones a la verdad estatuarias, permiten apreciarla en su maravilloso conjunto. No creerías leer sabiendo cómo cantó para su estreno en Madrid *la Favorita*, una biografía de historiadores o una tragedia de poetas antiguos, donde oráculos más o menos sinceros en fórmulas más o menos claras presagian y agoreran la suerte del protagonista.

Comprendamos la naturaleza humana y miremos filosóficamente las consecuencias de institución tan absurda como el matrimonio, que sólo debe tener por fundamento las afinidades mutuas del amor convenido entre diplomáticos y embajadores por razón de estado… Pero hechos los matrimonios por razón de estado; dada la consiguiente proximidad y consanguinidad

dinástica de los cónyuges; conociendo la costumbre de feste-
jarse los novios regios por medio de cartas y retratos sin conocerse, como de unirse los desposados regios, por medio de
Procurador, sin tratarse; no debe, no, maravillarnos que junto a
D. Pedro de Castilla esté D. Enrique de Trastámara, que junto
a D. Fernando el Católico de Aragón esté D. Juan de Aragón,
que junto a D. Felipe II esté el I y grande D. Juan de Austria y
junto a D. Carlos II el Juan de Austria último y pequeño; que la
Reina María Cristina de Borbón salte por todo y se una en
matrimonio con un misérrimo estanquero de Cuenca; pues la
naturaleza recobra siempre sus derechos y el amor sella con su
igualdad humana la frente de los monarcas... ¿no hay monar-
quías como la de Portugal, por ejemplo, y dinastías gloriosísimas
como las que dieron una Isabel primera y un Manuel el Grande, fundadas por bastardos? Pues que si el hijo de Alfonso VI y
la princesa mora sevillana no muere de una desgracia fortuita,
¿quién duda que la sangre de los mahometanos correría por las
venas de los monarcas españoles y católicos?

Con Elena Sanz, madre de dos bastardos de Alfonso XII,
estaba a punto de repetirse la historia. Máxime cuando el primogénito, Alfonso, había sido concebido durante la viudez de
su padre, pudiendo aspirar así a la condición de hijo natural.

Gustase o no, Alfonso era el hijo mayor del monarca y en
él habrían recaído los derechos dinásticos si hubiese sido reconocido.

Su hermano Fernando, en cambio, era hijo adulterino,
pues su concepción se produjo mientras Alfonso XII estaba casado con María Cristina.

Pero la reina, mucho más tozuda e influyente que su rival
Elena Sanz, atenazada además por la envidia y los celos, iba a
tratar de impedir que la nueva «Leonor de Guzmán» se saliese
al final con la suya.

Los papeles de Salmerón

Sola y desamparada, Elena Sanz acudió al insigne Nicolás Salmerón, por indicación del también letrado Rubén Landa.

Salmerón era entonces un abogado y catedrático de Metafísica de cuarenta y siete años, con una larga y convulsa trayectoria política que le hizo pasar por la cárcel en junio de 1867, a raíz de sus actividades revolucionarias previas a «la Gloriosa» que envió a Isabel II al exilio.

El triunfo de la sublevación le permitió salir de prisión, convirtiéndose en miembro de la Junta Revolucionaria.

El 11 de febrero de 1873, con motivo de la formación del primer gobierno de la Primera República presidido por Estanislao Figueras, Salmerón fue designado ministro de Gracia y Justicia. En los cuatro meses que duró su ministerio, hasta que el nuevo presidente del Gobierno Pi y Margall lo sustituyó por José Fernando González, impulsó el proyecto de separación entre Iglesia y Estado, estableciendo también un sistema penitenciario sujeto al poder judicial.

El 13 de junio, Salmerón fue designado presidente del Congreso de los Diputados, distinguiéndose en la toma de posesión por su encendido discurso favorable a una república federal y a la igualdad de todos los ciudadanos ante la ley para evitar la lucha de clases.

Con sólo treinta y cinco años, se convirtió en presidente de la República, tras la dimisión de Pi y Margall.

Luego, rivalizó con Castelar hasta el punto de negarle el voto de confianza que necesitaba su gobierno para salvar la República, en enero de 1874.

Fue diputado a Cortes en varias legislaturas, hasta que la Restauración monárquica acabó con su carrera política. Apartado de su cátedra de Metafísica, vivió exiliado en París, donde crecieron luego los dos hijos bastardos de Alfonso XII.

En París, precisamente, estableció contacto Elena Sanz con él.

El 23 de diciembre de 1885, Salmerón escribió a la antigua amante del rey aceptando su defensa y previniéndola de lo que se les avecinaba: «A juzgar —advertía el abogado— por lo que ya han hecho con Vd., no les inspirarán nobles sentimientos, tendrá Vd. que hacer comprender que no está dispuesta a aceptar una merced mezquina, cuando no pide gracia, sino justicia».

Poco después, Salmerón se entrevistó con el intendente de la Real Casa, Fermín Abella. La conversación bastó por sí sola para disparar todas las alarmas en palacio. Abella se la tomó como un chantaje, como explicaba luego el propio Salmerón a Elena Sanz, en una carta del 2 de enero de 1886: «Que la fortuna de Alfonso XII —alegó el intendente, según Salmerón— no era tan considerable como se suponía; que aún no estaba formalizado el inventario y que de arreglar el asunto era conveniente hacerlo pronto y no esperar a ultimar las operaciones del intestado».

Salmerón advirtió a su cliente que la Casa Real pretendía silenciar un posible escándalo, algo habitual en los Borbones de España: «Como las razones que aduje y la lectura que di a algunas de las copias, en esa conferencia, impresionaron profundamente al Sr. A. [Abella], quedó éste en transmitir la pretensión de Vd., mostrándose inclinado a aconsejar que se evite una reclamación ante los Tribunales».

Confiando ciegamente en su abogado, Elena Sanz lo autorizó a que enviase una carta a Fermín Abella con el resumen de todas sus pretensiones.

Fechada el 20 de febrero, la desconocida misiva nos ilustra sobre las condiciones para un posible acuerdo.

Dice así Salmerón al intendente de la Real Casa:

En primer lugar entiendo que debe hacerse un documento privado con el carácter de provisional, en el cual se consigne la obligación recíproca de entregar la una parte todas las cartas con que pudiera pretender demostrar la filiación natural paterna, y la otra la cantidad convenida.

¿No era acaso esa propuesta un vulgar chantaje?

Se trataba, en definitiva, de llegar a un acuerdo para devolver las cartas íntimas de Alfonso XII en poder de Elena Sanz, a cambio de una suma de dinero que permitiese a la madre y a los niños vivir sin problemas durante muchos años.

Salmerón desvelaba otros detalles del posible arreglo:

Para que en ningún caso pueda reproducirse reclamación alguna, ni aun por los menores, se declarará que no existen otras cartas que pudieran servir de prueba a las pretensiones; y a mayor abundamiento, se estipulará que las dos terceras partes por lo menos de la cantidad convenida, se invertirán en inscripciones de Deuda pública a nombre de los dos menores, a fin de que, asegurada la renta que ha de constituir una, aunque módica, decorosa pensión para alimentos, no haya jamás ni remoto temor a que puedan pedirlos los menores en cuyo nombre tanto como en el propio y fundada precisamente en esa concesión, renunciará la madre a toda pretensión de demostrar la paternidad de sus hijos. Al hacerse la entrega recíproca de las cartas y de la cantidad convenida, se otorgará una escritura para dar plena fuerza legal a la asignación de la pensión alimenticia y a la declaración y renuncia expresadas.

Pero los abogados de la reina María Cristina no aceptaron que una parte del dinero en deuda pública se invirtiese a nombre de Alfonso y Fernando Sanz, como proponía Salmerón.

Entonces, éste escribió a Elena Sanz otra reveladora carta, el 5 de marzo, en la que se concretaban aún más las bases de un posible acuerdo, que cifraba en 500.000 pesetas la cantidad mínima exigida por su clienta para entregar las cartas de amor del rey.

Dice así:

> Muy Sra. mía y distinguida amiga:
>
> Extrañará usted mi silencio, pero me dolía escribir a Vd. sin darle noticia del arreglo definitivo y en las condiciones que yo estimaba más al abrigo de todo riesgo e injerencias extrañas.
>
> A pesar de que Vd. se adelanta en su apreciable del 27 pasado a facilitar la solución en el sentido que la otra parte, por una infundada desconfianza exige, he procurado insistir en que el capital que se asigne a los niños y que será por lo menos de 500.000 pesetas, mitad para cada uno, se invierta en inscripciones nominativas; pero llevando el vuelo hasta lo irracional, se han negado a constituir el capital en esa forma, a fin de poderlo retirar sin dificultad alguna, en el caso de que durante la minoridad de los niños se formulase alguna reclamación, o provocase escándalo, o de que al llegar a la mayoridad decidiesen resucitar la cuestión. En vano he procurado disuadirlos de que el temor que abrigan es infundado y de que en todo caso podría constituirse la inscripción nominativa, bajo la condición de que perderían el capital los niños si por Vd. o por ellos se suscitase cualquier reclamación; porque ven que, dada la índole de la inscripción nominativa, tendrían que apelar a un pleito para retirar el capital. En esta situación entiendo que no hay más remedio que renunciar a las inscripciones nominativas, procurando buscar las mayores garantías posibles en el depósito de los títulos al portador que han de constituir las rentas de los niños, y consignando, desde luego, que por falta de éstos,

han de pasar a Vd. los títulos. No se ha resuelto así ya hoy porque con motivo de la boda de mañana, está el señor Abella ocupado. Siento haber tenido que ceder en eso; pero trataré de que el depósito ofrezca las mayores garantías y de que, sin intervención de nadie, se entienda Vd. para cobrar la renta directamente con la Banca en que se depositen los valores.

La muerte de Alfonso XII había dejado en la miseria a Elena Sanz y a sus hijos, privados de su pensión por orden tajante de la reina María Cristina.

Salmerón daba fe de ello en la misma carta:

> He vuelto a insistir, porque me dolía continuara Vd. en angustiosa situación, en que se remitiera a Vd. algunos fondos, y últimamente se me ha prometido que enviarían a Vd. alguna cantidad, para que sin prolongar sus apuros pudiera esperar la solución definitiva.

Elena Sanz recibió finalmente 50.000 pesetas (alrededor de 180.000 euros), en concepto de atrasos en la pensión desde la muerte del rey.

Su abogado exigió también otras «setecientas cincuenta mil pesetas para ella y sus hijos»; de esta cantidad, 250.000 pesetas serían para Elena Sanz, y las restantes 500.000 pesetas se repartirían por igual entre sus dos hijos, constituyéndose para tal fin un fondo bancario en París.

Recordemos que las 750.000 pesetas reclamadas por Salmerón fueron las que finalmente cobró Elena Sanz para ella y sus hijos. Cantidad equivalente a 738.751 francos (2,7 millones de euros).

Todo, o casi todo, estaba así listo para la hora de la verdad.

El arreglo

El 24 de marzo de 1886 se firmó finalmente el convenio, según el cual se constituyó un depósito de valores a favor de los hijos de Elena Sanz. A cambio, ésta hizo entrega a los representantes de la Casa Real de los documentos que acreditaban al difunto rey como padre de las dos criaturas.

La escritura número 40 se suscribió ante el vicecónsul de España en París, Francisco Carpi, siendo rubricada por Fermín Abella Blave y Rubén Landa Coronado, en representación de ambas partes.

De todas sus cláusulas, nos interesa reproducir la tercera, que dispone lo siguiente:

> El Sr. Abella ha recibido el encargo, confiado en toda reserva a su rectitud de conciencia, de invertir un capital efectivo que no baje de quinientos mil francos en valores públicos, que permita asegurar por partes iguales una renta a los menores impúberes Don Alfonso y Don Fernando Sanz Martínez de Arrizala, hijos naturales de la Señora Doña Elena Sanz y Martínez de Arrizala, cumpliéndole, por tanto, consignar de la manera más solemne que el capital invertido en los valores que más adelante se determinan, no le pertenece, sino que lo ha recibido para destinarlo al objeto que en esta escritura se expresa. La Señora Doña Elena Sanz se obliga a no reproducir reclamación alguna respecto a la filiación natural paterna de sus dos mencionados hijos y a no publicar carta, ni documento alguno, al intento de revelar dicha filiación. Y si la expresada Señora faltase a la obligación y compromisos consignados, el Sr. Abella podrá desde luego retirar los valores depositados, obligándose los Sres. Don Rubén Landa Coronado y Don Nicolás Salmerón y Alonso, a hacer cuanto fuese necesario al efecto.

El pacto establecía la obligación de Elena Sanz de entregar 110 documentos comprometedores a cambio de que sus hijos Alfonso y Fernando percibiesen los 500.000 francos franceses que debían garantizar su futuro económico hasta la mayoría de edad, establecida entonces en los veintitrés años.

El dinero se invirtió así: 18.000 francos franceses de Renta Exterior Española al 4 por ciento, y 810 billetes hipotecarios del Tesoro de la isla de Cuba.

Los valores se depositaron a nombre de Fermín Abella en el Comptoir d'Escomptes de París, encargándose de su custodia a Prudencio Ibáñez Vega, banquero de Isabel II, quien remitió luego las rentas a Elena Sanz para que las administrase en nombre de sus hijos.

Así se hizo todo; al menos, mientras Fermín Abella estuvo al frente de la intendencia de palacio.

A su muerte, lo sustituyó Luis Moreno y Gil de Borja, marqués de Borja, con quien las aguas volvieron a revolverse.

Por si fuera poco, el Comptoir d'Escomptes, donde estaban depositados los valores, suspendió pagos. Entonces, el marqués de Borja tomó una decisión que contravenía el acuerdo alcanzado tres años atrás, en marzo de 1886: colocó la fortuna en títulos en casa del banquero Prudencio Ibáñez sin informar de ello al cónsul de España.

El pleito estaba servido.

EL TESTAMENTO DE ELENA SANZ

Las disputas entre los Sanz y la familia real prosiguieron a la muerte de la favorita, el 24 de diciembre de 1898.

Alfonso y Fernando quedaron entonces bajo la tutela de su hermano mayor Jorge, de padre desconocido.

En su última voluntad, Elena Sanz sugería con claridad quién era el verdadero padre de sus hijos, así como los motivos que la llevaron a comportarse con extrema prudencia en tan peliagudo asunto.

Desvelemos ya la cláusula primera de su testamento, por ser la más interesante de todas:

> Declara en descargo de su conciencia que, por consideración que creyó debida al padre de sus hijos Alfonso y Fernando [Jorge queda, obviamente, excluido], guardó reserva respecto de la paternidad de éstos, y se prestó después de muerto aquél a aceptar una solución en que intervinieron respetables personas, alguna ya fallecida y conocidas las que viven de sus hijos, solución que implicaba un personal desistimiento, a reclamar los derechos de éstos y señaladamente de Alfonso. Pudo hacer esto reduciéndose a vivir con sus hijos fuera de su patria y en condiciones mucho más modestas de las que por ley se les había debido reconocer en prueba de piadoso respeto a la memoria del padre de sus hijos; pero de ninguna suerte tuvo el propósito (que por otra parte habría siempre carecido de eficacia legal) de renunciar a los peculiares derechos de sus hijos y principalmente de Alfonso. Hecha esta declaración que responde a una sagrada imposición de su conciencia, recomienda a sus hijos que, si se decidiesen a ejercitar los derechos que les asisten, no lo hagan sin aconsejarse previamente de las personas que mediaron en la solución aludida o, en defecto de éstas, de otras personas de recto y elevado criterio.

De su última voluntad se desprende así que el convenio suscrito en marzo de 1886 no implicaba la renuncia de Alfonso y Fernando a sus derechos como hijos del rey Alfonso XII.

Inducida por su amor a ellos, Elena Sanz promovió aquel acuerdo que no eximía a Alfonso ni a Fernando, insistimos, de su derecho de reclamar la paternidad a la muerte de su madre. Sólo mientras Elena Sanz viviese, tal y como se establecía en la cláusula tercera del testamento, «se obligaba a no reproducir reclamación alguna respecto a la filiación natural paterna de sus dos mencionados hijos y a no publicar carta, ni documento alguno, al intento de revelar dicha filiación».

Pero lo que sucediese a su muerte era ya distinto.

Entre tanto Jorge Sanz, primogénito de Elena Sanz y tutor de sus dos hermanos menores, reclamó la renovación del acuerdo tras averiguar que el banquero Prudencio Ibáñez había reconvertido sin su consentimiento, en valores de Renta Interior, títulos por importe de 31.000 francos franceses que estaban en Renta Exterior Española, causando un grave quebranto al patrimonio familiar.

Jorge Sanz defendió hasta el final los intereses de sus hermanos, recurriendo incluso a la intercesión de la infanta Isabel, hermana mayor de Alfonso XII. Pero al final no tuvo más remedio que reclamar formalmente sus bienes en España a través de Melquiades Álvarez, que enseguida inició negociaciones con Eugenio Montero Ríos, abogado de la Casa Real, por indicación de Antonio Maura.

Montero Ríos incumplió la promesa, hecha en nombre de la reina María Cristina, de conceder una renta vitalicia a Alfonso y Fernando Sanz.

Finalmente, éstos denunciaron al banquero Ibáñez ante la justicia francesa.

El Tribunal del Sena decretó, el 13 de mayo de 1905, que los títulos en disputa se entregasen al liquidador judicial. Pero el denunciado Ibáñez declaró que los valores jamás fueron reconvertidos y que las cuentas de sus últimos cinco años habían sido falsificadas.

La justicia dictó un fallo de *Référé*, que era la orden más grave y urgente que podía emanar de un tribunal francés; la orden se notificó a Ibáñez directamente, así como al marqués de Borja, intendente de la Casa Real, por medio del Parquet del Procurador de la República francesa.

El banquero incumplió lo que se le ordenaba y entonces maître Labori presentó una querella contra él. Dos horas después, el juez monsieur Boucard y el jefe de Seguridad, monsieur Hamard, acompañados de varios inspectores, registraron la oficina bancaria de Ibáñez, quien, poco después, se derrumbó confesando su delito.

El detenido declaró que desde hacía diez años no le quedaba ni un solo título de los depositados por la Casa Real en sus manos para velar por la seguridad económica de Alfonso y Fernando Sanz. Admitió que se había apropiado indebidamente de todos los valores, incluso antes de la ley de conversión de 1898, lo cual significaba que nunca pudo convertirlos por no hallarse ya en sus manos.

El complejo asunto se atajó a regañadientes, pues los hermanos Sanz, arruinados, no tuvieron más remedio que aceptar el arreglo propuesto por Ibáñez: recibieron así 300.000 francos en bienes y títulos a cambio de retirar su querella.

Pero una vez más resultaron engañados, pues los valores entregados —títulos de una sociedad cubana sin constituir, junto con acciones de un ferrocarril en Uruguay— apenas valían dinero.

Informado del fraude, Alfonso XIII empeñó su palabra para indemnizar a los hermanos Sanz, consciente también de que la Casa Real había actuado con negligencia al permitir que Ibáñez se apropiase de los valores.

Pero igual que el monarca faltó a su juramento ante los Santos Evangelios de respetar la Constitución monárquica de 1876, respaldando la dictadura de Primo de Rivera, acabó haciendo oídos sordos a su compromiso con los Sanz.

En 1911 aún proseguían las trifulcas jurídicas, zanjadas finalmente por el presidente Canalejas.

María Cristina se contradice

A esas alturas, la reina María Cristina ya había prestado declaración bajo juramento ante la Sala Primera del Tribunal Supremo.

Los jueces solicitaron su presencia, como parte de las actuaciones en la demanda presentada por Alfonso Sanz Martínez de Arrizala contra los herederos de Alfonso XII sobre reconocimiento de hijo natural y todo lo que ello implicaba: apellido, pensión de alimentos y participación en la herencia.

Por increíble que parezca, María Cristina aseguró ante el juez que ignoraba la existencia de los dos hijos habidos de la relación de su esposo con Elena Sanz.

Pero luego incurrió en una flagrante contradicción, recordando que había advertido al intendente Fermín Abella que no entregase ni un solo duro a la favorita mientras ésta no renunciase por escrito a la reclamación de filiación.

Los abogados de Alfonso Sanz interrogaron a la reina, que se negó a responder algunas de sus preguntas. Contestó, eso sí, a la octava que le formularon, admitiendo estar al corriente de todo lo más importante que sucedió:

> Que lo único que sabe, por referencia de Abella, es que a los pocos días de ocurrir el fallecimiento de su marido, el abogado de la Sanz, D. Nicolás Salmerón, vio a Abella para decirle que aquélla tenía unas cartas que suponían eran del Rey D. Alfonso XII, y que estaba dispuesta a hacer uso de ellas dándolas a la publicidad, provocando un escándalo; y entonces Abella

aceptó comprarlas conviniéndolo con Salmerón, y entregando como precio de ellas tres millones de reales, juntamente con cincuenta mil pesetas que dicho señor Salmerón había solicitado; habiendo la declarante aprobado lo hecho por Abella, cuando éste tuvo necesidad de darle cuenta de todo lo ocurrido para poder justificar la inversión de las ochocientas mil pesetas [la cantidad declarada por María Cristina concuerda exactamente con la que facilitábamos anteriormente, repartida así: doscientas cincuenta mil pesetas para Elena Sanz, otras quinientas mil pesetas para sus dos hijos distribuidas entre éstos por igual, y las cincuenta mil pesetas restantes, en pago por los atrasos de la pensión tras la muerte del rey], enterándose entonces también la declarante del convenio que se había hecho en París en mil ochocientos ochenta y seis, en el que no tuvo intervención la que habla, ni conoció hasta después de realizado; debiendo hacer constar que dicho convenio le pareció muy mal a la declarante y así se lo dijo a Abella, pues tratándose como se trataba únicamente de la venta de unas cartas de ignorada autenticidad no había más que recibirlas y entregar el precio.

Pero, en contra de lo declarado por María Cristina, difícilmente la Casa Real iba a desembolsar casi 2,7 millones de euros por unas cartas que, como ella mantenía, eran «de ignorada autenticidad».

Añadamos, como nota interesante, que el arreglo final entre Elena Sanz y la Casa Real, alcanzado en marzo de 1886, cuatro meses después de la muerte del monarca, se produjo antes de que se aprobase la partición testamentaria, efectuada el 12 de junio del mismo año.

Significa eso que la reina María Cristina, asesorada por sus abogados, debió acelerar también el acuerdo con Elena Sanz para evitar que ésta pleitease y se suspendiesen así las operaciones testamentarias del difunto Alfonso XII.

Enfurecida durante el interrogatorio, María Cristina llegó a acusar de «sablistas» a los abogados de Elena Sanz.

Poco antes, había asegurado que todas las cartas íntimas de su esposo con Elena Sanz «habían sido quemadas». Pero lo cierto es que, como ya sabemos, la hija de Alfonso Sanz, nieta de Alfonso XII, las conserva hoy en su poder al cabo de más de un siglo.

Finalmente, Alfonso Sanz perdió el pleito que él mismo había iniciado en 1907. En su sentencia dictada el 1 de julio de 1908, el juez consideró que «un monarca no estaba sujeto al Derecho común»; es decir, que a un rey no se le podían reconocer hijos fuera del matrimonio. Verlo para creerlo.

LA HISTORIA SE REPITE

Sin darse por vencido, Alfonso Sanz realizó aún otro intento en solitario, pues su hermano Fernando ya había fallecido, poco antes del estallido de la Guerra Civil española, contratando esta vez al eminente profesor Luis Jiménez de Asúa.

Previamente en 1922, el mismo año en que falleció en Niza su hermano Fernando, Alfonso contrajo matrimonio en México con Guadalupe de Limantour Mariscal, una bella y acaudalada mexicana de veinticinco años con la que residió varios años en París, en el número 16 de la calle Ampère.

La hermosa Guadalupe era sobrina del ministro de Hacienda en el gobierno del dictador Porfirio Díaz.

Alfonso Sanz dirigió durante varios años la firma de automóviles Peugeot. Su matrimonio fue muy dichoso y tuvo dos hijas, Elena y María Luisa.

La primera de ellas, Elena, se casó con el empresario norteamericano Robert Borgs, con quien tuvo a su vez dos hijos, Bruce y Warren, hoy felizmente casados.

La segunda, María Luisa, contrajo matrimonio con el embajador de Chile en Madrid, Alberto Wittig, y vive hoy, viuda, en una hermosa casa de Marbella. La pareja tuvo cinco hijos: Leslie, Jaime, Priscilla, Patricia y Jennifer.

Precisamente de uno de los muchos escarceos amorosos de Alfonso XII dio fe la propia María Luisa Sanz de Limantour al escritor Ramón J. Sender, según relataba este mismo en su *Álbum de radiografías secretas*; se trataba nada menos que de una mujer casada: la esposa del primer secretario de la embajada de Uruguay en Madrid, con la que el rey tuvo una hija bastarda.

> Yo traté muy de cerca —escribe Sender— a una hermana natural del rey Alfonso [XIII], casada con el embajador de Chile en Madrid. No es broma. Ella misma me decía que en palacio «no había protocolo para ella» y que se tuteaba con la reina madre a pesar de la diferencia de edad. Parece ser que el rey Alfonso XII, padre del que destronamos en 1931, era enamoradizo y que la reina María Cristina (con quien yo hablé una vez sin saber quién era) no tenía celos o que sus celos eran disimulados y discretos… En todo caso parece que hacia 1884, Alfonso XII, sin necesidad de consultar a Sagasta ni a Cánovas, se enamoró de la esposa del embajador uruguayo [era en realidad el primer secretario de la legación, pues el embajador era entonces Enrique Kubly, como veremos en el siguiente capítulo], quien tuvo el diplomático deber de cederle su puesto en el lecho conyugal. La embajadora [esposa del primer secretario] quedó encinta y parió a una criatura de perfiles borbónicos a quien yo conocí cuando ella tenía cuarenta y dos años y estaba todavía de buen ver.
>
> Me invitaban a comer a la embajada, a veces, y la señora de la casa me decía altiva y señorial: «En el Palacio de Oriente no hay protocolo para mí». Como yo la escuchaba sin mostrar mayor extrañeza, añadía: «Esa misma silla donde usted está (era

un sillón con respaldo tallado y coronado de lises) la ocupaba la semana pasada Su Majestad el rey don Alfonso».

Yo no me sentía muy halagado por aquello, la verdad. El embajador Rodríguez de Mendoza afirmaba con una falsa modestia: «¿Usted sabe? Mi esposa tiene sangre real. Es hermana natural de Su Majestad don Alfonso XIII». Y era verdad. No se podía pedir una figura más borbónica que aquélla. Lo que a mí me parecía sólo humorístico.

Hoy, María Luisa Sanz de Limantour, tía bastarda del rey Juan Carlos I, ha tomado el relevo judicial de su padre Alfonso Sanz, fallecido en 1970, para reivindicar una vez más su regio apellido.

De esta forma, a los abogados que antes lo intentaron en vano, en nombre de su difunto padre, se suma ahora el letrado Marcos García-Montes, que ha asumido una nueva oportunidad histórica para que su cliente pueda apellidarse Borbón con todas las de la ley. Algo que el «tío Leandro» de Borbón Ruiz-Moragas fue el primero en conseguir tras ímprobos esfuerzos.

La hija secreta

Fue allí; en una de las más sonadas fiestas de la nobleza y aristocracia madrileñas, celebrada en mayo de 1884.

La rica anfitriona de aquella selecta pavana era la marquesa de Esquilache, Pilar León de Gregorio, viuda del opulento malagueño Martín Larios.

Mujer cetrina, de ojos pequeños y nariz incorrecta, pero dotada de un extraño encanto, especie de resplandor intelectual traslucido en el semblante como una luminaria interior.

El escenario, inigualable: el soberbio palacio de Villahermosa, situado en la calle de Zorrilla (antes denominada del Sordo), con vuelta al paseo del Prado y a la Carrera de San Jerónimo, en uno de cuyos salones el pianista y compositor Franz Liszt ofreció un inolvidable concierto para unos pocos privilegiados.

Construido entre finales del siglo XVIII y comienzos del XIX por el arquitecto Antonio López de Aguado, discípulo de Juan de Villanueva, artífice del edificio del Museo del Prado, el palacio de Villahermosa era otra singular joya de estilo neoclásico donde residió el duque de Angulema tras llegar a Madrid al frente de los Cien Mil Hijos de San Luis.

Pero, al margen de curiosidades históricas, fue precisamente allí, en Villahermosa, donde el rey Alfonso XII desarmó por

vez primera con su mirada acechante a la esposa del primer secretario de la embajada de Uruguay en Madrid. Muy pronto,
Mercedes de Basáñez, como se hacía llamar la mujer del diplomático, adoptando el apellido del marido según la costumbre
de la época, iba a sumarse a las numerosas capturas del seduc-
tor monarca. Los cómplices del secreto aludirían ya siempre a
ella, enigmáticos, como «la Señora».

El palacio de Villahermosa era el escenario ideal para un
episodio donjuanesco como aquél. Grandiosa sala de baile, con
bóveda artesonada y larga fila de balcones. Primorosa capilla,
enriquecida con un lienzo de Maella. Suntuosas habitaciones,
acondicionadas para invierno y verano. Preciosos tapices. Labe-
rintos de espejos, infinitos espejos con molduras de hojarascas,
guateados, capitonés, encajes y lacitos. Magnífica biblioteca,
nutrida en parte con la de los Argensola. Interminable colección de retratos. Escalera de piedra. Amplio zaguán. Columnas
dóricas en la puerta posterior, y esculpido en la fachada, que
daba al frondoso y melancólico jardín, un gran escudo del ducado de Villahermosa en mármol blanco, vuelto hacia el patio
para evitar enfrentarse con el vecino de Medinaceli… El marco idóneo para otro ardoroso romance regio.

La señora marquesa

La anfitriona, insistimos, era doña Pilar León de Gregorio,
marquesa de Esquilache. Mujer de armas tomar, logró al fin
que Sagasta le rehabilitase el marquesado, de la familia de Gregorio, que ninguna relación tenía con el príncipe del célebre
motín.

Poco importaba que el palacio de Villahermosa no fuera
suyo. Pese a ocupar tan sólo un piso en el majestuoso edificio,

todo el mundo pasaba por alto que también residían allí la condesa de Guaqui, duquesa viuda de Villahermosa, junto al banquero Bayo y los marqueses de Narros. Pero, como decimos, unos y otros aludían siempre al «palacio de la Esquilache», como si no tuviera más dueño que ella.

Doña Pilar poseía ese extraño don de engatusar al más enconado de sus rivales. Aguantaba estoicamente las bromas pesadas, como la del burlón periodista que cometió adrede la errata de nombrarla en la prensa «Pilar León, viuda de Varios», en lugar de Larios. La gente rió a carcajadas. Pero nadie pudo impedir que su corazón caritativo se endureciese. Menuda era doña Pilar, incluso con sus enemigos, a quienes rendía siempre tributo evangélico.

Cuando se organizaron hospitales de sangre para los soldados heridos que retornaban a España de las guerras coloniales, la reina regente María Cristina no dudó en llamar al marqués de Valdeiglesias para decirle:

—Usted, que conoce a la sociedad de Madrid como nadie, aconséjeme la manera de salir del apuro.

José Ignacio Escobar respondió con firmeza:

—Sólo hay una persona capaz de hallar solución: la marquesa de Esquilache, que podría organizar una fiesta de caridad.

La reina torció el gesto, pues la marquesa no era santa de su devoción. La propia Pilar León lo sabía.

—Sé que me tachan de cursi en la «casa grande»; pero, en cambio, cada vez que necesitan ayuda pecuniaria para sus obras de caridad acuden a mí —admitió ante sus íntimos.

Y así fue. Días después, doña María Cristina solicitó la presencia de la marquesa en palacio.

—¿Cuánto hace falta? —demandó la Esquilache a la reina.

—¡Oh, mucho! Por lo menos, veinticinco o treinta mil pesetas —contestó la soberana.

—Eso es poco. Procuraremos reunir cuarenta mil. ¿Le parece suficiente a Vuestra Majestad? Dispondré una gran tómbola, para lo cual mis amigos del comercio concederán regalos. A mí no me los niegan.

Poco después de la audiencia palatina, doña María Cristina recibió esta epístola:

> Señora: Como es seguro que la «kermesse» proyectada producirá largamente las cuarenta mil pesetas calculadas, y los pobres heridos no pueden aguardar, me permito remitir a V. M., a título de adelanto, el cheque adjunto, rogándole el mayor secreto.
> Señora: A los RR. PP. de V. M.—La Marquesa de Esquilache.

Prendido con un alfiler a la carta, colgaba un talón contra el Banco de España por valor de 8.000 duros.

La marquesa era tan caritativa… Fundó, con su propio dinero, el Asilo de San Martín, de la calle de Luchana, en memoria de su difunto esposo Larios; a este mismo establecimiento acudía ella en persona cada día para servir comidas a ciento cincuenta niños. Cuando se enteró de que faltaban 12.000 duros para terminar el monumento conmemorativo en la calle Mayor del atentado contra los reyes cometido el mismo día de su boda, no dudó en ponerlos de su propio bolsillo. Presidía y subvencionaba a la Cruz Roja, y lideraba todas las suscripciones benéficas.

Pero, además de caritativa, la marquesa de Esquilache era anfitriona, e incluso cómplice, en su palacio de no pocas infidelidades conyugales…

La gran ocasión

Aquella noche primaveral, «la Señora» cruzó del brazo de su esposo, el diplomático uruguayo Adolfo Basáñez de la Fuente, el enorme zaguán custodiado por el no menos imponente guardia de librea heráldica galoneada, calzón corto y chaleco de terciopelo rojo, peluca empolvada, bicornio y zapatos de charol con hebilla, que saludaba a los invitados.

Alrededor de la escalera de piedra, con rellanos amplios y balaustrada a la italiana, se disponían en fila otros guardias «suizos», hiriendo el mármol del pavimento con el regatón de su alabarda.

Soberbias bolas de rosas en el vano de las puertas, marcos de claveles en los dinteles, macizos también de claveles en los pasamanos, grandes ramos en los tibores, enrejados florales parecidos a las cancelas andaluzas en los balcones, derroche de nardos y violetas sobre mesas y consolas… La marquesa idolatraba los adornos florales en todas sus expresiones. Con los capullos que le sobraban hacía preciosos *bouquets* para sus invitados, como el que ofreció a «la Señora» que poco después iba a conquistar al mismísimo rey de España.

El reloj dieciochesco de pared aún no había dado las diez. La marquesa seguía recibiendo a sus insignes invitados en el Salón del Tapiz, erguida y majestuosa sobre la larga cola de su pomposo vestido. Lucía un elegantísimo traje blanco, escotado, con plumas en la cabeza, alto collar de perlas ceñido al cuello, y un reluciente broche de brillantes sobre el pecho.

Poco antes, «la Señora» había entregado su abrigo en el salón cuadrado, a modo de antecámara, recibiendo en prenda una chapita de oro cincelado con las iniciales de Pilar León bajo una corona de marquesa.

Encendidas las magníficas y rutilantes arañas, igual que los hachones de la balaustrada, y distribuidas convenientemente las orquestas, se sucedieron la pavana y los bailes de flores, que agotaban todos los invernaderos de Madrid, a los cuales eran invitados, después de los reyes, los más destacados aristócratas, políticos y artistas de la corte.

Los más jóvenes, incluida «la Señora», que ni siquiera había cumplido los treinta, bailaron en el precioso salón blanco, sobre alfombras isabelinas, los compases galantes y alquitarados de un minueto de Mozart, entre reverencias pausadas en que una mano de lirio recogía, con dengue, la punta de la ancha falda, sembrada de florecillas bordadas en seda.

Menudearon los saludos recíprocos de cada pareja, brazos en alto, entrelazados por las manos; revoleos de moarés y rasos antiguos, corbatas de encaje, espadines, zapatitos con alto talón rojo y escotes virginales, que transportaban a los invitados a otra época, sumidos en una máquina del tiempo.

Los violines anunciaron el final del minué y las parejas quedaron inmóviles, mirándose a los ojos, como si la cuerda de la preciosa caja de música se hubiese acabado.

En otro gran salón se habían dispuesto seis o siete mesas de juego, unas de *bridge* y otras de tresillo. En salas adyacentes, los invitados contemplaron admirados las hermosas obras de arte atesoradas por la marquesa de Esquilache, que presidía la llamada «mesa cara» de juego, a la que aquella velada se sentaron también «la Señora» y su esposo Adolfo Basáñez.

En un momento dado, todos se incorporaron de sus butacas aterciopeladas para recibir con una reverencia al monarca y a su esposa María Cristina.

Recarga de moviles

Datos de la operac...
Operador:
Número de teléfo...
Importe.
Refere...

El saldo de su Te...
importe de la reca...

El importe se carga...

GRACIAS POR USAR ESTE SERVICIO

EL REY JUERGUISTA

La vida nocturna encandilaba al libertino Alfonso XII, que disfrutaba sin refreno de ella en compañía de su grupo de incondicionales, encabezado por el duque de Sesto o Pepe Alcañices, para sus íntimos.

Don José Osorio de Moscoso y Silva, duque de Sesto, había sido ayo antes de convertirse en amigo y cómplice de las conquistas regias. Tocado con su inconfundible chistera, sus patillas a la alfonsina y el gran cigarro puro casi siempre entre los labios, fue aclamado por el pueblo entero de Madrid en 1877, cuando viajó a Sevilla para pedir a los duques de Montpensier, en nombre del rey, la mano de su hija María de las Mercedes, futura reina de España.

Pero ya antes de la Restauración, en los bailes del palacio de Alcañices, situado donde hoy está el Banco de España, con su chaflán y su puerta blasonada, las torrecillas típicas del antiguo Madrid, el espléndido jardín, la capilla, las cuadras y el picadero, las damas de trajes ceñidos con polisón lucían en broches y alfileres las significativas flores de lis.

El resto de amigotes de Alfonso XII provenía también del exilio, como Julio Benalúa, convertido en dandi y árbitro de la alta sociedad madrileña, desde la presidencia del Veloz, del Casino y de la Gran Peña. El duque de Tamames y Vicente Bertrán de Lis, casado con una hija de la infanta Isabel, hermana del rey Francisco, completaban el cuarteto de juerguistas que secundaba al rey en sus correrías nocturnas. Todos ellos frecuentaban de incógnito los lugares con más solera de la vida alegre y aristocrática, entre los que no faltaba El Laberinto, en el pinar del final de la Castellana, que era fonda y tiro de pistola, camino de la Venta del Mosquito y de la cañada de la Cruz del Rayo.

Ninguno de ellos se privaba de la ópera, de los teatros ni de los saraos nocturnos organizados, casi a diario, en el Madrid de los palacetes. Eso, por no hablar de las incontables jornadas de campo en el herradero de Algete, la finca de Alcañices, o en los jardines de Aranjuez, acompañados a veces por los marqueses de Salamanca y de Campo Sagrado.

Aquella velada de mayo, en casa de la marquesa de Esquilache, acompañaba también al rey el presidente de su último gobierno, Cánovas del Castillo, artífice junto al general Martínez Campos de la Restauración monárquica, diez años atrás. Los dos ministros antagónicos de Gobernación y de Gracia y Justicia, Romero Robledo y Francisco Silvela, respectivamente, recorrían los salones junto a Elduayen, marqués del Pazo de la Merced, que ocupaba la cartera de Estado.

Tres meses antes, la noche del 31 de enero, el rey Alfonso XII había recibido el carnet rojo de socio de honor del Ateneo de Madrid, inaugurado en la calle del Prado. Poco después, declaró que le encantaría pasar su jornada entre el Ateneo y la Gran Peña.

En marzo, el monarca no se había perdido ni una sola de las fiestas de carnaval celebradas por la Grandeza en sus bellos palacios. La más sonada fue, sin duda, la ofrecida por los duques de Fernán Núñez en su palacete de Cervellón, en la calle de Santa Isabel. Inolvidable baile de máscaras, que congregó a más de cuatrocientos invitados, recibidos en el zaguán con todos los honores por una compañía de lanzas del regimiento de Sicilia, formada por jóvenes aristócratas, con su charnego, alabarda, casaca y calzón blancos, y medias encarnadas.

Los asistentes acudieron disfrazados de la *Commedia dell'arte*; entre ellos, la infanta Isabel con el heredero de la casa, la infanta Eulalia con el duque de Tamames y la duquesa de Alba (hija de los anfitriones) con el marqués de Bogaraya.

La reina María Cristina se caracterizó de dama dieciochesca y el duque de Fernán Núñez, de Felipe II. Tan sólo el rey se resistió a disfrazarse como los demás, luciendo su uniforme de gala de capitán general.

El mismo uniforme con que lo vio por primera vez «la Señora», en el salón de juego de la marquesa de Esquilache, días después.

—¿Quién es aquel bomboncito? —susurró el rey, embelesado, al duque de Tamames.

—La esposa del primer secretario de la embajada de Uruguay —repuso Tamames—. Acaban de llegar de su país y pronto presentarán las credenciales a Su Majestad…

La pasión magnetizó una vez más al monarca.

Muy pronto, la señora de Basáñez reemplazó así a la cantante Elena Sanz en el regio lecho.

Crónica de Lisboa

De los irresistibles encantos de la lozana «Señora» y de su disipada vida, entre fiestas, exhibiciones y jolgorios, daba fe el propio marqués del Pazo de la Merced, en una crónica rubricada por él mismo en el diario *La Época*.

Fechada en Lisboa al año siguiente, el 18 de febrero de 1885, nueve meses antes de la prematura muerte del monarca, Elduayen relataba sus impresiones del bullicio y la algarabía de las fiestas aristocráticas, a las que no solían faltar los Basáñez pues, como veremos, estaban también acreditados en Portugal como miembros de la legación uruguaya:

¡Miércoles de ceniza! Día de acordarse de la muerte y de otras muchas cosas que a uno le han sucedido en estos últimos días: transición violenta que desde la algazara y el bullicio nos conduce al recogimiento y la meditación; pero quedan en la memoria las impresiones del reciente pasado y porque esto me sucede por decir a V. cómo nos hemos divertido en Lisboa en lo que llevamos de mes.

La primera fiesta fue la que el día 5 dieron los condes de Almedina, que estuvo brillante como todas las que se han celebrado en aquella [residencia] que llena de alegría entonces se ha tornado triste en poco tiempo porque su dueño, acometido de una fiebre cerebral, se halla gravemente enfermo desde el día 9. Quiera Dios que nuestro amigo recobre en breve su salud.

El viernes asistió una numerosa y escogida concurrencia a la legación de Alemania, donde se bailó hasta más de las cuatro de la madrugada, hora en que acabó un animado cotillón que puso término a la fiesta.

El presidente del Consejo de Ministros, Sr. Fontes, reunió en su casa el día 10 a un considerable número de personas. La política, la alta banca, las diferentes jerarquías del Ejército y de la Armada, los miembros de ambas Cámaras, los altos funcionarios del Estado, el Cuerpo Diplomático extranjero… Allí hizo su aparición la señora de Basáñez, esposa del secretario de la legación de Uruguay en Madrid, cuya belleza fue muy celebrada.

Alfonso XII celebró también en propia carne los sublimes encantos de aquella dama de veintiocho años nacida en Montevideo, en junio de 1856.

Morena y bronceada, esbelta, con la cintura de avispa y unos ojos grandes y oscuros como luceros, sombreados por lindísimas pestañas, Mercedes de Basáñez le recordó incluso en el nombre a esa otra mujer que subyugó durante algún tiempo su regio corazón, hasta que el destino cruel se la arrebató de improviso.

La reina María de las Mercedes de Orleáns y Borbón, hija del duque de Montpensier, murió en efecto a causa del tifus, a las cuatro de la madrugada del 26 de junio de 1878.

Alfonso XII debió de inspirarse sin duda en ella al contemplar a esa otra Mercedes, seis años después, y acariciar su parecido cabello negro, como de pura andaluza, y la piel mate, suave y delicada.

Por esa otra Mercedes suspiró el enfermizo rey hasta la hora de su muerte, acaecida, como hemos visto, tan sólo un año y medio después de conocerla, en noviembre de 1885.

La enfermedad del rey progresaba sin remedio. A finales de 1883 había vuelto a sufrir otro episodio enmascarado de tuberculosis, que cursó con fiebre, síntomas bronquiales y pleuresía. Pero, en cuanto se restableció, siguió adelante con sus aventuras amorosas. Digno hijo de su madre, la reina Isabel II, su energía se disipaba y la entonces llamada «tisis» transmitía su excitación al carácter ya de por sí apasionado y fogoso del monarca.

Con Mercedes de Basáñez coincidió de nuevo el monarca en una sonada fiesta celebrada en el palacete del duque de Rivas, en la calle del mismo nombre, esquina con la de Concepción Jerónima.

El anfitrión era, cómo no, el primer marqués de Viana, guardián de numerosas confidencias regias. En su salón del trono, presidido por una Venus de bronce, se bailó la célebre *Tarantela* por veinte cuadrillas vestidas con trajes populares napolitanos.

El monarca y su nueva amante recorrieron el patio de estilo andaluz, con sus airosas columnas y su fuente de piedra, para regresar luego al salón, de cuyas paredes colgaban hermosos lienzos de Goya, Jordán y Pantoja.

Aquél fue uno de los últimos bailes que compartió la pareja, camuflada entre el gentío. La mermada salud de Alfonso XII estaba ya para muy pocas fiestas. Meses después, murió el rey. A mediados de 1886, Adolfo Basáñez de la Fuente abandonó precipitadamente su cargo en la embajada de Madrid, zarpando rumbo a Montevideo. En el camarote del barco le acompañaban su esposa y una preciosa criatura que hasta casi cuarenta años después no volvería a pisar España.

Secreto de Estado

En diciembre de 2009 busqué en el Archivo Diplomático del Ministerio de Asuntos Exteriores español los expedientes personales de Adolfo Basáñez de la Fuente, primer secretario de la embajada de Uruguay en Madrid en 1884, y de Emilio Rodríguez Mendoza, embajador plenipotenciario de Chile también en la capital de España, en 1925.

Mi interés por esta segunda hoja de servicios lo entenderá muy pronto el lector.

En ambos casos, la respuesta del funcionario fue tan rotunda como decepcionante para mi investigación.

—Lo siento —se disculpó amablemente—, pero no encuentro ninguno de los expedientes diplomáticos que usted me pide…

Y añadió, escéptico:

—La verdad es que, siendo personal acreditado en Madrid, deberían estar aquí…

De todas formas, la contestación me reafirmó en que estaba ante un suceso histórico importante, que alguien muy poderoso se había encargado a toda costa de silenciar. Sin darme por vencido, indagué entonces en varios archivos privados, recurriendo incluso a un ilustre historiador uruguayo, hasta conseguir la valiosa información que ese alguien anónimo había tratado siempre de escamotear a la luz pública por obvias razones.

El primero de mis objetivos era Adolfo Basáñez de la Fuente, el marido resignado que cedió su propio lecho conyugal al rey Alfonso XII para que éste engendrase una hija secreta en el vientre de su esposa, tal y como constató el escritor Ramón J. Sender.

¿Cabía acaso un sacrificio mayor, en beneficio de un rey, para el representante de una República como la del Uruguay?

Adolfo Basáñez no era un hombre cualquiera. Su padre había sido diputado en el Congreso de Uruguay por el Departamento de Minas, en la octava legislatura, entre el 8 de mayo de 1858 y el 14 de febrero de 1861. La misma Cámara de Representantes, inaugurada en octubre de 1830 por su primer presidente, Francisco Antonio Vidal, con estas rumbosas palabras: «Que la Patria sea feliz y moriremos contentos. Señores, la Cámara de Representantes de la República Oriental del Uruguay está solemnemente instalada».

De Adolfo Basáñez guardaba un entrañable recuerdo su compatriota y amigo Antonio N. Pereira, que ensalzaba así sus virtudes en un libro de memorias, a modo de sentido epitafio:

Era Basáñez todo corazón, y había abrazado la causa que sostenía Aparicio [Timoteo Aparicio, el coronel que acaudilló la célebre Revolución de las Lanzas en Uruguay, entre 1870 y 1872] con un entusiasmo indescriptible. Idolatraba a su patria como buen oriental, y quería verla recuperar sus buenos tiempos y el dotarla de hombres capaces de hacer su felicidad. Estaba al frente de algunos voluntarios que, dominados de igual entusiasmo, no veían el peligro, y comprometían sus existencias a cada momento. Habían establecido, durante la permanencia en la Unión, un sistema de guerrillas contra las fuerzas de adentro, y en una de aquellas salidas una bala lo hirió de muerte. Había caído como un valiente, en honor de la causa que sostenía, que creía justa, arrancándole a la revolución uno de sus más fervorosos y ardientes partidarios. Había llegado hasta los mismos límites de la heroicidad, pues era tal su fanatismo, que allanaba los peligros, y cuando fue herido, había alcanzado hasta los mismos sitios donde estaban los enemigos, arriesgando su vida, que sacrificaba y que podía haber sido aún útil para su patria. Pocos caracteres he conocido que hayan reunido tan excelentes condiciones. Era Basáñez de una honradez y probidad acrisoladas; poseía la austeridad y rectitud de un buen ciudadano, y la causa que había abrazado desde su juventud nunca tuvo un sostenedor más ardiente. Era, por sus excelentes condiciones personales, querido de todos los que le conocían, de amigos y de enemigos políticos; así es que el sacrificio de su vida fue sentido generalmente… Cuando me habló de que iba a reunirse con Aparicio, le desaprobé la idea, porque presagié el triste fin que iba a tener, pues conocía su carácter y su vehemencia cuando tomaba cualquier resolución… Perdió la patria a uno de sus buenos hijos y la sociedad a un hombre útil y virtuoso, pues en la carrera de magisterio había dejado siempre su nombre puro de toda mancha.

Pero el hijo del héroe de la Revolución de las Lanzas, llamada así por ser el último conflicto militar de Uruguay donde se combatió con lanzas de tacuara, cayó rendido ante el rey Alfonso XII en ese otro campo de batalla que fue su lecho conyugal.

En el palacio de La Granja

Adolfo Basáñez de la Fuente había llegado a España con su linda esposa en marzo de 1884, dispuesto a tomar posesión como primer secretario de la embajada uruguaya en Madrid.

A finales de julio, Basáñez acompañó a su jefe, el embajador Enrique Kubly, hasta el palacio de La Granja de San Ildefonso, donde tuvo lugar el solemne acto de presentación de sus cartas credenciales al monarca español.

> Señor —proclamó el nuevo embajador Kubly—: tengo el honor de poner en manos de Vuestra Majestad la carta credencial que me acredita en el carácter de enviado extraordinario y ministro plenipotenciario de la República Oriental del Uruguay cerca del Gobierno de Vuestra Majestad.
>
> Al efectuarse este acto, me complazco en manifestar a Vuestra Majestad, en el nombre del excelentísimo señor presidente de la República, que mi Gobierno, animado de la sincera aspiración de conservar inalterables las cordiales relaciones que existen felizmente entre España y el Uruguay, no omitirá por su parte esfuerzo alguno, tendente a consolidar sobre las firmes bases de la equidad y de la justicia la leal amistad que debe unir a dos pueblos tan estrechamente ligados por la tradición, por los vínculos de la sangre y por una recíproca simpatía.
>
> Quiera Vuestra Majestad aceptar al mismo tiempo mis votos personales por la gloria y prosperidad de España.

El nuevo embajador uruguayo apelaba, en efecto, a «los vínculos de sangre» que unían a España y Uruguay, consciente seguramente en su fuero interno de esos otros vínculos que convertían ya en amantes y futuros padres de una niña al monarca y a la esposa de su principal colaborador en la embajada.

No en vano hacía tan sólo dos meses que Alfonso XII y Mercedes de Basáñez se habían conocido en el palacio de la marquesa de Esquilache; para entonces, eran ya galán y concubina, que guardaban celosamente el mayor de los secretos y la más comprometida de las situaciones para un monarca, como sin duda era el futuro nacimiento de una criatura cuya verdadera paternidad debía quedar siempre en el anonimato.

Pero el regio padre, acostumbrado al disimulo y a la sangre fría, contestó aquel día al embajador Kubly como si nada hubiese sucedido:

Señor ministro —dijo Alfonso XII—, con el mayor placer recibo la carta que os acredita en mi corte como enviado extraordinario y ministro plenipotenciario de la República Oriental del Uruguay.

Tengo una verdadera satisfacción en ver confirmados, con vuestras palabras, los loables propósitos del excelentísimo señor presidente y del Gobierno de dicha República, en perfecta armonía con los míos, de mantener y consolidar las relaciones de buena y cordial amistad que felizmente existen entre España y el Uruguay, pueblos unidos en efecto por tan estrechos vínculos, y a los que tanto interesa su recíproca y constante prosperidad.

Podéis, por consiguiente, señor ministro, estar seguro de que en el cumplimiento de la noble misión que se os ha confiado, hallaréis siempre en mí la mayor benevolencia y una leal cooperación por parte de mi Gobierno.

Poco antes, a las dos y media de la tarde, un lujoso tren de la Casa Real había recogido en el hotel europeo a Enrique Kubly, a su primer secretario Adolfo Basáñez y al segundo, Pablo Ramella, para conducirlos hasta el palacio de La Granja.

Como introductor de embajadores ofició Zarco del Valle, junto al marqués de Beniel.

La Correspondencia de España elogiaba así, el 27 de julio, las figuras de Kubly y Basáñez al término de su entrañable audiencia con el monarca:

> Antes de retirarse de palacio han pasado el ministro y los secretarios a ofrecer sus respetos a S. M. la Reina.
>
> El ministro uruguayo es aún muy joven; apenas representa unos veintiocho años. Su fisonomía es simpática; su vestir elegante y sus maneras distinguidas, sin afectación. Fue educado en Suiza y posee a la perfección cuatro o cinco idiomas. Es un literato notable, y uno de los más brillantes escritores de América Latina.
>
> Su Gobierno le confió, cuando apenas había cumplido veinticinco años, una difícil misión cerca del Gobierno del Paraguay, donde celebró un tratado de paz y amistad que perdonaba a este país la deuda de guerra que ascendía a un centenar de millones de reales, recibiendo el señor Kubly la más espléndida y popular ovación de parte de los paraguayos y su Gobierno.
>
> Está también acreditado el señor Kubly como ministro de su país en Lisboa, para cuyo punto saldrá muy en breve regresando dentro de poco a Madrid, donde fijará su residencia. En los actos oficiales viste uniforme parecido al de los diplomáticos ingleses.
>
> El primer secretario de dicha legación, señor Basáñez, es también muy joven. Hizo sus estudios en la Universidad de Montevideo, y pertenece a la carrera diplomática. Ha sido primer secretario de embajada en Buenos Aires durante tres años, habiéndose captado generales simpatías por su talento y por sus bellas cualidades como funcionario y como particular. Ha recorrido Europa y casi toda América.

La condena de Kubly

Permítame el lector que glose ahora, brevemente, una curiosa anécdota sobre el embajador uruguayo Enrique Kubly, a quien ensalzaba toda la prensa española tras su toma de posesión como ministro plenipotenciario en Madrid.

Pues bien, ese mismo Kubly fue condenado cuatro años después por el juez de Primera Instancia del Distrito del Oeste, don Federico Monsalve y Callejo, a raíz de una demanda presentada por María Josefa de Arteaga y Silva, marquesa viuda de la Torrecilla, defendida por el letrado Luis Silvela.

La citada marquesa había arrendado una de sus residencias al embajador uruguayo, la cual éste debió de dejar en lamentable estado, a juzgar por la parte expositiva de la sentencia judicial.

El fallo no tiene, desde luego, desperdicio:

> Que debo condenar y condeno a don Enrique Kubly al pago de mil doscientas cincuenta pesetas [equivalentes en la actualidad a 4.507 euros], importe del trimestre que venció en veinticinco de octubre de mil ochocientos ochenta y siete, y al abono de los desperfectos que resultaren en el piso arrendado, y a que retire las cañerías de gas en el mismo establecidas si así conviniere al demandante, quedando las cosas en el ser y estado que las recibiera.

Verlo para creerlo, tratándose de todo un embajador agasajado por el mismísimo rey de España, que era para colmo amante de la esposa de su principal colaborador en la legación y padre de una hija secreta.

Claro que, como advertimos, Kubly contaba también con un sinfín de admiradores en la prensa, entre quienes figuraba Eusebio Martínez de Velasco, que trazaba así, en *La Ilustración*

Española y Americana, este perfil del diplomático y jefe de Adolfo Basáñez que nada tenía que ver con el condenado en los tribunales:

> De todos los hombres de la nueva generación del Río de la Plata, Enrique Kubly es el más digno de estudio por la originalidad de su talento, por el atrevimiento de sus ideas y por sus tendencias eminentemente radicales.
>
> Dotado de un carácter leal e inflexible, se ha puesto siempre decididamente de parte de los oprimidos, y ha combatido la injusticia en todo terreno. Habría para llenar un libro con los detalles verdaderamente curiosos que contienen las diversas biografías que de él se han publicado en América. Se refieren de su vida revolucionaria actos de valor y de intrepidez que asombran por su temeridad y su audacia. En aquella parte de América donde el valor es cualidad harto común para ser apreciada, el nombre de Kubly es, no obstante, entre los jóvenes que han militado en las filas de su partido, y aun entre sus mismos adversarios, sinónimo de bravura y de sangre fría.
>
> Enrique Kubly desciende, por el lado paterno, de una antigua y muy considerada familia de la Suiza alemana, y por la parte materna de una conocida familia de Vizcaya, los Arteaga. Nació en 1850, en la ciudad de Montevideo. Hizo sus primeros estudios en Buenos Aires, donde su padre desempeñaba las funciones de cónsul general de la Confederación Suiza, siendo luego enviado a Europa. Su ilustración es vastísima: posee con perfección los idiomas español, francés, alemán e italiano; está profundamente versado en la historia, la filosofía y la literatura de todas las naciones antiguas y modernas.
>
> Como escritor político y filosófico se distingue por la grandeza de su estilo, su conocimiento de las transformaciones sucesivas de las sociedades humanas, por la elevación de sus ideas y la lógica de su argumentación. Sus ideales son la Libertad, la Igualdad y la Justicia.

La misma «justicia» que, ironías del destino, le había condenado al pago de una indemnización a la marquesa viuda de la Torrecilla.

CUARENTA AÑOS DESPUÉS

Casi cuatro décadas después de abandonar España con su madre y su padre putativo, rumbo a Montevideo, la hija secreta de Alfonso XII regresó a Madrid convertida en la flamante esposa del embajador de Chile en la corte del rey Alfonso XIII.

Mercedes Basáñez era realmente atractiva. Tenía la misma mirada almendrada y escrutadora de su padre. Alta, delgada, con el cabello oscuro y ondulado, y una voz dulce que encandilaba, susurrante, a propios y extraños, Mercedes Basáñez hacía honor a su regia procedencia; aunque ésta fuese, para casi todo el mundo, el más insondable secreto.

Nacida en abril de 1885, en la residencia del primer secretario de la embajada de Uruguay en Madrid, Adolfo Basáñez de la Fuente, Mercedes Basáñez seguía siendo considerada oficialmente, a sus cuarenta años, como hija del cornudo diplomático. Nadie, salvo los cómplices del sigilo, claro está, intuía si quiera que aquella niña nacionalizada uruguaya nada más nacer para no levantar sospechas sobre su españolidad, era fruto de los amores tempestuosos de la irresistible señora Basáñez con el mismísimo rey de España.

Sender, como hemos visto, llegó a conocerla en persona cuando ya estaba felizmente casada con el embajador de Chile en Madrid, Emilio Rodríguez Mendoza.

Nacido en Valparaíso, el 5 de mayo de 1873, Mendoza era por tanto doce años mayor que su esposa, la cual era a su vez hija de Alfonso XII y hermana de Alfonso XIII.

Tras estudiar en el Instituto Nacional y en el colegio de los Agustinos, Mendoza ingresó en la Administración pública como oficial supernumerario del Ministerio de la Guerra. Corría el año 1891. Dos años después se convirtió en empleado de Correos, hasta que en 1902 fue designado segundo secretario de la embajada de Chile en Brasil. Al año siguiente se incorporó como redactor al diario *El Ferrocarril* y fue profesor de Historia del Arte en la Facultad de Bellas Artes de la Universidad de Chile, donde conoció precisamente al gran amor de su vida, sin sospechar entonces la regia procedencia de su tierna alumna de dieciocho años.

Mercedes Basáñez residía entonces en Santiago de Chile, donde su padre putativo desempeñaba una misión diplomática ante el gobierno de Germán Riesco, líder de la Alianza Liberal y artífice de los Pactos de Mayo con Argentina, mediante los cuales pudo limitarse el armamento de ambos países, garantizándose a su vez la neutralidad de Chile en los asuntos atlánticos de Buenos Aires a cambio del mismo compromiso para las cuestiones argentinas en el Pacífico.

En 1905 Mendoza fue nombrado segundo secretario de la embajada de Chile en Madrid. Veinte años después, retornó a la capital de España, casado ya con Mercedes Basáñez, para tomar posesión de su nuevo cargo de embajador plenipotenciario de Chile.

El propio Mendoza evocaba así, en sus desconocidos recuerdos diplomáticos publicados en Santiago de Chile, en 1948, la primera vez que fue a palacio en carroza acompañado por su atractiva esposa, desde su residencia de la calle Alarcón número 25, para presentar sus credenciales al rey Alfonso XIII:

Estaba muy Borbón y Austria ese día: uniforme de capitán general engalanado con el Toisón, collar de Carlos III y Gran

Cruz y Banda de nuestra orden Al Mérito muy respetable… A ambos lados del trono, flanqueado de unos leones muy desarrollados, que descienden las gradas mostrando los colmillos al recibido, numerosa concentración de Grandes de España, de duques, de capitanes generales, ministros, condes y marqueses. Avancé, haciendo tres reverencias durante el trayecto hasta el pie del trono y puse mis credenciales en manos de S. M., quien las pasó al marqués de Estella en funciones de ministro de Estado a la sazón… Con la venia del soberano, dije, tomando a dos manos mis papeles… ¡Perdón! Olvidaba consignar que como mi discursito se salía del molde tradicional usado en estas ocasiones, al entregarlo días antes al Protocolo, éste se escamó de la innovación, imponiendo de ello al rey el cual dijo, según supe después: «Que Mendoza hable como le dé la gana».

Eso mismo hizo éste.

Luego, el rey dirigió a su «cuñado» estas otras palabras:

> Señor embajador:
>
> Con satisfacción recibo de vuestras manos las cartas que os acreditan en calidad de embajador extraordinario y plenipotenciario de Chile y me complazco en felicitaros en esta ocasión por la elevación de la jerarquía que habéis merecido de vuestro Gobierno.
>
> Nada puede ser para mí más grato que el afecto de Chile hacia España, que una vez más ponéis de manifiesto y que, al encontrar eco tan fiel en el corazón de los españoles, asegura la realización de la obra práctica a que aludís, creadora de nuevos lazos y afirmadora de los ya existentes en beneficio de los dos países.

Probablemente Alfonso XIII aludió también, en silencio, a esos otros lazos familiares que le emparentaban con la esposa del embajador chileno, que presenció la ceremonia en el salón de recepciones del Palacio Real.

Hasta aquí, los discursos oficiales y ampulosos.

Mendoza revivió luego, en sus memorias, la conversación informal que mantuvo con Alfonso XIII:

El rey, tan alto y tan monarca, se puso de pie, avanzó hacia mí, me estrechó la mano y me habló cordialmente de Chile, de los chilenos y de la elección del señor Figueroa Larraín, como presidente de la República.

—Un gran amigo de España, Majestad, como que en sus recepciones no hace sino hablar de sus años en Madrid.

—¡Sí, hombre, ya lo creo! —dijo don Alfonso—: lo recuerdo perfectamente… Aquel de barba y gran prestancia. Lo queremos mucho. Dígaselo así… Acabo de enviarle un cablegrama de felicitación.

Enseguida habló de los vinos y el salitre de Chile, diciendo que solía aplicarlo con sus propias manos en el Campo del Moro.

¡Qué hombre más inteligente y con tanto don de gentes!, como dijo de él el primer Roosevelt. Se conquistaba sin más trámite a todo el que llegaba donde él con o sin casaca con pechuga bordada y colgajos.

—He vivido en Madrid hace veinte años, señor…

—¡Hombre!… ¡Han podido mandarlo antes!

—¡Aún es tiempo, Majestad!…

Entregadas las credenciales al rey, Mendoza y Mercedes Basáñez fueron a besar la mano de la reina Victoria Eugenia. Salió a recibirlos el mayordomo mayor, marqués de Bendaña, enfundado en su casaca con puños de encaje, tacones encarnados, monóculo con agarradero de oro labrado y bastón de carey. La pareja pareció hallarse en una especie de Versalles borbónico.

Mendoza retrataba así a la reina:

> Nada más totalmente diverso a aquella señora, freudiana,
> de los pinceles de Goya: mantilla, escote hasta las cercanías del
> zurcido dejado por el cordón umbilical; escarpines en blanco y
> bordados de oro —¡y de un poquito de barro!— y abanico
> coquetón en la mano gorda, corta y profusamente anillada…
> Su Majestad la del período goyesco. Doña Victoria Eugenia era
> la Reina Mab hecha soberana. Alta, escultural. Le gustaban los
> chatones de brillantes y los trajes de lama de oro o de plata. La
> seguía y la asediaba el drama cruelísimo del heredero y velaba
> en su fisonomía cierta sombra de tragedia: la Monarquía sin
> sucesor. En los días de besamanos en efecto, el príncipe de As-
> turias, para no venirse al suelo, se afirmaba en los leones que
> flanqueaban el trono tan cerca y tan lejos…

Tras abandonar el regio alcázar, los Mendoza —como recordaba el propio don Emilio— «tomamos de nuevo posesión de la carroza honda, oscura y a barquinazos; repasamos
por Alcalá llena de mujeres, piropos y un ambiente que no
predisponía en contra de la dictablanda. ¡Al contrario! Y hasta parecía que se oía ruido de pesetas y duros por todas partes. Ambiente unánime de bienestar y eso que corría el segundo año de dictadura. Las campanas de las Calatravas
—nombre heráldico y militar que se remonta a los días de
Romancero y el abad de Titeros, hace la miseria de ochocientos años— empezaron a dar las doce, hora temprana para
todo madrileño que se respeta».

ALMUERZO EN PALACIO

Días después, Mercedes Basáñez palpó con sus finos dedos de artista el escudo en relieve con las armas borbónicas, enmarcado en una orla por el toisón con un corderito colgado. Era una invitación de la Casa Real para asistir a su primer almuerzo de gala en el regio alcázar, que rezaba así:

> El Mayordomo Mayor, por orden de S. M. el Rey, A.Q.D.G., invita al Excmo. Señor Ministro de Chile y señora de Rodríguez Mendoza a la comida en Palacio... Uniforme y condecoraciones.

Aquella tarde, Mercedes Basáñez volvió a ver a su regio hermano, a quien Mendoza describía años después como si estuviera contemplándole aún, enfundado en el mismo uniforme militar con que Alfonso XII conquistó el corazón de la esposa de Adolfo Basáñez en el palacio de la marquesa de Esquilache:

> Don Alfonso llevaba uniforme de capitán general y ostentaba bigote recortado hacia arriba, como el de Enrique IV, su antepasado.
>
> En realidad, no era ni mayestático ni bizarro —tenía unas piernas de saltamontes—, pero sí supremamente elegante y sin nada velazqueño ni goyesco, a pesar de la mandíbula prognática de los Austrias. Era Rey y lo habría parecido aunque no hubiera estado en gloria y majestad, como en esa fiesta.
>
> Daba el brazo a doña María Cristina, «Doña Virtudes», como picoteaban las antañonas que aún conservaban la tradición de fidelidad a doña Isabel II.

Mercedes Basáñez saludó a la reina María Cristina, vestida de negro desde la muerte de Alfonso XII. Lucía la soberana una diadema suntuosa en su cabello gris, escotadura muy atenuada y un collar de perlas enormes que le caía sobre la seda oscura del traje.

La reina madre no podía ver ni en pintura a la hija bastarda de su difunto esposo, aunque permitiera a ésta tutearla. En el fondo, la detestaba. Igual que aborrecía a los hijos de la cantante Elena Sanz.

El cruel rechazo de la reina madre contrastaba con el trato afectuoso que siempre le dispensaba la reina Victoria Eugenia.

«Alta, magnífica, esa noche lucía una *toilette* claro de luna», la describió Mendoza.

La dulce «Chata»

La infanta Isabel, la Chata, tía de Alfonso XIII, apreciaba también a esa otra sobrina suya delicada de salud que era Mercedes Basáñez, víctima, desde su juventud, de fuertes dolores reumáticos que la obligaban a permanecer días enteros retorciéndose en la cama.

La infanta solía interesarse por su estado, recomendándole, incansable, «masajes y más masajes».

Doña Isabel solía recibir a los embajadores de Chile en el antiguo palacete de los Cerrajería, en el barrio de Argüelles, donde había establecido su residencia desde 1902.

A Mercedes Basáñez le encantaba franquear las puertas de hierro forjado de aquel palacio de planta rectangular construido para el conde de Cerrajería, José Manuel de Cerrajería y Gallo de Alcántara, en el último cuarto del siglo XIX.

La hermana de Alfonso XIII se sentía fascinada cada vez que subía los peldaños de la imponente escalinata de acceso al palacio, realizada por Mariano Benlliure; su esposo disfrutaba, en cambio, contemplando el espléndido mural de la sala de visitas, obra de José Gamelo, que representaba la proclamación de los Reyes Católicos en Segovia.

Años después, Mendoza evocaba así a la Chata:

> Era fea —la verdad ha de decirse por lo mismo que esto no es historia…—; pero con mucho «ángel».
>
> Recordó [la infanta] naturalmente las fiestas del Centenario argentino de 1910; hizo memoria de cada dama y de cada personaje que conoció en Buenos Aires… No había nombre, ni calle, ni avenida, ni detalle bonaerense que no recordara, haciendo gala de una memoria óptica, proverbial en los Borbones.
>
> Habló del «Ay-ay-ay»… cantado por Fleta [el tenor] y habló también con encomio de algunos productos chilenos que había traído su sobrino don Fernando…
>
> —Si S. A. lo permite vamos a tener el honor de enviarle algunas botellas de vino chileno…
>
> Se sonrió sin decir ni sí ni no.
>
> Así lo hicimos y un día la servidumbre de la Embajada se quedó estupefacta al imponerse de que S. A. «la Chata» en persona, nos llamaba por teléfono… Era para agradecernos unas botellas de «gran vino» que acabábamos de enviarle.

Todo quedó en familia.

LAS VISITAS DE ALFONSO XIII

El monarca visitó también a su hermana, en el número 25 de la calle Alarcón, residencia de los embajadores de Chile.

En las sobremesas, Alfonso XIII hacía gala de su buen humor y del cariño que profesaba a Mercedes, a quien consideraba su hermana de sangre en la intimidad.

El propio Mendoza recordaba una divertida anécdota que les refirió el rey en una de sus visitas:

> Contaba, por ejemplo, que un gobernador civil de provincia se halló al hacerse cargo de su puesto con que carecía de un retrato de cuerpo entero del soberano reinante… La gobernación que se le había confiado tenía, en cambio, uno de Fernando VII, que aunque con todo el aire de familia, era bastante diverso a Alfonso XIII… ¡Qué hacer! Pues seguir el ejemplo práctico de sus antecesores, los cuales cuando reinaba don Amadeo de Saboya hicieron pintar la cabeza de éste y enseguida la de Alfonso XII al retornar los Borbones… Y cuando el turno me tocó a mí —agregaba el rey—, el gobernador salió airosamente del paso, pintando mi cabeza encima de la de mi señor padre…

Claro que el propio Mendoza fue también testigo de otra reveladora anécdota del carácter del rey, acaecida durante la inauguración del Pabellón de Chile, en la Exposición Universal de Sevilla de 1929:

> Entramos —relataba Mendoza— a una sala arreglada con tapices, platerías, bargueños, guadamasiles y sillones fraileros, alquilados a los anticuarios sevillanos… Luz atenuada. En la testera el retrato —obsequio de Isabel II a Santiago de Chile—, en que el Conquistador aparece como si viniera saliendo de la peluquería, camino de la fotografía en colores: engominados los mostachos borgoñones, relumbrante la coraza que los araucanos iban a abollar a garrotazos; banda de gobernador y en la mano un mazo de documentos, como que desde los griegos a hoy se ha abusado mucho de los papeles. El retrato ostentaba un marco flamante y al reparar en él, don Alfonso me preguntó en voz baja:

—Y el tío este, ¿quién es?

—Don Pedro de Valdivia, Majestad.

—El que fastidiaron los araucanos…

—El mismo…

—Es necesario —advirtió el rey— bautizar con su nombre alguna plaza de Madrid y reservarle un buen lugar en el grupo de los conquistadores que está abocetando Mariano Benlliure.

Poco después, Alfonso XIII presidió un ágape con los embajadores y comisarios de la exposición en el Alcázar sevillano. Un enorme tapiz del emperador Carlos V, digno ejemplo de mandíbulas reforzadas, destacaba en el comedor de gala. Uno de los comisarios, sentado junto al rey, tuvo la osadía de comentar a Alfonso XIII, mientras contemplaba el retrato del emperador: «¡Cómo se conoce que S. M. tiene raza!».

Mendoza recreó así la tensa situación:

Oyó el aludido, como que para eso había hablado el señor comisario, y una mayoría abrumadora de los asistentes sintió que una ducha fría le corría desde la nuca hacia las partes más meridionales.

Don Alfonso, hombre de respuestas rapidísimas, contestó con evidente buen humor:

—¡Hombre, sí!… Desde aquí hasta la barba soy Austria y desde la nariz para arriba Borbón…

Y hacía la demarcación antropométrica con el dedo, movilizándolo verticalmente.

La respuesta real al comisario cachafaz fue muy aplaudida, y éste a su vez se sintió ufano de la ocurrencia de haber dado a conocer algo de la genealogía del rey, cuya réplica fue como darle cuerda a la charla, empacada hasta ese momento.

Reconocimientos

A esas alturas, Alfonso XIII ya había condecorado a su cuñado con la Gran Cruz de Isabel la Católica.

Mercedes Basáñez conservó orgullosa, hasta su muerte, el escrito de concesión de aquel importante galardón que el monarca reservaba a unos pocos privilegiados.

Dice así:

> Don Alfonso XIII por la gracia de Dios y de la Constitución Rey de España:
>
> Por cuanto queriendo dar una prueba de mi Real aprecio a vos Don Emilio Rodríguez Mendoza, he tenido a bien nombraros por mi decreto de 3 del actual Caballero Gran Cruz de la Real Orden de Isabel la Católica.
>
> Por tanto, os concedo los honores, distinciones y uso de las insignias que os corresponden al tenor de los Estatutos, confiando por las cualidades que os distinguen en que os esmeraréis por contribuir al mayor lustre de la Orden. Y de este Título que refrendará el Secretario de la misma y firmará el Gran Canciller, ha de tomar razón el Contador.
>
> Dado en Palacio, a diez de octubre de mil novecientos veintisiete.
>
> Yo, el rey
>
> Por el Gran Canciller, Marqués de Miraflores.

Pero ningún otro reconocimiento satisfizo más a Mercedes Basáñez como la concesión a su esposo de la Gran Cruz que llevaba el nombre de su propio padre, el rey Alfonso XII.

Entre los papeles reservados de los Mendoza se halló, a su muerte, una carta del duque de Alba al embajador chileno, en la que el mejor amigo del monarca y confidente de la paternidad de Mercedes Basáñez, comunicaba al diplomático esa distinción, a la vez que se despedía con cariño de él y de su esposa tras la culminación de su misión diplomática en España.

La desconocida carta dice así:

El Ministro de Estado

Madrid, 3 de abril de 1930

Excmo. Señor don Emilio Rodríguez Mendoza

Querido señor Embajador:

Tengo una complacencia singular en acompañar a usted las insignias de la Gran Cruz de Alfonso XII que Su Majestad el Rey (q. D. g.) se ha dignado concederle en prueba de su Real aprecio y para significarle la Real satisfacción con que mi Augusto Soberano ha visto y apreciado la tan loable obra de aproximación hispano-chilena realizada por tan preclaro intelectual.

Séame permitido, señor embajador, expresar a usted por parte mía mis más calurosas felicitaciones por tan alta y merecida distinción que no dudo que conservará como imperecedero recuerdo de su obra y como expresión de las sinceras simpatías que tanto usted como la señora de Rodríguez Mendoza han dejado en este viejo solar español.

Me es muy sensible tener que participar a usted que muy a mi pesar me será materialmente imposible ir a despedir personalmente a tan simpáticos embajadores y por ello les pido me excusen.

Le ruego, señor embajador, tenga a bien depositar a los pies de la señora embajadora mis más respetuosos saludos, y para ambos mis votos más sinceros de un feliz viaje y de toda clase de prosperidades en sus ulteriores labores que no dudo redundarán en beneficio de su Patria.

Con este motivo me es grato reiterarme de usted siempre afectísimo seguro servidor y amigo, q. b. s. m.

DUQUE DE ALBA

LA DESPEDIDA

El domingo, 30 de marzo de 1930, los amigos del embajador chileno ofrecieron a éste un caluroso almuerzo de despedida en el hotel Palace.

Mercedes Basáñez no se apartó ni un instante de su esposo, sentado a la mesa junto al vizconde de Casa-Aguilar, que elogió su misión diplomática durante los cinco años que pasó en España.

Entre los asistentes se encontraba el general legionario Millán Astray, convidado a almorzar más de una vez por Mendoza y su esposa en su residencia madrileña.

El embajador chileno concluyó su breve discurso con estas emotivas palabras: «Yo jamás me sentí extraño en este ambiente, y por ello, cuando el barco que ha de arrancarme de España empiece a alejarse mar adentro, me quedaré hipnotizado ante la visión de conjunto de esta tierra de la que me cuesta tanto alejarme».

Por el rostro de Mercedes Basáñez rodaron lágrimas; lo mismo que durante la cena oficial de despedida, celebrada la noche siguiente en el Ministerio de Estado.

El general Dámaso Berenguer, jefe de Gobierno, presidió el convite, al que asistieron, además de los homenajeados, el duque de Alba y el nuncio de Su Santidad, monseñor Tedeschini, acompañados de representantes del cuerpo militar y diplomático.

A los postres, Mendoza respondió, enternecido, a las alabanzas de Berenguer, puesto en pie.

Nunca más Emilio Rodríguez Mendoza ni su mujer retornaron a España; lo mismo que Alfonso XIII, expulsado con cajas destempladas de su patria, tras la proclamación de la República en abril del año siguiente.

Alfonso XIII jamás olvidó a su hermana. Nada más zarpar rumbo a Chile, cursó este telegrama de despedida a ella y su marido:

Vapor *Infanta Isabel*. Santa Cruz de Tenerife.

Con particular reconocimiento recibo cariñoso saludo que tan bondadosamente me ha enviado al alejarse de tierra española. Complázcome en reiterarle fervientes votos que hago por su dicha y por la de su señora, enviándoles mis afectuosos saludos.

ALFONSO, REY

Los Mendoza correspondieron siempre al sentimiento fraterno del monarca, como prueba esta otra desconocida carta del marqués de Torres de Mendoza, secretario particular del rey, escrita en nombre de éste, agradeciendo al matrimonio todos sus desvelos durante el infortunado exilio:

Savoy Hotel
Fontainebleau, 31 de julio de 1931
Excmo. Señor don Emilio Rodríguez Mendoza
Mi distinguido y querido amigo:
¿Cómo pedir a usted me perdone el que por causas ajenas a mi voluntad no haya podido escribirle antes para transmitirle las expresiones de gratitud de Su Majestad el Rey por sus testimonios de adhesión y de afecto, que tan cumplidamente expresa?
El Rey leyó con el mayor interés su notable artículo y da a usted las gracias por mi conducto, ya que no puede hacerlo personalmente, por los recuerdos que evoca, reflejando simpatía hacia nuestra Real Familia, de su actuación en Madrid como Embajador.

Puede figurarse, mi muy querido amigo, cuál es nuestra situación y qué honda pena aflige a muchísimos españoles en estos momentos.

Yo no he podido escribirle antes como le digo, porque estoy solo para despachar multitud de cartas que de todas partes llegan. Confío, repito, en que, bondadoso y fiel amigo como siempre, me excusará.

El Rey envía a usted como a su señora sus saludos.

Queda de usted, rogándole presente mis respetos a la señora Embajadora, su más atento seguro servidor y buen amigo que nunca los olvida.

MARQUÉS DE TORRES DE MENDOZA

P.D.: ¡Qué grato en estos momentos para Su Majestad recibir testimonios valiosos de afecto de los buenos amigos de esa noble y generosa Nación!

Mercedes Basáñez falleció diez años después de aquella carta, durante la Segunda Guerra Mundial, a la edad de sesenta y dos años, minada por una penosa enfermedad que le carcomió las entrañas; su esposo murió en diciembre de 1960, con ochenta y siete.

En la inscripción de la sepultura de Mercedes debió cincelarse el apellido Borbón de su padre.

Pero, una vez más, la historia de los Borbones de España quedó grabada para siempre con falso apellido.

El Borbón desconocido

La Jolla es hoy una próspera comunidad de más de 40.000 residentes en el interior de la ciudad californiana de San Diego. La mitad de sus habitantes son estudiantes universitarios y la otra mitad, jubilados ricos.

Sus numerosos barrios se circunscriben a unos amplios límites que arrancan al sur, en Pacific Beach, y recorren la costa del océano Pacífico hasta el extremo norte de Reserva Torrey, en Del Mar.

El clima es muy agradable casi todo el año, ya que se encuentra al sur de California, cerca de la frontera con México.

Los más viejos del lugar aseguran que el nombre de la localidad procede del término amerindio *Woholle*, que significa «hoyo en la montaña», en alusión a las cuevas en el norte, cerca de La Jolla Cove Park.

Sea como fuere, en aquel paraíso californiano mantuvo abierta su mansión, hasta su muerte en 2003, el actor Gregory Peck; también tienen allí residencias otros astros del celuloide como Cliff Robertson o Raquel Welch; directores de cine como Gore Verbinski, a quien se debe la exitosa película *Piratas del Caribe*; y escritores vivos como Anne Rice, autora de *Entrevista con el vampiro*, o desaparecidos, caso del más célebre todavía Raymond Chandler, fallecido allí.

Pero nadie espera que en aquel recóndito lugar del Pacífi-co resida hoy, en el ocaso de su vida, un hombre de casi ochen-ta años que dice llamarse Alfonso de Bourbon Sampedro, dan-do así preferencia al regio apellido en francés, pronunciado igual que el célebre whisky.

Don Alfonso, desde luego, lo pronuncia a la perfección, pues el francés fue el idioma de su infancia y juventud, aunque tam-bién domina el inglés y el alemán, incluso mejor que el español.

Educado en las universidades de la Sorbona y de Heidel-berg, fue luego intérprete en las Naciones Unidas, hasta que en 1975 recaló en La Jolla, donde vive desde hace más de treinta y cuatro años en un modesto «condo» de su propiedad, como denominan allí a los apartamentos de varios dormitorios, situa-do en el número 105 de Eads Avenue.

Alfonso de Bourbon constituye una excepción a los jubi-lados ricos que viven casi a cuerpo de rey en La Jolla; a dife-rencia de ellos, su existencia discurre allí modestamente, en el más absoluto anonimato. Nadie diría que aquel hombre frágil y espartano en sus costumbres es el hijo secreto del príncipe de Asturias, Alfonso de Borbón y Battenberg, primogénito de los reyes Alfonso XIII y Victoria Eugenia.

Él, al menos, asegura serlo: «Yo sé quién soy», insiste duran-te nuestra entrevista, celebrada en noviembre de 2009.

Y la verdad es que, a falta de una prueba de ADN, al verle por primera vez tiene uno la sensación de contemplar el vivo retrato de Alfonso XIII. Se diría que mide lo mismo que él: al-rededor del metro ochenta de estatura; es más bien enjuto, en-fundado en un traje azul a juego con la corbata de franjas con la enseña española; la flor de lis, símbolo de los Borbones, relu-ce en el ojal de su americana.

El bigotillo, encanecido a su edad, y la frente ancha recuer-dan también al monarca y a quien él dice ser su padre, el príncipe de Asturias; igual que su sonrisa pícara y entrañable a la vez. El perfil netamente borbónico constituye otra prueba física palpable de su filiación; lo mismo que sus ojos, más azules aún que su pretendida sangre azul, idénticos a los del príncipe de Asturias, heredados a su vez por éste de la reina Victoria Eugenia.

Su hablar es pausado y su entonación, armoniosa, con acento afrancesado. Es atento y ceremonioso: el anfitrión perfecto, que una y otra vez insiste en que «mi casa es su casa».

Lo primero que llama la atención al entrar en su apartamento es el tremendo desorden que reina allí: montones de objetos y cajas se apilan en el salón y en el pasillo, como si todo aquel arsenal de cachivaches aguardase a ser embalado ante una inminente mudanza.

Cuatro años antes que yo, pasó casualmente también por allí el periodista Ignacio Carrión, de *El País*, acompañado del pintor valenciano Sebastián Capella, amigo de Alfonso de Bourbon y residente como él en La Jolla, desde hace más de cuatro décadas.

Pese a considerarse nieto del rey Alfonso XIII, don Alfonso de Bourbon no lleva ni de lejos el mismo tren de vida que el artista de Sagunto, que cobra 40.000 dólares por cada uno de sus retratos.

En cierta ocasión, José María Aznar le prometió que le encargaría uno suyo cuando fuese presidente del Gobierno. Don Alfonso ignora si el lienzo cuelga ya o no en alguna de las paredes del domicilio de Aznar, en la localidad madrileña de Pozuelo de Alarcón.

En cualquier caso, él se conformaría con la décima parte de los 800 dólares que cobra su amigo Capella a cada uno de sus alumnos por impartirles una docena de clases en su estudio.

Pero don Alfonso no es avaro ni ambicioso; la vida, desde luego, le ha enseñado a no serlo. A su amigo Capella le vendió un calendario con fotos de la familia real española por 20 dólares, alegando que de algo había que vivir. Aunque él afirma que el «seguro social» que percibe, como jubilado, le permite llegar sin grandes problemas a fin de mes.

«Llevo una vida muy tranquila; ya soy viejo y nadie sabe cuántos días o meses me quedan aún en este mundo», murmura resignado, como si su misión aquí hubiese terminado hace ya tiempo.

Sus recuerdos, registrados en cinta magnetofónica, arrancan hace exactamente setenta y siete años en Suiza, donde dice que vino al mundo…

El abandono

—Nací en Lausana, el 22 de octubre de 1932. Mi padre era Alfonso de Borbón y Battenberg, que falleció sólo seis años después en Miami, Florida, tras un desgraciado accidente de automóvil. Mi madre era Edelmira Sampedro, mujer de una buena familia cubana. Oficialmente ellos no tuvieron hijos… ¿Entiende lo que le quiero decir?

—Sí, claro —asiento yo; como tantos otros «Borbones» huérfanos, contra su voluntad, de su propia historia…

—No tengo documentos que acrediten mi filiación. La única prueba que tengo es mi asombroso parecido con Alfonso XIII. Todo el mundo dice que mi rostro es casi idéntico al de él.

—De eso mismo doy fe yo también pero… ¿quién le dijo a usted que su padre era el príncipe de Asturias?

—Me lo dijeron en Suiza, donde vivía yo entonces.

—¿Quiénes?

—Las hermanas católicas.

—¿Estuvo usted en algún convento?

—No exactamente; porque en un convento, las monjas no suelen relacionarse con personas de fuera. Era más bien una casa de acogida, regentada por las hermanas católicas de San Carlos Borromeo.

—¿Llegó a vivir con sus padres?

—No, no… porque ellos viajaron mucho en aquellos años a Estados Unidos y a Cuba; yo fui criado, como le digo, por las hermanas católicas en Suiza.

—Entonces, sus padres lo entregaron a ellas en adopción….

—Así fue; ellas me criaron.

—¿Recuerda dónde nació? ¿En una clínica? ¿Tal vez en una casa particular?

—Francamente, no lo recuerdo…

—Disculpe si le digo que me sorprende mucho que una madre sea capaz de abandonar así a su propio hijo.

—Bueno, mi padre era hemofílico, como usted sabe. No quiero enjuiciar a mi madre, pero a las mujeres cubanas, aunque sean muy lindas y encantadoras, les gusta mucho divertirse. Igual que a mi abuelo Alfonso XIII, que en paz descanse; mientras el rey gozó de buena salud, el dinero que tenía lo gastaba en *night-clubs*. De todas formas, le recuerdo que Nuestro Señor Jesucristo dijo muy claramente: «No juzguéis, y no seréis juzgados».

—Es usted católico…

—Por supuesto.

Recuerdo entonces el sorprendente testimonio de Ramón Alderete, secretario particular del infante sordomudo don Jaime de Borbón, hermano de quien Alfonso de Bourbon asegura ser hijo, según el cual Edelmira Sampedro pudo quedarse embarazada antes de partir con el príncipe de Asturias a Estados Unidos.

La increíble revelación ha pasado inadvertida hasta ahora en España. No en vano Alderete deslizó un extenso párrafo en sus memorias *Les Bourbons que j'ai connus*, publicadas en Francia en 1972, las cuales jamás se han traducido al castellano.

¿Qué decía el secretario de don Jaime sobre el futuro retoño de Edelmira y el príncipe, a quienes tuvo oportunidad de tratar durante su estancia en Francia y en Suiza?

Esto mismo:

> Se aseguraba que la condesa [Edelmira Sampedro, titulada condesa de Covadonga tras su boda con el príncipe de Asturias] estaba embarazada y si fuera verdad este hecho habría planteado a la Familia Real un problema particularmente espinoso: «Imagínese, Alderete, que puede nacer con manos negras, incluso si es de él, y que siempre encontrará quienes apoyen sus pretensiones al trono de España, incluso si su padre ha renunciado por él a sus derechos…», me repetía sin cesar la Madre Dolores, quien no dudaba que fuera un varón lo que la condesa traería al mundo, incluso si ella confesaba cierto escepticismo sobre su verdadera paternidad. Y eso, hasta el día en que fue biológicamente probado que, si la condesa debía ser madre, no lo sería —legalmente— por obra de D. Alfonso.

Alderete refería así el estado de buena esperanza de Edelmira Sampedro, sobre el cual la madre Dolores Loriga, ecónoma general del convento de la orden de la Asunción en la villa parisina de Saint-Michel, expresaba sus reservas, hasta el punto de lamentar que la criatura naciese con los inconfundibles rasgos caribeños de su madre, reflejados incluso en la piel de «sus manos negras», como ella decía.

La madre Dolores, llamada antes de su consagración Carmen Loriga y Parra, era prima hermana del primer conde del

Grove, Juan Loriga y Herrera-Dávila, antiguo preceptor del rey; también era su hermana política, pues el conde estaba casado con Josefina Loriga y Parra.

El propio Alfonso de Bourbon había conocido a la religiosa durante su estancia en París, donde tuvo el privilegio de estudiar en la exclusiva Sorbona.

Dolores Loriga trató así al presunto bastardo del príncipe de Asturias, confiado desde su nacimiento a las hermanas católicas de San Carlos Borromeo, en Suiza.

EDELMIRA

Los primeros años de Alfonso de Bourbon forman hoy una especie de nebulosa en su frágil memoria, resentida sin duda por el grave accidente de automóvil sufrido hace casi veinte años, que ha dejado en él una secuela física, impidiéndole caminar con normalidad.

Pero los efectos intangibles, que sin duda debieron producirse, le hacen incapaz de recordar hoy con precisión la fecha en que sus «padres» decidieron casarse, desafiando al mismísimo rey Alfonso XIII.

Su presunto padre, el príncipe de Asturias, vivía en Lausana en completa libertad por primera vez en su vida, lejos del protocolo de la corte y de los claustrofóbicos muros de palacio.

Tras la dolorosa salida del alcázar, el 14 de abril de 1931, la familia real se instaló en el céntrico hotel Meurice de París, para trasladarse poco después a un hotelito en Fontainebleau, a sesenta kilómetros de la capital del Sena, donde recibía a los escasos fieles monárquicos que desfilaban por sus salones.

Precisamente allí, en Fontainebleau, Alfonso XIII dispuso un alojamiento especial para el médico de su primogénito, el hematólogo Carlos Elósegui, que desde hacía varios años velaba por la delicada salud del regio hemofílico.

En julio de 2009 el hijo del doctor y ahijado del príncipe de Asturias, el también hematólogo Alfonso Elósegui, me reveló que el ático de la villa de Fontainebleau donde vivía la familia real había sido habilitado en exclusiva para su padre, que pensaba ya en casarse con su madre y residir allí con su futura familia. «De hecho —añadió Elósegui—, yo debía haber nacido en Fontainebleau, pero lo hice en Madrid, un año después, en 1932.» Justo el año en que nació también Alfonso de Bourbon, en Suiza.

¿Qué misteriosa razón impulsó entonces al doctor Carlos Elósegui a regresar inesperadamente a Madrid, donde ya siempre vivió con su familia? ¿Tuvieron acaso algo que ver los escarceos amorosos de su regio paciente con Edelmira Sampedro, que desembocaron en un posible embarazo no deseado?

En cualquier caso, su hijo Alfonso Elósegui asegura que «algo muy gordo debió de pasar para que mi padre guardase un silencio sepulcral durante toda su vida».

Por más que él y su madre le preguntaron qué diablos había sucedido allí, Carlos Elósegui permaneció mudo, como una tumba, el resto de sus días. ¿Intentó evitar con su silencio que alguien más conociese la existencia del hijo bastardo del príncipe de Asturias, encomendado desde su nacimiento a las monjitas de San Carlos Borromeo?

Sea como fuere, a esas alturas el príncipe de Asturias acababa de conocer al gran amor de su vida: una cubana melosa, que además era sencilla, alegre, bonita e inteligente. ¿Qué le importaba entonces que fuese plebeya?

La primera vez que escuchó de Edelmira Sampedro las mágicas palabras «Te quiero», don Alfonso pareció resurgir de sus cenizas, como el ave fénix.

Tenía él entonces veinticinco años, uno menos que ella, nacida el 15 de marzo de 1906 en Sagua la Grande (Cuba).

Sus expresivos ojos azules se clavaron aquel día como un imán en los almibarados de ella, profundos, luminosos, negros como su cabello de azabache.

Poco después, el príncipe de Asturias observó el gesto cariacontecido de su padre al pedirle permiso para casarse con su cubana del alma. Pensó, ingenuo, que la vida de exiliado en Suiza le habría cambiado, pero comprobó con desencanto que el rey seguía sintiéndose más rey que nunca a la hora de exigir el cumplimiento de las normas dinásticas.

Aquel día, Alfonso XIII taladró con la mirada a su primogénito, advirtiéndole:

—Deberías saber que un matrimonio morganático es totalmente imposible para un futuro rey de España…

Su hijo le replicó, escéptico:

—Pero ¿es que voy a ser rey algún día?

—Si te casas con esa señorita, jamás —aseveró el rey.

—Entonces, ¿quieres que renuncie a mis derechos de sucesión?

—Si insistes en casarte con la cubana, deberás hacerlo —zanjó su padre, a modo de ultimátum.

El príncipe debió de pensar con qué autoridad moral le exigía su padre aquel sacrificio, cuando él mismo se había desposado de manera irresponsable con una mujer que, por muy princesa británica que fuese, había contaminado con su sangre la de sus hijos Alfonso y Gonzalo, que nacieron hemofílicos.

Pero el amor a Edelmira pudo más que todos los celos dinásticos, pues Alfonso sabía que si renunciaba al trono, como finalmente hizo, convertiría a su hermano Juan en el príncipe heredero; no en vano, a su renuncia siguió, diez días después, la de su hermano Jaime, sordomudo.

Fue así como el 11 de junio de 1933, Alfonso de Borbón y Battenberg renunció a su título y privilegios de príncipe de Asturias para convertirse en conde de Covadonga (título de nuevo cuño, pues Alfonso XIII había utilizado el de marqués —que no conde— de Covadonga).

Lo hizo en Lausana, tras suscribir la siguiente carta a su padre que hallé en la biblioteca de palacio.

La carta fue rubricada sin notario presente que diese fe del acto, razón por la cual algunos autores le han restado validez.

Dice así:

> Señor:
>
> Vuestra Majestad conoce que mi elección de esposa se ha fijado en persona dotada de todas las calidades para hacerme dichoso, pero no perteneciente a aquella condición que las antiguas leyes españolas y las conveniencias de la causa monárquica, que tanto importan para el bien de España, requerirían en quien estaría llamada a compartir la sucesión en el trono, si se restableciese por la voluntad nacional.
>
> Decidido a seguir los impulsos de mi corazón, más fuertes incluso que el deseo que siempre he tenido de conformarme con el parecer de Vuestra Majestad, considero mi deber renunciar previamente a los derechos de sucesión en la Corona, que, eventualmente, por la Constitución de 30 de junio de 1876 o por cualquier otro título, nos pudieran asistir a mí y a los descendientes que Dios me otorgare.
>
> Al poner esta renuncia, formal y explícita, en las Augustas manos de Vuestra Majestad, y por ellas, en las del país, le reitero los sentimientos de fidelidad y de amor con que soy, Señor, su respetuoso hijo,
>
> ALFONSO DE BORBÓN

La carta se redactó en la secretaría de Alfonso XIII; una vez rubricada por su hijo, fue devuelta a Fontainebleau por el padre Martínez, director espiritual del príncipe de Asturias.

Don Alfonso fundamentaba su renuncia precisamente en que la mujer elegida por él para casarse no era de estirpe regia; es decir, que el matrimonio que iba a celebrar diez días después de la carta a su padre, exactamente el 21 de junio de 1933 (fecha que Alfonso de Bourbon era incapaz de recordar), con Edelmira Sampedro-Ocejo y Robato podía considerarse a todas luces morganático.

Alfonso y Edelmira se habían conocido en un sanatorio de Leysin, cerca de Lausana. La delicada salud del príncipe de Asturias había requerido su traslado previo a una clínica del barrio de Neuilly, acompañado por su fiel doctor Elósegui y un enfermero. Dos veces por semana acudían sus padres a visitarle.

Nada más verla, Alfonso sucumbió a los encantos de Edelmira. Procedía ella de una rica familia con intereses en el negocio de la caña de azúcar, que se había instalado en un chalet próximo a la clínica donde Edelmira se restablecía de cierta insuficiencia respiratoria, la cual, según varios testigos, no le impedía en absoluto danzar en los salones de baile y moverse alegremente por las playas de la costa del lago Léman.

La presunta madre de Alfonso de Bourbon era hija de un español, Pablo Sampedro-Ocejo, natural del pueblo cántabro de Matienzo, que había emigrado a Cuba a finales del siglo anterior, donde se desposó con una cubana de origen asturiano, llamada Edelmira Robato y Turro.

Tanto Edelmira como su madre empezaron a soñar con los ricos oropeles que un matrimonio con el primogénito del ex rey de España podía procurarles.

La historia de amor entre el príncipe y la plebeya se había

convertido ya en un cuento de leyenda pionero en la prensa de medio mundo; máxime cuando faltaban aún tres años para que Eduardo VIII de Inglaterra abdicase con intención de casarse con la señora Simpson.

El príncipe de Asturias y Edelmira proporcionaban ahora a los periodistas la fascinante historia de amor que constituía una novedad excepcional en aquella época.

El propio príncipe relató luego al periodista José María Carretero cómo se enamoró perdidamente de ella, convertida al principio en su atenta enfermera: «Yo estaba —evocaba Alfonso de Borbón y Battenberg—, cuando me fui a Suiza, gravemente enfermo. Tanto, que no podía moverme de la habitación. Muy triste, además. Quedaba atrás para siempre mi España, y la vida se me iba yendo poco a poco. Los demás compañeros del hotel salían todos los días para hacer excursiones, para entregarse a los deportes sobre la nieve. Les veía partir, como una bandada de pájaros ansiosos de libertad. Hubiera quedado solo, totalmente abandonado a la tristeza de mi invalidez, si no hubiera sido por la generosa atención de dos damas cubanas: madre e hija, que, privándose de todo esparcimiento, se dedicaron piadosamente a hacerme compañía. Muchas tardes, el hotel quedaba desierto. Todos los huéspedes, enfermos o sanos, salían a gozar del paisaje maravilloso… Yo estaba postrado, impedido de andar. Pero me sentía casi dichoso porque, alegrando con su charla, con sus risas, con sus delicadezas, mi espíritu estaba a mi lado una mujer joven, bella, de talento: Edelmira Sampedro. Así nació en mí el amor por la que hoy es mi compañera.»

Alfonso se desposó así con Edelmira en la parroquia de Ouchy, a orillas del lago Léman, durante una ceremonia a la que el rey rehusó asistir.

Sólo acudió la reina Victoria Eugenia con las infantas Beatriz y María Cristina, que estuvieron presentes tanto en el acto religioso, como en el civil, celebrado en la alcaldía de Lausana.

A esas alturas, hacía ya ocho meses que había nacido Alfonso de Bourbon en Lausana, según recuerda él mismo…

«Nunca más volví a verlos»

Setenta y siete años después, pregunto a Alfonso de Bourbon si llegó a conocer a su padre.

Su respuesta es tan firme, como resignada:

—No —asegura.

—Tenía usted seis años cuando él falleció —insisto.

—Pero, por desgracia, no poseo ningún recuerdo de él en mi memoria —lamenta—. Cuando mis padres me cedieron en adopción a las monjas en Suiza, ya nunca más volví a verlos.

—¿Ni siquiera conserva una foto o algún otro objeto de él?

—Tan sólo una imagen de mi padre, vestido de uniforme militar; era realmente guapo de joven. Compruébelo usted mismo —añade, tendiéndome una pequeña fotografía.

Es un bello retrato del príncipe, tomado el 14 de junio de 1920, con tan sólo trece años. Aparece, en efecto, uniformado de campaña, luciendo el Toisón de Oro y la placa del principado de Asturias.

Aquel día juró bandera como miembro del célebre Regimiento de Infantería Inmemorial del Rey número 1, cuyo bautismo de fuego se remontaba nada menos que a las campañas de Languedoc y Cataluña, entre 1637 y 1658.

Ataviado con el uniforme de soldado con correaje y fusil, el príncipe besó piadosamente la enseña española, mientras el comandante Suárez cruzaba su espada con la bandera.

Paradojas del destino: un hemofílico, a quien el menor rasguño podía provocar una hemorragia mortal, ingresó aquel día en el ejército español.

—La verdad es que se parece usted bastante a él —advierto.

—Bueno, yo tengo los ojos también azules y de niño tenía el cabello rubio, como él, aunque ahora se me haya vuelto casi todo blanco —comenta, con media sonrisa.

Alfonso de Bourbon Sampedro conserva también un curioso artículo aparecido en el diario *Hoy*, que glosa la figura militar de quien asegura ser su padre.

Titulado *El soldadito del rey*, dice así:

> Esta mañana hemos visto pasar por la popularísima Puerta del Sol al Príncipe soldado.
>
> El porte marcial del soldadito, su figura esbelta, su rostro aniñado, atraían todas las miradas.
>
> Desde la dama elegante, que mandó parar el auto, hasta el golfillo subido a un farol, todos los espectadores nos hemos sentido invadidos de una dulce simpatía infinita.
>
> —Mírale, mírale… Ése es.
>
> Todos querían contemplarle de cerca. Por la estatura no era posible distinguirle. Es ya tan alto como los soldados.
>
> Esta mañana hemos visto al Príncipe de Asturias cruzar —un soldado más entre los soldados— la popularísima Puerta del Sol.
>
> Y eso, que a algunos les puede parecer un episodio sin importancia de la vida cortesana, tiene, en estos tiempos de democracia, un alto valor significativo.
>
> Que lo digan los aplausos del pueblo. Que lo atestigüen las espontáneas aclamaciones de los humildes. Unos y otras le han acompañado constantemente durante el trayecto.
>
> Ha sido un plebiscito popular.
>
> El pueblo de Madrid ha sancionado el acto.

Así quiere al Príncipe. Un soldado más entre los soldados, cruzando las calles de la villa con su fusil al hombro, marcando el paso, magnífico y grande en su sencillez de soldadito del Rey.

—¿No es entrañable? —expresa hoy su «hijo» con cierta frustración.

El vil metal

—¿Hasta cuándo vivió usted en Suiza?

Observo que a don Alfonso de Bourbon parece inquietarle mi pregunta, como si hubiese decidido hace ya tiempo cerrar para siempre aquella etapa de su vida.

—Bueno —titubea—, yo viví allí… y también en Francia, donde proseguí mis estudios en la Sorbona; allí estudié Ciencias Políticas, trabajando luego como intérprete en las Naciones Unidas…

—¿Quién pagó su educación?

—Mi padre… Mi abuelo Alfonso XIII…

—¿Ambos?

—Son detalles que nunca me preocuparon —afirma, como si tampoco quisiera hablar de ello.

Y añade, inquietante:

—Déjeme que le diga una cosa: si usted pretende publicar esta conversación, debe saber que asume un riesgo. Yo no quiero causarle ningún problema. Usted conoce el mundo en que hoy vivimos: la moralidad, sobre todo en la juventud, ya no es la misma que hace cincuenta años. Es una tragedia. No quiero que tenga usted dificultades por mi causa en España. Me comprende, ¿verdad?

—Perfectamente… pero ¿quién le pagó a usted su educación? —reitero.

—Mi abuelo, su familia…

—¿Le dejaron a usted dinero?

—No; a mí no. Yo jamás recibí ni un centavo.

—¿Y las personas que se ocuparon de usted?

—Son detalles que la gente no tiene por qué saber…

A veces, un solo gesto revela tanto o más que una afirmación.

El ademán esquivo y circunspecto de Alfonso de Bourbon me hizo reflexionar luego sobre aquel delicado asunto.

¿Quién pudo financiar los costosos colegios y universidades en las que estudió el presunto hijo del príncipe de Asturias y de Edelmira Sampedro?

Su padre difícilmente pudo hacerlo, pues murió sumido casi en la miseria.

La boda con Edelmira le salió demasiado cara, en términos económicos, ya que Alfonso XIII le rebajó por ese motivo la pensión en dos tercios, de 15.000 a sólo 5.000 francos franceses.

No era extraño así que, ya en el tramo final de su vida, el príncipe asegurase que no tenía dinero ni para tomar un taxi.

Es rigurosamente cierta la anécdota según la cual un testigo le vio guardar cola con Edelmira a la puerta de un cine de moda, en el barrio parisino de Montmartre. Como los espectadores eran legión y don Alfonso se hallaba aún demasiado alejado de la entrada principal, el testigo vio al príncipe sentado en plena calle, en una humilde silla de tijera que le había costado tres francos. La había llevado él mismo hasta allí, bajo el brazo, en previsión de que una larga espera le obligara a descansar su pierna inflamada.

Tras mucho cavilar, llegué a la conclusión de que el único

que pudo costear la educación de su «nieto mayor» fue, en principio, el propio Alfonso XIII, como daba a entender Alfonso de Bourbon. De hecho, todos los miembros de la familia real, a excepción de la reina Victoria Eugenia, dependían casi exclusivamente de él.

La precaria situación de sus dos hijos mayores Alfonso y Jaime —exigua recompensa por sus impagables renuncias al trono— contrastaba con la gran fortuna que el monarca había atesorado desde el mismo año de su nacimiento, en 1886, con el producto de la Lista Civil que le correspondía por ley como heredero de la Corona.

La propia contabilidad de la intendencia de la Casa Real, ratificada luego por la auditoría de la República, atribuía a Alfonso XIII un patrimonio de 32.492.262 pesetas en 1931.

A esta suma, ya de por sí elevada, había que añadir tres conceptos fundamentales para delimitar la verdadera riqueza del monarca: el dinero en metálico, las alhajas y los inmuebles, que sumaban en total otros 11.863.783 pesetas.

Entre los inmuebles no podían incluirse los palacios de La Magdalena, en Santander, ni el barcelonés de Pedralbes, por ser donaciones al monarca de ambos municipios.

De esta forma, el patrimonio de Alfonso XIII superaba los 44 millones de pesetas en 1931, equivalentes en la actualidad a más de 93 millones de euros.

Pero ahí no acaba la cosa: además del patrimonio exclusivo de Alfonso XIII, éste administró el capital de la reina Victoria Eugenia, que superaba los dos millones de pesetas en metálico y valores; y por supuesto, el de sus hijos, que sumaba casi 23 millones de pesetas, repartido del siguiente modo: Alfonso tenía alrededor de 13 millones de pesetas en 1931, don Jaime 2,6 millones, Beatriz 2,3 millones, María Cristina 1,9 millones, don Juan 1,6, y don Gonzalo 1,4 millones de pesetas.

El patrimonio de Alfonso XIII y su familia alcanzaba así, al proclamarse la República, casi 70 millones de pesetas, equivalentes en la actualidad a más de 147 millones de euros. El doble incluso de lo que algún autor complaciente ha estimado erróneamente.

Es evidente que el rey no pudo poner a salvo toda su fortuna cuando sobrevino la República, pero se calcula que alrededor de un tercio de ella logró depositarla en bancos de Ginebra, París y Londres, sobre todo; es decir, más de 48 millones de euros, invertidos en valores extranjeros (acciones, obligaciones y bonos).

Con las rentas obtenidas por semejante caudal pudo mantener Alfonso XIII a su familia durante el exilio, e incluso vivir él mismo como lo que siempre fue: un auténtico rey.

A cuerpo de rey

Para nadie eran un secreto, ni mucho menos para el propio Alfonso de Bourbon Sampedro, las sonadas juergas nocturnas de Alfonso XIII en Cannes y en la Riviera francesa junto al inefable Douglas Fairbanks, casado con la actriz Mary Pickford, con quien fundó la United Artists junto a Charles Chaplin y Griffith.

Aparte de los *nigth-clubs* a los que aludía Alfonso de Bourbon en nuestra conversación, el monarca derrochaba el dinero en los más exclusivos cotos de caza europeos, como el de Piedita Iturbe, princesa de Hohenlohe, en el castillo checoslovaco de Rhoterhau; y se jugaba fuertes cantidades en el casino de Deauville, cuando no se acercaba al lujoso Embassy Club de Londres, donde tenía reservada la misma mesa que el príncipe de Gales.

Solía alojarse también en el hotel París, en Montecarlo, donde el veterano barman Emile había tenido el detalle de bautizar como *Alfonso XIII* el cóctel preferido del monarca, elaborado concienzudamente con las dosis justas de ginebra y dubonet, y un ligero toque de angostura. Riquísimo, y desde luego sin nada que envidiar al dry Martini «tamaño de rey» que tanto gustaba a su hijo don Juan, pues llevaba dos copas de ginebra en lugar de una sola. Con permiso, claro está, del *old fashion* preferido de la condesa de Barcelona, preparado con una generosa parte de whisky a la que se añadía algo de naranja y angostura.

Con razón anotaba José María Gil Robles un comentario censurado en sus memorias tituladas *La monarquía por la que yo luché*, pero que recientemente ha rescatado Felipe Alfonso Rojas Quintana en su tesis doctoral *José María Gil Robles, una biografía política*: «[…] El pretendiente de la Corona estaba entregado al alcohol y los excesos […] El abuso del alcohol le estaba debilitando la inteligencia y la voluntad, ahogaba sus penas en alcohol y en diversiones de todo tipo».

Gil Robles criticaba también el comportamiento de doña María: «[…] No se ocupaba mucho de la casa. Estaba todo el día de juerga, se iba con amigotas de dudosa condición y cuando don Juan no estaba en casa, se marchaba dejando su hogar sin rumbo».

Aquellos veranos, Alfonso XIII se convirtió en una especie de ex monarca *playboy* para los periódicos de la época. Contaba él mismo, acodado en la barra de la lujosa cafetería del hotel París, cómo había huido de España tras proclamarse la República. Al parecer, sin apenas tiempo para hacer las maletas, se entretuvo en palacio quemando más de doscientas fotografías de contenido erótico y pornográfico que podían comprometer su buen nombre si alguien las descubría. Y no digamos ya si ese alguien era republicano.

Tampoco se privó don Alfonso de costosísimos viajes alrededor del mundo, como el que le llevó a visitar Tierra Santa y a estar dos veces consecutivas en Egipto, alojándose en el exclusivo hotel Semíramis, para recorrer luego el continente africano.

Un rey pobre, como lo consideraban sus acólitos, tampoco hubiera podido sufragar los elevados gastos para mantener a su familia, primero en París y luego en Roma y en Suiza. Eso, sin contar las bodas de sus tres hijos —Beatriz, Jaime y Juan— celebradas el mismo año. Sólo el enlace del nuevo príncipe de Asturias, don Juan de Borbón, reunió a cuatrocientos invitados en un inolvidable banquete.

Pero el remate fue la increíble luna de miel que llevó a los recién casados desde Frascati, un pequeño pueblo italiano célebre por sus vinos y por ser el lugar donde florecieron numerosos romances, hasta Honolulú, pasando por Yokohama, Kobe, Kioto, China, Siam, Ceilán, Egipto, Marsella, París, Londres y Estados Unidos.

Pues bien, Alfonso XIII fue quien financió esa vuelta alrededor del mundo durante más de seis meses.

Aprovechando su escala en Nueva York, don Juan y doña María de las Mercedes visitaron al ex príncipe de Asturias, cuyo ritmo de vida no podía compararse ni de lejos con el de su hermano menor.

Pero, aun siendo rico Alfonso XIII, un hecho tal vez le impidió ocuparse de su presunto nieto mayor: la relación con el infausto príncipe de Asturias se había deteriorado sin remedio, hasta el punto de que, como hemos visto, el rey rebajó la pensión de su primogénito a la mitad por casarse sin su permiso con Edelmira Sampedro.

Por si fuera poco, Alfonso de Borbón y Battenberg desafió a su padre al desdecirse en público de su renuncia a la sucesión al trono de España, razón por la cual el rey se negó a visitarlo en el lecho de muerte.

Si el monarca repudió a su hijo en el tramo final de su vida, ¿por qué iba entonces a velar por el hijo bastardo de aquél?

En la primavera de 1938, el secretario del conde de Covadonga, Jack Fleming, hizo llegar desde Nueva York, a los medios monárquicos españoles, la declaración de don Alfonso, que dice así:

> Como hijo primogénito de Su Majestad el rey don Alfonso XIII, declaro no renunciar a ninguno de los derechos al trono de España que tengo desde mi nacimiento. Los documentos privados que me hubieran podido obligar a firmar, carecían de valor legal.

El monarca, furioso, condenó desde entonces a su hijo al más cruel ostracismo.

Sólo su madre, la reina Victoria Eugenia, hizo ademán de viajar hasta Miami, donde su primogénito consumía su existencia en completa soledad, abandonado en la fría habitación de un hospital. Pero la reina no pudo llegar a tiempo de ver con vida al hijo que más amaba.

Al entierro en el Graceland Memorial Park de Miami acudieron sólo tres personas. De vez en cuando alguien depositaba flores secas en la lápida del nicho. Al cabo del tiempo se supo que las mandaba, desde el otro lado del Atlántico, la reina Victoria Eugenia, destrozada al enterarse de que las últimas palabras de su primogénito habían sido para reclamar desesperadamente su presencia.

EL ÁNGEL CUSTODIO

La enigmática respuesta de Alfonso de Bourbon («Son detalles que la gente no tiene por qué saber»), tras preguntarle yo quién o quiénes se ocuparon de su manutención, así como de matricularlo en los mejores colegios y universidades, me anima a indagar en este misterioso asunto.

Reparo entonces en el pintor valenciano Sebastián Capella, afincado en La Jolla desde hace cuatro décadas y amigo de Alfonso de Bourbon.

Capella quedó prendado enseguida del gran encanto de California.

—Me invitaron unos amigos —recuerda— a pasar aquí tres meses en verano y acabé quedándome a vivir: me di cuenta enseguida de que no podría encontrar un sitio mejor en todo el mundo, a excepción de mi querida Valencia, por supuesto.

A sus ochenta y dos primaveras, don Sebastián no sólo sigue pintando retratos (más de ochocientos hasta ahora, entre ellos los de los reyes de España, Juan Carlos y Sofía) sino que imparte clases de expresión pictórica, juega todas las semanas al golf y recorre seiscientos metros diarios en la piscina de su casa.

—Cuando terminé la carrera de Bellas Artes en Valencia, me convencí de que si tenía que seguir viviendo de la pintura debía combinarla con otras cosas. Empecé entonces a enseñar, y así he conseguido sacar adelante a mi mujer y a mis cinco hijos —añade, orgulloso, este hombre afable al que su extraordinario vitalismo hace parecer veinte años más joven.

Le pregunto cómo y cuándo conoció a Alfonso de Bourbon.

—Cierto día, una de mis alumnas de la escuela de bellas artes me dijo que había invitado a cenar a un señor que decía ser descendiente de la realeza española. Y aquí, en San Diego, en cuanto hablas de la realeza española todo el mundo se derrite. «¿Tenéis inconveniente en venir también Margarita [la esposa de Sebastián] y tú a mi casa? Así me dais vuestra opinión sobre ese señor, pues yo sólo sé lo que me han contado de él», dijo mi alumna y amiga.

»Días después, en cuanto le vimos aparecer en casa de ella, yo dije para mis adentros: "No hay la menor duda de que este hombre desciende de reyes". Desde entonces, hemos tenido bastante contacto con él.

—¿Hace muchos años de ese primer encuentro?

—Prácticamente desde que llegamos aquí —asegura Sebastián.

—Alrededor de cuarenta años —concreta su esposa Margarita.

—Con mi mujer —añade el pintor— se lleva muy bien. La llama por teléfono muchas veces. Alfonso es una persona educadísima; está muy solo y a veces le invitamos a comer.

—Es muy amigo mío —corrobora ella.

—¿Se le considera allí un descendiente de la familia real española? —pregunto yo.

—Sí, claro —responde él.

—Pero no tiene familia… —observo.

—No, ninguna. Vive solo en un apartamento desordenado. Recuerdo que hace ya algunos años le invitábamos a él y al escritor Ramón J. Sender a cenar en casa. Estuvimos juntos muchas veces mi esposa y yo con los dos.

—¿Y qué opinaba Sender de Alfonso de Bourbon?

—Él también estaba convencido de que era descendiente de la Corona española.

—El propio Alfonso —añado yo— asegura que es hijo del príncipe de Asturias y de Edelmira Sampedro, a quien su presunto padre conoció en el exilio de Suiza…

—Exactamente —asienten al unísono los Capella.

—De todas formas, él se parece mucho al rey Alfonso XIII…

—Uno era rubio y el otro, moreno —advierte Margarita.

—¿Hace tiempo que no le ven?

—Sí, hace tiempo —confirma él.

—Le hizo muchas fotos a mi madre; la quería muchísimo —evoca la mujer.

—¿Y dicen que no tiene familia?

—Está completamente solo —insiste Sebastián—. Igual que Sender. Si no hubiera sido por nosotros, Ramón no habría tenido a nadie que le acompañase. Era muy famoso, eso sí. Pero él, a diferencia de Alfonso de Bourbon, tenía un carácter brusco y hasta que no le tratabas mucho no advertías que era una gran persona.

—Y buen escritor…

—Ya lo creo.

—Yo le hacía tortillas de patatas —apunta Margarita.

—Sender —añade él— entregaba sus notas a mis hijas, cuando eran jovencitas, para que se las pasasen a máquina. Así escribieron varios libros de él. Como ellas no eran tan responsables a su edad, a veces me tocaba a mí terminar el trabajo. Por cada página que ellas le pasaban a máquina, él les pagaba un dólar…

—Pero Alfonso de Bourbon no ha reclamado a nadie ni un dólar —comento, para retomar el rumbo de la conversación.

—No, nada… aunque creo que tenía una modesta pensión —recuerda vagamente Sebastián.

—¿Una pensión…?

—Sí, una pensión de la reina Victoria Eugenia —asegura Margarita.

—Pero la reina murió en 1969…

—Se ve que le dejó una pensión vitalicia para protegerle durante toda su vida —matiza ella.

—Aun así, ¿su situación económica no sigue siendo precaria?

—Ha vivido todos estos años muy apretado —ratifica Sebastián—. Vende objetos. Logró que la ciudad de San Diego se hermanase con la de Alcalá de Henares. A raíz de aquello hizo calendarios y mucha propaganda con fotografías de la Universidad de Alcalá de Henares, de San Diego y de la familia real, que luego vendía para obtener ingresos con los que vivir.

—¿Trabajaba en algo?

—En nada, que yo sepa —comenta el pintor.

—Vive de la renta que le pasaba Victoria Eugenia. La reina le quería mucho, según me dijo él —insiste Margarita.

—¿Tiene amigos?

—Como es mucho más abierto que Sender, está muy relacionado con la gente más selecta y pudiente de San Diego. Cena fuera continuamente. A veces, en un acto de generosidad que le honra, nos ha invitado a cenar a mi esposa y a mí.

División familiar

La reina Victoria Eugenia adoraba al presunto padre de Alfonso de Bourbon.

Jamás olvidó el gesto de su primogénito, aliándose con ella frente al resto de la familia, incluido el mismísimo Alfonso XIII.

La relación del monarca con Ena, apelativo familiar de Victoria Eugenia, se había deteriorado sin remedio tras la horrible pesadilla vivida en el hotel Savoy de Fontainebleau, al comienzo del exilio.

Una tarde, Alfonso XIII irrumpió en la habitación de la reina para exigirle, encarecidamente, que zanjase su amistad con los duques de Lécera.

En honor a la verdad, el rey no tenía razón alguna para pedirle a su esposa que rompiera con Jaime y Rosario Lécera, por más que diera pábulo a los infundios según los cuales la duquesa estaba enamorada de la reina y ésta mantenía un romance con el duque.

Victoria Eugenia no podía dar crédito a la inexplicable escena de celos de su poco o nada ejemplar marido. Aguantó con admirable resignación todos sus improperios y cuando el rey la puso entre la espada y la pared para que eligiera entre los Lécera y él, ella no titubeó: «Les elijo a ellos y no quiero volver a ver tu fea cara».

La insólita y lapidaria respuesta de la reina abrió profundas divisiones en el seno familiar, uniendo al padre con sus hijos Jaime, Juan, Beatriz y María Cristina, frente a la madre y su primogénito.

La prueba de esa grave desavenencia familiar la aportó el propio príncipe de Asturias en una terrible carta escrita poco después de que Edelmira le abandonase temporalmente. En ella, el primogénito se retrataba tal como era.

La misiva iba dirigida a su hermana Beatriz, que estaba a punto de casarse en Roma con un aristócrata italiano, el príncipe Torlonia. Meses antes, la negligencia de su hermana, cediendo el volante de su coche al infante don Gonzalo, hemofílico y menor de edad, había provocado la muerte de éste en accidente de tráfico.

Una copia de esa carta, repleta de graves faltas de ortografía y sintaxis, hecho insólito en un joven educado como heredero de la Corona, me la mostró Balansó en su casa de la calle Profesor Waksman, en Madrid.

Fechada en París, el 6 de enero de 1935, quedé impactado al leerla.

Dice así:

Querida Beatriz:

No creas que es falta de cariño hacia ti el no asistir a tu boda, pero comprenderás que yo no puedo ir en estos momentos en que está ausente mi mujer. Primero, porque, si hubiese estado, ¿la habría convidado Papá? Me figuro que no. Pues como para mí está presente, ésa es una razón. Segunda, que tu novio te querrá mucho, será muy bueno, todo lo que quieras, pero yo no veo el porqué ése a [sic] de tener más suerte que mi mujer, porque sus antepasados tuvieron dinero para dárselo al Papa y la mía no lo tuvo para sacar un título.

Pues no quiero pensar mal y creer que, para consolarte de haber sido por desgracia causa de la muerte de un hermano, hagan todo esto, pues de ser así no quiero el calificarlo, por existir en la lengua de Cervantes una sola palabra.

Como todo es posible dada la canalla que te rodea, no me choca que ése fuese el motivo. Pero quiera Dios que tu marido y tus hijos no te hagan lo mismo que vosotros le hacéis a Mamá, pues yo cada día estoy más convencido de que el que la hace la paga y Dios no espera a pasarle la cuenta al final del viaje de la vida, sino que lo hace en este mundo.

Y la tercera y última, es que creo va a ser la apoteosis del monarquismo, y si voy podría hacer mucho daño al decir pura y exclusivamente la verdad por el [sic] cual no asiste la reina (ya ves no digo la madre, que es una razón). Y como para callarme tendrían que matarme, es preferible no vaya. Y como el daño a Papá iba a ser muy grande y creirían [sic] era venganza, pues la gente es muy cochina, materialmente me imposibilitan el asistir.

Y, por último, por los periódicos he visto que habéis nombrado a Jaime y al tío Nino [el infante don Carlos de Borbón-Dos Sicilias] como testigos por tu parte. Y aunque os pese a todos y me quiten todo, hay dos [cosas] que no me podéis quitar: la primera, el ser vuestro hermano mayor, y la segunda el derecho a vivir. Todo lo demás ya sé hace tiempo lo perdí, así como parecer casi extraño a la familia; pues bien sé que protocolariamente soy el último, pero el primero en poner el nombre bien puesto en todas partes, cosa que otros no hacen. En lo demás siempre me he… (jodido) y quedado como un caballero, sin dos pesetas, ya lo sé, pero es lo que nos suele pasar a los pocos que hoy día existen en el mundo, en donde lo que reina es esa cosa que se llama dinero.

Que tengas mucha suerte (aunque lo dudo, pues el que mal empieza mal acaba) y no tengas que llorar lo que has hecho, pues ten en cuenta es un paso para toda la vida y que a alguno lo has destrozado. Espero veas en esta carta cariño y no venganza, pues no es ése mi deseo.

Te abraza tu hermano,

ALFONSO

P.S. Ya sé que piensas ir ahora a ver a Mamá. A buena hora, mangas verdes. No me choca, pero ya no tiene mérito hoy en día que eres libre. Eso antes, hija mía, pues el concepto que me merecéis todos es muy bajo. Acuérdate de lo que os dije a raíz de la muerte de Kiki [su hermano Gonzalo].

Alfonso se alineó así con su madre frente a su rencoroso padre, que tampoco le perdonó jamás la afrenta dinástica de postularse como legítimo heredero de la Corona de España.

¿Cómo iba a ser capaz Alfonso XIII de velar por el futuro de su presunto nieto mayor, abandonado en un hospicio de Suiza, si tanto resquemor guardaba a su primogénito?

Pensé entonces en la reina Victoria Eugenia, la única capaz de ocuparse del niño para rendir tributo a su hijo amado.

Precisamente por eso, cuando Margarita Capella me reveló que Alfonso de Bourbon cobraba una pensión de la reina Victoria Eugenia, lo comprendí todo.

LA ECONOMÍA DE ENA

Victoria Eugenia tenía dinero suficiente para ocuparse de Alfonso de Bourbon.

Tras abandonar España con sus hijos, reclamó al rey la dote que ella había aportado al matrimonio con sus correspondientes intereses —alrededor de tres millones de euros en la actualidad—, así como una considerable pensión.

Alfonso XIII, que ya tenía experiencia en estas lides con sus dos hijos mayores, intentó torear también a la madre haciendo oídos sordos al asunto de la dote y pagándole exclusivamente una pensión mucho menor que la que ella reclamaba.

Pero Ena, desengañada, recurrió a la mismísima Corona británica para que intercediese por ella ante la República española.

Apeló, en suma, a la vigencia del tratado internacional rubricado entre España y el Reino Unido antes de su boda, en 1906, que garantizaba a la futura reina una asignación presupuestaria de 450.000 pesetas anuales, equivalentes en la actualidad a 120.000 euros.

El propio Niceto Alcalá-Zamora supervisó la petición de doña Victoria Eugenia, dado que el acuerdo constituía en realidad un compromiso del Estado como tal, y no de la monarquía.

Pero las revueltas aguas de la política española impidieron entonces la adopción de medidas sobre el particular. La reina tuvo que esperar así hasta 1955, cuando el general Franco dispuso por decreto ley de 2 de septiembre la asignación a la ya viuda de Alfonso XIII de una ayuda de 250.000 pesetas anuales.

La sustancial rebaja de la cantidad inicial obedecía a que en el mismo tratado se estipuló que, si la reina enviudaba, como así sucedió al promulgarse el decreto ley, percibiría 250.000 pesetas, en lugar de 450.000.

La asignación se actualizó con el transcurso de los años, hasta alcanzar las 700.000 pesetas al fallecer la reina, en 1969, equivalentes en la actualidad a 180.000 euros.

Pero mucho antes, al iniciarse el exilio, para evitar un posible escándalo internacional, pues la prensa empezaba ya a publicar las desavenencias económicas de la regia pareja, Alfonso XIII ofreció finalmente a la reina la cantidad de 6.000 libras esterlinas anuales, que mantuvo en su testamento.

El monarca aseguró así una pensión vitalicia para su viuda, equivalente a más de 4,8 millones de euros, de modo que ésta pudiese obtener por su capital heredado, invirtiéndolo al 4 por ciento, una renta anual de 6.000 libras esterlinas al cambio de 38,10 pesetas por libra.

Hasta que no dispuso de la asignación presupuestaria, a partir de 1955, la reina vivió rodeada de lujos gracias a los ingresos por la venta de sus joyas y también, por qué no decirlo, al dinero que le pasaba regularmente su esposo.

Tras ser declarada *persona non grata* por la Italia de Benito Mussolini al entrar en la Segunda Guerra Mundial, a causa de su nacionalidad británica, doña Victoria Eugenia se trasladó a la neutral Suiza, donde al cabo del tiempo adquirió Vieille Fontaine, un auténtico palacio con casita de invitados, situado en la rue de l'Élysée, junto al lago Léman.

Es cierto que su nueva morada la pagó en gran parte con la venta de una gran cruz de esmeraldas al joyero Harry Winston, pero mantener aquella suntuosa propiedad, con una decena de personas a su servicio, incluido su excepcional cocinero francés, requería unos elevados ingresos que sólo el rey podía proporcionarle.

El singular palacio de la reina, propiedad en la actualidad de la sociedad de valores Bondpartners, puede alcanzar hoy un precio en el mercado superior a los nueve millones de euros.

En Vieille Fontaine, Ena ofreció cócteles a decenas de invitados, desde nobles y banqueros, hasta artistas como Charles Chaplin, que residía entonces muy cerca, en Vevey, así como a miembros de las familias reales sin trono de Rusia, Rumanía o Italia.

Muy cerca de allí, en Lausana, había dado precisamente sus primeros pasos Alfonso de Bourbon.

Tres meses después de la muerte de Ena, acaecida el 15 de abril de 1969, Alfonso de Bourbon iba a conocer a uno de sus tíos.

ENCUENTRO EN ESTORIL

En julio de 1969, don Juan Carlos fue designado por Franco sucesor en la jefatura del Estado a título de rey.

A cientos de kilómetros del palacio de El Pardo, en Estoril, a orillas del Atlántico, vivía entonces la familia real española su exilio portugués.

Al contrario que El Pardo, Villa Giralda, bautizada así en recuerdo del yate del rey Alfonso XIII y de la añorada torre sevillana, era una modesta residencia sin pretensiones palaciegas; se asemejaba a un cortijo andaluz, de fachada blanca y construcción chata, disimulado en el entorno ajardinado.

En aquel chalet *petit-bourgeois* vivían aún los condes de Barcelona; no así su hijo el infante don Alfonsito de Borbón, fallecido trece años atrás a causa de un fortuito disparo salido de la pistola que empuñaba su hermano mayor Juan Carlos.

El 15 de julio de 1969, a su regreso de Estoril, don Juan Carlos visitó a Franco en El Pardo. Era el día clave que puso fin a todos los rumores y quinielas sobre la sucesión. Franco decidió entonces cortar la baraja sucesoria por el candidato más joven, de cuya preparación se había ocupado él mismo durante más de veinte años y a quien había introducido en los oscuros recovecos del régimen.

Ese día, Franco exigió el «sí» incondicional a don Juan Carlos. Había llegado la hora de la verdad: o aceptaba, aun a costa de enfrentarse con su propio padre, o la Corona difícilmente sería ya instaurada en España.

El propio don Juan Carlos explicaba semejante tesitura a su biógrafo José Luis de Vilallonga: «Yo hubiera querido naturalmente que las cosas pasaran de otro modo, sobre todo por respeto a mi padre. Pero aquel día Franco me puso entre la espada y la pared. Esperaba mi respuesta. Le dije: "De acuerdo, mi general, acepto". Sonrió imperceptiblemente y me estrechó la mano».

De regreso en La Zarzuela, don Juan Carlos escribió esa misma tarde una carta a su padre, que le entregó personalmente Nicolás Cotoner, marqués de Mondéjar.

Aquella maldita carta desató la ira y fomentó el desengaño del conde de Barcelona, sintiéndose traicionado por el hijo querido en quien había depositado todas sus esperanzas dinásticas.

El histórico documento, que hizo a don Juan retirar la palabra a su hijo durante casi un año, dice así:

> Madrid, 15-VII-1969
>
> Queridísimo papá:
>
> Acabo de volver de El Pardo adonde he sido llamado por el Generalísimo; y como por teléfono no se puede hablar, me

apresuro a escribirte estas líneas para que te las pueda llevar Nicolás, que sale dentro de un rato en el *Lusitania*.

El momento que tantas veces te había repetido que podía llegar, ha llegado y comprenderás mi enorme impresión al comunicarme su decisión de proponerme a las Cortes como sucesor a título de Rey.

Me resulta dificilísimo expresarte la preocupación que tengo en estos momentos. Te quiero muchísimo y he recibido de ti las mejores lecciones de servicio y de amor a España. Estas lecciones son las que me obligan como español y como miembro de la Dinastía a hacer el mayor sacrificio de mi vida y, cumpliendo un deber de conciencia y realizando con ello lo que creo es un servicio a la Patria, aceptar el nombramiento para que vuelva a España la Monarquía y pueda garantizar para el futuro, a nuestro pueblo, con la ayuda de Dios, muchos años de paz y prosperidad.

En esta hora, para mí tan emotiva y trascendental, quiero reiterarte mi filial devoción e inmenso cariño, rogando a Dios que mantenga por encima de todo la unidad de la Familia y quiero pedirte tu bendición para que ella me ayude siempre a cumplir, en bien de España, los deberes que me impone la misión para la que he sido llamado.

Termino estas líneas con un abrazo muy fuerte y, queriéndote más que nunca, te pido nuevamente, con toda mi alma, tu bendición y tu cariño,

JUAN CARLOS

Pero la reacción de don Juan fue «tremenda», como recordaba el propio don Juan Carlos a la periodista Pilar Urbano.

Mientras estuvo con él en Estoril, nada sabía de las intenciones de Franco, pero su padre al principio no le creyó. Su indignación fue tal, que llegó a escribir una carta a todas las familias reales oponiéndose a la designación.

Así estaban las cosas entre padre e hijo cuando Alfonso de Bourbon Sampedro, de treinta y seis años, llegó a Estoril procedente de Nueva York, donde entonces residía, para visitar por primera vez en su vida a «su tío» don Juan de Borbón, de cincuenta y seis años.

En cuanto divisó Villa Giralda, le pareció extraño que aquélla fuese la morada del heredero legítimo al trono de España; pensó más bien que allí vivía algún comerciante o el gerente de una compañía maderera, pero nunca un miembro destacado de la realeza.

Le sorprendió también no encontrar guardia alguno vigilando los alrededores; tan sólo vio a un jardinero arreglando los setos y algún rosal. En el jardín crecía sano, junto a un grupo de cipreses, el arbusto brotado de aquella bellota del Árbol de Guernica que trajo don Juan Carlos de Vizcaya.

Contempló, en el porche, algunos trofeos de caza cobrados por el conde de Barcelona en sus safaris africanos, junto a un tapiz en que figuraba el palacio de La Granja, escenario del nacimiento del propio don Juan, así como de gran parte de la intrahistoria de los Borbones de España desde su primer eslabón, el rey Felipe V.

Alfonso de Bourbon llamó a la puerta de color verde, sintiéndose observado desde unos ojos de buey disimulados en los laterales.

Segundos después, le abrió el ayudante de cámara de don Juan, Luis Álvarez Zapata, que había servido a la real familia en el cuarto de la reina Victoria; tras identificarle amablemente, le invitó a pasar a una salita repleta de muebles y fotografías. Arriba, en la habitación del conde, se acumulaban sus mejores trofeos deportivos, sus trompetas y sus escopetas...

Cuarenta años después, Alfonso de Bourbon revive conmigo su entrevista con el conde de Barcelona:

—Lo primero que recuerdo es que don Juan se quedó muy sorprendido al verme por mi gran parecido con su padre. Por aquel entonces, mi cabello y mi bigote eran oscuros; no como ahora. Nos abrazamos… —carraspea don Alfonso, con la mirada humedecida por los únicos recuerdos que le hacen sentirse Borbón.

Al cabo de unos segundos, prosigue:

—Cuando le dije que mi vida no era fácil, me confesó que mi caso no era el único. Me dijo que Alfonso XIII tuvo siete hijos ilegales [ilegítimos] porque era muy mujeriego.

—¿Siete hijos ilegítimos en todo el mundo? —agrego yo, irónico.

—No, no —sonríe él ahora—. Sólo en Portugal. Dios sabe cuántos más tenía en otros países. Yo entonces le dije que deberíamos formar el club de los regios bastardos.

—¿Ignoraba él su existencia hasta aquel primer encuentro?

—Alguien le dijo que yo existía, que me llamaba Alfonso de Borbón [castellaniza por primera vez su apellido] y que residía entonces en Nueva York.

—¿Qué recuerdo conserva de él, después de tanto tiempo?

—Mi tío don Juan era un caballero de la vieja escuela. Cada pulgada, un rey [lo repite dos veces]. Él era el verdadero pretendiente al trono de España, pero Franco no lo quiso porque era demócrata y liberal. El régimen de Franco era fascista; por eso Franco y don Juan llegaron a un acuerdo por el cual éste viviría en el exilio, pero su hijo se educaría en España. Don Juan esperaba ser rey de España algún día, pero finalmente hubo un desacuerdo muy fuerte entre padre e hijo. Si don Juan Carlos no hubiera aceptado la propuesta de Franco, éste habría nombrado sucesor al marido de su nieta, Alfonso de Borbón Dampierre. Y eso era algo que ninguno de los dos estaba dispuesto a tolerar.

—Recordaron, como es lógico, a su padre Alfonso de Borbón y Battenberg…

—Don Juan quería mucho a su hermano mayor. Quedó muy impresionado cuando mi padre falleció repentinamente en Miami. Pero le reconfortó saber que había recibido los santos sacramentos antes de morir desangrado. Hacía mucho tiempo que no le había vuelto a ver, pero jamás dejó de quererle.

Muerte en Miami

Reconstruyo entonces con Alfonso de Bourbon los últimos momentos del infausto príncipe de Asturias, tras comentarle que en el verano de 2006 conocí a Brandon Killmon, uno de los dos policías de Miami que instruyeron el atestado por la muerte de su padre en accidente de tráfico.

Postrado en el lecho de una desangelada habitación del hospital Gerland de Miami, el príncipe se dispuso a consumir la gran tragedia de su vida en completa soledad. Era el 8 de septiembre de 1938.

A su derecha, el cuarto donante de aquella agitada noche extendía el brazo para que, gota a gota, pasase la sangre a las azuladas venas del moribundo.

De pronto, una enfermera irrumpió en la habitación y se acercó al médico.

—Doctor —susurró—, un policía quiere hablar con usted. Ha venido también un tal señor Fleming; dice que es el secretario del príncipe.

El doctor Cooper sacudió la cabeza, en señal de agotamiento.

—Ahora mismo voy —afirmó.

Poco después, el médico le dijo a Fleming si podía avisar a los padres y hermanos del príncipe de Asturias. El secretario se alarmó: «¿Tan grave es?», inquirió. El facultativo asintió y preguntó dónde estaba su madre. Fleming confirmó que se hallaba en el castillo de Carisbrook, en la isla de Wight, visitando a su madre, la princesa Beatriz de Inglaterra.

—Pues telegrafiela —indicó Cooper.

—De acuerdo. ¿Y qué le digo?

—Que se ha hecho todo lo humanamente posible para mantener al príncipe con vida, pero que ya no hay esperanza de salvarle. Si la reina quiere volver a ver a su primogénito… Por cierto, y el padre, ¿dónde está?

—Su Majestad el Rey vive en Roma —repuso Fleming, algo escéptico, dada la inexistente relación con su hijo a raíz de que éste se desdijese en público de su renuncia al trono de España—. De todas formas, telegrafiaré también a Roma —resolvió el secretario.

El médico se volvió entonces hacia el corpulento policía que, a juzgar por su rostro aniñado, no tendría más de veinticinco años.

—Ella no tuvo la culpa —repuso Brandon Killmon.

Aludía así el agente a Mildred Gaydon, la cigarrera de un club nocturno de Miami con la que el príncipe de Asturias trató de consolarse aquella trágica noche.

—Fue un camión —añadió entonces el policía—, que se desvió demasiado a la derecha, la chica trató de esquivarlo y le falló la dirección. Examinamos a fondo el coche y dijo la verdad. Es un coche muy antiguo, impropio de un príncipe de sangre real.

Muchos años después, el propio Killmon me facilitó una copia de la declaración de Mildred Gaydon, prestada la madrugada del 8 de septiembre, horas antes de que don Alfonso falleciese desangrado en el hospital; ocupaba casi veinte folios mecanografiados a doble espacio, en cada uno de los cuales podía distinguirse, en la parte superior, el membrete de la Jefatura de Policía de Miami.

El valioso testimonio de aquella mujer permitía reconstruir con todo detalle los movimientos y el estado de ánimo del príncipe de Asturias la trágica velada del 7 de septiembre de 1938, mientras su «hijo» Alfonso de Bourbon, también solo y abandonado, estaba a punto de cumplir seis años, en Suiza.

El príncipe, de treinta y un años, se sinceró con aquella veinteañera alta y morena, como si presintiese su trágico final. Había bebido. Tal vez por eso estaba tan extraño aquella noche. Solía beber más de la cuenta cada vez que iba al club nocturno, despertando el morbo de la gente, a la que le encantaba pasar la velada en el mismo local que un príncipe. Hasta el final de su vida, le rodeó un mundo de apariencias.

Aquella noche fue la primera y última que Mildred Gaydon, apodada «la Alegre», visitó al príncipe en su hotel. Estuvieron alrededor de tres horas juntos en la habitación, hasta que decidieron salir a tomar unas copas. El príncipe insistía a la mujer en que se quedase con él. «No me dejes solo; presiento que va a pasar algo», le dijo. Y añadió, angustiado: «Casi cada vez que me ha ocurrido algo, he tenido esa corazonada…».

La mujer, como era natural, se asustó. Le daba pavor que él pudiese desangrarse mientras estaba con ella. Bill Shulman, un camarero que conocía muy bien al príncipe, le había explicado por encima en qué consistía la hemofilia que padecía. Don Alfonso insistió a la chica: «Anda, sé buena conmigo y quédate. Soy muy desdichado. Desde que nací he estado siempre caminando por una cuerda floja, y en cualquier instante puede suceder algo que me haga precipitarme al abismo».

Estaba destrozado, y buscó refugio en aquella mujer de

vida fácil, a quien empezó a explicarle los graves riesgos de su enfermedad. «Sería suficiente con que me arañaras para que amaneciera muerto, e incluso podría desangrarme si me cortara al afeitarme…», dijo en tono de amenaza.

La chica le instó a que no siguiera por ese camino. Estaba cada vez más asustada, mientras don Alfonso bebió otro trago de whisky. «Y luego —prosiguió él— tu familia se asombra de que quieras huir de palacios y hospitales para disfrutar un poco de la vida, lejos del aburrimiento y la soledad de la corte. Entonces, te desheredan. Eres un estorbo para tu propio padre, que te obliga a renunciar a los derechos sucesorios que te pertenecen desde la cuna por el mero hecho de casarte con una plebeya…»

Fueron entonces a tomar unas copas fuera de allí, en Miami Beach. Por nada del mundo quería don Alfonso viajar en coche aquella noche. Tenía verdadero pánico a que le sucediese lo mismo que a su hermano Gonzalo cuatro años atrás, que murió desangrado en Austria tras un leve accidente de automóvil, pues él también era hemofílico.

La muchacha se dirigió hacia la puerta muy decidida, mientras le decía: «Yo conduciré. Iré muy despacio. Aquí no me quedo ni un minuto más. Si tengo que hacerte compañía, que sea donde haya gente a nuestro alrededor».

Instantes después la pareja subió al sedán del príncipe. Era un coche que debía de tener más de quince años. La carrocería presentaba abolladuras por todas partes, y en los neumáticos apenas se distinguía el dibujo.

Fueron a Cayo Largo, al *drive-inn* de Mac, donde conocían a Mildred Gaydon. Allí tomaron una copa sin necesidad de bajar del coche, que permaneció aparcado junto a varios vehículos con otras parejas en su interior. Bajo un cielo estrellado, con música de radio y risas de fondo, Alfonso de Borbón volvió a sincerarse con su único paño de lágrimas tras sus dos divorcios consecutivos de las cubanas Edelmira Sampedro y Marta Ro-cafort, el 8 de mayo del año anterior y el 8 de enero de aquel mismo año, respectivamente.

Mientras el príncipe relataba a la muchacha anécdotas de su infancia en palacio, se quedó petrificado en su asiento al oír el chasquido de un vaso, que acababa de caérsele, contra el suelo del coche. El vaso que Alfonso intentó depositar sobre el tablero con su mano temblorosa terminó hecho añicos entre sus pies. El whisky salpicó sus zapatos blancos, y los fragmentos de vidrio quedaron esparcidos por las alfombrillas, los zapatos y los calcetines del príncipe, que permaneció inmóvil, recostado en el respaldo. La muchacha le oyó lamentarse: «Lo sabía… Lo sabía…». Empezó a ponerse muy nerviosa: «¿Sabías qué?», inquirió. Don Alfonso le rogó que encendiera la luz; ella accionó la lamparita situada bajo el tablero y el suelo del coche se iluminó. Había algunos cristales prendidos en los calcetines del príncipe. La mujer se asustó mucho y recordó la insistencia de su acompañante en que no le dejara solo, su miedo a la muerte, su terrible confesión.

El príncipe seguía inmóvil y ella se inclinó dispuesta a ver sangre. Pero, milagrosamente, ningún fragmento de vidrio le había rozado ni siquiera la piel. Cualquier corte hubiese sido fatal para él. La muchacha recogió uno a uno los pedazos de cristal y los echó fuera del vehículo. «¿Estás ya más tranquilo?», le dijo. Pero el príncipe siguió con su abatido discurso: «Es una señal —advirtió—. Eso trae mala suerte. Tengo que regresar de inmediato al hotel… Lo sabía. No debí salir nunca de allí». Y acto seguido, le pidió que le dejara conducir el vehículo. Ella se resistió, repitiéndole que estaba temblando y que así no podía sostener el volante con firmeza. Trató de disuadirle para que le dejara a ella conducir. Pensó incluso en bajarse del coche y esperar a que cualquiera de los otros automóviles aparcados frente al bar la llevara de regreso a Miami. Por fin, tras asegurarle que si conducía en su estado podía sucederle lo mismo que a su hermano Gonzalo, logró que don Alfonso desistiese.

Ella también temblaba. Gotas de sudor frío le resbalaban por la frente, nublándole la vista. Muy despacio tomó la carretera de Miami. Conducía con miedo, sin atreverse a levantar una mano del volante para frotarse los ojos. Pero cuando el automóvil enfiló minutos después el bulevar Byscaine, Mildred Gaydon se desvió ligeramente a la derecha y el coche acabó empotrándose contra un poste telefónico. Un transeúnte que presenció el accidente avisó enseguida a Brandon Killmon y a su compañero Steve.

Cuando la pareja de policías llegó hasta allí, Alfonso estaba inconsciente. A su lado, Mildred Gaydon lloraba desconsoladamente. Parecía fuera de sí. Don Alfonso y ella estaban junto a un hombre que portaba un maletín de primeros auxilios. Era el doctor Cooper, con quien al día siguiente hablaría Killmon en el pasillo del hospital mientras el príncipe agonizaba. «El herido es hijo del depuesto rey Alfonso XIII de España, y paciente mío. Es hemofílico y puede desangrarse aquí mismo si no le llevamos inmediatamente al hospital. Necesita transfusiones», advirtió el doctor a los policías. Mientras sacaban al príncipe del coche, el doctor Cooper no dejaba de presionarle las arterias con la mano. Cuando uno de los camilleros de la ambulancia le cogió las piernas, don Alfonso dejó escapar un grito de dolor. El médico se apresuró a reconocer su pierna derecha. En cuanto la vio, cerró instintivamente los ojos, apretándolos en un gesto de gran consternación: el príncipe tenía una fractura con una hemorragia interna que iba extendiéndose con la misma rapidez que si hubiesen derramado agua sobre un mantel. Era su sentencia de muerte.

Tras escuchar en silencio mi relato, Alfonso de Bourbon

permanece un rato ensimismado, como si en el fondo de su alma buscase al padre que el destino le negó sin la menor piedad.

Luego, con los pies de nuevo sobre la tierra, se dispone a hablarme de alguien a quien también quiso mucho…

París, *mon amour*

—En 1969 —evoca Alfonso de Bourbon—, el mismo año que visité a mi tío don Juan en Estoril, hice lo mismo con mi otro tío don Jaime, en París. El infante vivía todavía allí con su segunda esposa, Carlota Tiedemann; meses después se trasladó a Lausana, a un coqueto chalet inaugurado con una pequeña fiesta el día de Santiago, patrón de España.

—¿Estaba don Jaime también al corriente de su existencia? —le pregunto.

—Él tenía amigos en Nueva York y en Florida, que le hablaron de mí; en cuanto supo que yo era hijo de su hermano mayor, se puso loco de alegría y reclamó mi presencia en París. Su madre había fallecido meses antes en su casa de Lausana, octogenaria. Jaime estaba aún muy afectado porque adoraba a la reina Victoria Eugenia.

—¿Qué opinión le mereció don Jaime?

—Don Jaime era el más grande caballero que jamás he conocido. Me llevó con él y con su esposa Carlota Tiedemann a varias fiestas, presentándome a sus amigos como su sobrino. Era muy simpático y alegre, nada tonto, como siempre se ha dicho de él con mala fe, simplemente porque la fatalidad hizo que fuese sordomudo; al contrario, sabía muy bien lo que le convenía en cada momento, aunque su situación económica, como la de mi padre, fuese siempre precaria.

—Alfonso y Jaime siempre se quisieron mucho…

—Bueno, eran los dos hermanos mayores y sólo se llevaban un año de diferencia, de modo que se criaron juntos.

—Recuerdo que don Jaime, de niño, estuvo al cuidado de unas monjitas que le enseñaron a leer en los labios, hasta que pudo seguir una conversación y expresarse con su inconfundible voz ronca y dramática, propia del sordomudo. Salvando las distancias, a usted también le ayudaron otras hermanas de la caridad a salir adelante...

—Sí... Tiene gracia —admite, melancólico.

Alfonso de Bourbon fue uno de los muchos entusiastas de don Jaime que desfilaron por su casa de París, en 1969.

El infante solía recibir también la visita de delegados legitimistas franceses, que le consideraban su auténtico rey, y a su hijo Alfonso, duque de Cádiz, el delfín. Muchos de sus partidarios le besaban la mano en los actos presididos por él, manifestándole su adhesión de forma a veces conmovedora.

En una ocasión, uno de esos delegados se regocijó ante don Jaime por la multitudinaria asistencia a una misa organizada por los legitimistas en la catedral de Reims, a la que el infante no pudo acudir.

—La iglesia estaba llena, monseñor —dijo, entusiasmado.

—No lo dudo —corroboró don Jaime.

Y acto seguido hizo poner los pies en el suelo a su emocionado partidario:

—Pero anteayer era domingo, ¿verdad?

En aquella época, seis años antes de su trágica muerte, el infante llevaba en París una vida apacible. Se levantaba temprano y sacaba a pasear a su teckel Caramba I, y luego a Caramba II en la «dinastía canina» del hogar.

Resultaba divertido verle al volante de su «topolino», encogido como un saltamontes gigante para poder entrar en el minúsculo automóvil.

Su sinceridad para decir en cualquier momento lo que pensaba, por inconveniente que resultase, era proverbial. En cierta ocasión, durante una cena con diplomáticos iberoamericanos y personalidades francesas, los comensales elogiaron la crema de langosta que acababan de servirles, elaborada por una cocinera bretona. Cuando estaban a punto de pedir que alguien fuese a felicitar a la brillante artífice de aquel plato, don Jaime terció así de escueto: «Esta sopa es de bote. La compramos en la tienda de al lado…».

Al llegar la amarga despedida, conscientes de que nunca más volverían a verse, don Jaime abrazó cariñosamente a su sobrino y trazó luego con la mano el signo de la cruz en su frente.

Alfonso de Bourbon me muestra la felicitación navideña manuscrita que le envió el infante aquel mismo año en que se conocieron y estuvieron juntos por última vez en París.

Timbrada con la corona real en Neuilly, el 20 de diciembre de 1969, dice así:

> Querido Alfonso: Te deseamos un Feliz Año Nuevo 1970, que sea tan próspero para la Paz del mundo entero.
> Recibe un fuerte abrazo,
>
> FDO. CARLOTA Y JAIME

¿DEMANDA DE FILIACIÓN?

He dejado casi para el final una incógnita ineludible, la cual, a medida que avanzaba nuestra conversación, me asaltaba una y otra vez: si Alfonso de Bourbon Sampedro afirma ser hijo del príncipe de Asturias, ¿por qué no ha reclamado jamás su apellido Borbón ante la justicia española?

Él insiste en que no tiene pruebas de su filiación, ni tampoco cree oportuno buscarlas ya a su edad.

—Yo nunca fui inscrito oficialmente —asegura—. En países con religión protestante reconocen también a los hijos ilegales [ilegítimos], los cuales son registrados y reciben una pensión económica; pero en los países de religión católica, como es mi caso, no reconocen a estos hijos y por tanto yo soy hijo ilegal [ilegítimo].

—Pero a usted —le replico—, si aportase pruebas fehacientes de su filiación, es posible que le reconocieran hoy los tribunales españoles. Eso mismo hicieron los jueces, por ejemplo, con Leandro Ruiz Moragas, hijo ilegítimo del rey Alfonso XIII con la actriz Carmen Ruiz Moragas, que hoy se apellida al fin Borbón con todas las de la ley.

—Bueno, pero a mí esas cosas ya no me importan. Yo mismo sé quién soy. No sólo por mi gran parecido con Alfonso XIII, sino porque yo sé quién soy —insiste—. Por otra parte, ignoro cuánto tiempo más el Todopoderoso me mantendrá en esta tierra.

—De todas formas, supongo que llevará usted los apellidos «Bourbon y Sampedro» en su documentación oficial…

—No, no los llevo; en inglés hay un proverbio que, traducido al castellano, viene a decir: «Deja a los perros durmiendo». Además, yo no tengo documentación.

—¡Cómo! ¿Es usted un hombre indocumentado? —añado, desconcertado.

—Bueno —sonríe—, así es. Puede usted hacer lo que quiera con la información que le he dado, pero no me pida que jure ante varias biblias que lo que alego es cien por cien la pura verdad. Insisto en que deseo evitarle el menor problema por mi causa.

Percibo cierta inquietud en su voz trémula; intuyo que

quien realmente quiere ahorrarse contratiempos es él mismo.

¿Por qué si no ha permanecido callado durante tantos años, convencido como está de su filiación?

Le pregunto una vez más:

—¿Mantiene usted que el príncipe de Asturias es su padre?

—Sí —sentencia.

—Es su palabra.

—Pero quién sabe si, una vez publicada, mi palabra puede sembrar inquietud en la Casa Real española, donde seguramente pensarán qué pretende conseguir a estas alturas una persona como yo, que vive en California.

—¿Qué nacionalidad tiene usted?

—Estadounidense.

—¿No es también ciudadano suizo?

—Sí, claro.

—¿Está casado?

—Soy soltero… Pero soy un hombre normal —aclara, tratando de ahorrarme extrañas suposiciones.

Y añade:

—Me gustaría tener un dólar por cada linda muchacha de la cual yo estuve enamorado.

—¿Tiene hijos?

—No, al menos que yo tenga constancia [risas].

—¿De qué vive usted?

—Vivo del seguro social. Nunca pedí ni un centavo a la Casa Real española. En los países protestantes, como sucede en la Casa Real inglesa, los hijos ilegales [ilegítimos] reciben una pensión, pero no así en los países católicos. Yo siempre he trabajado, ganando mi pan diario honradamente.

Aprecio de nuevo cierta inquietud en Alfonso de Bourbon.

—Quiero subrayar —insiste— que no hago ninguna reclamación de herencia ni financiera. Yo sé quién soy y lo que la gente aquí o en España piense sobre mi filiación, sobre si soy un farsante o un impostor, a mí ya no me importa. Insisto en que quiero evitarle cualquier contratiempo por mi causa.

—No se preocupe —le tranquilizo—. Sólo usted sabe si lo que dice es verdad. A falta de una prueba de ADN, nadie puede poner la mano en el fuego por su filiación; pero tampoco nadie puede ponerla en sentido contrario. Tal vez en su caso, una imagen no valga más que mil palabras, pese a su asombroso parecido con Alfonso XIII.

—Una imagen, en efecto, no vale tanto. De hecho, hay personas repartidas por el mundo que se parecen unas a otras como gemelos, y no son familiares.

—Entonces, ¿qué sentido tiene que un hombre mayor como usted, con poco o nada ya que perder o ganar, mienta deliberadamente sobre algo tan serio como su propia paternidad?

—¿Qué le puedo decir? Usted no me conoce realmente; no sabe si estoy mentalmente enfermo.

—A mí, desde luego, no me parece que sea usted un perturbado.

—Bueno, hay genios que están mentalmente enfermos [ríe]…

La última visita a España

Hace veinticuatro años que Alfonso de Bourbon pisó por última vez suelo español.

Hoy, con setenta y siete años cumplidos, cansado ya de ser quien es, sabe que nunca más volverá a la patria de sus antepasados.

—En 1982 —recuerda orgulloso— tuve el honor de impulsar los lazos de hermanamiento de la ciudad de San Diego con Alcalá de Henares. Mis propios paisanos me eligieron como embajador de buena voluntad para sellar esa bonita alianza entre dos pueblos. Al año siguiente, encabecé una delegación oficial de cuarenta personas, recibida muy cariñosamente por el alcalde y el rector de la Universidad de Alcalá de Henares. También estuvimos con el entonces alcalde de Madrid, el profesor Tierno Galván, un hombre culto y atento. La experiencia fue tan grata, que dos años después, en 1985, organizamos una segunda expedición a la villa madrileña.

—¿Mantuvo entonces algún contacto con la Casa Real?

—No; nunca he querido crear problemas a nadie, ni mucho menos a la Casa Real española.

—Pero usted llegó a declarar por aquel entonces, en varios medios de comunicación europeos y americanos, que era hijo del príncipe de Asturias...

—Cierto, lo hice; pero a continuación no quise introducir más el dedo en la herida y guardé silencio hasta hoy. Si ahora vuelvo a hablar del tema es únicamente porque usted me ha localizado al cabo de tantos años. Ya le he dicho que no quiero reclamar absolutamente nada a la Casa Real: ni apellido, ni tampoco herencia alguna.

—Cuénteme entonces más cosas sobre el hermanamiento entre San Diego y Alcalá de Henares.

—Fortalecer esos lazos centró mis esfuerzos hace ya más de dos décadas. No olvidemos que San Diego ha estado ligada a España desde mediados del siglo XVI, si no recuerdo mal, cuando el marino Juan Rodríguez Cabrillo descubrió el territorio bajo bandera española. Poco después, se celebró una misa en honor de San Diego de Alcalá. California pertenecía entonces al virreinato de la Nueva España. En el siglo XVIII, los franciscanos, encabezados por fray Junípero Serra, establecieron la primera misión de San Diego de Alcalá. Finalmente, el territorio californiano, en manos de México hasta 1848, se convirtió en estado norteamericano. Tampoco debemos olvidar que San Diego fue la primera plaza española fundada en el territorio occidental de lo que hoy es Estados Unidos; de la misma forma que debe tenerse siempre presente que en Alcalá de Henares se forjaron los hombres (don Miguel de Cervantes, entre ellos) que trasladaron la lengua y cultura españolas al otro lado del Atlántico, concretamente a San Diego, Los Ángeles, San Francisco y California.

El aliento de Alfonso de Bourbon, y el de otros muchos paisanos suyos antes y después que él, hizo posible que Alcalá de Henares figure hoy entre las quince ciudades del mundo hermanadas con San Diego, además de Edimburgo (Escocia), Yantai (China), Yokohama (Japón), Perth (Australia), Varsovia (Polonia), Cavite (Filipinas) o Jalalabad (Afganistán).

Paradojas del destino: esos mismos lazos familiares entre ambas ciudades por los que Alfonso de Bourbon tanto luchó, le fueron arrebatados en su propia vida.

En octubre de 2009, un mes antes de nuestra entrevista, recibí una amable carta suya, en la cual esperaba encontrar una fotografía de él más joven, que me permitiese calibrar mejor su parecido con Alfonso XIII y el príncipe de Asturias.

Alfonso de Bourbon ya me había adelantado por teléfono que la imagen gustaría mucho. Acertó de pleno. Tomada en marzo de 1981, en San Diego, cuando tenía cuarenta y nueve años, refleja a un hombre en apariencia mayor, que posa junto a Margarita Capella, esposa de su amigo Sebastián Capella. Su parecido con Alfonso XIII, del que dice ser su padre, resulta impresionante.

El retrato iba acompañado de un breve texto, redactado de su puño y letra en una hoja con el membrete de la flor de lis.

Dice así:

10 de octubre de 2009

Muy estimado Don José María:

Muchas gracias por su llamada telefónica.

Aquí tiene lo que me había pedido. Le deseo buena suerte con su trabajo incansable.

Con un abrazo muy fuerte,

ALFONSO DE BOURBON

Días después, volvió a escribirme, enigmático, sugiriéndome incluso el título de un posible capítulo sobre su existencia:

[…] ¿En verdad, quién era este Alfonso de Bourbon que a los extranjeros alegaba ser el hijo del Conde de Covadonga y Edelmira Sampedro?

Su parecido físico con Alfonso XIII no es ninguna prueba <u>legal</u> [el subrayado es del original]. ¿Y en caso contrario, quién le empujó a tomar esa decisión? Sea lo que fuera, me parece que tenemos aquí un capítulo más de la todavía incompleta historia de los Borbones españoles, titulado por ejemplo EL BORBÓN DESCONOCIDO [las mayúsculas son también del original], con fotos en color. Napoleón Bonaparte dijo que <u>historia</u> es nada más que una serie de <u>leyendas</u>…

Dios bendiga a la familia de José María Zavala…

El final de su carta me recordó a su despedida en La Jolla.

—Que Dios le bendiga —me dijo, convencido de que nunca más volvería a saber de mí.

Le faltó sólo trazar con su mano la señal de la cruz en mi frente, como sin duda hubiese hecho el infante don Jaime.

La señora de la Fuenfría

—Cierto día me llamaron por teléfono del hospital de la Fuenfría para decirme que una de las pacientes allí ingresadas aseguraba ser... ¡hija del rey!

A Carmen Valero, marquesa del Valle de Uceda y viuda de un coronel de infantería, le faltó tiempo para acudir a la misteriosa llamada de su amigo médico.

Ella conocía aquel hermoso hospital de 226 camas casi como el pasillo de su casa, situada en el mismo marco incomparable de Cercedilla, en la sierra madrileña, junto a la calzada romana que unía antiguamente Titulcia con Segovia.

—Yo voy muchísimo a la Fuenfría a visitar enfermos, como miembro de una especie de catecumenado —me explica Carmen Valero al preguntarle por qué decidieron llamarla a ella.

Nuestra charla discurre, apacible, en el salón de su hotelito de Cercedilla, en mayo de 2009.

Aislada del mundanal ruido, entre pinos silvestres y rumores de arroyos, rodeada por las lejanas cumbres de Siete Picos, la Bola del Mundo y La Peñota, mi encantadora anfitriona vive allí sola desde que enviudó, acompañada únicamente las veinticuatro horas del día por Kao y Blacky, dos perritas bóxer que le dan incluso más cariño que algunas personas que la visitan.

Aquella tarde invernal, poco después del aviso telefónico de su amigo, doña Carmen atravesó el umbral del familiar edificio de cinco plantas, construido a principios del siglo XX por el arquitecto Antonio Palacios sobre una parcela de poco más de dos hectáreas.

En sus casi 6.500 metros cuadrados de superficie hospitalaria, los enfermos de la Fuenfría reciben hoy atención médica en las especialidades clínicas de rehabilitación, medicina interna y geriatría.

El destino quiso que aquel mismo centro hospitalario inaugurado por el rey Alfonso XIII en 1921, acogiese más de ochenta años después a una hija ilegítima suya: Juana Alfonsa Milán Quiñones de León.

EL REY ABOFETEADO

Aquella mujer —primogénita ilegítima del monarca— era fruto de los amores inconfesables de éste con la institutriz y profesora de piano de los infantes en palacio, Beatrice Noon, nacida en Escocia pero de ascendencia irlandesa.

A diferencia de cierta dama que llegó a propinar un sonoro bofetón al monarca cuando éste intentó cortejarla, Beatrice Noon no tuvo más remedio que sucumbir a los adúlteros designios de su rey.

Alfonso XIII había sido abofeteado, en efecto, por una de las damas de servicio de su hijo, el príncipe de Asturias, de lo cual daba fe el historiador Gonzalo de Reparaz. «Cierto día —aseguraba éste— cruzose [ella] con Alfonso XIII en un solitario pasillo del Palacio Real. Quiso aprovechar el monarca aquella ocasión única y, precipitándose sobre la muchacha, la besó. Entonces recibió Alfonso XIII la más estentórea bofetada

de que hablan —o mejor dicho no hablan— los anales pala-
tinos…»

Para disipar la menor duda, Reparaz reveló abiertamente
sus fuentes: «Al año siguiente, residíamos mis padres y yo en
Friburgo y conocimos el hecho por dos conductos perfectamente fidedignos: una parienta próxima de la señorita en cuestión, y un catedrático friburgués, amigo y antiguo compañero
suyo de estudios».

Pero Beatrice Noon, en cambio, acató sin rechistar la voluntad del rey, comprobando muy pronto que su vientre se
abultaba; poco después, fue expulsada de la corte para evitar el
escándalo.

El 19 de abril de 1916 alumbró a una niña en París, que recibió el apellido de Milán, dado que el rey conservaba el ducado de Milán entre sus títulos históricos, evitándose así que con
el apellido materno se deshonrase al monarca y a la institutriz.

Finalmente, Juana Alfonsa Milán obtuvo su segundo apellido del embajador español en París y albacea testamentario del
rey, José Quiñones de León, convertido en su padre adoptivo.

El encuentro

Muchos años después, en el ocaso ya de su vida, Juana Alfonsa
Milán Quiñones de León fue ingresada en el hospital de la
Fuenfría, donde se recuperaba de cierta demencia senil cuando
la visitó por primera vez Carmen Valero.

—Nada más verla —recuerda ella—, comprobé que era
exactamente igual que Alfonso XIII, sólo que en mujer; llevaba un moño y, cuando se enfadaba, se lo soltaba de repente,
desplegando una enorme coleta que le llegaba hasta la cintura.
Tendría cerca de ochenta años. Resultaba muy graciosa vestida

de pantalón; parecía muy descuidada. Era menuda y delgada, como su padre. Yo le dije: «Creo que la he conocido a usted en casa de Elena Castaños». A lo que ella me contestó: «¡Ah, Elenita…! Fuimos las dos espías en la Segunda Guerra Mundial…». Yo sí sabía que Elena había trabajado para los servicios de información en Francia, porque siempre lo contaba. Elena era rusa; salió de su país en 1917 y había conocido a Juana Alfonsa en París. Años después se trasladó a vivir a Madrid, donde tenía su casa en la calle Isaac Peral; allí mismo coincidimos Juana Alfonsa y yo.

Desde entonces, Carmen fue para ella una especie de hada madrina que velaba, siempre que podía, por su bienestar.

—Conseguí que la trasladasen a una habitación sola, pues estaba en una doble; la pusieron al final del pasillo, en una buena habitación cuya parte trasera daba al pinar. La verdad es que la dirección de la Fuenfría se portó muy bien con esta señora. En su mesilla de noche tenía una fotografía enmarcada de su padre. Yo le decía: «Juana Alfonsa, córtate el pelo como él y seguro que así te creen; sales luego en tu silla de ruedas al pasillo, con la foto, para que todos vean que es verdad».

Pero nadie la creía. Incluso a veces, la vida de Juana Alfonsa en el hospital era un verdadero suplicio, convertida en blanco de las burlas.

—Me llamaron —aclara Carmen— porque ella [Juana Alfonsa] presumía de quién era y las chicas de la limpieza la trataban mal. Eran «las meonas», como yo las llamo: a menos categoría, más… Había dos chachas que le tomaban el pelo. «¡Ay, mira, la que dice que es tía del rey! ¡Está loca!», se mofaban de ella. Y yo les replicaba: «¡Claro que es la tía del rey, os pongáis como os pongáis!». La situación empezó a degenerar. Yo conocía a una de las chicas que se metían con Juana Alfonsa; no la despidieron de milagro. Fui a ver hasta a sus padres.

Grabado de la familia de Carlos IV, conocido por el «indecente parecido» de los hijos menores con el valido Manuel Godoy.

Retrato de Francisco Tadeo Calomarde (Vicente López), quien, como ministro de Gracia y Justicia, extendió un salvoconducto a José Pérez Navarro para que trasladase a fray Juan de Almaraz, confesor de la reina María Luisa de Parma, hasta la prisión de Peñíscola.

Fernando VII confinó durante siete años en una mazmorra al confesor de su madre, la reina María Luisa de Parma, para que no revelase el gran secreto sobre la legitimidad de su dinastía.

Grabado de María Cristina de Borbón, cuarta esposa de Fernando VII, conocida como la Reina Gobernadora. A la muerte del rey contrajo segundas nupcias en secreto con el guardia de corps Agustín Fernando Muñoz para conservar la regencia.

Agustín Fernando Muñoz, duque de Riánsares, padre de los ocho hijos ilegítimos de la Reina Gobernadora, criados en París para no provocar el escándalo.

Carlos María de los Dolores de Borbón y Austria-Este, jefe de la rama carlista, nominado Carlos VII por sus partidarios, repudió a su hija la infanta Elvira por fugarse con un mediocre pintor italiano.

Retrato de la infanta Eulalia de Borbón (París, 1942), quien, según ella misma reconoció, no era hija de su padre oficial, el rey consorte Francisco de Asís, sino fruto de uno de los escarceos amorosos de su madre, la reina Isabel II.

La infanta Paz, hermana de Eulalia, tampoco era hija del rey consorte sino del secretario de la reina, Miguel Tenorio de Castilla; no en vano, éste legó a la infanta todas sus pertenencias.

Retrato de la infanta Isabel, apodada «la Chata» (octubre de 1926), cuya paternidad se atribuyó al militar José Ruiz de Arana, razón por la cual se la conocía como «la Araneja».

La cantante de ópera Elena Sanz estuvo perdidamente enamorada del rey Alfonso XII, a quien dio dos hijos ilegítimos: Alfonso y Fernando.

Alfonso XIII con sus seis hijos legítimos: Jaime, Beatriz, Gonzalo, Alfonso, Cristina y Juan.

La bella cantante de ópera francesa Genoveva Vix cautivó a Alfonso XIII, quien pronto la incluyó entre sus musas.

Genoveva Vix centró la atención de la prensa española con motivo de una memorable actuación en el Teatro Real de Madrid.

La famosa cupletista La Bella Otero fue también una de las musas del monarca.

La actriz Carmen Ruiz Moragas fue, después de la reina Victoria Eugenia, el gran amor de Alfonso XIII, del cual nacieron María Teresa y Leandro Alfonso.

Leandro Alfonso de Borbón Ruiz Moragas, junto al retrato de su padre, el rey Alfonso XIII.

Celia Gámez cautivó con su belleza y simpatía al rey Alfonso XIII, quien la veía actuar, siempre que podía, en el madrileño teatro Romea.

Celia Gámez fue portada de la popular revista *Meridiano* en julio de 1965, con motivo de sus cuarenta años de vida española.

El excelente actor Ángel Picazo (izquierda) guardaba un asombroso parecido con su presunto padre, el rey Alfonso XIII, como muestra esta imagen de la película *Pacto de silencio*, estrenada en 1949.

Alfonso de Bourbon, quien dice ser hijo del príncipe de Asturias, Alfonso de Borbón y Battenberg, y de la cubana Edelmira Sampedro, posa en esta imagen cedida amablemente al autor.

Gonzalo de Borbón Dampierre fue, a diferencia de su hermano mayor Alfonso, padre de una hija ilegítima, Estefanía de Borbón, que reside en la actualidad en Estados Unidos felizmente casada. En la foto, posa acompañado por la familia Franco con motivo del compromiso de su hermano con Carmen Martínez-Bordiú.

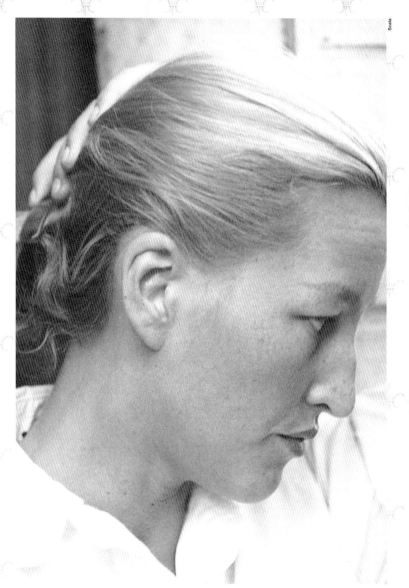

La condesa italiana Olghina di Robilant estuvo enamorada de don Juan Carlos a mediados de los años cincuenta, durante el exilio de los condes de Barcelona en Portugal. La revista *Oggi* publicó en 1989 unas declaraciones suyas atribuyendo la paternidad de su hija Paola al rey de España.

La propia demencia senil, que ofuscaba a veces a Juana Alfonsa, alimentaba esos mismos recelos, como observaba Carmen:

—Llegó incluso a pedir que le hiciesen reverencias. Tenía unos ratos tremendos y otros buenísimos. «¡A mí no me levantéis la voz porque soy la hija de Alfonso XIII!», clamaba. Y eso, en el pueblo, pues no sentaba bien. Al mismo tiempo, ella tenía mucha falta de cariño. Yo iba todos los días a verla; procuraba que viniera conmigo algún conde o marqués, para que así se sintiera más acompañada.

DE PARÍS A GINEBRA

Al contrario que otros hijos ilegítimos de Alfonso XIII, Juana Alfonsa gozó siempre de un trato preferente por parte de la familia real. Empezando por su propio padre, que sentía auténtica predilección por ella, como recordaba su buen amigo y biógrafo Ramón de Franch: «Ya en el exilio, en 1940, el rey se paseaba por Ginebra del bracete de una joven, y la gente dio en pensar que era una nueva amante, cuando lo cierto es que era su estampa, en lo que él tenía de Habsburgo, afinadas las facciones en un óvalo casi perfecto. Joven, un tanto madurilla ya, rubia, algo coqueta y muy elegante, lleva con garbo de princesa la ilegitimidad de su origen. Nació y se educó en París, al cuidado de la embajada española, cuando Quiñones de León era la eminencia gris de aquella representación diplomática, mucho antes de ser embajador. Y pasaron los años… La chica continuaba viviendo la mayor parte del tiempo en París, donde el rey la veía, en épocas normales, con relativa frecuencia. Luego, sacándola del infierno francés apenas las *Panzerdivisionen* dieron al traste con la línea Maginot y la *drôle de guerre*, don Alfonso la mandó llevar a Ginebra, que no se encuentra lejos de

Lausana [donde residía Alfonso XIII], ni demasiado cerca tampoco. La discreción nunca sobra, aunque al prójimo le divierta interpretarla como le dé la gana. Muerto el rey, no es un misterio para nadie el vínculo que lo unía a esa gentil persona. Ella misma ha descorrido el velo, introduciéndose con su propia ejecutoria en las altas esferas de la sociedad local, así como en los renombrados —si bien hoy decadentes— círculos internacionales de Ginebra. Vive siempre sola, es decir: soltera, bajo la custodia de una inglesa de cierta edad, que ella presenta como su señora de compañía. Las dos, más una criada por todo servicio, habitan un pisito de alquiler, decentemente puesto en un buen barrio moderno. Allí se presentaba a menudo el rey, provisto de algún obsequio y de un caudal de cariño».

SEGUNDO PADRE

Parecido cariño al que le profesaba el rey, recibió en su infancia y juventud Juana Alfonsa de la especie de padre putativo que siempre fue para ella don José Quiñones de León.

Nacido también en París, el 28 de septiembre de 1873, José Quiñones de León fue a parar allí obligado por las circunstancias, aunque éstas fuesen diferentes de las de Juana Alfonsa. No en vano su padre, miembro de una importante familia leonesa, había seguido fielmente a la reina Isabel II hasta el exilio, en 1868. Más de sesenta años después, lo hizo él también, acompañando esta vez al rey Alfonso XIII en su destierro.

Mientras Juana Alfonsa correteaba aún por las calles de París, en agosto de 1918, Quiñones fue nombrado embajador por un gobierno de concentración nacional. Antes de la batalla del Marne, ya había sido designado ministro plenipotenciario cerca del gobierno emigrado a Burdeos.

Sin embargo, su vida diplomática propiamente dicha empezó de agregado de la legación en París, con el embajador canario Fernando de León y Castillo, marqués del Muni, convertido en su auténtico maestro de ceremonias.

Más de una vez, Juana Alfonsa subió con su padre adoptivo a la *peniche* anclada en el Sena para disfrutar de una travesía inolvidable.

Quiñones de León compartía la propiedad de aquel barco con el político francés Aristide Briand, precursor de la unidad europea. El embajador español admiraba al ministro de la Tercera República francesa por su implicación en la fundación de la Sociedad de Naciones.

Juana Alfonsa cruzó en aquella embarcación bajo la arcada del puente de Mirabeau, adornado con duendecillos que parecían sostener los cimientos, para alcanzar a continuación el puente más moderno de Grenelle, con su réplica menor de la estatua de la Libertad. Finalmente, coronó el Royal, construido en 1685 por uno de sus antepasados franceses, Luis XIV, apodado el Rey Sol.

Quiñones de León era también un «padre» para los hijos descarriados de Alfonso XIII, como el infante don Jaime, a quien tuvo que sacar más de una vez del apuro a causa de los dispendios de su segunda esposa, la prusiana Carlota Tiedemann, responsable de su trágica muerte.

Con don Jaime y don Juan, precisamente, embarcó el diplomático en París, rumbo a Inglaterra, para arreglar unos asuntos de la testamentaría del rey Alfonso XIII, en junio de 1948.

Diecisiete años atrás, Quiñones había recibido a la reina Victoria Eugenia y a sus hijos en la estación de tren de París; aquella misma noche hizo lo mismo con Alfonso XIII, a bordo del *Côte d'Azur Express*.

El monarca confiaba ciegamente en él. Quiñones era la discreción personificada. Cuando alguien le preguntaba por sus memorias, él contestaba, enigmático: «Lo que se puede contar ha perdido importancia, y lo que todavía la tiene no se puede contar».

De forma muy parecida me respondió, años después, el antiguo jefe de la Casa del Rey don Juan Carlos, general Sabino Fernández Campo, al preguntarle lo mismo.

Por su sencillo apartamento de la rue Piccini desfiló también Juana Alfonsa Milán. El diplomático conservó hasta el final de sus días una fotografía enmarcada de ella, con sus cabellos rubios y oscilantes por la brisa del Sena, junto a otras imágenes de los infantes, los reyes y los duques de Alba, a quienes profesaba también un inmenso cariño.

A su entierro, celebrado en noviembre de 1957 en el camposanto francés del Père-Lachaise, acudió Juana Alfonsa, entre docenas de fieles a la memoria de aquel hombre modesto y discreto que dejó escrito en su testamento, a modo de epitafio: «No se invitará a nadie ni se admitirán coronas».

Delante del coche mortuorio, como único honor y agasajo oficial al difunto, abrió paso una pareja de guardias en motocicleta; detrás del coche que portaba el féretro, en algunos otros automóviles, se dispuso el reducido duelo presidido por el conde de Barcelona, que había llegado la víspera a París procedente de Lisboa.

Treinta y seis años después, el destino quiso de nuevo que Juana Alfonsa Milán diese el último adiós a su hermano don Juan en la capilla ardiente, instalada en el Palacio Real de Madrid.

Su amiga Isabel García Tapia, hermana del doctor que atendió a don Juan en la Clínica Universitaria de Navarra, le dio la noticia de la muerte de su hermano. «Tras la llamada de mi amiga Isabel, me encerré en mi casa y no cogí el teléfono», manifestó, muy dolida, Juana Alfonsa.

Aquel viernes, 2 de abril de 1993, en la misma puerta de la capilla ardiente, evocó así ella a su querido hermano en una de sus contadísimas declaraciones a la prensa, recogida por la periodista Dolores Martínez: «En el año cuarenta y dos empezamos a tener contactos, nos escribíamos, nos llamábamos por teléfono. Ahora estoy aquí para ver cómo responde el pueblo de Madrid ante una persona que ha sacrificado toda su vida y que ha dado continuas muestras de una humanidad extraordinaria. Personajes como el rey padre se dan pocos en la historia».

Moderna y culta

Diez años después de la muerte de su hermano, a causa de un cáncer enroscado en la garganta, Juana Alfonsa llegó al hospital de la Fuenfría, como recuerda Carmen Valero:

—La conocí en invierno y ella estuvo hasta el verano siguiente, alrededor de ocho meses en total… Su estancia allí era gratuita; más tarde, de acuerdo con la Casa Real, se la trasladó a una residencia cerca de la calle Arturo Soria, en Madrid, donde falleció y cuyos gastos pagó la propia Casa Real.

En diciembre de 2001, la Fuenfría se integró en la red sanitaria de la Comunidad de Madrid; primero en su Instituto Madrileño de Salud y, luego, en el actual Servicio Madrileño de Salud.

—Ella —añade Carmen Valero— había hablado hasta entonces todos los días con la madre del rey [doña María de las Mercedes, fallecida en enero de 2000]… Tenía muchas fotos en su habitación: con su madrastra [la reina Victoria Eugenia], con don Juan Carlos antes de ser rey, y con Alfonso [duque de Cádiz], en Lausana. En la imagen aparecía vestida con un traje de noche de gasa, muy vaporoso, junto a la reina Victoria Eugenia. Pero Juana Alfonsa no era guapa como ella...

Carmen destaca, en cambio, el perfil de mujer avanzada a su tiempo que siempre la distinguió:

—Era una mujer más moderna que las de su época. Muy culta. Se educó en Francia y hablaba muy bien alemán, francés e inglés, además del castellano.

A su muerte, acaecida en Madrid el 16 de mayo de 2005, Juana Alfonsa dejó cuatro hijos huérfanos: tres varones y una hija, María de la Soledad, dos de ellos con abundante descendencia.

La «otra familia» del rey Alfonso XIII era así mucho más numerosa que la legítima...

«Id y reproducíos»

Un año después de nacer Juana Alfonsa, el 24 de septiembre de 1917, Alfonso XIII envió a su íntima amiga la marquesa del Mérito, viuda de Valparaíso, una desconocida carta que habla por sí sola.

Escrita de su puño y letra, firmada con las iniciales «R. H.» («*Rex Hispaniae*») y timbrada con las cruces de Santiago, Calatrava, Alcántara y Montesa, dice así:

> Me he reído mucho con tu carta. Tú ves la vida del lado que se ha de tomar: con alegría, para que este valle de lágrimas sea soportable, y siguiendo vías, cumplamos con el deber sagrado de la Biblia, que dice: «Id y reproducíos».

Pues eso mismo hizo Alfonso XIII durante gran parte de su vida.

Con razón, su buen amigo Ramón de Franch testimoniaba lo siguiente sobre el monarca: «Alfonso XIII no bailaba, o por lo menos no sé de nadie que lo hubiese visto bailar en lugares públicos. Ahora, en cuanto a lo otro, los testigos y cómplices de su incontinencia eran infinitos, singularizándose entre ellos los viejos áulicos del séquito, excepto el probo marqués de Torres, de quien la corte decía que era la templanza hecha hombre. Inútiles de toda inutilidad fueron los buenos ejemplos del marqués para su señor y dueño, así como las recomendaciones que la Real Familia, y en particular doña Victoria Eugenia, deslizaban cuando venían rodadas al azar de cualquier circunstancia favorable».

El soberano predicó con el ejemplo: el mismo año de su casamiento con Victoria Eugenia fue ya padre por primera vez.

Su hijo ilegítimo se llamaba Roger de Vilmorin y guardaba un asombroso parecido físico con él. La madre, Mélanie de Vilmorin (de soltera Mélanie de Dortan), estaba considerada una de las mujeres más hermosas y seductoras de Europa. Se había casado a principios de siglo con el multimillonario Philippe Vilmorin y vivía con él en el castillo francés de Verrières, lugar de cita obligado de la más alta alcurnia de su tiempo.

Alfonso XIII se encaprichó de aquella mujer casada y, al contrario de lo que hizo con otros hijos bastardos suyos, jamás mentó a Roger de Vilmorin ni trató de asegurarle un porvenir económico, tal vez porque sabía que no necesitaba su dinero. No en vano el muchacho creció amparado por la inmensa fortuna de su falso padre.

Pese a que Alfonso XIII y Mélanie de Vilmorin siguieron luego caminos diferentes, su relación fue cordial hasta la misma muerte de ella, en 1937.

La «infanta morosa»

En noviembre de 2005 me abrió amablemente las puertas de su casa uno de los hijos bastardos del monarca.

Al preguntarle por qué su padre fue tan infiel a la reina Victoria Eugenia, Leandro de Borbón Ruiz Moragas trató de justificarle de forma insólita.

—No es que fuese infiel —aseguró—. Entonces, y a diferencia de hoy, aunque se enfriase el matrimonio, era inconcebible el amor libre, así como que las mujeres solteras quisiesen tener hijos. La mujer tenía que ser virgen y además demostrar que no era adúltera; exactamente igual que el hombre. Quiero decir con esto que tenías una mujer y tenías un agujerito, y todo debía ser al amparo de eso. Pero si con su mujer [Alfonso XIII] no se llevaba bien, como era natural, él no buscó sino que cuando se ofrecieron pues cogió alguna rosa…

A diferencia del primero de sus hijos naturales, Alfonso XIII sí trató de asegurar el futuro económico de María Teresa y Leandro de Borbón Ruiz Moragas, así como el de Juana Alfonsa Milán.

Con tal fin confió a su amigo íntimo el conde de los Andes una cantidad de dinero fija, con cuyos intereses vivieron sus tres vástagos durante muchos años.

El propio Leandro me lo explicó así:

—Nosotros teníamos una especie de manda que nuestro augusto padre le había dejado a su albacea testamentario, el conde de los Andes. La suma ascendía a un millón de pesetas de 1931 [equivalente en la actualidad a más de dos millones de euros], depositada en un banco de Ginebra, con cuyas rentas vivimos mi hermana, yo y Juana Alfonsa Milán hasta 1958. Al principio nos daban mil quinientas pesetas mensuales a cada uno; a partir de 1945, y hasta 1950 aproximadamente, recibimos tres mil pesetas cada uno al mes; luego, la cantidad se elevó a cinco mil pesetas. Más tarde, en 1956 creo recordar, recibimos entre diez y doce millones de pesetas más cada uno. Mi encuentro con Andes fue muy duro, pues tuve que escucharle unas palabras que no me gustaron nada: «A mí no me agrada la existencia de ustedes, pero mi condición de albacea testamentario me obliga a cumplir la voluntad de mi rey», dijo.

Leandro de Borbón conocía ya la existencia de Juan Alfonsa Milán por su amigo Julián Cortés Cavanillas, biógrafo del monarca. Pero jamás pensó que la voz de aquella mujer fuese a resonar de improviso en el auricular de su teléfono, a finales de los años cincuenta:

—Nunca supe quién le facilitó mi número, pero el caso es que Juana Alfonsa me llamó un día y me dijo así, de sopetón: «Oye, soy tu hermana; soy hija de nuestro padre el rey. Estoy ahora en el hotel Princesa y me quieren echar de aquí porque no he podido pagar la factura; como tú sabes, este mes están cerradas las transferencias del extranjero a España y por eso no he recibido aún el dinero que nos envía Andes».

Poco después, Leandro llegó al hotel donde se alojaba Juana Alfonsa con sus hijos y una institutriz. Su hermana le rogó que hablase enseguida con el director del establecimiento para que no la expulsasen de allí. Tras mucho interceder, Leandro logró al final que la dirección prorrogase una semana el plazo a su hermana para pagar su deuda. Luego, se despidió de ella convencido de que nunca más volvería a verla. Pero se equivocó.

—Trabajaba yo entonces —recuerda él— en la calle Ventura de la Vega, donde tenía mi despacho. A media mañana solía tomar un cafetito en el Buffet Italiano, muy cerca de mi oficina, en la Carrera de San Jerónimo. De repente, uno de aquellos días la vi aparecer por allí. Charlé amablemente con ella. Poco después volvió a visitarme, hasta que un buen día el encargado de la cafetería me dejó helado con estas palabras: «Señor —advirtió—, tiene usted algunas facturas que ha dejado pendientes su hermana…». «¿Mi hermana?», le repliqué yo, confuso. «Sí, la señora a la que usted convidaba.» Huelga decirle que pagué todas las cuentas pendientes y nunca más volví a verla.

Torre de marfil

El gran amor de Alfonso XIII —excepción hecha de Victoria Eugenia, de la cual se enamoró perdidamente al principio, hasta el punto de casarse con ella y asumir el grave riesgo de la hemofilia— fue sin duda la popular actriz Carmen Ruiz Moragas, a la que conoció en los años veinte.

Carmen estaba separada del célebre torero Rodolfo Gaona, de carácter y educación diferentes por completo a los suyos.

Con ella tuvo el rey dos hijos naturales: María Teresa, nacida en Madrid el 9 de octubre de 1925 y fallecida en Florencia el 6 de septiembre de 1965; y Leandro, que vino al mundo el 26 de abril de 1929 y es el único de todos los hijos bastardos del monarca que ha conseguido apellidarse igual que él con la ley en la mano.

Como ya hiciera su padre Alfonso XII con la bella cantante de ópera Elena Sanz, Alfonso XIII instaló también a su adorada actriz en un lujoso chalet madrileño, donde la visitó asiduamente hasta que la proclamación de la República se lo impidió.

Por su casa de la avenida del Valle, integrada en la Colonia Metropolitano Alfonso XIII, pasó también, en febrero de 1933, mientras el monarca estaba exiliado, un conocido periodista de la revista *Blanco y Negro* que firmaba con el seudónimo «Brujo bohemio».

Carmen describió al reportero su propio hotelito, revelándole incluso el dinero que le había costado.

—Veinticinco mil pies de terreno [los jardines]. Dos mil construidos [el edificio]. Costo del hotel, terreno y jardín, sesenta y ocho mil duros. Un total de dieciocho habitaciones, repartidas entre el sótano, dos plantas y el torreón, donde tengo mis libros y paso grandes ratos; vamos, mi torre de marfil.

Desde la torre más alta de su palacete, donde la «princesa» tenía su biblioteca, se dominaba al este el Madrid populoso de los teatros y las variedades; al sur, la formidable silueta gris del Palacio Real; al oeste, la Casa de Campo y la Ciudad Universitaria; y finalmente al norte, los caminos comunales y secretos de El Pardo.

Más de una vez desayunó Carmen fruta y café con leche en compañía del monarca, tras hacer algo de gimnasia con ayuda de la música acompasada del fonógrafo. Luego, paseaba sola o iba de compras hasta la hora del almuerzo, cuando regresaba al hogar envuelto en una tibia y dulce penumbra.

—Me agrada extraordinariamente —decía ella— esa luz pálida en la caída de la tarde, luz misteriosa, única para que la imaginación juguetee un poco, agradabilísima para conversar.

Ante esa misma luz tenue y seductora sucumbió Alfonso XIII innumerables veces. Previamente, los vecinos de los hotelitos adyacentes veían llegar un coche imponente hasta aquella zona sosegada del nuevo Madrid, del cual se apeaba un hombre difícil de reconocer. Algunos decían que se trataba de un banquero importante; otros hablaban de un gran industrial; finalmente, los más osados, aseguraban que era el mismísimo rey de España.

Carmen regaló dos hermosos hijos al monarca. Debió de ser muy duro para la reina Victoria Eugenia reparar en que aquellas dos criaturas sanas podían constituir un valioso argumento para su nulidad matrimonial, pues quedaba así demostrado que la hemofilia era una tara transmitida únicamente por ella.

Alfonso XIII, por su parte, se sintió muy consolado al comprobar que María Teresa y Leandro estaban a salvo de la «peste sanguínea» que asolaba a sus hijos legítimos Alfonso y Gonzalo.

—Eso le reconfortó muchísimo —corrobora Leandro de Borbón—. Pero es que además, antes de que naciese mi hermana María Teresa, mi madre tuvo dos abortos; y luego, entre mi hermana y yo, hubo otro aborto más. Ello figura en la declaración jurada que hizo Irene Torres, la sobrina de Concha Torres, íntima amiga de mi madre.

Significaba eso que, de haber ido las cosas bien, Alfonso XIII y Carmen Ruiz Moragas hubiesen sido padres... ¡de cinco hijos bastardos!

Pregunté a Leandro si el monarca tenía algún hijo favorito, y me contestó:

—No lo sé; pero yo pienso que, como todo buen padre, a quien más se quiere es generalmente al que más lo necesita, al que está enfermo. Por eso creo que Alfonso y Gonzalo debieron ser los más queridos.

Alfonso XIII sufrió mucho sin duda por la delicada salud del príncipe de Asturias y del infante don Gonzalo. Pero hizo sufrir también lo que no está escrito a su esposa Victoria Eugenia por su relación con la actriz Ruiz Moragas.

La reina sospechó al final que detrás de una posible nulidad eclesiástica, e incluso del mismo romance de su marido, estaba el marqués de Viana, su principal enemigo en la corte. Por eso, en el ocaso ya de la dictadura de Primo de Rivera, lo mandó llamar para decirle con gran severidad: «No está en mi mano castigarle como usted merece. Sólo Dios puede hacerlo. Su escarmiento tendrá que esperar hasta que usted esté en el otro mundo».

Fue tal la impresión que causó al marqués de Viana la terrible profecía de la reina, que sufrió un desmayo al salir de palacio y aquella misma noche murió.

La Royal Films

Alfonso XIII llevaba una doble vida dentro y fuera de palacio.

La costumbre de impetrar al cielo en la Real Capilla y correrse luego alegres juergas fuera del alcázar era algo muy borbónico.

Empezando por el fundador de la dinastía en España, Felipe V, que mientras su primera esposa María Gabriela de Saboya se consumía en la cama invadida de tumores fríos que supuraban (escrófulas), él mantenía relaciones sexuales con ella hasta que la pobre mujer, extenuada, puso fin al tormento marchándose al otro mundo.

Su hijo, que reinó como Fernando VI, sometió también a su esposa Bárbara de Braganza a otro insufrible calvario en el lecho conyugal, convertido poco después en lecho de muerte. La desgraciada tampoco pudo soportar las continuas violaciones del lascivo monarca, a quien nada importaban sus hemorragias, vómitos y escalofríos, causados por una horrible carcinomatosis.

Fernando VII fue otro digno ejemplo de esa indigna tradición, pues mientras de día rezaba rosarios y oficios con su esposa María Josefa Amalia de Sajonia, por la noche frecuentaba locales de alterne y se entregaba a la concupiscencia de la car-

ne con verdadero deleite, en compañía de su incondicional duque de Alagón, a quienes sus íntimos llamaban cariñosamente
«Paquito Córdoba».

Por no hablar de su hija la reina Isabel II o del hijo de ésta,
Alfonso XII, a quienes ya hemos aludido, largo y tendido, en
estas mismas páginas.

Detengámonos ahora en el digno continuador de la dinastía, Alfonso XIII, que supo combinar admirablemente su afición al cine pornográfico con su condición de canónigo ho-
norario de la catedral de Toledo, de la de Barcelona y de la de
San Juan de Letrán, en Roma. Eso, sin contar con que también
era caballero de San Juan de Jerusalén y de la orden del Santo
Sepulcro.

Recuerdo, a este propósito, la reveladora conversación que
sostuve en febrero de 2007 con Román Gubern Garriga-No-
gués, insigne catedrático de Comunicación Audiovisual y conocedor de la historia jamás contada del séptimo arte.

Román Gubern me ayudó a entender la insaciable concupiscencia del monarca, que a punto estuvo de llevarse al huerto también —si es que en realidad no lo hizo— a su propia
abuela, Eulalia Planás, casada con el banquero Manuel Garriga-
Nogués, quien para colmo era un conspicuo monárquico.

—He oído contar en casa —me aseguró Gubern—, a mi
madre, que mi abuela, Eulalia Planás, que era muy guapa, fue
una de las mujeres más admiradas por el rey y que cuando éste
venía a Barcelona, le tiraba los tejos. Pero lo que ya no sé es si
pasó algo más…

Sus revelaciones fueron más allá aún. Mientras charlábamos
aquella primaveral mañana, me dejó helado al decirme, muy
seguro:

—El conde de Romanones llevaba películas pornográficas
a Alfonso XIII escondidas en una maleta.

Y añadió, con similar aplomo:

—La productora barcelonesa Royal Films, de los hermanos Ramón y Ricardo de Baños, manufacturó películas pornográficas para el rey Alfonso XIII, algunas veces —se asegura— basadas en argumentos sugeridos por el propio monarca.

Finalmente, destacó el mérito del monarca en el desarrollo de este género cinematográfico inconfesable entonces:

—Alfonso XIII fue pionero e incluso promotor del cine pornográfico en España, porque él encargaba las películas a la Royal Films.

¿Cómo supo Román Gubern todo eso?

Fue el propio Luis García Berlanga, según me confesó luego, director de filmes inolvidables del cine español como *El verdugo* o *Plácido*, quien le dijo en varias ocasiones que el conde de Romanones llevaba a Alfonso XIII películas pornográficas en el interior de una maleta.

García Berlanga pudo contrastar ese hecho silenciado en la tertulia que celebraba en los años cuarenta con Miguel Mihura, Edgar Neville, Jardiel Poncela y otros célebres humoristas del 27.

Más tarde, pude localizar la transcripción de la intervención de García Berlanga en una mesa redonda en homenaje a Miguel Mihura, celebrada a finales de 2005 en el Centro Cultural de la Villa de Madrid.

¿Qué dijo entonces el cineasta sobre tan peliagudo asunto?

Ni más ni menos que esto: «Yo también he visionado recientemente las películas pornográficas a que hacía referencia Gubern, y no acabo de entender cómo podían gustarle a don Alfonso XIII esas señoras tan exorbitantes en blanco y negro de la Royal Films».

Aludía García Berlanga a tres cintas descubiertas por los coleccionistas Juan y José Luis Rado, filmadas en Barcelona entre 1922 y 1926, y restauradas por la Filmoteca de la Generali-tat Valenciana en 1991.

El propio José Luis Rado puso nombre a las tres películas pornográficas: *El ministro*, de 20 minutos de duración; *El confe-sor*, de 26 minutos; y *Consultorio de señoras*, de 45 minutos.

Las trés se rodaron casi al mismo tiempo por la productora Royal Films, pues los actores se repetían y los decorados y la realización eran muy parecidos.

¿Visionó Alfonso XIII esas mismas películas?

No hay constancia documental de ello. Pero sí puede afir-marse que el monarca visionaba ese mismo tipo de películas en lugares diversos, alejados por supuesto de palacio, donde asistía en cambio con sus hijos a proyecciones de cine familiar.

La elocuente denominación de Royal Films fue «elegida intencionadamente», según Gubern, para bautizar a la produc-tora fundada por los hermanos Ramón y Ricardo Baños a fi-nales de 1915, en Barcelona, capital entonces del mundillo ci-nematográfico.

Resultaba también curioso que la sede de Royal Films es-tuviese en el número 7 de la calle Príncipe de Asturias, en el barrio barcelonés de Gracia.

Los actores y actrices se reclutaban en el barrio chino de la Ciudad Condal; y de los argumentos no valía la pena ni hablar, dado su mal gusto y vulgaridad.

Algunas cupletistas del barrio del Paralelo se negaron a participar en los rodajes por las repercusiones policiales que pudiera tener su aparición en pantallas en escandalosas postu-ras, así como por el bajo sueldo que se les ofrecía: alrededor de 25 pesetas por sesión, equivalentes a 60 euros.

El crítico de cine Ramiro Cristóbal se entrevistó hace más de quince años con Joan Tarrats, historiador y guionista de cine erótico, que le proporcionó reveladores datos de los gustos cinematográficos de Alfonso XIII, obtenidos a su vez de las confesiones del operador de cámara que rodaba esos filmes en aquella época.

Cristóbal relataba de esta manera lo que sucedió: «En esta situación —contaría él mismo [Ramón Baños] unos años más tarde—, recibió el encargo de personas importantes de Madrid —el propio rey Alfonso XIII, según él— para hacer varias películas pornográficas. Le pagaron al contado 6.000 pesetas por cinta [12.000 euros], y lo resolvió en un par de días echando mano de algunos amigos que quisieron prestarse al asunto y de algunas damas peripatéticas del barrio chino de Barcelona».

Ramón Baños, según Cristóbal, recibió el encargo del propio conde de Romanones a través de otros nobles como el marqués de Sotelo, el alcalde de Valencia y el propio dictador Miguel Primo de Rivera, marqués de Estella, a quien, en palabras de García Berlanga, «le gustaban las señoras a rabiar».

De hecho, la dictadura de Primo de Rivera supuso, para Berlanga, «una apertura total al libertinaje de costumbres; es entonces cuando empieza a salir todo lo erótico y lo porno, reflejo de la propia vida del dictador».

Los nobles a quienes aludía Ramiro Cristóbal habían visionado ya algunas cintas anteriores de Ramón Baños en Casa Rosita, un conocido prostíbulo de Valencia, lugar de cita obligado para los amantes de la vida disipada, que también frecuentaban el escritor Vicente Blasco Ibáñez y el torero Manuel Granero.

El monarca disfrutó reservadamente de sesiones de cine pornográfico acompañado a veces por cazadores como él. El gran operador de cine Josep Gaspar confesaba a Joan Francesc de Lasa cómo él mismo había sido escogido para trasladarse a Madrid, desde el coto privado donde cazaban el monarca y algunos aristócratas, para regresar de nuevo allí horas después con un amplio surtido de películas pornográficas.

Gaspar solía acompañar como cámara al rey Alfonso XIII y a su séquito en las jornadas cinegéticas organizadas en honor del monarca en dehesas y vedados cercanos a la capital; cuando el cielo se encapotaba, el operador ocupaba el tiempo libre de los insignes cazadores con proyecciones pornográficas en una sala del castillo donde se hospedaban. Las sesiones duraban hasta que volvía a lucir el sol.

Otras veces, las proyecciones se celebraban más lejos aún de Madrid, en un espléndido chalet levantado en honor de Alfonso XIII por la Real Compañía Asturiana de Minas, en el incomparable marco de los Picos de Europa. Allí disponía el rey de un enorme coto de caza, que limitaba con los pueblos de Sotres, Bulnes, Espinama y Caín.

«Chulerías reales»

Con un rey esclavo de sus pasiones no era extraño que aumentase la prole ilegítima.

Existen numerosas anécdotas de su frivolidad, e incluso de la falta de respeto con que a veces trataba a políticos, cortesanos o simples particulares.

El historiador Claudio Sánchez Albornoz prefería llamar a esos desplantes de Alfonso XIII «chulerías reales», como la que él mismo así relataba:

> En la antecámara del palacio real charlan animadamente el Grande de España de guardia, el mayordomo de semana, el jefe de los alabarderos, el coronel de las fuerzas que custodian la regia morada... Ríen a su placer comentando las divertidas pá-

ginas de un libro de un salaz historiador de muy deshonestas figuras femeninas. Se abre la puerta de la Cámara y aparece en ella la figura de don Alfonso. Los cortesanos interrumpen la plática y las risas. «Estabais hablando mal de mí.» El Grande de España le replica: «No, Majestad». «Os he oído charlar y reír y os habéis callado cuando yo he abierto la puerta de la Cámara.» «Pero no hablábamos mal de Vuestra Majestad.» «¿De qué hablabais?» El más osado de los cortesanos responde al cabo: «Señor, hablábamos del último libro de Villaurrutia sobre la reina gobernadora». A largos pasos don Alfonso avanza por la antecámara diciendo: «Más valía que Villaurrutia se ocupara de la puta de su mujer y dejara en paz a la puta de mi abuela».

El propio Eugenio Vegas Latapié, preceptor del príncipe Juan Carlos y monárquico medular, consignaba otra de esas «chulerías reales» con que obsequiaba Alfonso XIII a sus súbditos.

La misma tarde del 14 de abril de 1931, «recordó Maeztu —según escribía Vegas— algunas otras anécdotas reveladoras de la ligereza de carácter y frivolidad de Alfonso XIII. Nos dijo, por ejemplo, que cuando él iba a marchar a Buenos Aires, para hacerse cargo de la embajada en la Argentina, solicitó audiencia a Su Majestad. Durante la visita, en un momento dado, el Rey le dijo: "¡Vaya postín que te vas a dar en un camarote de lujo!". Maeztu recordaba aquella frase con dolor, y pensaba cuántas semejantes pudo haber dicho el monarca, sin preocuparse del terreno en que habían de caer, creándole así nuevos enemigos».

Chulerías reales, meteduras de pata o comentarios de mal gusto. Como este otro que relataba Marino Gómez Santos, biógrafo de la reina Victoria Eugenia, acaecido en abril de 1906, cuando Alfonso XIII estaba ya prometido oficialmente con la princesa británica. Durante una visita a la catedral de

Winchester, el arcipreste mostró al monarca español el trono en que estuvo sentado Felipe II con motivo de su boda con María Tudor. Junto al solio se hallaba el retrato de la que fuera reina de Inglaterra. El comentario del rey no se hizo esperar: «Si la Princesa con quien voy a casarme se pareciera a ésta, hubiérame guardado muy bien de pedir su mano».

Sus acompañantes británicos se limitaron a mirar hacia otro lado, avergonzados.

Adoratrices espontáneas

El azar quiso que hallase, en el archivo de palacio, una curiosa y desconocida carta manuscrita del embajador español en Londres al marqués de Torres de Mendoza, hombre de la máxima confianza del rey.

No en vano Emilio María de Torres y González Arnao (el mismo que, como vimos, escribió desde el exilio al embajador chileno Emilio Rodríguez Mendoza y a la esposa de éste, Mercedes Basáñez, hija bastarda de Alfonso XII) había sido nombrado secretario particular de Alfonso XIII en 1908, quien lo recompensó con el título de marqués en 1924.

Torres despachaba a diario con el monarca y se encargaba de su correspondencia privada. Incluso algunas iniciativas empresariales del rey eran gestionadas por él mismo, siendo luego comunicadas al conde de Aybar.

La carta en cuestión estaba fechada el 21 de enero de 1925, y tenía la anotación «muy reservado» en el margen superior de la primera cuartilla.

Consciente, en su fuero interno, de las bajas pasiones que subyugaban al monarca, el embajador advertía al marqués de Torres de Mendoza del peligro que suponía para Alfonso XIII

la futura presencia en Madrid de una dama muy poco reco-
mendable para la reputación real.

Decía así el diplomático al marqués de Torres de Mendoza
en su insólita carta:

Querido Emilio:

Es mi deber darle un aviso de carácter delicado y muy
confidencial.

He sabido hoy que la señora de Peña, conocida bajo el
nombre de Mrs. Isaacs, nombre de su primer marido, de quien
se divorció o, mejor dicho, la divorciaron, se propone ir en breve a Madrid.

Trátase, como usted sabe, sin duda de una profesional del
vicio norteamericana dedicada a su oficio desde los 17 años. Casada con Isaacs y repudiada por éste, arruinó a varios jóvenes,
entre otros uno cuyo nombre figura en las listas de esta Embajada, aunque no pertenezca a nuestra carrera. Pudo persuadir a un
opulento argentino llamado Peña a tomarla por esposa.

Una vez dueña de medios ilimitados se ha desenfrenado
del todo, dando en el campo fiestas que son verdaderas orgías
en que a la hora de la borrachera no sólo se desnuda en público, sino que hace exhibición de vicios contranaturales.

Como en varias ocasiones han asistido jóvenes conocidos,
esos escándalos son la comidilla de todo Londres, pues han
contado lo que vieron, y si siempre se la ha tratado como lo
que es, ahora ha subido la protesta a su punto.

Advierto a usted que nunca se la ha recibido en esta sociedad.

Como sé que si va a Madrid procurará ver a quien usted
se figurará y hacerse ver con él, es preciso que se evite, pues
todo se sabe y estas cosas hacen más daño que todos los libelos
del mundo.

Si lo cree usted útil como yo lo creo, hable al presidente

del Directorio, pues se debe a todo precio impedir un trope-
zón parecido. Con decirle que estoy dispuesto a escribir directamente al general, comprenderá usted la importancia que
atribuyo al caso. Enséñele si quiere esta carta.

Queda como siempre de usted buen amigo y compañero,

ALFONSO

El marqués de Torres de Mendoza evidenciaba así que no
sólo el monarca se ponía siempre en tentaciones libidinosas,
sino que muchas veces era arrastrado hacia ellas por busconas
sin escrúpulos, deseosas de catar los ricos oropeles del trono.

De eso mismo daba fe también Ramón de Franch: «Las
adoratrices espontáneas del regio galán no lo dejaban a sol ni a
sombra. Eran muchas a la vez, y todo cansa. Por esto, con tanta
abundancia de faldas a su zaga, prontas a caer negligentemente
al pie de un velador o de una mesita de noche, apretábale a
menudo al rey el ansia de evadirse, y entonces buscaba el oasis
donde satisfacer algo por encima de las vanidades del mundo y
los apetitos de la carne».

Incluso al mismísimo Alfonso XIII acabaron abrumándole
todos sus excesos libidinosos.

EL SECRETO DE ANITA LOOS

Claro que, entre las anécdotas sobre los gustos del rey, sobresale sin duda la relatada por Anita Loos.

Nacida en San Francisco, California, en 1893, esta niña
prodigio del cine empezó a escribir guiones a los doce años;
más tarde pasó a ser guionista del legendario D. W. Griffith y
del no menos célebre Douglas Fairbanks.

Entre sus trabajos más conocidos se encuentran los guiones de películas ya míticas en la historia del cine universal como *Intolerancia*, *Red Headed Woman*, *Saratoga* o *San Francisco*. Aunque fue en 1925 cuando escribió el libro que la hizo más popular: *Los caballeros las prefieren rubias*… y su secuela *Pero se casan con las morenas*. Obra ensalzada por personajes tan variopintos como Winston Churchill, James Joyce o el filósofo Georges Santayana, y convertida en uno de los primeros *best sellers* en Estados Unidos, traducido a trece idiomas.

Durante su agitada vida, esta mujer menuda de apenas metro cuarenta y cinco de estatura, registró en su agenda personal sus citas y compromisos de cada día.

Pasó más de dieciocho años en los estudios de la Metro Goldwyn Mayer como guionista, mientras en la vida real se divertía con personajes como Greta Garbo, Aldous Huxley, Clark Gable, Raquel Meller, William Randolph Hearst y el ya citado Douglas Fairbanks, simplemente Doug para sus amigos.

La agenda de Anita Loos fue el germen de la segunda parte de sus memorias, tituladas *Kiss Hollywood Good-by* en su versión original (*Adiós a Hollywood con un beso*, en castellano) y publicadas en Estados Unidos en 1974; memorias en las que alude, y no precisamente de modo ejemplar, al gran protagonista de este capítulo: Alfonso XIII.

El pasaje referido al monarca fue suprimido por la censura en su primera edición en España, publicada por la editorial Noguer en el ocaso del franquismo. Pero en junio de 1988, ya en plena democracia, la editorial Tusquets publicó íntegra la versión original.

¿Qué oculta verdad revelaba Anita Loos sobre Alfonso XIII?

Recordemos tan sólo que Alfonso XIII y Douglas Fairbanks eran viejos conocidos. El monarca coincidía con el artista norteamericano todos los veranos en Cannes, la capital de los reyes y millonarios de todo el mundo. Allí bebían, frecuentaban clubes nocturnos y jugaban a la ruleta en el casino.

Otras veces, el rey cenaba en la intimidad con una bella dama, surcaba el mar a bordo de un suntuoso yate, o acudía a una de esas fiestas exclusivas que simbolizaban el lujo y refinamiento de la época.

En la Riviera y en la Costa Azul, Alfonso XIII se convertía así en un *bon vivant* entregado a sus más bajas pasiones.

Años después, destronado ya, el mismo Fairbanks le invitó a pasar unos días en su lujosa mansión. ¿Qué sucedió entonces?

La propia Anita Loos, fascinada de pequeña por el apuesto monarca español, desentrañaba así el misterio: «Recordaba que, cuando era niña, mi héroe romántico había sido el juvenil rey de España, Alfonso. Pero (aunque derrocado y convertido en ex rey) Alfonso había sido no hacía mucho huésped de Doug Fairbanks. Y cuando Doug le preguntó si había alguna estrella de cine en particular que Su Majestad desease conocer, éste respondió animadamente: "Fatty Arbuckle". ¡Fatty! Que había perdido prestigio hasta en Hollywood por haber causado la muerte de la pequeña y alegre Virginia Rappe cuando ésta trataba de defenderse de sus nada ortodoxos hábitos sexuales».

Anita Loos aludía así al escándalo suscitado en su día por Roscoe Conkling Arbuckle, apodado Fatty Arbuckle, el actor mejor pagado del cine mudo de entonces, colaborador de Charles Chaplin, Mabel Normand, Ford Sterling o Buster Keaton en la producción e interpretación de filmes memorables.

De Keaton, sin ir más lejos, llegó a ser íntimo amigo, fichándole para Comique, su propia compañía creada en 1917.

Sin embargo, su buena estrella en el cine se apagó un día para siempre. Sucedió en la festividad del trabajo de 1921, en la ciudad de San Francisco, durante una fiesta nocturna para celebrar la millonaria renovación de su contrato con la Paramount.

Fatty Arbuckle alquiló tres suites en el hotel St. Francis, retirándose ebrio a una de ellas en compañía de Virginia Rappe, compañera sentimental del director Ford Sterling, con quien el propio Arbuckle trabajaba.

Al cabo de un rato, Fatty abandonó la habitación. Más tarde, las amigas de Virginia Rappe descubrieron el cuerpo desnudo de ésta tendido sobre la cama.

La actriz fue trasladada de inmediato al hospital Pine Street, donde falleció días después de una peritonitis causada por la violación.

Fatty Arbuckle fue acusado de violador y su prestigio en Hollywood se derrumbó como un castillo de naipes.

Anita Loos relataba así el desenlace de aquella conversación entre Fairbanks y Alfonso XIII: «Pero cuando Doug le mencionó aquel escándalo, Alfonso replicó: "¡Qué injusticia! Eso le podría haber pasado a cualquiera de nosotros"».

No es extraño que Anita Loos concluyese aquel lamentable episodio de forma tan elocuente: «Yo no veía mucha cultura en que un rey quisiera asociarse con Fatty Arbuckle».

¿Por qué iba a mentir Anita Loos sobre un asunto tan repulsivo?

Las musas de Alfonso XIII

—Ella era reina; reina del proscenio. En cuanto Alfonso XIII la vio aparecer tras el nuevo telón de boca, la hizo reina otra vez con su mirada. Mi padre estuvo allí aquella tarde de noviembre de 1919, muy cerca del palco real, cuyo antepalco se había acondicionado ya entonces para celebrar consejos de ministros urgentes en las épocas de gran agitación política. El pobre don José Arana, que se dejó la vida en el Real desde que Alfonso XIII fue entronizado, cedió luego el testigo a don José de Amézola, otro de los históricos empresarios del teatro, con quien las grandes musas de la época, desde María Llacer y Matilde de Lerma, hasta Fidela Campiña y Mercedes Capsir, dieron momentos de gloria a la ópera española. Sería injusto no recordar también a la gran Ofelia Nieto, ni por supuesto a María Gay… Pero, claro…

Intuyo lo que don Andrés Lozano quiere decirme ahora.

Hijo y nieto de empresarios del teatro, este hombre enamorado también de la ópera hasta el tuétano vive hoy su ancianidad en un edificio restaurado del viejo Madrid de los Austrias.

«Don Andrés», como sigue saludándole Antonio, el conserje, cada vez que entra o sale por el portalón de su residencia, es una enciclopedia abierta sobre la vida cultural madrileña del primer tercio del siglo XX.

A sus incontables lecturas y relaciones con personas ligadas al mundillo teatral y de variedades, se suman las increíbles vivencias de su padre, testigo excepcional de las tardes y noches del Teatro Real, así como de numerosas fiestas del silenciado Madrid aristocrático.

Don Andrés vive hoy con una hermana suya. Su esposa Adelina falleció de una angina de pecho hace ya doce años; desde entonces, el hombre pasea casi siempre solo con su bastón nacarado por la plaza de la Villa, en dirección al mercado de San Miguel, para dirigirse luego a la plaza Mayor y desembocar en la de Puerta Cerrada, donde toma un cafelito con sus amigos de la «cuarta edad», como él los llama, simplemente porque le llevan uno o dos años, lo cual, a su edad, ya es bastante.

A sus setenta y cuatro primaveras, cada vez que don Andrés habla del «Real», como denomina al madrileño teatro de la ópera desde que tiene uso de razón, inaugurado por la reina Isabel II el 10 de octubre de 1850, sigue encendiéndosele la mirada de forma parecida a como su padre vio iluminarse la del mismísimo Alfonso XIII en el preciso instante en que Genoveva Vix irrumpió en escena.

—El rey —recuerda— se llevó entonces los gemelos a los ojos para calibrar mejor aquella belleza que danzaba por el escenario. Mi padre le observó desde uno de los que entonces se llamaban «palcos de luto», situado en lugar estratégico, tras la embocadura del escenario, desde donde, por una estrecha ventanilla, quedaba uno deslumbrado al contemplar el «todo Madrid» diseminado en palcos y butacas.

»Aquella tarde, mi padre compartió aquel modesto palquito con los hijos pequeños de mi tío mayor. Junto al rey divisó, con sus prismáticos, a la reina madre María Cristina, acompañada de la infanta Isabel, la Chata; ambas seguían también los pasos de la cantante con inusitada expectación. En el Gran

Guignol del palco central se alineaba el séquito de los reyes, compuesto de damas y gentilhombres de cámara.

»Encarnada en Thais, la legendaria cortesana de Alejandría, la Vix bordó aquel día su papel en *Le jongleur de Notre Dame*, una de las óperas maestras de Massenet. Genoveva fue la reina de la seducción. El rey Alfonso XIII debió de derretirse al verla desceñirse la túnica. Mi padre vio al monarca retrepándose en dos o tres sillas dentro de su palco, postura que era familiar cuando alguien le atraía.

»¿No era acaso aquel gesto de la Vix un claro precursor del *strip-tease*? Mi padre recordaba, sonriendo, cómo las señoras encopetadas comentaron entonces en sus palcos: "Como siga así la cosa, no podremos traer más a las niñas…".

Don Andrés me muestra un recorte de prensa: es una crítica aparecida en el diario *Abc*, el 30 de noviembre de 1919.

Su autor describe así a la exuberante artista:

> Admirémosla en esta deliciosa partitura que ofrece rasgos frecuentes de exuberante inspiración y exquisita voluptuosidad. La interesante figura de Genoveva ha ganado porque ha engordado un poco, lo suficiente para que lo esquelético adquiera suaves contornos y no pueda decirse de su delicado semblante que es todo ojazos. Es un dato para la Historia. Su voz no ha mejorado, porque nada tenía que mejorar; sigue siendo límpida, cálida, insinuante. Su arte, el de siempre, supremo, como su gusto en el vestir y hasta en el envolverse en el vaporoso sayal de cenobita a través del desierto.

—Genoveva —comenta Lozano— compartió escenario aquel día con la rusa Anna Pavlova, de exquisita mímica y no menos expresivos movimientos, al compás de la orquesta dirigida por el maestro Saco del Valle.

»Pero nada fue comparable al monólogo de la Vix ante el espejo, conminándole a que le dijera si sería eternamente bella, seguido de su dúo con Atanaele. Alfonso XIII los aplaudió a rabiar.

»Cuando terminó la función, el monarca se acercó al camarín de la Vix para felicitarla. Entonces, volvió a fulminarla con la mirada, haciéndola esta vez reina entre bastidores. De pie en el centro del cuarto, la Vix no exhibía ya un cuerpo tan quebradizo, pues había ganado unos cuantos kilitos que la hacían aún más hermosa.

»Mi padre la describió con justicia, en su diario: "Genoveva apareció, al cabo de unos minutos, envuelta en un sugestivo vestido negro de encajes, bordado con tisú de oro. El escote y los brazos estaban al descubierto; tenía el cuello de cisne, con unas venas azules marcadas en su piel tersa y blanquísima. Parecía una figura de nácar. En el dedo anular de la mano derecha destellaba un gran *cobuchon* verde; en el de la izquierda, una enorme perla. En sus cabellos despeinados, teñidos de caoba, reinaba el desconcierto. Pero lo que más destacaba en el óvalo casi perfecto de su cara eran unos ojos azules que refulgían, seductores, desde las profundidades de unas cuencas violáceas".

»Genoveva —"La Vix", como solía firmar ella misma sus fotografías— [don Andrés me tiende una imagen enmarcada de la musa, dedicada a su padre "con afecto" y rubricada así: "La Vix"] era una mujer alta, delgada y muy esbelta, rubia, de ojos fascinadores, infinitamente seductora. Ella trajo aire fresco al escenario del Real, pues hasta entonces las divas eran en su mayoría gruesas, macizas, imponentes. Todo se supeditaba a la voz. Importaba, más que nada, la escuela, el timbre, el arte depurado del *bel canto*. Pero la Vix, como le digo, era sencillamente adorable no sólo por su voz. Nada tenía que ver, desde luego, con las formas opulentas de Virginia Guerrini, intérprete del papel de paje en *Hugonotes*, a quien sus más de ochenta kilos de peso y su aspecto saludable no impidieron encarnar la Mimi de *Bohéme*. Tampoco se privó de pisar los escenarios Bianchini Capelli, quien, de no haber cantado como los mismísimos ángeles, hubiera hecho fortuna tal vez como animadora de feria, igual que Alice Cucini, pero difícilmente desde el centro de un proscenio…

»¡Ah… pero Genoveva Vix…! —prosigue don Andrés, suspirando—. La Vix tenía una voz preciosa, como ella misma. ¿Cómo no iba a cautivar al rey una diva semejante? Mi padre volvió a verla en enero de 1920. Aquel año se ennobleció el Real con zócalos de mármol; en el vestíbulo se construyó una escalera y los palcos troneros se suprimieron para ampliar las localidades del paraíso, pese a que la acústica de la sala se resintiera.

»Pero allí, como le digo, irrumpió de nuevo la bellísima silueta de la Vix. Alfonso XIII, acompañado esta vez por la reina Victoria Eugenia, tampoco faltó a su otra gran cita con la musa. Durante la representación, el monarca se pasó al palco de los Infantes, donde pareció divertirse mucho con las ocurrencias de la duquesa de Talavera, así como palmoteando, entre bromas familiares, a su tía la infanta doña Isabel, a quien aquellas faltas de etiqueta la ponían enferma.

»Genoveva Vix reapareció en el papel de Salomé, hijastra de Herodes, dando así vida a la leyenda bíblica teatralizada por Oscar Wilde. La genial producción de Ricardo Strauss, que la Bellincioni estrenó en Madrid y más tarde representó María Kousnezov, con Lasalle al frente de la orquesta, volvió al Real con la Vix, dirigida por el gran maestro Hees.

»Genoveva estuvo sublime y seductora en la danza de los siete velos. En el palco real, los ojos de Alfonso XIII permanecieron escrutadores tras los gemelos dorados…

LA PRIMERA VEZ

Genoveva Vix había nacido en Nantes, en 1879.

Tenía así treinta y seis años la primera vez que vino a Madrid.

Alfonso XIII quedó deslumbrado al verla. Aunque no corriese sangre azul por sus venas, Genoveva llevaba impresa la realeza en su alma de artista.

Descendía del pintor flamenco Adriaen Brouwer, nacido y muerto en el primer tercio del siglo xvii, que disfrutó retratando figuras grotescas de la vida campesina de su tiempo.

Genoveva Vix se enorgullecía porque algunos lienzos de su antepasado figuraron en las colecciones privadas de los grandes maestros Rembrandt y Rubens.

Nadie hubiera adivinado que aquella diva del *bel canto* pasó gran parte de su infancia en un convento de religiosas, antes de debutar en la Ópera de París con *Fausto*, en 1908. Aunque prefiriese luego los papeles de *Manón*, por la feminidad del personaje y su puesta en escena, *La jongleur de Notre Dame*, *Salomé* y *Thais*.

Con veinticinco años obtuvo ya el primer premio de ópera en el Conservatorio de París. Era realmente bella y distinguida; poseía un don natural para la interpretación pero su voz no era entonces lo que luego fue: un torrente desbordado de fuerza y de increíbles matices.

Armada de una admirable tenacidad, Genoveva se forjó a la sombra del célebre Jean de Reszké, gracias al cual triunfó en París como protagonista de *Fausto*, *Circé*, *Louise*, *Werther* y *Griselidis*.

Recién llegada a Madrid, se la escuchó cantar acompañada del genial guitarrista Andrés Segovia, en un gran concierto celebrado en el hotel Ritz que congregó a lo más granado de la aristocracia y de la nobleza.

Pero fue en febrero de 1915 la primera vez que Alfonso XIII la vio actuar en persona...

—Mi padre —recuerda don Andrés Lozano— estuvo también allí aquella noche. Por el gran salón del palacete de la marquesa de Esquilache, cubierto de altos espejos, se reflejaban las siluetas de distinguidas damas como la condesa de Agrela y la de San Luis, o las marquesas de Alquibla y Mohernando.

»En cuanto vieron aparecer a Su Majestad, todas ellas se inclinaron para hacer la reverencia. Estaban también allí Eduardo Dato, Primo de Rivera, el marqués de Valdeiglesias y, por supuesto, el conde de Romanones, que tantos secretos compartía con el rey.

»Todos ellos recordarían luego aquella velada con estupor al enterarse del fallecimiento de la anfitriona, marquesa de Esquilache, tan sólo tres meses después. Esa dama menuda de ojos oblicuos y tez marfileña, que aparecía de vez en cuando retratada en la prensa de la época. Pero nadie olvidó tampoco la fascinante irrupción de la Vix en el imponente salón decorado con rosas que desbordaban los jarrones, las cestas y los búcaros, y se enlazaban a las columnas de mármol.

»Mi padre observó al rey, incapaz de apartar su mirada de aquella especie de deidad mitológica vestida con un deslumbrante traje blanco bordado de cristal y salpicado de diamantes. Un turbante de gasa áurea, coronado por una garzota y repleto de brillantes, cobijaba sus rubios y rizados cabellos; y a su frágil cuello blanco y mórbido, como el de un cisne, se ceñía un precioso collar de esmeraldas.

»"¡Cabeza de guillotina!", susurró un escritor presente, asociando a la belleza de la cantante reminiscencias de las marquesas inmoladas por el Terror francés. Alfonso XIII no dejó ni un solo instante de contemplarla ensimismado, mientras la Vix, acompañada al piano por Arbós, cantaba *Pensée d'automne*, de

Massenet; *La chevelure*, de Debussy; *Obstination*, de Fontenailles; y la habanera de *Carmen*.

»Supe luego, por mi padre, que la Vix había deslumbrado también a otros ilustres invitados en los salones privados de las marquesas de Hoyos y de Argüelles. Fascinó de tal modo al monarca, que al año siguiente [1916] se la vio actuar por primera vez en palacio junto al genial barítono italiano Titta Rufo. ¡Menuda pareja estelar! Rufo simbolizaba, junto al tenor Caruso y al bajo Chaliapin, la edad dorada del canto. Pues allí estaba la pareja en su estreno palaciego, junto al piano de larga cola, cantando alternativamente sobre el estrado. Ni que decir tiene que el rey, vestido de capitán general, con la insignia del Toisón de Oro, tampoco apartó esta vez la mirada de ella, sobre cuya blanca *toilette* caían, como guirnaldas, los hilos de perlas.

»La intensidad del momento alcanzó el clímax cuando la Vix entonó la misma aria de *Thaïs* que, años después, cantaría en el Real:

>   *Dis moi que je suis belle*
>   *Et que je serai belle éternellement…*

»El auditorio se vino entonces abajo. Las señoras maduras con apellidos insignes, acompañadas de sus hijas casaderas y sumisas, prorrumpieron en grandes vítores en el principal punto de reunión del "todo Madrid" que era el Teatro Real…

EL PISITO DE ALMAGRO

—Mi padre —evoca Lozano— volvió a ver a la Vix años después, instalada en un pisito muy coqueto, como era ella misma, en la calle de Almagro, muy cerca de donde está hoy la

Mutua Madrileña [don Andrés ignora que la sede de esta empresa se ha trasladado ya al edificio de La Unión y el Fénix]. Se alojaba allí cada vez que venía a Madrid tanto de manera oficial, como extraoficial, ya me entiende usted… —sonríe, pícaro.

—¿La visitaba allí Alfonso XIII? —trato de indagar.

—Bueno, no le puedo decir exactamente… Yo creo que sí, pero…

—¿Pero…? —insisto.

—Está bien: digamos que al rey se le ocurrió ir alguna vez por allí.

—De acuerdo.

—También sé de muy buena tinta —advierte don Andrés— que el pintor Manuel Benedito, discípulo del gran Sorolla, le hizo alguna visita. Benedito estaba muy vinculado entonces a la Casa Real. Era asesor artístico de la Real Fábrica de Tapices y miembro de las Academias de Bellas Artes de San Fernando y de San Carlos.

—¿Quiere decir que también él fue amante de Genoveva Vix?

—No, hombre. Benedito dejó otra huella distinta de su estancia en el pisito. Fue allí para retratarla en la que resultó ser luego una de sus obras maestras. La Vix aparece en el cuadro recostada, vestida de negro. Del lienzo sobresalen sus hipnotizadores ojos azules y las esmeraldas de su collar.

—¿Por qué escogió ella aquel apartamento? —pregunto.

—Por lo visto, cierto día desaparecieron de la habitación de su hotel unas fotografías suyas a las que tenía mucho apego. Desde entonces, decidió que era mejor alquilar un piso donde alojarse en sus frecuentes visitas a Madrid. Así lo hizo. Cada vez que venía aquí, la recogían en su casa para llevarla al Real Club Puerta de Hierro, donde presenciaba uno de esos partidos de polo a los que Alfonso XIII era tan aficionado.

—¿Coincidían allí también los dos?

—Más de una vez se los vio juntos en aquel club; lo mismo que de paseo por la Casa de Campo. La Vix iba reclinada en un milord arrastrado por un brioso alazán, con el bello óvalo de su cara semioculto por el manguito de piel. Pensaban ambos que aquél era un lugar seguro, alejado del paseo de coches del Retiro, que solía estar infestado de cotillas. Pasear por el Retiro las tardes de primavera era tan arriesgado como ir a merendar leche merengada con torta de Alcázar a la vaquería de la Castellana, repleta de damas chismosas cubiertas con mil alhajas.

Insólita entrevista

Años después, casada ya con el ruso Serge Narichkine, la Vix recibió en su pisito madrileño al periodista José María Carretero.

La artista salió a su encuentro, tendiéndole una mano para que la besara. Luego, le presentó a sus acompañantes: madame Gisbert, mademoiselle Lecop, el señor Xammart y su marido Serge, miembro del grupo de príncipes y grandes duques que sobrevivían en Francia a la revolución de 1917.

Terminados los saludos y reverencias, comenzó una frívola conversación que giró exclusivamente en torno a la artista.

Genoveva Vix regresaba esa misma noche a París. Por los rincones de la habitación se alineaban los elegantes equipajes. Sobre un baúl alguien había depositado una hermosa peluca áurea; y en el cenicero, entre las colillas de cigarrillos, se veía abandonada una perla falsa.

Genoveva se acomodó en un butacón, ofreciendo al periodista la silla más cercana. Cruzó las piernas, dejando al descubierto, bajo las medias de seda transparente, una esclava de oro y perlas.

Carretero rompió tímidamente el hielo:

—¿Es usted artista por azar o por vocación?

—¡Oh! Por auténtica y profunda vocación —aseguró ella.

—¿A qué edad se dedicó usted al teatro?

—A los dieciocho años.

—¿Por qué?

—Porque tenía el decidido propósito de ser religiosa o artista.

—No comprendo —repuso Carretero.

—Verá usted: yo me educaba en un colegio de monjas, y el misticismo se iba apoderando de mi espíritu. Pero cantaba en el coro con frecuencia, y mis trinos les hacían a las monjas perder la devoción, según confesaban ellas mismas. Esto no era conveniente. Al salir del convento, entré en el Conservatorio de París, donde eduqué mi voz con la ayuda de un notable profesor.

—Si no fuera usted artista de ópera, ¿qué le gustaría ser?

—Sería actriz, sin duda… Tengo también un primer premio como intérprete.

—Fuera del teatro, ¿qué predilecciones tiene?

—El amor y la pesca. El amor justifica el vivir, y la pesca estimula la reflexión. Amo el mar como buena bretona, pues nací en Bretaña.

—¿Qué le haría más ilusión hacer en el futuro?

—Sueño con tener una casa en el campo y un fusil para disparar a los pájaros… Bueno, eso no —corrigió ella, arrepentida—. ¡Eso no! Los pájaros son de mi familia porque cantan como yo. ¡Pobrecitos, no los mataré! Pero, a los peces sí, porque son estúpidos; no cantan ni hacen nada. Además, ¡son tan sabrosos!

Genoveva se comportaba como una chiquilla mimada, mientras sus acólitos le reían las gracias.

—Sus padres, ¿eran también artistas? —preguntó, serio, Carretero.

—No, aunque uno de mis antepasados era pintor, un buen pintor. Yo también pinto y esculpo: he hecho el retrato de mi cocinera y a ella le ha parecido maravilloso.

El entrevistador cambió entonces de estrategia:

—Tal vez le gusta a usted tanto interpretar a Salomé porque congenia con su temperamento…

—En efecto —asintió ella por sorpresa—. Yo soy muy arrebatada, pasional y cruel. Pero, de todos modos, no soy capaz de cortarle la cabeza a usted y danzar con ella… Me gusta más vérsela sobre los hombros…

A Carretero le salió el tiro por la culata.

A su lado, el marido gigantón de la cantante miró a ésta alarmado y sonriente.

Pero el periodista no se arredró:

—Dígame cuál fue el día más feliz de su vida…

Caviló unos instantes, antes de resolver:

—¡El 19 de marzo!

—¿De qué año?

—De 1916.

—¿Por la tarde o por la noche?

—A las cuatro de la tarde.

—¿En la ciudad o en el campo?

—En el campo.

—¿En Madrid o dónde?

Genoveva hizo una pausa, añadiendo luego con gesto pícaro:

—¡No quiera usted saber más, señor curiosón! Eso pertenece al misterio…

Acto seguido trató de desviar la conversación:

—Lo que más me gusta es estar enamorada; el amor nos hace soñar cosas muy bonitas, además de purificar nuestra alma.

—¿Lo está usted ahora? —inquirió Carretero.

—Claro, de mi marido —contestó sin excesiva firmeza.

—¿Cuándo se casó usted?

—Hace casi dos años, en Nueva York. Pero a mi marido lo conocí en Biarritz.

—¿Cómo?

—Por azar; en la sala de juego del casino… Me lo regaló la ruleta.

—¿Cuál es su vicio dominante?

—Prefiero no decirlo para que usted no se asuste.

Pero agregó:

—Las drogas, la morfina y la *cocó* no me divierten. Soy muy natural; no me gusta la vida complicada. Creo que la vida, por sí sola, nos ofrece suficientes sensaciones y no es necesario recurrir al artificio.

—¿Cuál es el rasgo principal de su carácter?

—Voluntariosa, tal vez. Me agrada mucho que me halaguen; por eso hubiera sido una reina deplorable, tanto en la ficción como en la realidad. Las cosas que más me irritan son la injusticia y la calumnia; por ellas yo creo que sería capaz de matar.

—¿Cuál es su mayor cariño?

—Mi hijo. Tengo un angelote de seis años. ¡Precioso! Tan bonito, que en la playa de Biarritz las muchachas se iban a él y le abrazaban constantemente, llamándolo guapo. Luego, el *nenín*, al volver a casa, me preguntaba angustiado: «Mamá, ¿por qué me llaman "guapo", si mi nombre es Jacques? ¡No quiero que me llamen guapo!».

—¿Qué es lo que más le preocupa en esta vida?

—No tener dinero. ¡Me espanta la miseria! Amo el lujo con frenesí… ¡Qué horror perder la vida suntuosa y confortable!

—Entonces, ¿no le da miedo la muerte?

—Al contrario, la deseo: quisiera morirme este año.

—¿De qué?

—¡Del corazón! ¡De repente! Durmiendo… Que durmiendo se prolongase el sueño hasta la eternidad.

—¿Y no le da pena dejar a su hijito solo en el mundo?

—¡Oh, no! —rechazó—. No creo que le sea necesaria yo para vivir su vida.

—Veo que usted es un poco egoísta; con tal de morir en un instante de felicidad, no le inquieta la amargura de su retoño.

—No, tonto; si esta amargura hay que pasarla de todas formas… Mejor es liquidar la deuda lo antes posible, de pequeño. Aparte de eso, sí, soy ferozmente egoísta.

—¿Recibe muchas cartas amorosas?

—¡Uf!… Muchísimas.

—¿Y qué hace usted con ellas?

—Las colecciono en un álbum, para regocijo de mi vejez.

Genoveva Vix relató entonces al periodista una divertida anécdota, según la cual un obrero curtidor de Lyon se enamoró perdidamente de ella sin llegar a conocerla. Le bastó con observar insistentemente una fotografía suya. Todas las semanas le escribía a París cartas ardorosas, enviándole un giro postal de dos francos para que se comprase flores.

En las cartas la llamaba «novia mía por la gracia de Dios». Un día le envió una fotografía suya de cuerpo entero, oliendo una rosa y en actitud muy graciosa. Cierta noche, a la salida del teatro, Genoveva vio en la acera a un hombre que aguardaba en la misma actitud que el de la fotografía: con las piernas cruzadas, una mano en la cintura y oliendo la rosa.

Entonces, ella exclamó: «¡Ése es mi novio de Lyon!».

—¿Y era él? —preguntó Carretero.

—¡Ya lo creo! El pobre había venido a pie desde Lyon a París sólo para verme.

—¿Y qué hizo usted?

—Enviarlo a mi hotel y ordenar que le pusieran una buena comida y un buen cuarto… Recuerdo que el infeliz estaba seguro de que obraban en mi poder todas sus cartas, porque él se las dirigía al presidente de la República para que éste me las enviase a mí en donde yo estuviese…

Estalló una carcajada general.

EL GRAN MISTERIO

Por la entrevista de Carretero sabemos que Genoveva Vix alumbró a un niño alrededor de cuatro años antes de contraer matrimonio con el ruso Serge Narichkine. Ella misma aseguraba que la criatura tenía entonces «seis años», y poco antes había revelado que hacía «casi dos años» que se había casado en Nueva York.

¿Quién era entonces el padre de ese chiquillo llamado Jacques, que para colmo llevaba el apellido Vix de su madre?

Recordemos que Genoveva Vix había afirmado también a Carretero, con un halo de misterio, que el día más feliz de su vida fue el 19 de marzo de 1916, hallándose en el campo. Pero no quiso revelar ya si el encuentro tuvo lugar en Madrid o en cualquier otra ciudad. «Eso pertenece al misterio», dijo simplemente.

¿Qué sucedió en aquella fecha, a las cuatro de la tarde exactamente, según recordaba ella con asombrosa precisión?

El 25 de agosto de 1939, Genoveva Vix se llevó para siempre su secreto a la tumba. Ese día falleció en París, a la edad de sesenta años.

—La última vez que mi padre la vio actuar fue en Niza. Cantaba la *Tosca* —evoca don Andrés Lozano.

»Allí la aguardaba, entre bambalinas, su marido ruso, presto a colocarle el abrigo sobre los hombros. Luego, corrieron los rumores más pesimistas sobre la Vix: alguien dijo que había perdido la voz; otros aseguraron que se había retirado para siempre de los escenarios para ingresar en un convento... Pero ella no era del tipo de mujeres resignadas a la vida conventual, no. A ella le gustó siempre la vida suntuosa, del lujo, de las joyas caras. Estrenó una comedia en el Boulevard, pero fue mal; era tarde para empezar una nueva carrera de actriz. Murió una semana antes del estallido de la Segunda Guerra Mundial. La figura de suprema elegancia de Genoveva Vix; sus ojos resplandecientes como turquesas; la tentadora Salomé que encarnó un poema angustioso de amor, lascivia y muerte en el Real, desapareció de España y del mundo, dejando entre nosotros numerosas leyendas de pasión...

El periodista Carretero le preguntó, al despedirse de ella:

—¿Cuál es su público preferido?

A lo que Genoveva contestó, muy segura:

—El español porque, aunque es más severo y nos obliga más, también nos hace más justicia. Además, me gustan los españoles. Comprendo que son unos presuntuosos; pero... ¡me gustan!

Hoy, don Andrés Lozano añade:

—Puedo asegurar que Alfonso XIII difícilmente la olvidó. Ignoro si estuvo presente en su entierro celebrado en París, durante el exilio. La conocí, como le he dicho, en casa de la marquesa de Esquilache, en 1915; un año después, la invitó al

Palacio Real. Volvieron a verse en el Real Club Puerta de Hierro y pasearon juntos por la Casa de Campo…

—Justo en la época en que Genoveva Vix debió de quedarse embarazada —apostillo yo.

Pero eso pertenece ya al misterio…

La Bella Otero

A don Andrés Lozano le encanta hablar de mujeres; de mujeres bellas, claro.

Le propongo ahora charlar sobre otra que él conoce muy bien: Agustina Otero Iglesias…

—¡Oh, la Bella Otero! —suspira, con una sonrisa casi muchachil—. *La belle espagnole!* ¡Bellísima! Alta, ni gorda, ni flaca; envuelta siempre en corsés de ballena, ligas, enaguas, plumeros, pieles de marta cibellina… *Oh, lalá…!* Su amigo Jean Cocteau disfrutaba viéndola vestirse, que si armiños, que si cinturones de avispa, pecharas de perlas, broqueles de plumas, tahalíes de satén, cotas de malla, tules… Era una mujer cautivadora como pocas o más bien ninguna que yo recuerde. *La danseuse plus belle du XIX siècle…*

Agustina Otero Iglesias —Carolina Otero, como se haría llamar luego— era gallega, en lugar de gaditana, como muchos siguen pensando hoy día.

«El lugar de mi nacimiento —recordaba ella misma al periodista Carretero— no se encuentra fácilmente en los mapas, por desgracia, porque de lo contrario yo lo hubiese besado muchas veces… Nací en un pueblecito, mejor dicho, en una aldea llamada Valga, del partido judicial de Caldas de Reyes, en la provincia de Pontevedra.»

—Durante muchos años —tercia don Andrés— fue la be-

lleza oficial de Europa, la hermosura por decreto universal…
Príncipes, grandes duques, magnates de todo tipo, y hasta reyes
y zares cayeron rendidos a sus pies.

»Resulta gracioso [sonríe], pero el eterno elixir de su juventud fueron las ostras; las ostras con champán. Recuerdo que
ella decía: "Yo llegaré a cumplir cien años gracias a las ostras"…
Y casi lo consiguió: ¡murió con noventa y siete! Cierto día en
el hotel París, donde solía alojarse cada vez que iba a Madrid,
proclamó también a los cuatro vientos: "Si yo viviese en España le haría gran publicidad a Codorníu".

Nacida el 4 de noviembre de 1868, recién llegada Isabel II
al exilio de París, la Bella Otero fue también reina, pero de la
frivolidad. Un auténtico símbolo viviente de la *Belle Époque*,
ese período que comenzó a finales del siglo XIX para terminar
en 1914 como el rosario de la aurora, y que nos dejó inolvidables óperas de Verdi y Wagner, o grandes valses de Strauss. Por
no hablar, en el arte, de movimientos como el cubismo y el fu-
turismo.

La Otero era hija de madre soltera, la cual jamás se preo-
cupó por su educación. Con sólo diez años intentaron violarla
y huyó despavorida de casa. Desde entonces, se hizo llamar Carolina Otero.

Su vida, antes de convertirse en la Bella Otero, fue un paño
de lágrimas. Con doce años, parecía ya una muchacha de dieciocho. Tenía unos ojos castaños y seductores, cabello negro y
dientes níveos, como su cuello de gacela.

Actuó en cabarets, recorrió España con titiriteros portugueses, e incluso formó parte de una modesta compañía cata-
lana de variedades. «Comíamos pésimamente —recordaba Carolina Otero— y dormíamos aún peor. Componíamos una
curiosa tribu de pordioseros. Cuando actuábamos en salones
pueblerinos, aguantábamos todo lo que buenamente podía-

mos. Insultos, chanzas, procacidades inconfesables, vejaciones, proposiciones sexuales, contumelias…»

Desde niña, aprendió a desconfiar de los designios de su corazón: «Luché siempre por no encadenarme jamás por amor», aseguró, siendo ya mayor.

Un buen día llegó con un amigo a Montecarlo, donde enseguida se sintió deslumbrada por el tapiz verde de las mesas de juego. Le costó muy poco deshacerse de las piezas de oro que llevaba atadas al ribete de su falda para cambiarlas por dinero. Un malentendido hizo rica a la pareja en un instante. El crupier Le Blanc, uno de los más conocidos de Montecarlo, se equivocó al retirar las fichas con la raqueta, pues en realidad ella y su amigo habían ganado mucho dinero. Pero como ninguno de los dos hablaba francés, optaron por retirarse, cabizbajos, creyendo que lo habían perdido todo.

Finalmente alguien los detuvo, gritando: «¡Eh, ustedes! ¡No se vayan sin sus 3.000 luises!».

Era cierto: Carolina y su amigo habían ganado aquel día una cantidad equivalente a 300.000 euros.

Andrés Lozano añora a la Bella Otero.

—Desde su debut en el Circo de Verano, en 1892 —recuerda—, los elegantes y esnobs se batieron por ella con fidelidad erótica. Del cancán al tango, pasando por las sevillanas. No era una bailarina excepcional, desde luego, pero lograba engatusar al público mejor incluso que la famosa Liane de Pougy, su gran rival en el escenario, convertida luego en la princesa Guika. La Otero mezclaba en sus actuaciones elementos del flamenco y del fandango, con un exotismo que a la gente le fascinaba al verla moverse por el tablado. Memorable fue el numerito que montó una noche en el Maxim's, vestida con un deslumbrante traje bordado de topacios y adornada con collares de enormes perlas. De repente, saltó a una mesa y bailó sobre ella un fandango entero al compás de las castañuelas y de la orquesta Boldi. No me extraña que a sus pies cayesen rendidos Guillermo, emperador de Alemania, el rey Leopoldo de Bélgica, el príncipe de Gales, el duque de Orleáns y hasta el mismísimo Rasputín. Tampoco los grandes duques, como el príncipe Pedro, se libraron de su poderoso hechizo: «Ninoutchka, arruíname pero no me abandones», solía implorarle éste. Pero ella sólo hizo caso al primero de sus ruegos…

—¿Tan hipnotizadora era esa mujer fatal? —inquiero, escéptico.

—¡Vaya si lo era! —ratifica don Andrés—. Enseguida se puso de moda el suicidio… ¡por culpa de la Bella Otero! Jurgens, una de las personas que más le ayudó, recurrió al gas para asfixiarse porque ella le había dado calabazas. Luego, el oficial Peyens se quitó la vida en el bosque de Bolonia. Más tarde, fue el conde Pirievski quien se pegó un tiro a la puerta del hotel de la Bella Otero en la avenida Kléber… Hasta los Boldi compusieron en su honor la «Marcha de la Otero». Tampoco las «supremas de lenguado a la Otero» faltaron jamás en las buenas mesas de París…

Poco después de llegar a París, Carolina Otero adquirió un hotel particular al que, naturalmente, llamó Villa Carolina.

En 1924, casi arruinada por el juego, se vio obligada a venderlo para instalarse en una modesta pensión de Niza, en el número 26 de la rue D'Anglaterre, situada en el barrio de San Mauricio, en cuyo cementerio fue inhumada el 10 de abril de 1965.

—Pero antes —prosigue don Andrés—, la prensa debió hacerse eco de los fastos con que vivió tantos años esa mujer irrepetible. Su equipaje era el más lujoso de París; sus caballos, los más bellos, como ella. Los hombres más relevantes de la sociedad quemaban su vida por una sonrisa suya, y los magnates bordeaban la ruina para satisfacer los caprichos de esta gallega universal.

Recorrió España y las cortes europeas cosechando triunfos y dejando clavado en todos los corazones el flechazo profundo de su mirada. Hubo un tiempo en que la Bella Otero reunió en su casa de París a Eduardo VII, Guillermo II y el zar Nicolás II, que se contaban entre sus amistades.

Gabriel d'Annunzio le envió poemas y Renoir pintó su retrato. Su fortuna era tan grande, que ella misma la desconocía. El zar Nicolás le regaló valiosas joyas en cada una de sus visitas; le ofrecieron también yates, coches, perlas y las más variadas alhajas que no sabía ya dónde guardar. Todo, en prenda de su amor...

Más tarde, compruebo que el célebre bolero de diamantes de la Bella Otero, exhibido en una joyería de la rue de la Paix, llegó a valorarse en 2.275.000 francos oro, equivalentes entonces a 50 millones de pesetas (¡unos 15 millones de euros!).

Carolina Otero era capaz de lo mejor... y de lo peor: en una sola noche perdió un millón de francos oro sin pestañear en el casino de Montecarlo.

En el *baccará* disputó una partida con el mismísimo Rothschild. En el café París presidió un banquete que reunió a tres reyes, un emperador y el zar. Algunos ministros temblaban ante ella, pues sus salones se convirtieron en una especie de gabinete clandestino. Una sola palabra suya podía encumbrar o hundir a un hombre. Ella misma experimentó ambas cosas en el amanecer y ocaso de su vida. Su incontrolable pasión por el juego la condujo galopando hasta la ruina.

El principio del fin llegó cuando empezó a pensar en el porvenir: su juventud no duraría eternamente y el dinero en sus manos tenía también fecha de caducidad. Era preciso invertir importantes recursos en una empresa sólida que asegurase su futuro. Siguiendo los consejos de amigos, invirtió siete millones de francos (42 millones de euros) en fondos rusos que le proporcionó el zar Nicolás II en persona. Pero treinta años después, tras la revolución bolchevique, Carolina Otero utilizó el papel de esos fondos para encender la estufa en su pequeña habitación de Niza.

El gran fiasco financiero, unido a su pasión por la ruleta, que la llevó a malvender sus joyas en casa de usureros y prestamistas para convertirlas en fichas sobre los tapetes verdes, acabó sumiéndola en la miseria.

Don Andrés Lozano glosa así sus últimos días:

—Vivía aún la antigua reina de la noche en una habitación con las paredes sembradas de recuerdos, contemplando el álbum de sus años de esplendor. Todas las tardes salía a tomar el sol en el paseo de los Ingleses, donde se sentaba en un banco público, frente al Negresco, el suntuoso hotel cuya suite principal ocupó en sus tiempos de gloria. André de Fouquières, árbitro de las elegancias durante la *Belle Èpoque*, llegó a pedir para la Bella Otero la tarjeta de «los económicamente débiles», para que pudiese disfrutar de las ventajas que el gobierno francés otorgaba a las pobres gentes. Su nacionalidad española no le daba derecho a esa tarjeta, pero en atención a lo que ella representó para el París frívolo, y considerando sin duda el derroche de dinero que realizó en suelo francés, le fue finalmente concedida. Así vivió, hasta su muerte, la reina indiscutible de toda una época.

«MONSIEUR LAMY»

—Nadie hubiera pensado entonces que aquella mujer fascinante caería para siempre del Parnaso de las musas —se lamenta don Andrés.

»Aún me parece estar viéndola pasear por el Bois en flamante carretela; o acomodarse, con toda su ceremonia, en su palco de la Ópera de París.

»Por todas partes dejó ella su radiante estela: hizo su entrada triunfal en Maxim's, cenó en Ciro's, en el Café de París, y en otros restaurantes como Paillard, Voisin o La Tour d'Argent... Todo el mundo interrumpía sus conversaciones al verla aparecer. Era como un ser sobrenatural, que irradiaba un magnetismo irresistible. Recuerdo, como si fuera ayer, la última vez que la vi en París, con motivo del estreno de la película que se rodó sobre su vida. La Bella Otero regresó aquel día a París, desde Niza, donde vivía a sus ochenta y cinco años, para recibir el homenaje a toda una época. El legendario Moulin Rouge, convertido entonces en un aburguesado salón de baile, sirvió de encuentro a la verdadera Bella Otero y a su protagonista en la película, la actriz María Félix. La pobre Lina no hizo más que llorar, consciente de que ya nunca más volvería a ser como antes...

—¿Lina? —pregunto, extrañado.

—Sí, claro; así la llamaban sus íntimos: Lina. Suena bien, ¿verdad?

—Familiar y cariñoso —asiento—. ¿Así la llamaba también Alfonso XIII...?

Don Andrés permanece un instante callado, hasta que al fin vocaliza en francés:

—Mon-sie-ur La-my...

—¿Cómo dice?

—Monsieur Lamy —repite—. Era el seudónimo con el que pretendía pasar de incógnito el monarca en sus escapaditas a París —ríe, malévolo.

—La verdad es que entre «Lina» y «Lamy» no hay mucha diferencia —observo.

—Alfonso XIII adoraba la vida frívola de París —asegura don Andrés.

—Y eso que en 1905, si no recuerdo mal, había sufrido allí mismo su primer atentado frustrado —advierto.

—Bueno, pues allí sufrió él también otras experiencias mucho más reconfortantes…

—¿Con la Bella Otero?

—Eso le oí contar a mi padre. Luego, algún que otro crápula me lo confirmó. Parece ser que, en lugar de verse con ella en Madrid, iba el monarca a París, donde de paso también visitaba a la Vix.

Cuna de bastardos

En París se lavaron otros muchos trapos sucios de la familia real española.

Isabel II, sin ir más lejos, se prodigó allí en amoríos, con el silencio cómplice de su reducida corte del palacio de Castilla.

Años atrás, su propia madre la reina María Cristina de Borbón crió también allí a los ocho «muñoces» que tuvo con su guardia de corps Agustín Fernando Muñoz, con quien se había casado en secreto, como ya vimos.

París se convirtió así en cuna de bastardos de los Borbones de España.

Alfonso XIII eligió también la capital del Sena para mantener a buen recaudo a Juana Alfonsa Milán, la hija ilegítima que tuvo con Beatrice Noon, la antigua institutriz de los infantes en palacio.

La ayuda inefable de su albacea testamentario, José Quiñones de León, resultó crucial para velar por Juana Alfonsa Milán, así como para cumplir con otros ocultos fines.

Investigando en el Archivo de Palacio, descubrí que el monarca gastó en París y Londres, en solamente seis años, 1.350.000 pesetas de la época, equivalentes en la actualidad a tres millones de euros.

Con todo ese dinero, Alfonso XIII adquirió alhajas, muebles, cristalería, vestidos, y hasta balandros y caballos, la mayoría de los cuales jamás tuvieron como destino el regio alcázar.

Tras mucho indagar, comprobé también que el monarca disponía de una cuenta secreta con la que operaba subrepticiamente con París y Londres, utilizando el nombre de «duque de Toledo», a través de la sucursal madrileña del London County Westminster & Parr's Bank.

Los movimientos de la cuenta a la que tuve acceso revelan, por ejemplo, que el 18 de octubre de 1919, mientras la Vix y la Bella Otero seguían cosechando éxitos en París, el enigmático «duque de Toledo» ingresó 65.000 pesetas de entonces. El 27 de octubre se pagó en Londres un cheque al portador de 4.212 pesetas; y otro más, por importe de 22.071 pesetas, el 4 de noviembre.

Los días 4 de mayo y 24 de junio de 1920, el «duque de Toledo», es decir, Alfonso XIII, ingresó en esa misma cuenta 15.000 y 40.000 pesetas, respectivamente.

En apenas nueve meses, el monarca ingresó en total en esa cuenta secreta una cantidad equivalente a 300.000 euros.

Se hiciese llamar «duque de Toledo» o «monsieur Lamy», como advertía don Andrés Lozano, el rey de España utilizaba ambos seudónimos para pasar inadvertido en su otra vida.

Cierto día, un escritor norteamericano le mostró el índice de una biografía que pensaba publicar sobre él en Nueva York. Alfonso XIII leyó atentamente cada uno de los capítulos que componían el libro, hallando uno titulado «Los amores del monarca».

Don Alfonso levantó enseguida los ojos del papel y dijo, enojado: «¡Cómo! Esto no puede ser. El rey de España no tiene más amor que el de su esposa». El norteamericano sonrió y entonces, el rey, añadió socarrón: «Le insisto en lo dicho. Ahora, yo no sé si el duque de Toledo…».

El duque de Toledo o monsieur Lamy cayeron rendidos seguro ante los irresistibles encantos de la Bella Otero, descrita primorosamente por la escritora francesa contemporánea Sidonie Gabrielle Colette: «Entre los racimos de sus cabellos vigorosos, su frente pequeña permanece pura. La nariz y la boca de Carolina eran modelo de construcción simple y de serenidad oriental. Desde los párpados abombados al mentón goloso, desde la punta de la nariz aterciopelada a la mejilla célebre, dulcemente llena, me atreveré a asegurar que el rostro de madame Otero era, por su estructura convexa, una obra maestra».

CELIA GÁMEZ

—Con Celia Gámez, en cambio, al rey no le hizo falta viajar tan lejos —advierte don Andrés, con media sonrisa.

—¿También fue amante suya? —pregunto, incrédulo.

—Bueno, si hago caso a lo que mi padre me contaba, no tengo más remedio que decirle que sí —contesta él, diplomático—. Mi padre estuvo en el teatro Pavón la primera vez que Celia Gámez pisó un escenario en España. Poco antes, ella había llegado con su padre a Barcelona para solucionar un problema de herencia, como en las mejores familias. En el tren hacia Madrid, la joven de veinte años empezó a entonar canciones de su Buenos Aires natal. A su lado, en el mismo compartimento, viajaba una mujer que resultó ser la marquesa de la Corona. Curiosamente, ésta organizaba todos los años un festival benéfico que por primera vez iba a celebrarse en el recién inaugurado teatro Pavón, en la calle de Embajadores. La marquesa quedó encantada con la voz de Celia Gámez y le propuso actuar en aquella gala. Fue así como Celia debutó luego ante el público español, presentada por el conocido tenor Miguel Fleta. En el palco presidencial estaban Alfonso XIII y Victoria Eugenia, junto a la reina madre María Cristina y el general Primo de Rivera. Los tangos y canciones argentinas de Celia embelesaron al monarca, como sucedería luego con sus inolvidables chotis madrileños «Las taquimecas», «Tabaco y Cerillas» o «El Pichi».

—¿Volvió a verla luego? —interrogo.

—Sí, claro… Pepe Campúa, amigo de mi padre, la contrató para actuar en el teatro Romea que él regentaba. Allí empezó a brillar de verdad «La perla del Plata», como era ya conocida Celia Gámez. Al Romea, situado en la calle de Carretas, iba precisamente Alfonso XIII a verla cada vez que podía, que fueron muchas, la verdad. «Siento renacer en mí tu amor, al saber que volverás, na, na, na…», cantaba, melosa, Celia. Y el rey, claro que volvió. Volvió para escuchar, anonadado, el célebre tango «A media luz» que le hizo repetir a la Gámez una y otra vez, en público y en privado. ¡Qué maravilloso espectáculo! Fíjese si yo también he escuchado ese tango hasta la saciedad, que soy incapaz de olvidar a mis años la estrofa de Carlos César Lenzi, que dice:

> *Y todo a media luz,*
> *que es un brujo el amor,*
> *a media luz los besos,*
> *a media luz los dos…*
> *Y todo a media luz,*
> *crepúsculo interior,*
> *qué suave terciopelo*
> *la media luz de amor.*

»Creo recordar —prosigue don Andrés— que "A media luz" fue la primera grabación discográfica de Celia.

»Mi padre la conoció ya entonces, cuando empezaba a hacer su tabla de gimnasia sueca todas las mañanas para mantenerse en forma. ¡Menudas piernas que conservó siempre la Celita! Media hora antes de la función, se empolvaba la cara en el teatro, tras retocarse el maquillaje. Esta operación llegaba a repetirla once veces por la tarde y otras tantas por la noche, cada vez que se cambiaba de vestido. Era muy coqueta; mi padre recordaba que solía almorzar muy poco, para no engordar pero… ¡Pobre Celia! ¡Qué desdichada fue siempre en el amor…!

—¿Desdichada, dice?

—Desdichadísima. Alfonso XIII la utilizó en su provecho personal, como a todas sus amantes. El rey siguió viéndola mientras actuaba en el teatro Eslava, en la calle del Arenal, como cabecera de cartel con Victoria Argota y Loló Trillo.

»Celia debió pedirle entonces que le ayudara a conseguir la nacionalidad española, pues ella, como le he dicho, había nacido en Buenos Aires en 1905, aunque mi padre estaba convencido de que había sido un poquito antes… Celia fue siempre muy presumida. Incluso cuando, siendo ya una setentona de buen ver, cantaba tangos y canciones bonaerenses para unos cuantos amigos suyos en casa de Luis Escobar, marqués de las Marismas del Guadalquivir, en la urbanización del Conde de Orgaz, mientras el genial Fernando Moraleda la acompañaba al piano en el salón en penumbra…

—Por cierto —aprovecho para hacer un inciso—, ¿sabe usted si Luis Escobar era hijo ilegítimo de Alfonso XIII, como ha llegado a decirse?

Don Andrés vuelve a sonreír.

—Bueno, yo diría que no lo era, aunque las fechas coincidan…

—¿Las fechas?

—Sí; él nació en 1908, dos años después de la boda de Alfonso XIII...

Pensé entonces que, de ser cierta esa suposición, el monarca habría tenido dos hijos en poco más de un año: uno legítimo, Alfonso de Borbón y Battenberg, príncipe de Asturias, nacido el 10 de mayo de 1907; y otro natural, Luis Escobar Kirkpatrick, alumbrado el 5 de septiembre de 1908.

Pero, al margen de elucubraciones, retomé el rumbo de nuestra conversación:

—Me decía que Celia Gámez fue muy desgraciada en el amor...

—Sí que lo fue; por unas razones o por otras, siempre lo fue. Su primer novio, Vicente Rey, hijo de un amigo de mi padre, empresario también del teatro, se pegó un tiro siendo un veinteañero. Celia, como puede usted figurarse, se quedó trastornada. Habían hecho planes para estar juntos el resto de sus vidas. Tampoco tuvo suerte con Darío López, veinte años mayor que ella. Darío permaneció más de quince años junto a Celia, e incluso le compró el teatro Eslava. Pero el pobre era impotente. La propia Celia aseguró que jamás había podido cohabitar con él, pese a lo cual nunca dejó de quererle. Enamorada luego de Fernando de Amboage, marqués de Amboage, tuvo que resignarse al recibir la noticia de su trágica muerte en el frente, durante la Guerra Civil. Gracias precisamente a su querido marqués, Celia fue acogida por Franco en el cuartel general de Salamanca. Se enamoró también del torero Juanito Belmonte, bastardo del Pasmo de Triana, pero como éste era aún demasiado joven, tuvo que desistir de llevarle hasta los altares, hacia donde sí fue en cambio, años después, del brazo de José Manuel Goenaga, un conocido dentista de San Sebastián, ciudad a la que Celia quería también mucho. Pero mejor hubiera sido para ella no haberle conocido nunca, pues nueve años después de su sonada boda en la iglesia de los Jerónimos, Celia descubrió que su marido se la pegaba con una corista de su propio espectáculo. A los Jerónimos había acudido, como padrino de boda, el general legionario Millán Astray, otro de los amantes de Celia. Claro que, a esas alturas, Millán Astray se había enamorado ya de Rita Gasset, prima del filósofo Ortega y Gasset, con quien había tenido una hija ilegítima, Peregrina, a quien su casta y resignada mujer Elvira Gutiérrez de la Torre hizo pasar siempre como sobrina.

»Finalmente, Celia se casó por lo civil, en París, con el periodista Francisco Lucientes, director de *Informaciones*, por el que renunció a su carrera de actriz. Pero tampoco éste logró darle hijos. La pobre Celia se quejaba siempre de que nunca había podido traer hijos al mundo. Ella, que adoraba tanto a los niños…

—¿Ni siquiera con Alfonso XIII? —inquiero, ladino.

—No, que yo sepa —sonríe de nuevo él—. Mi padre me contó que, poco después de su comienzo en el teatro Pavón, Celia recibió la visita del marqués de Viana, a quien el rey había enviado para invitarla de su parte a tomar el té a solas con él. Celia debió de quedarse de una pieza. El caso es que, desde entonces, los dos se vieron muchas veces. He oído decir incluso que Alfonso XIII le regaló unos preciosos pendientes de perlas con brillantes. Luego, Celia perdió todas sus joyas durante la Guerra Civil. Se las llevaron a México en el yate *Vita*, junto con otras muchas alhajas desvalijadas de las cajas particulares de los bancos. Por eso ella odiaba tanto a los «rojos»…

»A propósito de obsequios, en cierta ocasión le regalaron un bolso de piel de cocodrilo repleto de libras esterlinas. Pero ella creyó, al principio, que eran chocolatinas. De modo que las repartió alegremente entre las chicas de la compañía, hasta que fue una y le dijo que aquellas monedas estaban demasiado duras; tanto, que aseguró que eran de oro. Y no se equivocó. Pero Celia, que era muy generosa, no consintió que se las devolvieran.

»Entre tanto, la reina Victoria Eugenia posiblemente era ajena a la nueva aventura de su marido con Celia Gámez, hasta el extremo de que visitó a la *supervedette* acompañada de sus dos hijos mayores, el príncipe de Asturias y don Jaime, el sordomudo. El encuentro fue muy cordial y comentado en todo Madrid. Celia fue, hasta su muerte, muy monárquica. Compruébelo si no usted mismo...

Don Andrés me ofrece un ejemplar de la revista *Meridiano*, de julio de 1965, donde la propia Celia Gámez escribe un extenso artículo titulado «40 años de vida española», en el que, entre otras cosas, afirma sobre su probado monarquismo:

> Mi madre, siendo yo muy niña, me había hablado mucho de los reyes... Hoy puedo decir que la monarquía, los reyes, son como me los imaginé de pequeña, como luego los encontré en palcos y salones y del mismo modo a como Madrid les juzgaba y consideraba: seres para querer con desinterés y sin celos, así como parientes lejanos, pero que no dejan de ser parientes, amigos de toda la vida a los que se ve con frecuencia y cuya relación se hace un día imprescindible. Yo soy monárquica, y lo he dicho siempre sin ningún recato. Pienso que en España hay dos maneras de ser: o «porque sí» o «porque se sienta». Yo soy de las que sienten.

—¿Comprende ahora por qué Celia Gámez mantuvo la boca cerrada durante toda su vida? —advierte don Andrés.

—Una mujer nada rencorosa —observo.

—En efecto —corrobora él—. Fíjese si no lo era, que en los años ochenta, a punto de despedirse de los escenarios, hizo saltar las lágrimas a don Juan de Borbón cantando el pasodoble «El perdón de las flores», que ella misma y el maestro Moraleda habían dedicado a la memoria de su padre Alfonso XIII. Aquella noche, en el palco del teatro La Latina, el conde de Barcelona y su esposa doña María de las Mercedes agradecieron personalmente a Celia su cálido homenaje. Me consta que los condes de Barcelona, que no pudieron asistir al entierro de la artista, celebrado en Buenos Aires a finales de 1992, sintieron su muerte en lo más hondo del alma. Celia llevaba ya casi un mes ingresada en el hospital geriátrico de San Jorge, a causa de una neumonía. Decidió pasar los últimos años de vida en su ciudad natal, junto a su familia. Pero sufrió una tremenda depresión a raíz de su afición al juego en los casinos de Estoril y de Biarritz. Igualita que la Bella Otero, que llegó a perder incluso lo que no tenía en la maldita «ruleta del infortunio», como yo la llamo. Su muerte nos heló la sangre a quienes más la queríamos. Yo figuraba entre el puñado de españoles que fuimos a despedirnos de ella para siempre en el cementerio de La Chacarita, donde también reposan los restos mortales del inefable Carlos Gardel.

Celia Gámez, monárquica hasta la sepultura…

El enigma Picazo

En los días que disfruté de la erudición artística de don Andrés Lozano, salió a relucir un nombre con el que yo estaba familiarizado casi desde niño, cuando supe que la voz vigorosa y firme doblada al castellano de astros del celuloide como John Wayne, Gregory Peck, Charles Boyer, Walter Pidgeon o Joseph Cotten era en realidad la suya.

Me refiero a un gran actor español de cine y de teatro que, además de guardar un impresionante parecido con Alfonso XIII, el destino quiso también que reencarnase al monarca en la película *Las últimas horas*, estrenada en 1966.

Hablamos de Ángel Picazo Alcaraz.

Don Andrés fue tajante al respecto.

—Sé que Picazo era hijo de Alfonso XIII —me aseguró, sin decirme cómo lo había averiguado, por más que yo se lo pregunté—. Lo sé; es lo único que importa —zanjó la cuestión.

Su rotunda sentencia surtió en mí casi el mismo efecto que una prueba de ADN. Pocas veces vi a don Andrés tan seguro de lo que decía. En cuanto pronuncié aquel nombre que pareció incomodarle, ignoro por qué razón, el anciano cambió bruscamente el curso de la conversación.

Alentado por su extraño mutismo, empecé a interesarme

por la vida y milagros del gran actor español. Navegando por internet, localicé una sucinta biografía suya, seguida de una pormenorizada relación de sus películas y obras de teatro, que el internauta puede consultar en la dirección www.imdb.com.

La Internet Movie Database (IMDb) es un sitio de referencia obligada para los aficionados al cine, además de un espléndido lugar para promocionar los grandes estrenos de Hollywood.

Inaugurada en octubre de 1990, fue adquirida ocho años después por Jeff Bezos, fundador de Amazon.com.

Pues bien, en esta colosal base de datos descubrí la siguiente referencia a Ángel Picazo, anotada en inglés: «Son of Alfonso XIII, King of Spain» (Hijo de Alfonso XIII, Rey de España).

Movido por el testimonio de Andrés Lozano, al que ahora se sumaba este otro dato localizado en la red, me dispuse a seguir el rastro de un actor al que yo sólo conocía por su voz tan admirablemente timbrada.

De hecho, no recordaba haberlo visto en ninguna de sus películas. Ni siquiera en la que interpretaba a su presunto padre, el rey Alfonso XIII.

Pero, desde mi conversación con Lozano, empecé a seguir su rastro en cada una de sus cintas. La primera que visioné fue *Las últimas horas*, dirigida por Santos Alcocer el mismo año que Francisco Franco seguía haciendo juegos malabares con la sucesión, utilizando las cartas de don Juan Carlos de Borbón y de su primo hermano don Alfonso de Borbón Dampierre, duque de Cádiz, según su propia conveniencia.

Promulgada aquel mismo año la Ley Orgánica del Estado, que refrendaba, entre otras leyes, la de sucesión de 1947, Franco empleó esa baraja dinástica como le dio la gana, hasta que decidió cortarla en julio de 1969, designando a Juan Carlos sucesor suyo en la jefatura del Estado, pasando por encima de don Juan de Borbón y de la última voluntad del rey Alfonso XIII.

Añadamos, a modo de curiosidad, que Picazo cedió también su voz aterciopelada para la narración del documental *Franco, ese hombre*, dirigido por José Luis Sáenz de Heredia en 1964.

Dos años después, recreó en *Las últimas horas* los convulsos sucesos que desembocaron en la Segunda República española, precipitando la caída al abismo de Alfonso XIII tras las elecciones municipales de abril de 1931, que surtieron en los gobernantes y en el pueblo el mismo efecto que un plebiscito favorable al nuevo régimen.

Ángel Picazo encarna en la ficción a su padre en la vida real, según Andrés Lozano. Se comporta como un rey sereno y un patriota sincero, que trata de impedir, con su encomiable renuncia, que la sangre de los ciudadanos se derrame a borbotones. Algo que, sin embargo, sucedió cinco años después con mayor ensañamiento aún, tras el estallido de la Guerra Civil española.

El guión de Santos Alcocer y del oscarizado José Luis Garci idealiza la figura del monarca, cuyo sacrificio posibilita, por otra parte, que los revolucionarios empiecen a hacer de las suyas. Junto a Picazo, figuran en el reparto Sancho Gracia, Alfredo Mayo, Jaime Blanch, Jorge Vico y Manuel Tejada.

El resultado no es nada del otro mundo. La crítica publicada con motivo del estreno en el diario monárquico *Abc*, el 4 de mayo de 1966, resulta elocuente en este sentido:

> Santos Alcocer ha estructurado este cuadro político, social y humano en forma de reportaje, con un planteamiento casi periodístico del tema, quizá porque él ha sido periodista activo y ha querido aprovechar las posibilidades de síntesis que le

ofrecía esta fórmula. Ha añadido una leve historia amorosa y dos anécdotas familiares, en un intento sin duda de reflejar el impacto que en la clase media española causaron esas jornadas. Evidentemente, el recurso es débil y esos personajes no tienen la fuerza necesaria para cumplir la misión que se les encomienda en la película. Se despegan del contexto, distraen de la trama central. Ellos dejan, por otra parte, al descubierto el defecto mayor del film, que es no reflejar vivamente la pasión de la calle, a la turbamulta imponiéndose en aquellos dramáticos momentos. El cine no puede acudir a estas alturas al relato verbal. Se nos dice que en Recoletos ha habido sangrientos incidentes. Se nos dice que los manifestantes han sido rechazados con violencia. Se nos dice... Se nos dice.

De todas formas, el soberbio papel de Ángel Picazo, viva estampa del protagonista en la ficción, redime la fragilidad del argumento.

Debut y carrera

Picazo había debutado en el universo escénico veinticuatro años antes de rodar *Las últimas horas*, interpretando un papel secundario en la obra teatral *Los ladrones somos gente honrada*, de Enrique Jardiel Poncela.

Corría el año 1942 y el actor novel inició un periplo por varias provincias españolas con la compañía de López Llauder, antes de incorporarse, como galán joven, a la de Rafael Rivelles.

Entre tanto, su prodigiosa voz había llamado ya poderosamente la atención de la industria cinematográfica del doblaje, que lo contrató para prestarla en España a las grandes estrellas de Hollywood.

En 1943 dobló a John Wayne en *Mando siniestro*; al año siguiente, hizo lo mismo con Ronald Colman en dos películas: *Unidos por la fortuna* y *En tinieblas*; así como con Fred MacMurray, en *Locuras de millonarios* y *Ella y su secretario*.

En 1946 le tocó el turno a Walter Pidgeon, en *La señora Miniver*; más tarde, a Joseph Cotten en *Luz que agoniza* y a Charles Irwin, en *Las rocas blancas de Dover*. En 1950 cedió su voz a Orson Welles para *El tercer hombre*.

Finalmente, dobló a Gregory Peck en otras dos cintas míticas: *Vacaciones en Roma* y *Duelo al sol*.

Del doblaje y el teatro, Picazo dio el salto como actor a la gran pantalla de la mano del director Miguel Iglesias, a cuyas órdenes interpretó el papel protagonista en *Las tinieblas quedaron atrás*, una cinta de bajo presupuesto que pasó con más pena que gloria por las salas de cine españolas.

En 1948 rodó *Doce horas de vida*, bajo la supervisión de un desconocido Francisco Rovira Beleta, que luego se haría célebre como realizador del clásico español *Los Tarantos*.

Su carrera en el cine transcurrió paralela a la del teatro, su auténtica vocación. No en vano fue durante seis años, desde 1954 hasta 1960, primer actor en el María Guerrero, donde representó más de una treintena de obras bajo la dirección de Claudio de la Torre.

Veintitrés años después, regresó al mismo teatro María Guerrero para interpretar *La gallina ciega*, con textos de Max Aub, compartiendo plantel esta vez con José Luis López Vázquez, Ana Belén, José Sacristán, Nuria Espert y Julia Gutiérrez Caba, entre otros.

De esos años datan sus brillantes interpretaciones en *Hoy es fiesta*, de Antonio Buero Vallejo; *La loca de la casa*, de Benito Pérez Galdós; o *La malquerida*, de Jacinto Benavente.

En 1964 irrumpió en la pequeña pantalla, integrándose en

la nómina de actores de espacios dramáticos de Televisión Española, junto a Irene Gutiérrez Caba, Tina Sainz, Josefina Serratosa o Francisco Melgares. Su rostro se hizo entonces aún más popular y desató, en determinados círculos, comentarios soterrados sobre su paternidad.

Picazo compatibilizó sus éxitos en televisión, con los cosechados en teatro y cine. Entre sus películas, figuran títulos como *Pacto de silencio*, con guión del crítico de cine Alfonso Sánchez; *La bella Mini*, de José María Elorrieta; *Encrucijada para una monja*, de Julio Coll; *La curiosa* y *Esperando a papá*, de Vicente Escrivá; y *Las verdes praderas*, de José Luis Garci.

En teatro destacan sus papeles en *El charlatán*, de Rodríguez Buded; *El vicario de Dios*, de Juan Antonio de Laiglesia; *Tres testigos*, de José María Pemán; o *Salvar a los delfines*, de Santiago Moncada.

En 1982 obtuvo el premio Ricardo Calvo, de los galardones Villa de Madrid, por su interpretación en *La vida es sueño*, de Pedro Calderón de la Barca, junto a Luis Prendes.

Pero el cenit de su carrera en arte dramático lo constituye, sin duda, su irrepetible encarnación de don Lope de Figueroa en *El alcalde de Zalamea*, de Lope de Vega, en la versión de Francisco Brines de 1988.

El propio Adolfo Marsillach, siendo director de la Compañía Nacional de Teatro Clásico, no escatimó piropos a su simpar actuación: «Me alegré muchísimo del gran éxito de Ángel Picazo en el don Lope de *El alcalde de Zalamea*, un sólido actor marcado ya por la edad y la desventura, al que los más jóvenes desconocían y que a todos deslumbró».

Merecido tributo a sus más de cuarenta años sobre el escenario.

Reveladora entrevista

En mayo de 1965, cuando Picazo acababa de concluir el roda-
je de *Las últimas horas*, concedió una entrevista en exclusiva a
Julián Cortés Cavanillas, biógrafo de su presunto padre, el rey
Alfonso XIII.

El autor del artículo periodístico había tratado al monarca
ya en su juventud y, más tarde, durante su exilio en Roma. En
uno de aquellos encuentros, Alfonso XIII cometió la torpeza
de admitir que había apoyado el pronunciamiento de Primo de
Rivera pese a ser consciente de que la Constitución monárquica de 1876, jurada por él, se lo impedía; lo cual equivalía a
reconocer que había incurrido en perjurio, como su bisabuelo
Fernando VII, quien, pese a jurar respeto a la Constitución liberal de 1812, instauró luego un feroz régimen absolutista.

Resultaba curioso que, años después, el mismo hombre
que había arrancado al rey destronado semejante confesión, in-
terrogase a su presunto hijo, que acababa de encarnar al monarca en la ficción.

El escritor Felipe Sassone solía decir, a este propósito: «El
personaje de carne y hueso puede ser fantástico. Pero el personaje fantástico ha de parecer siempre de carne y hueso».

Publicada en el diario *Abc*, la conversación constituye uno
de los escasos testimonios personales del actor conservados hoy
en las hemerotecas.

Por su interés para acercarse al personaje real y al de ficción, reproducimos ahora parte de esa larga entrevista realizada en la residencia madrileña de Picazo, durante la cual el periodista tuteó a su anfitrión; síntoma evidente de que entre
ambos reinaba un clima de confianza.

—He aquí —presentaba Cortés Cavanillas al personaje, en
la entradilla— a un hombre que, contra viento y marea, frente

a la rotunda oposición de sus padres y sin la menor base económica, decidió ser actor. Nacido en Barcelona en 1917, aparece en un escenario a los nueve años en el Coro Festivo de las Escuelas Salesianas, y en el mismo escenario habla, por vez primera, interpretando «La Pereza», uno de los siete pecados capitales de una obrita titulada *Los pastorcitos*. Considerado como el «garbanzo negro» de la familia por su pasión teatral, rompe todas las ataduras y salta todos los obstáculos debutando, por fin, después de no pocas privaciones, como actor profesional en el mes de diciembre de 1941 con una compañía que representaba la comedia de Jardiel Poncela *Los ladrones somos gente honrada*. Pero oigamos, en su diálogo conmigo, las interesantes opiniones que ha ido escanciando, con aguda inteligencia y señorial garbo, el gran Ángel Picazo para deleite de los lectores.

El diálogo se desarrollaba así:

—¿Cuál fue la primera oportunidad que se te presentó para que apreciaran tus buenas cualidades de actor?

—Pues inmediatamente de debutar con *Los ladrones somos gente honrada*. Se enfadó el primer actor con la empresa y me preguntaron si era capaz de sustituirle. Y como mi inconsciencia era tan grande como mi vocación, acepté y debuté, como primero, con cuatro títulos distintos en Logroño.

—¿Sin ningún descalabro?

—A Dios gracias, no. Al contrario, cuando se disolvió tal compañía hubo otro «valiente» empresario que me contrató para ir de segundo con Maruja García Alonso y Emilio Espinosa.

—¿Y eso no fue un paso atrás?

—Relativamente, porque descendí ligeramente de puesto para aumentar sustantivamente de sueldo.

—¿Tuviste un maestro o un modelo de quien aprender o a quien imitar?

—Sí. Rafael Rivelles me contrató de galán y seis años bajo su dirección y su maestría representan mucho, como lecciones inolvidables, para quien como yo tanto deseaba aprender.

—¿Crees que un verdadero actor solamente siente y en cambio rara vez reflexiona?

—De ninguna manera. Hacen falta las dos cosas. Hay una medida para el sentimiento y otra para la reflexión. Yo he comprobado que cuanto más me excita una emoción en escena, mi cerebro se vuelve más sereno. La calma y la excitación, en el actor, son siempre compatibles.

—¿Cuántas obras has interpretado?

—Alrededor de setenta.

—¿Cuál es el papel que más te ha emocionado teatralmente?

—Quizá el «Aurelio» de *Hoy es fiesta*, de Buero Vallejo. Raro era el día que no lloraba de verdad.

—¿Y el papel que más te divertía hacer?

—Para mí, el teatro es casi siempre una diversión: pero concretando, el del pelmazo de *La vida en un hilo*, de Edgar Neville, y el barítono de *La bella Dorotea*, de Miguel Mihura.

—¿Y no el del cura vasco de *Micaela*?

—Ése es el que me ha dado siempre más trabajo.

—¿Dónde has ganado más dinero: en el teatro o en el cine?

—En el cine, con bastante diferencia.

—No te he preguntado si el actor nace o se hace…

—Nace. Poseer un arte es poseer un talento. El arte no se puede enseñar. Se puede desarrollar trabajando, pero es imposible crear talento.

—¿Cómo se consigue el éxito?

—Creo que se obtiene cuando los espectadores que afirman que uno es bueno son más numerosos que los que le encuentran a uno malo.

—¿Qué actriz del cine te ha dejado huella imperecedera?

—Greta Garbo.

—¿Y qué actor?

—Ronald Colman y también Spencer Tracy.

—¿A qué actor que no has conocido, pero por lo que te han contado, quisieras parecerte, y a qué actor conocido admiras más?

—Sería un entusiasta de Francisco Morano como lo soy de Rafael Rivelles.

—Ángel, ¿qué es decir, qué es recitar, qué es declamar?

—Decir es sacar el máximo partido al texto de una comedia. Recitar es hacer teatro en verso. Y declamar es hacer mal el teatro.

Cortés Cavanillas despachaba a continuación la cuestión crucial de la entrevista en tan sólo dos preguntas:

—¿Cómo has debido prepararte para llegar a la perfecta identidad interpretativa y al parecido físico asombroso de Su Majestad el rey don Alfonso XIII y de Su Santidad el papa Pío XII?

—Leyendo y estudiando con amor cuantos libros y biografías existen sobre ambos altísimos personajes. En primer lugar, he procurado captar su espíritu. Después, los rasgos de su semblante y de su figura. Pero creo que lo que más me ha ayudado a una fiel interpretación es el anecdotario, tan rico el uno como el otro, del rey y del Papa.

—¿Qué has encontrado más difícil en la película que acabas de hacer sobre don Alfonso XIII y sus últimas horas en España?

—Darle humanidad, simpatía y sencillez, sin restarle majestad, no era fácil. Pero aquel momento en que Alfonso XIII abandonó España, en el barco que le llevó al destierro, y rompió a llorar desconsoladamente, fue para mí la mayor dificultad con que tropecé en el rodaje.

Las respuestas de Picazo traslucían su espíritu monárquico y creyente, sobre el que su entrevistador, intuyo por qué razón, eludió profundizar.

Finalmente, Cortés Cavanillas ofrecía al lector unas tenues pinceladas humanas del personaje, seguidas de una escueta valoración personal del mismo:

—¿Qué te gusta fuera del teatro?

—Estar el mayor tiempo posible en casa.

—¿Casado?

—¡Claro!

—¿Con una actriz?

—Sí, Irene Mas.

—¿Descendencia?

—Un hijo de catorce años llamado Ángel.

—¿Premios?

—Uno nacional, la Medalla de Oro de Valladolid, el de la Crítica de Barcelona, etcétera.

—¿Seguirás haciendo teatro y cine?

—Todo lo que pueda.

—Gracias, Ángel, y que tu Ángel Custodio te guarde.

«Le quedaba al gran actor —concluye Cortés Cavanillas— una hora justa para transformarse en la hierática y emocionante figura de Pío XII. Después le quise ver, nuevamente, aparecer en escena. Era volver otra vez a la Roma de la posguerra, a la Roma que había yo conocido en dramático desbarajuste con el papa Pacelli por único y admirable signo de paz y concordia. Y era recordar —viendo a Ángel Picazo— las muchas audiencias, frente a frente, al gran pontífice, pero sobre todo una inolvidable y privadísima del 9 de agosto de 1945. Evocando aquel día, hoy tengo que declarar que Picazo es uno de los más grandes actores del momento presente por su fidelidad interpretativa, en lo físico y en lo espiritual.»

«La ciudad sin Dios»

Picazo era, en efecto, un monárquico convencido.

Admiraba al rey Alfonso XIII y sentía predilección por los autores monárquicos, como Joaquín Calvo Sotelo, que escribió, tal vez pensando en él, *La ciudad sin Dios*.

La leyenda dramática de Calvo Sotelo se estrenó con notable éxito en el Teatro María Guerrero, bajo la dirección de Claudio de la Torre, la noche del 11 de enero de 1957.

Ángel Picazo ofreció una de sus mejores interpretaciones, junto a Juanjo Menéndez, Pastor Serrador, Manuel Arbó y Luisa Sala.

«La ciudad sin Dios» era un pueblo imaginario, experimental, donde un Estado comunista lograba extirpar todo concepto y manifestación religiosos; toda idea, en definitiva, de Dios.

Picazo se encarnó esta vez en un profeta. Para cerciorarse de que los ciudadanos eran inmunes a la mínima fermentación de ideas religiosas, se encargó a un comediante que representase el papel de un evangelizador dedicado a propalar las ideas de Dios en «la ciudad sin Dios».

El actor cumplió a las mil maravillas su misión sobre el escenario y hasta en el mismo patio de butacas, pues llegó a convencer a sus compañeros de reparto y a los espectadores, que aplaudieron a rabiar al final de la representación.

Incluso él mismo llegó a sentirse, de tanta introspección como demostró rodeado de figurines y decorados en esa ciudad imaginaria, un verdadero apóstol en escena, que clamaba: «Yo creía al hombre de 1956 fuerte y vigoroso, pero es como un niño que se echa a llorar en el cuarto oscuro. Y de ese cuarto oscuro le saca siempre la fe».

Como en los primitivos tiempos del cristianismo, en «la

ciudad sin Dios» la gente volvió a seguir con entusiasmo al profeta. La fe acabó imponiéndose en aquella ciudad de ateos, gracias a la credibilidad con que actuó Ángel Picazo.

El actor abogaba también, en la vida real, por una ciudad con Dios. Defendía una sociedad tradicional, basada en el núcleo familiar y en el papel crucial que la mujer ejercía sobre aquél. Al contrario que su presunto padre, Picazo fue siempre un hombre fiel y leal a los suyos; empezando por su propia mujer, Irene Mas Ayllón, de la que estuvo perdidamente enamorado hasta el fin de sus días.

En octubre de 1970, mientras el actor de cincuenta y tres años descansaba en su camarín del Teatro Arlequín de Madrid, donde representaba esos días un relevante papel en la obra *Tres testigos*, de José María Pemán, otro de sus autores monárquicos predilectos, le entrevistó el periodista Ramón Pedros-Martí, con quien se fumó un cigarrillo, sentado en un confortable diván.

Picazo aprovechó para mostrarle unas fotografías familiares, entre ellas la de Ángel Picazo junior.

—Ésta es de mi hijo —comentó, orgulloso—. Tiene diecinueve años y es así de alto —dijo, midiendo con su mano una estatura aproximada de un metro ochenta—. Está en cuarto curso de Derecho. ¡Fíjese, puede acabar la carrera a los veinte años!

Roto el hielo, prosiguió la conversación, en la que el actor dejó al descubierto su particular modo de ver la familia, el amor o la ideología.

—Señor Picazo, ¿qué significación concede a la mujer en la vida del hombre y en la sociedad actual?

—La mujer es un complemento directo del hombre —resolvió—. Tiene, además, una importancia capital en la sociedad, ya que ésta se realiza a partir del núcleo familiar; por eso la pareja ha de ser perfecta, estar unida, siempre unida. Hace

más la mujer al hombre, que el hombre a la mujer; su papel,
por tanto, es definitivo, rotundo. Soy un verdadero enamorado
de la mujer, en el buen sentido, claro.

—Discúlpenos el tópico pero... ¿qué opina usted del divorcio?

—El español, como latino, es muy temperamental, extre-
mista, y cree en el divorcio como una solución ideal. Yo rechazo el divorcio que se hace por sistema, como está reconocido
en muchos países, en los que acaso sea un mal necesario, aunque nosotros no hayamos llegado a planteárnoslo.

—¿Qué actitud adopta usted ante el mito?

—Creo en un respeto hacia la persona, pero no creo en el
mito. El mito encierra una superioridad y una persuasión impuesta sobre los otros que no puedo aceptar. Me deja indiferente, porque a mí me gustan las cosas claras y me gusta entrar
de frente.

—¿Cree que hay una vida intermedia entre el dogmatismo
y la anarquía?

—Efectivamente; uno puede admirar, pero con los ojos
abiertos. En todas las cosas hay un término medio, que es donde está la virtud.

—¿La ideología particular de actor influye en la selección
o representación de los papeles?

—Es indudable que a un actor le gusta representar a personajes que tengan su misma ideología o modos de ser, pero
en esto no hay posibilidad de elección, sobre todo si tenemos en
cuenta la situación artística y económica del actor en nuestro
país. Yo admito el arte por el arte. Por ejemplo, un personaje
que me gustaría representar sería el de Hitler, que es teatralmente fabuloso. ¿Pero es que porque haya sido un asesino no
hay que interpretarlo? Hubo un tiempo en que yo hacía para
una película el papel de un rey por la mañana y el de Pío XII

por la tarde, y me hubiera gustado representar al diablo por la noche.

Su currículo artístico era abrumador y cristalino. Pero, a medida que me sumergí en su vida, eché en falta esa misma claridad. Igual que a la hora de anunciar su muerte...

Confusión de fechas

El 24 de octubre de 1998, el diario *El Mundo* se hizo eco de la muerte de Ángel Picazo.

La necrológica iba firmada por el crítico taurino y teatral Javier Villán, a quien tuve el placer de tratar durante los años que trabajé con él en el rotativo.

La semblanza con la que Villán rendía tributo a la memoria del gran actor nos acerca su figura, aunque, como enseguida veremos, contribuye también a extender sobre ella un inquietante halo de misterio.

Titulada «El actor más parecido a Alfonso XIII», dice así:

> Ha muerto en Barcelona, de vejez y de penosa enfermedad, Ángel Picazo. Tenía ochenta y un años, una larga fama y un currículo extenso y prestigioso. Y un reconocimiento trocado en olvido entre la gente de la farándula.
>
> A las nuevas generaciones, de actores o de aficionados al teatro, puede que el nombre de Ángel Picazo apenas les sugiera nada, salvo un esplendor oscurecido de galán apuesto; y una voz que era, por sí misma, una virtud y un mérito. Para generaciones no tan nuevas, como la que ahora anda por los cincuenta años, puede que lo más significativo de Ángel Picazo, lo que injusta y restrictivamente permanecía, era su asombroso parecido con Alfonso XIII. Su fisonomía borbónica sir-

vió para alimentar la fama castiza, nocherniega y galante del rey expulsado.

No era, como se lee en algunas biografías, que su apariencia de Borbón la debiera sólo a una película, *Las últimas horas* (1965), en la que «reproduce con asombrosa fidelidad el personaje de Alfonso XIII». Era un parecido real, cierto.

Nacido en Murcia, su infancia fue, inmediatamente, barcelonesa. Su carrera comenzó en 1942 con un pequeño papel en *Los ladrones somos gente honrada*, de Jardiel, en la compañía de López Llauder. Fue un arranque prometedor y con futuro, como se demostró más tarde, por el cual le pagaban 25 pesetas diarias. Estos orígenes de comedia no le limitaron ni especializaron. Y era común opinión, entre la gente de teatro, que su principal característica, la versatilidad, le permitía pasar de la comedia al drama y de lo frívolo a lo trascendente con seguridad.

Así se explica que el Ángel Picazo de aquellos principios pasara a galán de la compañía de un hombre tan exigente y tan astro de la escena como Rafael Rivelles; o a primer actor del María Guerrero cuando lo dirigía Claudio de la Torre, con el que trabajó seis años. Alternó, como las grandes figuras, cine, televisión y teatro. En cine sus momentos de triunfo le llegaron hasta casi los años setenta.

Pero fue en el teatro donde demostró su nervio o, por lo menos, su autoridad interpretativa, que llevó también al Lara, la famosa bombonera de Conrado Blanco, empresario y poeta, y al Teatro Goya. El nombre de Picazo va unido a autores como Galdós, Mihura, Jardiel, Buero Vallejo, Alfonso Sastre, Alfonso Paso... Y a títulos como *La loca de la casa*, *La bella Dorotea*, *La Malquerida*, *La vida en un hilo*, *Eloísa está debajo de un almendro*, *Hoy es fiesta*, *Salvar a los delfines*...

Así concluía Villán su obituario, a cuyo pie de página se consignaba:

Ángel Picazo nació en Murcia el 4 de julio de 1917 y falleció en Madrid el 22 de octubre de 1998.

Advirtamos, antes de proseguir, que el obituario de *El Mundo* empezaba diciendo «ha muerto en Barcelona» para finalizar afirmando «falleció en Madrid».

Prestemos de nuevo atención a las fechas de nacimiento y muerte de nuestro protagonista, así como a las ciudades en que aquéllas se produjeron.

La Vanguardia daba también la noticia de su fallecimiento, el mismo sábado 24 de octubre, sólo que con fechas y lugares diferentes:

> El actor Ángel Picazo, que en su larga trayectoria encarnó con éxito grandes personajes históricos como Alfonso XIII, el cardenal Cisneros, Cervantes, Pío XII o Gutenberg, falleció el miércoles [es decir, el 21 de octubre] en Madrid, a los ochenta y un años. Fue enterrado ayer, en la intimidad, en el cementerio de La Almudena.
>
> Nacido en Barcelona el 4 de julio de 1917, hijo de un farmacéutico (él mismo empezó a cursar la carrera de Farmacia) que no veía con buenos ojos su vocación teatral, Ángel Picazo Alcaraz (que a pesar de su residencia en Madrid seguiría fiel al Barça) inició su carrera en el teatro de aficionados, principalmente en el círculo Els Casats de Gràcia y en la Casa Regional de Murcia. Aunque su primera aparición se remontaba a los ocho años, en funciones escolares realizadas en las escuelas Salesianas.

Para acabar de sembrar la confusión, *Abc* aseguraba, por su parte:

> Ayer fue enterrado en el madrileño cementerio de La Almudena Ángel Picazo, una de las figuras más representativas

del teatro y cine españoles, que murió el jueves a consecuencia de una larga enfermedad, a la edad de noventa y un años. Barcelonés de nacimiento, el actor figuró en el reparto de importantes obras...

En medio de tal maremágnum de fechas y ciudades, busqué algo de claridad en internet. Pero la Wikipedia me desconcertó aún más cuando leí:

Ángel Picazo Alcaraz (Murcia, 1 de julio de 1917-Barcelona, 22 de octubre de 1998) fue un actor español que se hizo famoso por sus papeles de galán, su voz y su parecido con Alfonso XIII.

Recapitulando, sobre la ciudad en que nació Picazo, *El Mundo* aseguraba que había sido en Murcia, igual que la Wikipedia, a diferencia de *La Vanguardia* y *Abc*, que coincidían en que se trataba de Barcelona.

Respecto a la fecha exacta del natalicio, *El Mundo* lo databa el 4 de julio de 1917, lo mismo que *La Vanguardia*. Pero la Wikipedia mantenía que sucedió el 1 de julio, mientras que *Abc*, al afirmar que Picazo había muerto con «noventa y un años», debido posiblemente a una errata, daba a entender que había ocurrido en 1907, en lugar de 1917, como consignaba el resto de los medios.

Por si fuera poco, las 6.678 personas censadas en España con el apellido Picazo contribuían a agravar la confusión. Eso, por no hablar de las más de seiscientas con ese mismo apellido pero sin empadronar. De todos los ciudadanos «Picazo» repartidos por 52 provincias españolas, sólo me interesaba uno. En Albacete, de donde procedía el apellido, tras establecerse en Villarrobledo don Juan Picazo en 1670, había casi 1.800 individuos censados; más de mil se hallaban también en Madrid, casi quinientos en Barcelona y apenas doscientos en Murcia.

¿En cuál de todas esas ciudades nació nuestro protagonista?

Conforme busqué más información del actor, comprobé su enorme laguna biográfica en libros, periódicos, revistas e internet. Presentí que, por alguna recóndita razón, alguien, incluido el propio interesado, debió de tratar siempre de que se supiera lo menos posible de su vida. A diferencia de su otra existencia artística, de la cual sí hallé numerosas referencias en todos los medios.

El nacimiento

Tanta turbación, lejos de retraerme, me animó a seguir buscando. Hasta que al fin hallé un artículo firmado por la actriz Celia Zaragoza en *La Vanguardia*, el 29 de julio de 1979, con motivo del éxito de la obra teatral *Encuentro en otoño*, protagonizada por Picazo y Conchita Montes.

El arranque del texto colmó por sí solo gran parte de mis ansias de información: «Ángel Picazo nació en Barcelona, en la calle Hospital…».

Acto seguido, leí: «Ambos se refieren a Barcelona con inmenso cariño. Ángel, porque "siempre se ama el sitio donde se nació"».

El propio Picazo confirmaba en aquel artículo que había venido al mundo en Barcelona, en un barrio cargado de historia, como sin duda era el Raval.

Situado en el distrito de Ciutat Vella, también eran naturales de allí Manuel Vázquez Montalbán, Terenci Moix, Marujita Torres e incluso Peret.

Picazo debió de nacer en el antiguo Hospital de la Santa

Cruz, fundado nada menos que en el año 1401, tras la fusión de los seis centros médicos existentes entonces en Barcelona.

A finales del siglo XIX fue necesario construir otro edificio para responder a la creciente demanda sanitaria de la ciudad. Las donaciones del banquero Pau Gil permitieron colocar la primera piedra del nuevo hospital el 15 de enero de 1902. En agradecimiento por su generosidad, se añadió al nombre original el de Sant Pau, denominándose así finalmente al nuevo complejo Hospital de la Santa Creu i de Sant Pau.

Picazo debió de ver así la luz por primera vez en aquel imponente edificio barcelonés que se extendía a nueve manzanas, compuesto por casi medio centenar de pabellones, convertido en el mayor conjunto civil de la arquitectura modernista española.

Pero, por más que lo intenté, tampoco pude confirmar que el alumbramiento se hubiese producido allí. Aunque no resulta descabellado pensar que así fuese, dado que el propio actor había afirmado que nació en la calle Hospital, donde estaba precisamente el citado complejo sanitario.

Busqué entonces el único documento que podía disipar todas mis dudas: el certificado de nacimiento.

Pero, tras solicitar la partida de Ángel Picazo Alcaraz, obtuve esta desilusionante respuesta del Registro Civil de Barcelona:

> Una vez examinados los tomos, índices generales, índice informático, microfilm y fichero de inscripciones fuera de plazo, no ha sido hallada la inscripción solicitada. Compruebe nuevamente los datos facilitados. Si la inscripción se realizó fuera de plazo o ha habido algún cambio de apellidos, indíquelo. [El subrayado es del autor.]

Intenté entonces empezar por el final…

La defunción

Sabía a ciencia cierta que el actor había fallecido en Madrid, el 22 de octubre de 1998.

El funeral por el eterno descanso de su alma se celebró ocho días después, el 30 de octubre, en la iglesia parroquial de San Hermenegildo, en el número 4 de la calle Fósforo de Madrid.

Sus hijos Ángel y Anxela lloraron la muerte de su entrañable padre; no así la esposa del actor, Irene Mas Ayllón, fallecida tiempo atrás también en Madrid, el 4 de septiembre de 1983, a los sesenta y tres años de edad.

Convencido de que Picazo había sido inhumado en el cementerio de La Almudena, quise de todas formas cerciorarme de ello *in situ*: en el camposanto madrileño me indicaron que existía un panteón familiar, cuyo propietario era precisamente Ángel Picazo Mas, hijo del difunto.

Seguí entonces al pie de la letra las coordenadas que me facilitaron: cuartel 284, manzana 75D. Una vez allí, pude leer la siguiente inscripción en la lápida: «Familia Picazo Cifuentes».

El segundo apellido, al principio, me desconcertó.

Pero luego confirmé que había tres personas sepultadas en la misma tumba: Ángel Picazo Alcaraz, Irene Mas Ayllón y una tal Ángeles García Martín.

Finalmente, obtuve la certificación literal de defunción de Ángel Picazo.

Archivada en la Sección Tercera del Registro Civil de Madrid, número 4013, en el tomo 00115 y página 380, dice así:

Ángel Picazo Alcaraz, hijo de Ángel y de Dolores.
Estado: Viudo
Nacionalidad: Española.
Nacido el día [en blanco] de [en blanco].

De ochenta y un años de edad, en Barcelona.

Inscrito al tomo [en blanco].

Domicilio último: Virgen del Puerto, 9. Madrid.

Defunción: Hora: diez. Día: veintidós de octubre de mil novecientos noventa y ocho.

Lugar: Hospital de Madrid.

Causa: [en blanco, en virtud de Orden del Ministerio de Justicia e Interior de 6 de junio de 1994].

El enterramiento será en La Almudena.

Declaración de D. Antonio Ortega López, en su calidad de empleado de servicios funerarios. Domicilio: C/ Salvador de Madariaga s/n.

Comprobación: médico D. Eduardo García-Rico.

Colegiado número 40050; número del parte: 4862701.

Otros títulos o datos: [en blanco].

Oficial delegado: Cesáreo García-Patos Muñoz.

Secretario: [en blanco].

A las nueve horas del veintidós de octubre de mil novecientos noventa y ocho.

[Firmas ilegibles]

Resultaba increíble que en el certificado de defunción del actor no figurase su fecha de nacimiento ni su inscripción en el Registro Civil de Barcelona.

Enseguida entendí por qué yo tampoco pude obtener esos mismos datos diez años después de su muerte.

Me convencí así de que los orígenes de Ángel Picazo seguirían siendo durante mucho tiempo, o tal vez para siempre, un enigma.

Amores fatales

Entre la copiosa correspondencia privada de la infanta María de las Nieves de Braganza (1852-1941), casada con Alfonso de Borbón y Austria-Este (Alfonso Carlos I, para los carlistas), localicé varias cartas que buscaba con gran interés.

Mi objetivo era entonces otra infanta de España, cuya agitada vida había llamado siempre poderosamente mi atención: Elvira de Borbón y Borbón-Parma, una mujer inquieta y atractiva, con unos enormes y profundos ojos negros, como de felino, que había dado no pocos quebraderos de cabeza a los suyos por su irreflexivo comportamiento.

No podía imaginarme entonces que en mi búsqueda de esta irrepetible infanta de España iba a cruzarme con un sinfín de historias sorprendentes que tenían como protagonistas estelares a otros personajes tanto o más fascinantes aún que ella. Dejo al sabio criterio del lector la valoración de esos coprotagonistas de este capítulo, los cuales irán entrando en escena a medida que desentrañemos la vida íntima de esta desconocida infanta que quiso amar y no la dejaron.

A medida que indagué en la desgraciada vida de Elvira, sentí gran compasión por ella y traté de justificar algunos de sus errores. Todo lo contrario que el entonces jefe de la rama carlista, don Carlos María de los Dolores de Borbón y Austria-

Este, nominado Carlos VII por sus partidarios, quien no dudó en hacer público el siguiente comunicado, el fatídico 16 de noviembre de 1896:

> A los carlistas.
>
> Sois mi familia, mis hijos queridísimos, y me considero en el deber de anunciaros que una hija mía, la que fue Infanta Doña Elvira, ha muerto para todos nosotros.

Semejante declaración pública, difundida a los cuatro vientos, causó enorme revuelo en toda la realeza europea.

Carlos VII repudió así, en público, a la segunda y más bella de sus cuatro hijas, Elvira, despojándola de todas sus dignidades terrenales, incluida la de infanta de España.

¿Qué diablos había hecho aquella mujer para merecer que su propio padre la enterrase para siempre en vida de forma tan humillante?

Pronto aclararemos este misterio.

Añadamos antes que Carlos VII, tras hacer pública su nota, guardó riguroso luto durante seis meses, en señal de que su hija Elvira había muerto en su corazón.

La prensa carlista, siguiendo instrucciones del jefe de su Casa, tampoco volvió a mentar a la infanta maldita en sus regias crónicas, como si se la hubiese tragado para siempre la tierra.

LA FAMILIA DE DOÑA ELVIRA

Carlos VII era un hombre testarudo y duro de pelar, como muchos de sus antepasados. Empezando por el infante don Carlos, hermano menor del rey Fernando VII, convertido en rival dinástico, por los siglos de los siglos, de su propia sobrina Isabel II.

Recordará el lector un hecho que afectó de manera decisiva a los Borbones de España, dividiéndolos para siempre en dos ramas dinásticas irreconciliables, cada una de las cuales reclamó en exclusiva la legitimidad: la encabezada por Fernando VII y la que acaudillaba su hermano Carlos María Isidro, nominado Carlos V por sus partidarios.

Este hecho crucial se produjo en 1830, cuando Fernando VII restableció la Ley de Partida, vigente antes de la llegada a España del primer Borbón, Felipe V, al inicio del siglo XVIII, para que su hija Isabel pudiese reinar.

Esta primera de las «leyes antiguas» establecía la sucesión entre los hijos varones del rey por orden de primogenitura. Luego correspondían los derechos a las hijas y, si no existía descendencia, a los hermanos del monarca.

Pero Felipe V, al llegar a España, derogó la Ley de Partida con el llamado Auto Acordado de 1713, que establecía la «Ley Semisálica», denominada así porque no excluía totalmente a la mujer de la sucesión, aunque hacía muy difícil que pudiera alcanzar el trono. Los hijos varones del rey, sus hermanos varones y los hijos varones de éstos tenían preferencia, según esta ley, sobre cualquier mujer para reinar. Pero en el caso hipotético y remoto de que no hubiese varón, podría reinar la hija mayor del monarca, y así sucesivamente.

Fernando VII acabó así con esta «ley semisálica» de Felipe V para que, además de su hija Isabel II, pudiese reinar su rama representada por Alfonso XIII hasta 1931.

La polémica decisión del monarca provocó que los carlistas proclamasen rey a don Carlos María Isidro, desencadenándose las guerras sucesorias.

Desde entonces, a Carlos V (1788-1855) le sucedió, en la

rama carlista, el infante don Carlos Luis María, nominado como Carlos VI (1818-1861), a quien relevó a su vez el infante don Juan Carlos, nominado Juan III (1822-1887).

A este último le sucedió precisamente Carlos VII, padre de la infanta Elvira.

Nacido en Lubiana (Eslovenia), el 30 de marzo de 1848, Carlos VII recibió la «corona» de su padre Juan III el 3 de octubre de 1868, mientras Isabel II se refugiaba en París a raíz del estallido de la «Gloriosa» revolución en España.

Ni corto ni perezoso, Carlos VII estableció su reinado efectivo en el norte de España desde 1872 hasta 1876; formó gobierno, acuñó moneda, legisló, creó una Hacienda propia y tribunales de justicia…

Titulado también duque de Madrid, el padre de la infanta Elvira se rebeló contra la elección de Amadeo de Saboya como rey. Llegó incluso a venir a España, siendo aclamado en el norte como soberano legítimo.

Más tarde, se opuso con uñas y dientes a la restauración monárquica en la persona de Alfonso XII. Sus partidas lucharon ferozmente en Cataluña y Levante, pero fueron al final derrotadas. Carlos VII tuvo así que abandonar España en febrero de 1876.

Nueve años antes se había casado, en primeras nupcias, con la princesa Margarita de Borbón Parma, madre de nuestra protagonista Elvira.

Tras la muerte de Margarita, en 1893, el «rey viudo» contrajo segundo matrimonio con la princesa María Berta de Rohan, de cuya relación no hubo descendencia.

Elvira era hija así del primer matrimonio de Carlos VII, del cual nacieron cinco hijos en total: un varón, el príncipe don Jaime, y cuatro mujeres: Blanca, Elvira, Beatriz y Alicia.

La mayor se casó con un archiduque de Austria, la tercera con un aristócrata romano y la cuarta con un príncipe alemán.

Pero Elvira...

DOS CARTAS INÉDITAS

Presentada nuestra protagonista y su familia, dispongámonos a desentrañar el enigma de la inquietante infanta doña Elvira de Borbón y Borbón-Parma.

En noviembre de 2009 exhumé varias cartas del Archivo Carlista, conservadas hasta hoy, inéditas, entre la correspondencia privada de doña María de las Nieves de Braganza, infanta de Portugal.

Nacida en Baviera en 1852, la infanta María de las Nieves era hija de Miguel I de Portugal y de Adelheid, princesa Löwenstein Werttheim Rosenberg.

Pero, ante todo, María de las Nieves era tía de la infanta Elvira.

Contrajo matrimonio en el castillo bávaro de Kleinheubach, el 26 de abril de 1871, con el pretendiente carlista Alfonso Carlos I, titulado así para evitar llamarse Alfonso XII, como le habría correspondido.

El mismo año de su boda, se trasladó con su marido a Cataluña, donde éste se puso al frente de las tropas carlistas de la región oriental, en calidad de comandante general de Cataluña.

La infanta se mantuvo fiel a su esposo hasta en la guerra, pues participó con él en la tercera guerra carlista, cuyas experiencias relató luego ella misma en un libro titulado *Mis memorias sobre nuestra campaña en Cataluña en 1872 y 1873, y en el Centro en 1874*, publicado en dos partes, en 1934 y 1938, respectivamente.

La infanta se enorgullecía de que uno de los tercios de requetés del ejército carlista llevase precisamente su nombre: era el Tercio María de las Nieves, integrado por cinco compañías, uno de los primeros en salir de Navarra el 23 de julio de 1936, tras el estallido de la Guerra Civil española.

En octubre de 1931, fallecido don Jaime sin descendencia, único hijo varón de Carlos VII, doña María de las Nieves se convirtió en reina para los carlistas, pues los derechos dinásticos recayeron en su esposo Alfonso Carlos de Borbón.

Mujer piadosa de misa diaria, adoraba a su sobrina Elvira, considerándola como la hija que la Providencia le negó.

El 8 de diciembre de 1906 le escribió, desde Viena, esta desconocida epístola:

> Mi queridísima Elvira:
>
> Con todo el alma te agradezco tu buenísima carta, la que tanto al tío [Alfonso Carlos I] como a mí nos dio el mayor gusto por el cariño que nos muestras en ella.
>
> Ya sabes cuánto te queremos y cuán de todo corazón deseamos seas feliz y suplicamos a Nuestro Señor que las cosas se arreglen de modo que lo puedas ser con la conciencia tranquila. Sentimos una inmensa compasión por lo que sufres ahora y comprendemos perfectísimamente lo muy dura y terrible que te es la separación y que tu único consuelo se funda en la esperanza que se pueda probar fue nulo el matrimonio de Folchi. Se necesitaría ser gente sin entrañas, o personas que jamás han sabido lo que es amar, para no tener lástima de tanto dolor y desear que se descubra una solución.

¿Quién era el tal «Folchi», que hacía tan infeliz a la pobre Elvira?

Enseguida lo averiguaremos.

Entretanto, María de las Nieves había escrito a su sobrina, el año anterior, otra reveladora carta.

Fechada el 14 de mayo de 1905, dice así:

> Mi queridísima Elvira:
>
> Ya sabes <u>cuánto</u> [el subrayado es del original] deseamos se pueda regularizar tu situación delante de Dios y los hombres, y lo feliz [*sic*] que estaremos el día que te sabremos [*sic*] en paz con Nuestro Señor y dichosa gozando de todas las ventajas que traería consigo una posición legítima.
>
> No tengo palabras para decirte cuál sería mi alegría si llega ese <u>feliz</u> momento por el gran cariño que te tengo. Espero que tu pobre madre [la princesa Margarita de Borbón Parma, recordemos, fallecida en 1893] guíe desde el Cielo a las personas que se encargaron del asunto. No creas que jamás lo olvidamos, pero a nuestras reiteradas preguntas siempre se nos decía: «Se están haciendo los pasos pero parece es muy difícil». Ahora cobramos nuevas esperanzas, suplico a la Virgen se realicen... El tío y yo te abrazamos muy de corazón y rogando cuanto puedo para ti al Señor y para que nos conceda se arreglen las cosas de modo que se olvide todo lo pasado, quedo mi muy querida Elvira con el mayor cariño tu afectísima tía,
>
> MARÍA

LA DAMA HÚNGARA

El destino quiso que el mismo hombre que repudió a su hija ante las cortes europeas, tampoco fuese dichoso en su matrimonio.

Carlos VII, en efecto, ni fue feliz él ni hizo tampoco venturosa a su mujer, la princesa Margarita. Ambos encarnaban dos caracteres contrapuestos, los cuales, en otras parejas, hubiesen podido complementarse casi a la perfección. Pero en ellos resultaron fatales.

Margarita era una mujer sencilla, nada amiga de los fastos ni del reconocimiento ajeno basado en las simples apariencias. Era la esposa práctica y sumisa por excelencia, capaz de darle al marido el anhelado varón que continuase su dinastía. Pero Carlos VII no se conformó sólo con uno.

Por eso, cuando nació Elvira en Ginebra, el 28 de julio de 1871, se sintió desencantado. Esperaba otro hijo que fuese el recambio sucesorio para el primogénito, reforzando así su fe ciega en la ley sálica que impedía a las mujeres reinar.

Tras el nacimiento de la primogénita Blanca, en 1868, vino al mundo ese único hijo varón, don Jaime, en 1870. Luego, como ya sabemos, nació Elvira, a la que siguió Beatriz en 1874, y por último Alicia, dos años después.

Carlos VII y Margarita se distanciaron casi por completo tras la derrota de las tropas carlistas, en 1876. Cinco años después, apenas existía ya trato entre la pareja real proscrita. En sus profundas desavenencias terciaron incluso los hermanos de Margarita, príncipes de Parma, que habían participado en la contienda junto a las huestes carlistas. Se conservan hoy dramáticas cartas de aquéllos a su cuñado, recriminándole por dejar desasistida a su esposa.

Razón, desde luego, no les faltaba, pues el muy truhán de Carlos VII era todo fachada en cuestión de amores.

El mismo padre enojado que decidió enterrar en vida a su hija Elvira por seguir los impulsos de su corazón, se había encaprichado antes que ella de una bellísima corista húngara de tan sólo dieciocho años, Paula de Somoggy, con la que vivió en París como un auténtico soltero de oro.

Carlos VII, desde luego, predicaba más bien poco con el ejemplo.

En noviembre de 1877, un año después de nacer su hija Alicia, mientras regresaba a Viena de visitar las posiciones en el frente de la guerra ruso-turca, el pretendiente al trono español conoció a la joven corista.

Se la presentó una tal señora Hannover. La chica se llamaba en realidad Paula Horváth y había nacido en la ciudad húngara de Pest, en 1859.

Era, por tanto, once años menor que Carlos VII.

El padre de Elvira se encaprichó de ella, llevándola consigo de Viena a Graz, a casa de su hermano. Desde allí fueron juntos a Venecia, Módena y Milán, donde Carlos VII la presentó en sociedad como la baronesa de Somoggy. Pero la mujer, por muy bella que fuese, no tenía en sus venas ni un solo glóbulo de sangre azul.

Finalmente, debió de remorderle su laxa conciencia de conquistador, poco antes de que su hijo Jaime, de siete años, hiciese la primera comunión. El caso es que el pretendiente decidió expulsar de pronto de su vida a la atractiva dama. La falsa baronesa de Somoggy fue a caer entonces en manos del tenor Ángel Trabadelo, con quien se casó y vivió en Londres hasta su muerte, acaecida en 1917.

Trabadelo era carlista hasta la médula. Nacido en la aldea guipuzcoana de Arrona, rinconcito adorable rodeado de hermosas montañas, regresaba allí cada verano para acompañar a su anciana madre.

El 31 de julio, festividad de San Ignacio de Loyola, Trabadelo acudió al vecino pueblo de Azpeitia, de donde era natural el santo, cuna también del tradicionalismo. El célebre tenor participó allí en los festejos populares: música incesante, partidos de pelota a manos de Chiquito de Eibar, Zurdo de Villabona y tantas otras estrellas… y, por supuesto, en la corrida de novillos, cuyo primer espada brindó más de un toro al antiguo tenor del Teatro Real y reputado maestro durante tantos años en París.

No en vano, bajo la batuta de Trabadelo perfeccionaron sus estudios de canto la cubana Lidia Rivera y otras cantatrices más populares aún, como la Melba, la Calvé y la Sanderson.

Pero ninguna de aquellas mujeres emulaba, en belleza y seducción, a la fascinadora Paula de Somoggy.

EL HECHIZO DE JOSEPH CONRAD

La misma dama que deslumbró al padre de la infanta Elvira de Borbón, había hechizado también fatalmente, meses atrás, al célebre novelista polaco Józef Teodor Konrad Korzeniowski, más conocido luego, tras nacionalizarse británico, por Joseph Conrad.

El autor de *Lord Jim* y de *El corazón de las tinieblas* se había embarcado en una auténtica aventura marítima que lo llevó a recorrer las islas de las Indias Occidentales, Cabo Haití, Puerto Príncipe, Santo Tomás y San Pedro, poco después destrozado por la erupción del temido volcán Mont Pelee.

El tiempo que Conrad no estaba en el mar, lo pasaba en Marsella, donde quedó anonadado nada más conocer a la húngara Paula de Somoggy, a quien los legitimistas llamaban simplemente «Rita».

Conrad se convirtió en asiduo del Café Boudol, en la rue Saint-Ferréol; frecuentó también el salón privado de la esposa del naviero y banquero Delestang.

Rodeado en aquellos selectos ambientes de mecenas, nobles, carlistas y aventureros como él, el escritor enmudeció al contemplar por primera vez el rostro angelical de aquella mujer que le sorbió el seso.

La vida de Conrad, hasta aquel momento, había transcurrido en buena parte en el mar, desde que con diecisiete años abandonase los estudios para enrolarse en la marina mercante francesa.

Su vida aventurera pronto se complicó al participar en conspiraciones políticas y en operaciones de tráfico de armas.

Tras conocer a Paula de Somoggy, empezó a beber y a gastar más de lo que su salud y su bolsillo podían aguantar. Hasta que, a finales de febrero de 1877, Conrad intentó quitarse la vida disparándose en el pecho.

Por fortuna, la herida no fue mortal. Sugestionado por su ciego amor a la húngara, e inspirado sin duda en las obras musicales de Rossini y de Meyerbeer, igual que en las operetas de Offenbach, tan de moda en la sociedad marsellesa de la época, Conrad había intentado suicidarse para poner fin a su trágica historia de amor.

El 24 de abril de 1878, el escritor abandonó Marsella en el vapor *Mavis*, rumbo a Constantinopla.

La guerra ruso-turca y su idilio con la húngara eran ya pura historia.

Modelo de madre

Elvira de Borbón se había criado con su madre y sus hermanos en La Tenuta Reale de Viareggio, una quinta toscana heredada por Margarita de su padre.

En su capilla sería inhumada la propia madre de Elvira en 1893, consumida por los terribles disgustos de su infiel marido.

A la intercesión celestial de Margarita apelaba precisamente la infanta María de las Nieves, en una de las cartas que ya hemos transcrito, para solucionar el calvario terrenal de su querida sobrina Elvira.

La princesa Margarita había nacido en el pueblo italiano de Lucca, de donde también era natural la primera mujer santa del siglo xx, Gemma Galgani.

La esposa de don Carlos era nieta de los últimos duques de Lucca, Carlos Ludovico de Borbón y María Teresa de Saboya.

El ducado de Lucca era entonces un pequeño estado en el centro de la península itálica, anterior a la unificación; ocupaba una pequeña franja de la actual región de Toscana.

La hacienda de La Tenuta Reale fue legada luego por los duques de Lucca a los padres de Margarita, duques soberanos de Parma, don Carlos III y doña María Teresa de Borbón.

Elvira imitó, ya en el ocaso de su vida, el mismo modelo cristiano que trató en su juventud de inculcarle su madre, bautizada por los carlistas, durante la tercera guerra, como «ángel de la caridad», de tantos hospitales que fundó en el norte de España para asistir a enfermos y mutilados.

Una anécdota relatada por su primogénita Blanca, hermana de Elvira, al general carlista Juan Pérez Nájera, durante la tercera guerra librada en España, revela la bonhomía que caracterizó siempre a doña Margarita, ejemplo cabal de reina, esposa y madre: «Me llevó mi madre —evocaba doña Blanca—, la reina doña Margarita, a una de sus visitas a los hospitales militares, creo que al de Estella. Yo tendría unos seis años. Entré de la mano de mamá en una sala con una fila de camas a cada lado. En la primera que llamó mi atención había un hombre lleno de vendajes manchados de sangre, que casi le tapaban toda la cara y creo que las manos. Su aspecto era horrible y me retiré hacia la puerta instintivamente, en un movimiento de miedo. "¿Qué haces, Blanca?", me preguntó mi madre. "¿Por qué no te acercas conmigo?" Y como quiera que mi única respuesta fue echarme a llorar, la reina volvió a tomarme la mano y me dijo: "Hay que quererlos, pobrecitos. Están así por defendernos y otros muchos murieron luchando por nosotros. Son muy buenos y dan su sangre y su vida por España, por tu padre el Rey, por mí y por ti misma". Me hice cargo confusamente de aquello que oía y con esfuerzo sobre mí misma me acerqué a la cama. Mamá me tomó en brazos y me hizo dar un beso sobre la frente del pobre soldado, que acaso estaba moribundo».

PRIMEROS PASOS

En La Tenuta dio también Elvira sus primeros pasos junto a su madre y su hermana Blanca.

Esa misma andadura evocaba, con gran ternura y aire bucólico, el escritor y pintor italiano Lorenzo Viani, hijo de uno de los guardeses de la finca, en su exquisito libro de memorias *Il figlio del pastore*, publicado en 1930.

Lorenzo Viani había nacido precisamente en Viareggio, el 1 de noviembre de 1882; era, por tanto, once años menor que Elvira, a quien recordaba así, un año después de su muerte:

> El día de nuestra confirmación —escribe Lorenzo Viani— (la de los hijos de los numerosos empleados de la finca), la infanta Elvira y sus hermanas nos sirvieron el chocolate en una mesa dispuesta en el gran parque, frente al palacio.
>
> El patrón (don Carlos VII) aparecía y desaparecía como una sombra. Su presencia en la casa imponía el mutismo de todos. Parecía taciturno y lejano.
>
> Los que servían en palacio (cocineros, doncellas, mayordomos, cocheros) eran treinta y seis, entre hombres y mujeres españoles, italianos y austríacos.
>
> Doña Elvira, que solía vestir de blanco espuma de mar, princesa borbónica de porte majestuoso, era la más bella de las

cuatro infantas: una hermosura de tipo español. Sus grandísimos ojos negros destacaban sobre la palidez de su rostro. Pero era la infanta más solitaria.

Rodeada de una pequeña corte, Elvira pasó allí su infancia y juventud en compañía de sus hermanos y de su madre, la cual, afligida por las continuas ausencias del marido, que desencadenaron la separación definitiva, se volcó en la educación de sus hijos y en la reforma de su palacete para convertir la capilla en un panteón familiar.

A la muerte de su abuelo Carlos Ludovico en Niza, en 1883, doña Margarita ordenó la repatriación del cadáver para darle cristiana sepultura en su hacienda de Viareggio, celebrando en su honor funerales con rango real.

Todas las tardes, en el salón acristalado de La Tenuta, la pequeña Elvira veía a su madre bordar con lentitud, silenciosa, junto a sus hermanas y damas de compañía. El hilo de oro temblaba en las agujas. Luego, rezaban el santo rosario en familia.

La villa estaba decorada al estilo francés, reflejo de la educación que doña Margarita y sus hermanos habían recibido de sus tíos, los condes de Chambord, herederos del trono de Francia. Cuadros y tapices adornaban las paredes del palacete.

En el salón de la reina, al que se accedía por una amplia escalera situada en el ala izquierda de la planta principal, destacaban unas espléndidas cómodas de estilo Luis XV, así como amplios sofás y sillones, junto a una preciosa colección de figuritas de porcelana que representaban a unos pastorcillos vestidos con refinada elegancia.

La estancia, muy hermosa, poseía unos luminosos ventanales que daban a dos fachadas norte y sur. En el centro, una gran chimenea enmarcada en mármoles daba calidez al ambiente.

A la izquierda, se hallaba el cuarto de aseo o de vestir, seguido del dormitorio con dos camas de bronce que pertenecieron a la última delfina de Francia.

Elvira heredó de su madre el gusto por las rosas rojas, las cuales colocaba ésta con esmero y devoción en la capilla, junto a los restos de sus antepasados, sepultados a la izquierda del altar mayor, en una cripta que no era subterránea.

Doña Margarita era muy devota de una antepasada suya, pariente de su abuela María Teresa de Saboya, que fue beatificada por la Iglesia católica. Casualmente, aquella beata mujer se llamaba también Margarita y figuraba en el árbol genealógico de la dinastía de Saboya, entre los siglos XIV y XV.

Su cuerpo incorrupto se venera en una iglesia de Alba desde 1464, año de su muerte.

A Elvira le llamó siempre la atención la estatua de su abuelo materno Carlos III, situada en la capilla. El difunto duque soberano de Parma yacía boca arriba sobre un plano elevado, cubierto por un manto de seda de Damasco.

La estatua había sido colocada bajo una bóveda lateral, en el centro de cuatro columnas. La cabeza del duque estaba apoyada sobre un cojín de mármol pulido; con el puño derecho sujetaba una cruz sobre el pecho.

Elvira creció feliz en aquel edén de La Tenuta, a salvo de los disgustos que luego le acarrearía la vida. Todos los días correteaba con sus hermanas por los lindos jardines, adornados con bancos de alabastro, bellas fuentes de piedra y grandes estatuas de mármol, una de las cuales evocaba a la diosa Diana, acompañada por un ciervo, como la Diana de Versalles. En la mitología romana, Diana era la diosa virgen de la caza y protectora de la naturaleza. Pero, por fortuna, Elvira y su madre no tenían el mismo carácter atribuido a ella, pues nunca fueron implacables, crueles ni vengativas.

Elvira se divertía también escondiéndose de sus hermanas entre las fuentes con pila del jardín, decoradas con figuras mitológicas; otras veces se ocultaba entre los parterres de boj y de laurel, adentrándose en los senderos de rosas y, por supuesto, en el laberinto de veredas que desembocaba en el gran parque frente a la hacienda.

Pero toda esa infancia idílica y pastoril iba a dar paso muy pronto a una etapa de mucho sufrimiento.

LA VISITA DE VALLE-INCLÁN

En diciembre de 1999, Dianella Gambini, profesora de cultura española en la Universidad de Perugia, capital de la región italiana de Umbría, entrevistó a Jaime Fernández Gasparini en su residencia de Segovia.

El nombre de este señor nada sugerirá al lector. Pero si añadimos que era hijo de Restituto Fernández López, incorporado al servicio del pretendiente carlista don Jaime en agosto de 1909, primero como cajero, luego como pagador del castillo austríaco de Froshdorf y finalmente como ayuda de cámara, seguro que la cosa cambia.

¿Qué le contó Jaime Fernández a la insigne profesora que tanto nos interesa reproducir ahora?

Dianella Gambini tuvo la precaución de pedirle a su interlocutor, al término de su conversación con él, que redactase de su puño y letra el siguiente testimonio:

> Mi padre —escribió entonces el entrevistado— me contaba que doña Blanca, hija de Carlos VII, le relató una anécdota acontecida en La Tenuta Reale de Viareggio, cuando allí estuvo de visita don Ramón del Valle-Inclán. Entonces ella era

muy joven y Valle-Inclán le echó un piropo que ella definía como «precioso como un fuego de artificio». No puedo recordar exactamente las palabras pero giraba en torno a la imagen de muchas flores entre las que la Flor de Lis sobresalía, símbolo de la legitimidad monárquica y de la belleza de la infanta doña Blanca de Castilla.

Si la memoria no traicionaba a Jaime Fernández, que desde su nacimiento en 1924 viajó más de una vez a Viareggio con el séquito de don Jaime para pasar la primera mitad del otoño, entonces no hay duda de que la infanta Elvira conoció en persona al autor de las *Sonatas*, cuya barbuda efigie debió de recordarle sin duda a la de su propio padre.

Jaime Fernández siguió visitando La Tenuta incluso después de la muerte del pretendiente, en 1931. La última vez que estuvo allí fue en las Navidades de 1948, antes de que Blanca, la hermana mayor de Elvira, muriera.

La propia profesora Gambini aseguraba, por su parte: «No es de extrañar que Valle-Inclán haya podido recorrer en tren la línea Viareggio-Pisa-Florencia-Perugia, la más directa y cómoda, y ya en funcionamiento desde la mitad del siglo XIX».

En un excelente trabajo de investigación publicado en la revista *Anales de la Literatura Española Contemporánea*, Dianella Gambini pone en evidencia las enormes similitudes de la corte carlista de Viareggio en la que se crió la infanta Elvira, con la recreación literaria que hace Valle-Inclán del ambiente que rodea a su protagonista, el marqués de Bradomín, en la *Sonata de primavera*.

Gambini arroja así luz, a mi juicio, sobre una laguna cronológica en la biografía del escritor gallego, que se extiende desde 1885 hasta 1892; período sobre el que no pocos autores niegan que Valle-Inclán, al contrario de lo que él mismo sugirió, hubiese estado en Italia, donde se desarrolla precisamente una parte de las peripecias del marqués de Bradomín recogidas en la *Sonata de primavera*, en 1904.

¿Es la princesa Gaetani, en el relato de Valle-Inclán, un trasunto de la princesa Margarita de Borbón Parma?

Y lo que nos interesa aún más: ¿pudo acaso inspirarse el autor en la azarosa vida sentimental de la infanta Elvira, la cual sin duda conocía ya antes de publicar las *Sonatas*, para componer magistralmente su narración de lo divino y lo satánico, el amor y la muerte?

Sea como fuere, la historia de amor de Elvira empezó mal y acabó aún peor...

AMOR FRUSTRADO

En 1889, con dieciocho años, Elvira de Borbón suspiraba ya por el archiduque Leopoldo Fernando de Austria.

Primogénito de Fernando IV, gran duque de Toscana, el archiduque Leopoldo había nacido en diciembre de 1868, tres años antes que Elvira.

Era un apuesto militar que cautivaba a las jóvenes princesas de su época. Su abuelo paterno, Leopoldo II, fue obligado a retirarse a Bolonia con su familia en 1859, tras una incruenta revolución que incorporó la Toscana al reino de Italia.

El 21 de julio de aquel año, Leopoldo II abdicó en su hijo Fernando IV, padre del amor imposible de Elvira, pero éste jamás llegó a ceñirse la corona.

Elvira solía viajar entonces a Viena, acompañando a su madre, la princesa Margarita. En uno de los palacios de la monumental ciudad residía el atractivo archiduque, con quien Elvira paseó una y mil veces por los jardines, prometiéndose amor eterno.

Así transcurrió el tiempo, entre dichosos reencuentros, tristes separaciones e interminables esperas.

Leopoldo y Elvira soñaban con casarse algún día, pero vivían resignados al más absoluto mutismo: nadie de la familia, ni en la corte vienesa ni en Viareggio, osaba pronunciarse sobre su relación.

Harta de tanto silencio, Elvira cogió al fin la pluma decidida a que el hombre de su vida acabase de una vez con aquel insufrible sigilo: «Habla directamente —le indicó— con el emperador Francisco José, jefe de la familia, y pídele su licencia. Una vez conseguida, ni tus padres ni los míos podrán poner objeciones, si es que las hubiera, que no lo entiendo».

El archiduque Leopoldo obedeció.

Días después, fue recibido en audiencia por el jefe de los Habsburgo, a quien puso al corriente de su feliz noviazgo con la infanta de la rama carlista, explicándole sus planes para el futuro.

Leopoldo expresó también su extrañeza ante la frialdad que despertaba la relación entre sus allegados. El emperador le escuchó en silencio, hasta que terminó de hablar. Luego, le dijo muy serio:

—Lo siento, pero no tengo más remedio que pedirte que renuncies a Elvira. No puedes casarte con ella.

Atónito, el archiduque recurrió a un sólido argumento:

—¿Por qué, majestad, yo no puedo casarme cuando mi primo Leopoldo Salvador ha conseguido hacerlo con Blanca, la hermana de Elvira?

Pero entonces, los príncipes y las princesas se veían obligados a casarse con quienes no amaban, por simple razón de Estado. Y al contrario: cuanto más anhelaban unirse a alguien, más obstáculos insalvables hallaban en su relación por... ¡la misma razón de Estado!

Contra el veredicto de Francisco José no cabía así recurso alguno.

—Lo de Blanca fue un error —sentenció el emperador.

Acto seguido, desveló él mismo todo el misterio:

—Mi sobrina María Cristina, reina regente en nombre de su pequeño hijo Alfonso XIII, ha estado enviándome protestas desde entonces. Dos matrimonios Habsburgo con las hijas del pretendiente carlista al trono de España colmarían el vaso y darían lugar no sólo a más lamentos de María Cristina, sino a conflictos diplomáticos con Madrid que hay que evitar.

María Cristina, en efecto, estaba detrás de aquella cruel prohibición que impedía a Leopoldo y Elvira ser felices juntos.

Por nada del mundo estaba dispuesta la reina de España a que su propia familia siguiese emparentándose con la rama carlista, enemiga de los intereses legítimos de su hijo Alfonso XIII. Bastante había tenido ella ya que tragar al ver a la infanta Blanca convertida en archiduquesa de Austria, tras su boda con Leopoldo Salvador.

María Cristina era la primera en impulsar, en cambio, los enlaces matrimoniales entre los Habsburgo y los Borbones legítimos de España. Ella misma constituía el mejor ejemplo de ello, tras su boda con el rey Alfonso XII.

Intentó también casar a su propio hermano, el archiduque Carlos Esteban, con su cuñada la infanta Eulalia. Pero, a diferencia de la también infanta Elvira, la hermana de Alfonso XII dio finalmente calabazas al archiduque.

Desconsolada, tras conocer por Leopoldo la negativa del emperador, la infanta Elvira de Borbón y Borbón-Parma espetó a su amado, a modo de maleficio:

—Un día el viejo emperador morirá como todo el mundo y tú lamentarás haberle obedecido.

Y no se equivocó…

La tragedia de Mayerling

El mismo año que Elvira y Leopoldo se las prometían aún muy felices, ocurrió una tragedia que a ninguno de ellos, ni a nadie en toda Europa, dejó indiferente.

El terrible suceso hizo concebir incluso en algunos la certeza de que sobre la Casa de Habsburgo se cernía una especie de maldición.

La tragedia coincidió, además, con la paulatina desmembración del imperio cuyas grietas intentaba en vano reparar, con su política paternalista, el propio Francisco José.

Aludimos, claro está, al suicidio del archiduque Rodolfo de Habsburgo, príncipe heredero del Imperio austrohúngaro, y al de su amante la baronesa María Vetsera, acaecido el 30 de enero de 1889 en un dormitorio del pabellón de caza de Mayerling, en los exuberantes bosques de Viena.

Rodolfo era el único hijo varón del emperador Francisco José. El mismo que, como acabamos de ver, se opuso al enlace de Leopoldo y Elvira, influenciado por su sobrina la reina María Cristina.

La madre de Rodolfo era la emperatriz Isabel, llamada cariñosamente Sissi en familia.

María Vetsera provenía, en cambio, de una familia acaudalada de zapateros de Bratislava. Nacida en 1871, el mismo año que la infanta Elvira, fue la mujer elegida por Rodolfo para no morir solo.

Era realmente bella y seductora, como atestiguaba por escrito una amiga suya: «No era muy alta, pero su figura sinuosa y el seno exuberante la hacían parecer más que adulta a sus diecisiete años. Coqueta por instinto, inconscientemente inmoral en sus actitudes, casi una oriental en su sensualidad y, sin embargo, una dulce criatura. Había nacido para el amor, y desde luego que lo descubrió con un oficial inglés a los dieciséis años, conocía el fuego de la pasión».

La llama de la pasión prendió en su corazón el 14 de enero de 1889, tan sólo dieciséis días antes de la tragedia, cuando María escribió a su institutriz: «Estuve anoche con él [Rodolfo] desde las siete hasta las nueve. Ambos hemos perdido la cabeza. Ahora nos pertenecemos por completo».

A diferencia de lo sucedido con el célebre escritor Joseph Conrad, los disparos efectuados en el pabellón de caza de Mayerling sí resultaron mortales para los dos amantes. Sus cadáveres fueron hallados aquel fatídico miércoles, a las siete y media de la mañana, por el camarero personal del príncipe heredero, Johan Loschek, que a duras penas logró derribar la puerta del dormitorio a hachazo limpio junto con dos amigos de la pareja invitados a la cacería.

Rodolfo estaba al borde de la cama, con un brazo colgando; María Vetsera yacía boca arriba, entre las sábanas bañadas en sangre.

Tras no pocas conjeturas, acabó aceptándose que Rodolfo había disparado a su amante antes de dirigir el arma contra sí mismo. Es decir, que tan autor fue de un homicidio, como de su propio suicidio.

Pero conocer la verdad llevó su tiempo, pues la propia Casa Imperial hizo cuanto pudo para salvaguardar su prestigio, difundiendo la versión oficial de que el archiduque Rodolfo había sido asesinado por razones políticas.

La última emperatriz de Austria, Zita de Borbón-Parma, declaró a la prensa, en 1983, su convencimiento de que Rodolfo había sido asesinado. Zita añadió que presentaría las pruebas concluyentes del crimen.

Pero sus palabras fueron desmentidas, poco después, por su hijo el archiduque Otto, primogénito de la familia imperial, quien aseguró, categórico, a los periodistas: «No existen tales pruebas. Rodolfo se suicidó».

Entre tanto, circularon las versiones más rocambolescas sobre lo acontecido en Mayerling, el idilio pasional más célebre de la historia contemporánea.

Llegó a afirmarse que María Vetsera se había envenenado con cianuro antes de matar a Rodolfo, carcomida por los celos porque éste le había asegurado poco antes que pensaba abandonarla.

Hasta el cine, unido al absurdo hermetismo de la propia Casa Imperial, sirvió para alimentar los más disparatados rumores.

Finalmente, aceptada a regañadientes la hipótesis del suicidio, los miembros de la ultracatólica Casa de Austria alegaron como excusa «enajenación mental transitoria» para poder inhumar al desgraciado Rodolfo según los sagrados cánones de su religión.

A su muerte violenta, los amantes dejaron escritas varias cartas.

El archiduque, una para su esposa Estefanía de Bélgica, a quien decía:

> Te ves libre de mi funesta presencia. Sé buena con la pobre pequeña [su única hija, la archiduquesa Isabel, nacida en 1883], ella es todo lo que queda de mí. Voy tranquilo hacia la muerte.

Rodolfo tenía sólo treinta años cuando decidió quitarse la vida. Había heredado de su madre el mismo carácter impulsivo y sentimental que tantos errores le hizo cometer en vida, frente al espíritu sosegado y reflexivo de su padre.

De nuevo, un matrimonio impuesto por razones de Estado marcó el declive de este archiduque veleidoso. En 1881 lo casaron con Estefanía de Bélgica, una princesa insulsa y aburrida, incapaz de satisfacer las fuertes emociones de su impetuoso marido.

Espantada por la noche de bodas, Estefanía no se recató a la hora de consignar los más íntimos sentimientos en sus memorias: «¡Qué sufrimiento! ¡Qué terrible decepción! Creí morir de desesperación», anotó.

Cinco años después de su casamiento, Rodolfo contrajo una enfermedad venérea, diagnosticada por el doctor Widerhofer el 7 de enero de 1886.

Era evidente que el matrimonio no marchaba bien.

Para colmo, el archiduque contagió la gonorrea a su esposa, que desde entonces le aborreció siempre.

Desencantado de la vida, Rodolfo frecuentó la compañía de prostitutas, entregándose por completo a la bebida y el adulterio.

Antes de su última aventura con María Vetsera, había mantenido relaciones con Mizzi Caspar, a quien la ofendida Estefanía no dudó en calificar como «la gran ramera de Viena».

Otra prostituta como Mizzi Caspar irrumpió luego en la vida del mismo archiduque que había desistido de llevar a la infanta Elvira hasta el altar...

CIUDADANO WÖLFLING

Elvira acertó en su penoso augurio: el hombre al que más quiso en este mundo, el archiduque Leopoldo, murió con el remordimiento de haberse plegado a los designios del emperador.

Además de hacer caso omiso a su amada Elvira, el archiduque pasó también por alto los consejos de la madre de ésta, la princesa Margarita, que escribió indignada a su familia: «¡Qué mundo tan malo y tan lleno de pequeñeces y miserias! ¿Puedes creer que Cristina ha hecho cuanto ha podido para estorbar la boda? Ella está en nuestro puesto y no lo ignora. ¿No puede siquiera dejarnos la felicidad de nuestros hijos?».

Desencantado del amor y de la política del imperio, que consideraba caduca, Leopoldo cayó en manos de una antigua prostituta, Guillermina Abramowitz, con quien se desposó el 25 de julio de 1903, tras renunciar en diciembre del año anterior a su título nobiliario y a todas sus prerrogativas.

El archiduque Leopoldo de Austria se convirtió así en el ciudadano del mundo Leopoldo Wölfling.

En 1907 se divorció de la Abramowitz para celebrar otro matrimonio morganático con una tal María Ritter. Con ella residía Leopoldo en Bronville, pequeña localidad próxima a Trouville, cuando le visitó el periodista Jean de Bonnefon, de *Le Journal* de París, en agosto de 1908.

Vale la pena reproducir la crónica de aquel encuentro:

> El príncipe de sangre real de los Habsburgo y de los Borbones, sobrino de María Antonieta, reina, y de María Luisa, emperatriz, vive con su nueva esposa en una casa de campo modestísima. En ella pasa el verano. Por lo demás, el que fue archiduque Leopoldo Fernando de Austria Toscana, almirante de la escuadra, coronel honorario de los más renombrados regimientos extranjeros, heredero de los derechos de Fernando IV y de la sangre de los emperadores, es un ciudadano suizo de la manera más legal del mundo.
>
> Todo en él, menos la fisonomía, ha cambiado. Viste modestamente, hace vida burguesa, trabaja…
>
> En mi conversación con él, me dice que no le gusta que se ocupen de él. «Los ciudadanos de un país republicano —asegura— deben comprender mejor que nadie que el infeliz pues-

to por la naturaleza en la inamovilidad de un trono, se declare libre y pretenda ser, por esfuerzo de su propia voluntad, un hombre libre como los demás, trabajando para ganarse la vida y la de su familia. He dejado Austria, ya lo he dicho, por una razón principal: un archiduque es, por su nacimiento, un inútil que no tiene derecho a pensar ni a obrar. Forma parte de una decoración de la que nada interesa, ni actores, ni espectadores. He hecho la vida militar en tiempo de paz. He servido en la Marina; he ingresado en la Infantería cargado de títulos. Pero, en la práctica, no he mandado ni un solo batallón.»

Leopoldo Wöltling concluía, desengañado, su entrevista: «Muy joven, sufrí un ligero castigo. Después, nada. Ni bien ni mal. La inacción».

Aún tuvo fuerzas para contraer un tercer matrimonio con Clara Gröger, casi treinta años más joven que él, que tampoco le hizo sentir la felicidad efímera que experimentó con su Elvira del alma, a quien jamás olvidó.

Sus tres libros de memorias —*Los Habsburgo entre ellos*, *Recuerdos de la corte de Viena* y *De archiduque a tendero*— rezuman aflicción y resentimiento.

Murió en Berlín, en julio de 1935, sumido en la pobreza.

Para entonces, ya había sido testigo impotente de la fuga de la infanta Elvira con el segundo hombre del que ésta se enamoró…

LA HUIDA

Un despacho telegráfico, fechado en Roma el 21 de junio de 1906, a las ocho de la mañana, informaba de la última correría sentimental de Elvira de Borbón.

Titulado «Al fin, arrepentida», decía escuetamente así:

> La princesa Elvira de Borbón, hija de D. Carlos, el preten-
> diente al trono de España, que se escapó con el pintor Folchi,
> hombre viejo y casado, con quien ha vivido mucho tiempo en
> Florencia, se ha decidido a separarse de su amante y a ingresar
> en un convento.
>
> Esta determinación ha sido adoptada a instancias de la fa-
> milia de Elvira de Borbón. Para realizarlo llegó ella a Roma
> hace dos días.

Otro despacho cursado nueve días después, el 30 de junio,
firmado por Franco Franchi, desmentía que Elvira hubiese decidido abrazar la vida conventual, tal y como había publicado
el diario británico *Daily Mail*:

> En la residencia de María Beatriz Massimo, princesa de
> Roviano y cuarta hija de D. Carlos, duque de Madrid, se des-
> miente de la manera más rotunda la noticia publicada por el
> *Daily Mail* de que su hermana mayor doña Elvira piense reti-
> rarse a un convento.
>
> No hay nada de esto. La princesa Elvira, la que se escapó
> con el pintor Folchi, vive en Florencia, en el campo, muy tran-
> quila y sin pensar en el claustro, sin haber recibido de nadie
> consejos para hacerse monja.
>
> «Doña Elvira —me dicen— tiene bastantes años para ne-
> cesitar consejos de nadie, ni de su familia siquiera. Va a cumplir
> treinta y cinco años dentro de pocos días, pues nació en Gine-
> bra el 28 de julio de 1871.»

Elvira traía así en jaque a la prensa europea y a su propia
familia, desde que decidió fugarse con un pintor a quien apenas conocía.

Pero por nada del mundo estaba ella dispuesta a resignarse de nuevo, como ya hizo con el archiduque Leopoldo.

Fallecida su madre en 1893, su padre Carlos VII se casó en segundas nupcias con la princesa María Berta de Rohan, la cual fue incapaz de colmar el gran vacío afectivo de Elvira.

La nueva esposa de su padre se comportó con ella como lo que realmente era: una madrastra fría y distante. Abandonada así a su soledad, en Viareggio, Elvira conoció un día a Filippo Folchi, un mediocre pintor florentino que fue a La Tenuta Reale para restaurar unos frescos de la capilla.

Con veinticinco años, la bella infanta no había perdido aún su capacidad de amar. Por eso, en cuanto vio al pintor Folchi no le importó que fuese diez años mayor que ella y se fugó con él.

Lorenzo Viani, hijo de uno de los guardeses de La Tenuta, evocaba así la romántica escapada: «La infanta cometió el pecado y aceptó, serena, una despiadada penitencia. Una noche, después de recoger algunos objetos y sus pocas joyas, envuelta en una capa negra, atravesó en tinieblas el inmenso bosque que rodea la finca en compañía de su amante».

Elvira se instaló con Folchi en Florencia, donde protagonizó numerosos incidentes a causa de su brusco carácter.

De uno de ellos se daba cuenta, precisamente, en un despacho fechado en Florencia, el 23 de marzo de 1906:

> Disputando doña Elvira en una tintorería con la encargada de la misma sobre el precio de la limpieza de un abrigo, se enredó a golpes con aquélla, causándola una herida leve en la cabeza.
>
> Doña Elvira fue detenida y puesta en libertad después de prestar declaración.
>
> El escándalo que ha originado es tanto mayor, cuanto que

no es la primera vez que dicha señora interviene en hechos
análogos.

A esas alturas, la infanta ya era madre de tres hijos bastardos.

Inmensa prole

A Elvira no le importó que Folchi fuera un hombre de mundo.

Con treinta y cinco años, el pintor había conocido ya a un
sinfín de mujeres y, para colmo, se rumoreaba que estaba casado.

Pero Elvira se enamoró ciegamente de él, hasta el punto de
darle tres hijos, el primero de los cuales, Jorge Marco de León,
nació el 20 de mayo de 1900.

El niño adoptó enseguida el apellido materno: Borbón.
Igual que sus dos hermanos gemelos, León Fulco y Filiberto,
nacidos el 22 de junio de 1904 y registrados en el consulado de
España como ciudadanos españoles.

Jorge adoptó, en cambio, la nacionalidad italiana. Enrolado
en el ejército transalpino, donde alcanzó el grado de capitán de
infantería, falleció durante la Segunda Guerra Mundial, en plena campaña de Albania, cuando corría el año de 1941.

Jorge debió de heredar de su abuelo materno el aplomo en
el campo de batalla, donde se hizo acreedor de la medalla de
oro al valor, a título póstumo.

Antes de entregar su vida, se desposó con una francesa,
Germain Pilard, con la que tuvo una sola hija, Beatriz de Borbón, nacida en 1931, la cual reside hoy en Roma tras dirigir
durante varios años una empresa ligada al mundo de la moda.

Los gemelos de la infanta Elvira dieron en cambio a ésta
catorce nietos.

León Fulco contrajo matrimonio el 28 de noviembre de 1934 con Ana Vázquez Carrizosa, dos años menor que él, hija de un embajador de Colombia en París.

De su matrimonio nacieron seis hijos: María Teresa, Juan, Luis, Enrique, Miguel y María Blanca de Borbón.

León Fulco falleció en Nueva York, el 10 de octubre de 1962. Su esposa Ana lo hizo veintisiete años después, el 5 de diciembre de 1989, en Danbury, Connecticut (Estados Unidos).

Filiberto, por su parte, casó con Lucía Vázquez Carrizosa, hermana de su cuñada, en 1941.

La pareja dio ocho nietos más a la infanta Elvira, a ninguno de los cuales conoció ésta en vida: María Elvira (llamada así en recuerdo de su abuela), Jaime, Francisco, Fernando, Antonio, Felipe, Ana y Carlos.

Filiberto falleció el 1 de marzo de 1968, en Danbury, Connecticut; su esposa, dieciocho años después, el 20 de octubre de 1986, en Nueva York.

Los gemelos de doña Elvira dirigieron las famosas joyerías Van Cleef en Nueva York.

Hoy, los numerosos descendientes de Elvira de Borbón y Borbón-Parma residen en su mayoría en Estados Unidos. Todos ellos deben su existencia a la locura de amor de esta incorregible infanta carlista.

Aunque ella no fue, ni mucho menos, la excepción en su familia…

MARIDO IMPUESTO

Paradojas de la vida: si a Elvira le prohibieron casarse con el hombre al que amaba, a su hermana menor Alicia la obligaron en cambio a hacerlo con quien no quería.

El drama de Alicia de Borbón y Borbón-Parma, nacida el 29 de junio de 1876, empezó cuando su padre Carlos VII, el mismo que flirteó con la corista húngara a espaldas de su esposa, decidió casarla contra su voluntad con el príncipe Federico de Schönburg-Waldenburg.

Pocos hombres tan feos como éste se recordaban en las cancillerías europeas a finales del siglo XIX. Ni por todo el oro del mundo, Alicia habría sido capaz de sentirse seducida por un caballero semejante, que para colmo era profundamente germánico en su carácter y en sus modales, tan distintos de la calidez y ternura latinas de la infanta.

Pero Alicia, como su hermana Elvira, pasó por el aro la primera vez.

El matrimonio fue un desastre y, naturalmente, acabó siendo anulado por la Santa Sede. Las desdichas conyugales de Alicia con el príncipe alemán no pasaron inadvertidas a nadie; tampoco a los periodistas.

Una crónica publicada en marzo de 1906 con el título «El escándalo de la princesa Alicia», daba cuenta del calvario matrimonial de la infanta, así como de un hecho desconocido de extraordinarias consecuencias:

> Para nadie puede ser una novedad la noticia de que la princesa María Alicia Alfonsa Margarita, quinta hija de D. Carlos de Borbón, se casó el 27 de abril de 1897, en Venecia, con el príncipe Federico Schönburg-Waldenburg.
>
> Se comentó mucho esta boda; se disfrazó la verdad de tal manera que resultaba dificilísimo conocerla; pero no hasta el punto de transformar su matrimonio desgraciado en unión de felicidad ni de amor.
>
> No es posible negarlo; el matrimonio del príncipe bávaro y la menor de las hijas de don Carlos fue desdichadísimo, lo

cual, dicho sea sin malicia, parece cosa acostumbrada en la Casa del pretendiente al trono de España, pues de sus cuatro hijas ni una sola ha hecho un matrimonio feliz, ¿qué digo matrimonio?, la tercera, Elvira María Teresa Enriqueta (nadie lo habrá olvidado), prescindió de las formalidades matrimoniales y se escapó con un pintor romano, llamado Folchi, casado. Este idilio irregular dura todavía, con gran disgusto de don Jaime y de su padre.

A consecuencia de sus desdichas matrimoniales, el príncipe de Schönburg-Waldenburg solicitó del Papa la anulación de la boda. La princesa Alicia (¡qué más quería ella!) se adhirió a la solicitud y ambos buscaron para el feliz éxito de sus deseos el apoyo de otro marido infortunado, el príncipe de Sajonia. Por primera vez estaban de acuerdo ambos cónyuges.

El príncipe de Sajonia apoyó diplomáticamente la instancia del divorcio, pero se produjo un suceso extraordinario: la princesa dio a luz un niño, cuya paternidad rechazó su esposo. Llamada ella a declarar en el asunto, resultó que por segunda vez estaba de acuerdo el matrimonio, y con ellos la madrastra de la esposa, la princesa de Rohan. Claro está que tal natalicio echaba por tierra los fundamentos de la demanda de separación que se había presentado como de matrimonio rato, no consumado. Así falló sabiamente Su Santidad Pío X, ajustándose de un modo estricto a la ortodoxia jurídica y canónica... Poco después de la boda, la princesa Alicia se enamoró locamente de un joven teniente, Del Prete, amigo suyo de la niñez...

¿A qué hijo de Alicia de Borbón aludía el cronista? ¿Tal vez al príncipe Carlos, nacido en junio de 1902, cinco años después de su matrimonio con Federico, que llevaba el mismo apellido alemán que éste? ¿Acaso era el príncipe Carlos, como daba a entender el periodista, fruto de los escarceos amorosos de su madre con el oficial italiano Del Prete?

Sea como fuere, Alicia y Lino del Prete no se casaron por la Iglesia hasta el 2 de junio de 1906, una vez anulado el matrimonio de la infanta. La ceremonia se celebró en la capilla patronímica de la residencia del militar Lino del Prete.

Alicia había obtenido el divorcio de su primer matrimonio, decretado por el Tribunal de Dresde el 23 de diciembre de 1903. Pero debieron mediar luego toda clase de requisitos jurídicos y burocráticos para conseguir que el divorcio fuese válido en Italia, donde no existía entonces.

El resultado fue que Alicia y Lino del Prete no pudieron casarse civilmente hasta el 13 de febrero de 1909, en Viareggio.

A la ceremonia asistió, en calidad de testigo, el general Cortese, jefe de la división militar de Brescia, de quien el propio Del Prete había sido ayudante.

El subteniente de navío Guido Sansoni y los doctores Carlos Fattori y Raimundo del Prete fueron también testigos del enlace civil.

Significaba eso que, al menos dos de sus hijos —la primogénita Margarita, nacida el 11 de diciembre de 1904, así como su hermano Jorge, nacido el 21 de noviembre de 1905— eran ilegítimos, pues habían venido al mundo antes de que sus padres se casasen por la Iglesia.

Alicia alumbró en total a diez vástagos: uno de su primer matrimonio, y nueve más del segundo. Tras Margarita y Jorge del Prete, nacieron María Cristina, María Beatriz, María Luisa, María Francisca, Francisco, Ernestina y María Valentina; esta última lo hizo el 4 de febrero de 1922, cuando su madre contaba ya cuarenta y cinco años de edad.

Alicia no sólo dio mucha guerra en su propio seno; también iba a darla en su dinastía…

Alboroto dinástico

El 11 de febrero de 1964, con ochenta y ocho años, la anciana Alicia de Borbón realizó una explosiva declaración desde Viareggio.

Como última representante de la línea tradicionalista, la infanta se vio en la obligación moral de lanzar un mensaje que removió los cimientos dinásticos de los legitimistas franceses y de una parte de los carlistas españoles que no eran partidarios del regente Javier de Borbón Parma ni del hijo de éste, Carlos Hugo.

¿Qué dijo doña Alicia que armó tanto revuelo?

Ni más ni menos que esto:

> Fallecido mi tío el Rey Alfonso Carlos sin descendencia masculina, revierten los derechos de sucesión de la dinastía agnada en la rama del infante don Francisco de Paula, hermano menor del Rey don Carlos V, rama representada hoy, en razón de herencia, por S. A. R. el infante de España don Alfonso Jaime de Borbón y Dampierre, que en su día, por serlo hoy su padre, está llamado también a ostentar la jefatura de la Casa Real de Borbón. Os ruego y encargo le tengáis como jefe nato, aunque anteponiendo siempre la custodia de nuestros principios. Que Dios os ilumine en este trance y os tenga siempre en su santa guarda es el más ferviente deseo de vuestra afectísima Alicia de Borbón, Infanta de España.

Como supondrá el lector, quien sí se volvió loco de alegría por semejante declaración de la última hija viva del venerado Carlos VII fue el infante don Jaime de Borbón y Battenberg, segundo hijo de los reyes Alfonso XIII y Victoria Eugenia, que en aquel momento reivindicaba sus derechos a las coronas de España y de Francia.

En su declaración, Alicia lo reconocía a él como jefe de la Casa de Borbón, puesto que era el primogénito agnado, es decir, por línea de varón en varón.

Ni corto ni perezoso, don Jaime se lanzó también a la palestra, desdiciéndose de su renuncia al trono español efectuada en 1933 en la habitación de un hotel de Fontainebleau, sin notario presente que diese fe del acto. Renuncia, por cierto, que para los carlistas fue siempre papel mojado, pues la hizo don Jaime ante un «rey usurpador» para ellos, como era Alfonso XIII, en lugar de efectuarla ante un «rey legítimo» como Alfonso Carlos I, tío de las infantas Alicia y Elvira.

Ni que decir tiene que, según Alicia, el heredero de la jefatura de la Casa de Borbón no era otro que el hijo de don Jaime, don Alfonso de Borbón Dampierre, quien, ocho años después de su declaración, se casó con la nieta de Franco, Carmen Martínez-Bordiú.

Pero a esas alturas, a la infanta le traía sin cuidado la opinión de los demás. No en vano la vida le había acarreado ya demasiados disgustos...

Los aviadores

Jorge del Prete y Borbón, segundo hijo de Alicia y de Lino, era un joven y bravo piloto con un espléndido futuro en la aviación.

El 13 de abril de 1928, número aciago de los Borbones, despegó en su avión pilotado por uno de sus alumnos. El suboficial Jorge del Prete era ya, con veintidós años, un brillante profesor de aeronáutica del ejército italiano.

Pero cuando el aparato realizaba la maniobra de aproximación a la base, se precipitó de pronto en picado a las aguas del lago Bracciano.

La desconsolada Alicia recordaba con pavor los ocho interminables días que ella y su esposo tuvieron que aguardar hasta que el cadáver casi irreconocible de su hijo fue rescatado del fondo del lago.

Desde entonces, Alicia ya nunca volvió a ser la misma.

Pero las desgracias rara vez vienen solas: tan sólo cuatro meses después del horrible accidente, otro consumado aviador, Carlos del Prete, halló también la muerte en circunstancias trágicas.

Carlos del Prete era primo del infausto hijo de la infanta Alicia.

A las seis menos cinco de la mañana exactamente, del 16 de agosto de 1928, el avión que pilotaba con su compañero Arturo Ferrarin cayó indefectiblemente a tierra mientras se dirigía desde la localidad brasileña de Natal a la de Río de Janeiro. Días atrás, la pareja de pilotos había despegado en Roma.

Por fortuna, el choque del aparato no resultó mortal gracias a la enorme pericia de Del Prete, que logró controlarlo en el último momento. Pero sí fue suficiente para que Ferrarin se fracturase varias costillas, mientras él se destrozaba una pierna que fue preciso amputar.

Tras la operación, Del Prete pareció mejorar pero su estado se agravó inexplicablemente poco después, falleciendo de madrugada.

Carlos del Prete era una de las más grandes figuras de la aviación mundial. Junto al capitán Arturo Ferrarin acababa de realizar una increíble proeza: la de atravesar el Atlántico en un solo vuelo desde Roma a las costas de Brasil, logrando batir el récord de distancia que tenían Levine y Chamberlain, tripulantes del *Miss Columbia*, por su vuelo de Nueva York a Alemania.

A Del Prete le había rondado ya varias veces la muerte.

Días atrás, al tomar tierra en Touros con su aparato *Savoia número 46*, se le rompió el tren de aterrizaje y a duras penas logró salir ileso del tremendo susto.

Su tía Alicia pensó entonces de nuevo en la muerte, que al año siguiente se cebaría, inmisericorde, con su hermana más querida.

LA ÚLTIMA DESPEDIDA

Entre la correspondencia de la infanta María de las Nieves de Braganza hallé también una desconocida carta de la propia Alicia.

Es una epístola triste, de despedida, dedicada a la memoria de su desgraciada hermana Elvira, a quien ella trató siempre de comprender porque, en el fondo de su alma, era su viva estampa.

Pero es también una carta de consuelo, pues parece confirmar que Elvira murió reconfortada por los santos sacramentos.

Fechada en Viareggio, el 11 de diciembre de 1929, dos días después del fallecimiento de Elvira, la misiva de Alicia a su tía María de las Nieves dice así:

> Mi muy queridísima tía:
>
> De todo corazón le agradezco su cariñoso telegrama que me ha mandado Vd. junto al tío. Dios ha concedido una gracia muy grande a la pobre Elvira, haciéndola morir con todos los consuelos de nuestra religión y ella misma decía que se sentía más tranquila después. Dios le habrá perdonado, pues ha sufrido a veces mucho la infeliz y sobre todo en esta última enfermedad que ha debido ser horrible, según lo que escribían de

París; le haremos decir unas Misas, única cosa en la cual se puede ahora ayudarla… Con mil gracias por haber pensado en mí, muy queridos tíos, les beso con mucho cariño las manos. Su sobrina que mucho les quiere, no la olviden,

ALICIA

Al día siguiente de la carta, el diario *Abc* de Madrid publicaba esta escueta necrológica de la infanta:

En el sanatorio de París, donde se hallaba gravemente enferma desde hace mes y medio, ha fallecido la princesa doña Elvira de Borbón, confortada con los Santos Sacramentos.

Por expresa disposición de la finada, el entierro se efectuará sin ninguna pompa y el cadáver será inhumado en el panteón de la casa de Parma, en Viareggio.

El cáncer arrebató a la consumida Elvira, de cincuenta y siete años, la única ilusión que ya le quedaba: morir soltera, viendo así anulado su matrimonio con el pintor que la hizo tan desdichada casi en el ocaso de su vida.

Tampoco ella se libró de la maldición de los Borbón-Parma, que a punto estuvo también de acabar con las ilusiones y esperanzas de otros descendientes suyos, como el príncipe Sixto Enrique.

El 6 de julio de 1980, Sixto Enrique de Borbón-Parma fue acuchillado en París por un antiguo paracaidista llamado Marc Caregi. El móvil de tan espantoso suceso, que casi le costó la vida jamás fue aclarado. Aunque la policía, consciente de la profunda división que enfrentaba a los partidarios de Sixto Enrique, en su mayoría carlistas españoles, con los más progresistas de su hermano menor Carlos Hugo, barajó una posible razón dinástica.

Sea como fuere, la maldición de los Borbón-Parma produjo aún más víctimas inocentes que no tuvieron tanta suerte, como la princesa Inés de Borbón-Parma, quien, desesperada porque no la dejaron casarse con lord Philip Harvey, optó por quitarse la vida ingiriendo una sobredosis de barbitúricos en Londres, el 20 de octubre de 1981.

Tres años después, fue asesinado en París el príncipe Eduardo Javier de Lobkowicz y Borbón-Parma, cuyo cadáver apareció flotando en las aguas del Sena.

Todos ellos, como la infanta Elvira, pasaron con infinita más pena que gloria por este mundo.

Gonzalón

Fue un escándalo internacional.

Pero en España, la censura franquista logró al final, como hizo con algún otro episodio comprometido en la ajetreada historia de los Borbones, que el gran tumulto se disipase.

Prueba de ello es que hoy, casi cuarenta años después de la enorme polvareda que el caso levantó en el extranjero, casi todo el mundo ignora aquí su existencia.

Todo empezó el 25 de octubre de 1972, cuando el Caudillo recibió en audiencia al segundo nieto del rey Alfonso XIII en su residencia de El Pardo.

Aludimos, naturalmente, a Gonzalo de Borbón Dampierre, hijo del infante sordomudo don Jaime de Borbón y hermano menor de Alfonso, duque de Cádiz.

«UNA CALAMIDAD»

Permítame el lector que retrate, en pocas pinceladas, a nuestro nuevo protagonista, a quien sus amigotes de fiestas y correrías nocturnas motejaban, con gran elocuencia, «Gonzalón»; así podrá entenderse mejor por qué este niño grande bordeó peligrosamente el abismo tantas veces en su vida.

Gonzalo fue, desde pequeño, el simpático y juerguista de la familia, como su padre; además, claro está, de ser un vago redomado, lo cual no significaba que fuese tonto en absoluto, como daba fe su propia madre Emanuela Dampierre, en sus memorias publicadas hace ya veinte años en el semanario *Hola*:

Gonzalo —recordaba la duquesa de Segovia—, que siempre me ha divertido mucho, era mal estudiante y temía que no pudiera ingresar junto a su hermano en la Universidad. Alfonso, más responsable y un año mayor, intentaba ayudarle, pero era tarea ardua y difícil, porque el menor de mis hijos se las ingeniaba de mil modos para no estudiar, justificando su pereza con un exceso de imaginación. Ambos leían mucho, también para ir conociendo el idioma, pero mientras uno se interesaba por la Historia y la Geografía, el otro prefería las novelas de aventuras. Siempre han estado muy unidos, como uña y carne, y Alfonso estaba muy preocupado porque su hermano tenía que aprobar el bachillerato en Zug o no podría ir a España. Pero como siempre ha hecho, en el último momento se puso a estudiar y sus notas fueron de sobresaliente. Gonzalo siempre fue un chico inquieto que difícilmente aceptaba las normas y tal vez por ello a mí me divertía... Debo decir que Gonzalo ha aportado a mi vida de madre la chispa, la alegría y el orgullo también. De ambos, se parece más a su padre el menor; incluso en sus maneras, en su forma de caminar... Mi esposo tenía un talante alegre y Gonzalo también. Nada le divertía más que saltarse las clases particulares, pero de una forma tan especial... Por ejemplo, yo le mandaba a la casa de su profesor, le explicaba qué autobús debía tomar, en qué parada bajarse, caminar unos metros, llegar ante la puerta y tocar el timbre. Él hacía todo, pero una vez tocado el timbre de la puerta volvía sobre sus pasos sin esperar ser recibido. En efecto, había cumplido todas y cada una de mis órdenes, pero regresaba a casa sin haber cumplido su obligación.

«Un chico inquieto que difícilmente aceptaba las normas...»

Pocas veces, una sola frase bastó para retratar tan fielmente a una persona.

Sobre aquel mismo muchacho expansivo que soñaba despierto, volcó todo tipo de alabanzas Luis María Anson, siendo corresponsal de *Abc* en Hong Kong, en una desconocida crónica publicada a mediados de los años sesenta:

> Don Gonzalo de Borbón —escribió entonces el futuro director del diario monárquico— ha pasado unos días en Hong Kong, adonde vino en viaje de negocios. Es don Gonzalo hombre de una simpatía desbordante y recuerda en todo a aquel inolvidable monarca que fue su abuelo, don Alfonso XIII. Hombre joven, hombre de nuestro tiempo, inteligente, agudo, lleno de sencillez y de espontaneidad, don Gonzalo es un conversador agradabilísimo. Le encontré en el Hotel Mandarín, y tuve una larga charla con él. Ayer domingo aparecieron en el *South China Sunday Post* unas interesantes declaraciones de don Gonzalo de Borbón y Dampierre. En ellas, el entrevistado se refiere a los problemas políticos de España con gran ponderación y objetividad, y, al hablar del futuro español, señala como candidato a la Corona a don Juan de Borbón, conde de Barcelona. Por su simpatía, su sencillez y su inteligencia, don Gonzalo ha tenido un gran éxito personal en Hong Kong.

Curiosamente, sobre el mismo sobrino que le consideraba legítimo sucesor al trono de España, don Juan de Borbón comentó a uno de sus íntimos: «¿Gonzalo...? Gonzalo es una calamidad».

AUDIENCIAS EN EL PARDO

Aquel joven que ensalzaba Anson y añoraba, cariñosa siempre
con él, su madre Emanuela Dampierre, volvió a cruzar el umbral del palacio de El Pardo para ser recibido por Franco.

Tampoco esta vez iba solo; lo acompañaban Robert Lee
Vesco, consejero financiero de Costa Rica, y Rafael Díaz-Ba-
lart Gutiérrez, agregado agrónomo de la embajada de Costa
Rica en Madrid, a quienes aludiremos de nuevo enseguida.

Advirtamos que don Gonzalo había visitado ya aquel mismo palacio para conocer a Franco, tras pisar por primera vez en
su vida suelo español, en septiembre de 1954.

En aquella ocasión acompañó a su hermano Alfonso a la
entrevista gestionada por el general Fuentes de Villavicencio,
durante la cual ambos escucharon los elogios del Caudillo a su
abuelo Alfonso XIII.

El jefe del Estado se mostró partidario de la institución
monárquica y les preguntó:

—¿Conocen ustedes la Ley de Sucesión?

—Sí, mi general —asintieron los jóvenes.

—No he decidido nada absolutamente todavía acerca de la
cuestión de saber quién será llamado mañana a la cabeza del
Estado.

El primo de Franco, general Franco Salgado-Araujo, consignó luego el comentario que le hizo éste sobre esa visita: «Me
resultaron muy simpáticos y presentaron amables excusas por
no haberme visitado antes. Hablamos de diferentes asuntos y
aunque el mayor me dijo que él no siente apetencia por subir
al trono, yo le dije que el futuro rey tiene que educarse en centros docentes de España para que, viviendo dentro de su ambiente, ame a la Patria y la conozca mejor, y así pueda servir
con eficacia. El mayor me pareció inteligente y culto».

Gonzalo, como decimos, volvió a celebrar una audiencia privada con Franco en octubre de 1972, el mismo año que su hermano Alfonso contrajo matrimonio con la nieta del Caudillo, Carmen Martínez-Bordiú.

La boda se celebró el 8 de marzo y reabrió las quinielas sucesorias, pese a que Juan Carlos había sido ya designado tres años atrás como sucesor en la jefatura del Estado a título de rey.

Su propio primo Gonzalo estuvo presente en el acto celebrado en La Zarzuela pero, al no confirmar a tiempo su asistencia por hallarse de vacaciones en Grecia, no pudo estampar su firma como testigo, a diferencia de su hermano Alfonso.

Sin embargo, como luego se demostró, la boda de la discordia llegó demasiado tarde, cuando Franco ya había cortado su baraja sucesoria por el naipe de don Juan Carlos; además, quienes conocían bien al Caudillo aseguraban que éste jamás iba a correr el riesgo de que alguien pudiera acusarlo de nepotismo.

Cuando Gonzalo acudió de nuevo a El Pardo, su hermano Alfonso se hallaba aún en Estocolmo, en calidad de embajador del régimen.

Trece días antes de la audiencia, se había casado su prima la infanta Margarita, hermana de don Juan Carlos. Y sólo cuatro días antes, el 21 de octubre, el propio don Juan Carlos montó en cólera al enterarse, por Laureano López Rodó, de que Franco pretendía conceder a su primo Alfonso el título de príncipe, faltándole tiempo para presentarse también en El Pardo.

Finalmente, don Juan Carlos pudo convencer al Caudillo de que desistiese, argumentándole que la existencia de dos príncipes confundiría a la opinión pública a la vez que podía convertirle en blanco de las críticas por favorecer a su familia.

Don Juan Carlos propuso entonces que se le otorgase a su primo el título de duque de Cádiz con tratamiento de alteza real, a lo que Franco accedió, no sin lamentarse: «Siempre se le ha llamado Príncipe a Alfonso de Borbón y ahora que se ha casado con mi nieta no le quieren reconocer esa condición».

Así estaban las cosas cuando el espabilado de Gonzalo puso de nuevo los pies en El Pardo, donde hasta entonces era bien recibido.

Con la inestimable ayuda de su padrastro, el financiero italiano Antonio Sozzani, casado con su madre en segundas nupcias, Gonzalo se había convertido en un reputado agente de cambio y bolsa, primero en Nueva York y luego en Manila y Madrid.

EL GRAN FIASCO

A su cargo de vicepresidente de la Cámara de Comercio de España y Costa Rica, sumó luego Gonzalo la vicepresidencia de la Cámara de Comercio Hispano-Italiana.

De Costa Rica, precisamente, eran consejeros en Madrid los dos hombres que lo acompañaban aquel 25 de octubre de 1972, a quienes presentó al jefe del Estado español con toda la diplomacia del mundo.

Uno de ellos, Robert Lee Vesco, pretendía hacer negocios en Madrid mediante una nueva empresa denominada Compañía Española de Finanzas y Administración (Cefasa), que resultó ser al final una tapadera de turbias actividades.

Pero los sabuesos de Franco, lejos de morder el anzuelo, descubrieron el fraude. La compañía fue automáticamente disuelta, sin que los trapos sucios afectasen en España al buen nombre de los Borbones, a quienes el Generalísimo tanto respetaba.

Pero lo peor vino tan sólo mes y medio después, cuando se supo que Gonzalo de Borbón Dampierre, nieto del rey Alfonso XIII y primo hermano del sucesor en la jefatura del Estado, figuraba como sospechoso en uno de los mayores fraudes financieros investigados por las autoridades de Estados Unidos en toda su historia.

No en vano, se estimaba que al menos 224 millones de dólares, procedentes de cuatro fondos de inversión (Venture Fund, Fondo de Fondos, International Investment Trust y Transglobal Growth Fund) gestionados por Robert Lee Vesco y sus colaboradores, entre ellos don Gonzalo, habían sido desviados a empresas de otros países para lucro personal de los desleales administradores.

Cefasa, sin ir más lejos, estaba destinada a ser una de esas compañías encargadas de absorber la fortuna saqueada de los fondos particulares por Vesco y sus cómplices.

En tan sólo cuatro años, de 1968 a 1972, Gonzalo de Borbón se había metido en los dos mayores líos de su vida, el primero de los cuales veremos muy pronto.

Entre tanto, las autoridades estadounidenses lo implicaban en un gran escándalo que cuestionaba ante los ojos del mundo la honradez del primo hermano de don Juan Carlos.

El propio Philip Loomis, miembro de la Securities and Exchange Commision, la agencia independiente de Estados Unidos encargada de regular los mercados de valores, conocida popularmente como la SEC, proclamó a bombo y platillo que las autoridades se enfrentaban entonces a «uno de los mayores fraudes de valores jamás perpetrado».

Y no era para menos: las redadas de la Interpol se extendieron desde Nueva York, centro financiero del mundo, hasta Luxemburgo, Bahamas, Puerto Rico y Costa Rica. Había en total 43 personas y empresas acusadas. Junto a don Gonzalo de Borbón, figuraba en el punto de mira nada menos que Donald Nixon, sobrino del presidente de Estados Unidos.

Donald, de veintiséis años, era hijo de Donald Nixon, hermano menor del presidente, a quien Sean Stone interpretaría en la película *Nixon*, dirigida por Oliver Stone en 1995.

Robert Vesco había sido acusado de financiar de modo irregular las campañas políticas de Richard Nixon a través de su sobrino Donald.

Por si fuera poco, entre los acusados se hallaba también James Roosevelt, primogénito del trigésimo segundo presidente de Estados Unidos y único en ganar cuatro elecciones presidenciales, Franklin Delano Roosevelt.

Nacido en 1907, James Roosevelt había sido condecorado por su valor en la Segunda Guerra Mundial, siendo oficial del cuerpo de marines.

En 1932 creó su propia agencia de seguros, Roosevelt y Sargent, tras abandonar la carrera de Derecho. Cinco años después, se incorporó a la Casa Blanca como secretario oficial del presidente. Desde 1966, presidía la multinacional Overseas Management Company.

Gonzalo de Borbón había conocido a Robert Vesco en Nueva York; trabó luego buena relación con él en Costa Rica y en Madrid.

Recordemos que el protagonista de la trama, Robert Vesco, era consejero financiero de Costa Rica cuando fue recibido por Franco en El Pardo, gracias a la mediación de don Gonzalo, vicepresidente de la Cámara de Comercio de España y Costa Rica.

El propio presidente costarricense, José Figueres, concedió asilo a Vesco en su país e intercedió por él ante Jimmy Carter.

En 1981, Figueres declaró: «Vesco ha cometido muchas estupideces, pero yo siempre he defendido el asilo y volvería a protegerle; nunca abandono a mis amigos».

El primo de don Juan Carlos tenía la extraña habilidad de rodearse de pájaros de mal agüero como Vesco...

UN ESTAFADOR DE PRIMERA

Nacido en Detroit (Michigan, Estados Unidos), el 4 de diciembre de 1935, Robert Lee Vesco vivió siempre en la cuerda floja.

Estafó a inversores, sobornó a presidentes de Gobierno, coqueteó con los cárteles del narcotráfico... Era un tipo muy peligroso, que sedujo, en un abrir y cerrar de ojos, a Gonzalo de Borbón.

Cuando llegó a New Jersey siendo un muchacho, procedente de Detroit, para trabajar en una fábrica de maquinaria industrial, nadie imaginó que Robert Lee Vesco fuera a convertirse en el dueño y señor de aquella empresa a la que rebautizó como International Controls Corporation (ICC).

Desde entonces, todo fue coser y cantar para este prestidigitador de las finanzas: reflotó empresas en quiebra, como por ensalmo, hasta configurar su propio holding industrial.

Con apenas treinta años, era ya inmensamente rico.

Pero aún no había escalado todos los peldaños del poder financiero. El último y definitivo escalón llegó al asociarse con otro pájaro de cuidado como él, Bernard Confeld, propietario de la Investment Overseas Service (IOS).

Acuciado por la crisis energética de los años setenta, Confeld cedió el control de la empresa a Vesco. Fue entonces cuando éste empezó a saquear los fondos de la compañía, desviándolos a empresas suyas radicadas en otros países.

La SEC estadounidense acusaba a Vesco de vender acciones de IOS a Kilmorey Inversiones, una empresa ficticia creada por él mismo para apropiarse de esos fondos. Hasta que el 30 de octubre de 1971, Kilmorey traspasó el control de IOS a un grupo de empresarios españoles y latinoamericanos encabezado por Gonzalo de Borbón y Rafael Díaz-Balart, cuñado del presidente cubano Fidel Castro.

EL CUÑADO DE FIDEL CASTRO

El mismo Díaz-Balart que acompañó a Gonzalo de Borbón y a Robert Lee Vesco en la audiencia con Franco, figuraba también entre los acusados por la SEC.

Díaz-Balart pasaría de ser el amigo íntimo de Fidel Castro, con quien compartió el aula de la facultad de derecho en la Universidad de La Habana, en la segunda mitad de los años cuarenta, a ser enemigo acérrimo del héroe de la revolución cubana.

Pero antes de eso, se alegró naturalmente de que su amigo Fidel engatusase a su hermana Mirtha mientras ésta estudiaba Filosofía y Letras en la misma universidad. En 1948, cuando Fidel y su flamante esposa viajaron a Nueva York de luna de miel, Díaz-Balart y su mujer los acompañaron.

El socio de Gonzalo de Borbón había sido senador y subsecretario de Gobernación, cargo equivalente en Cuba al de ministro del Interior, en el último gobierno de Fulgencio Batista.

En julio de 1953, Fidel Castro fracasó en su asalto al cuartel militar Moncada, siendo encarcelado en la prisión de Isla de Pinos junto a un centenar de seguidores. Pues bien, cuando Batista decretó una amnistía dos años después, Díaz-Balart se opuso a su excarcelación. Hasta tal punto habían cambiado ya las tornas entre ambos, mientras Castro y su esposa iniciaban los trámites de divorcio.

En 1959, cuando Castro se hizo con el poder en Cuba, su antiguo cuñado huyó de la isla con su familia a Estados Unidos. En cuanto llegó a Nueva York, le faltó tiempo para constituir uno de los primeros grupos anticastristas, al que denominó La Rosa Blanca.

Gonzalo de Borbón lo conoció cuando ya pertenecía al cuerpo diplomático de Costa Rica, para el que también trabajaba Robert Vesco.

La quiebra del holding de Vesco arruinó a numerosos bancos e inversores. Confeld fue detenido. Vesco se esfumó. Por si fuera poco, el escándalo *Watergate* y la consiguiente caída de Nixon impidieron que éste pudiese ayudar al hombre que había financiado alguna de sus campañas políticas.

Desde entonces, Vesco se convirtió hasta su muerte, en noviembre de 2007, en prófugo de las autoridades estadounidenses. Su huida permanente de la justicia le llevó primero a Costa Rica, luego a Nicaragua y finalmente a Cuba, convertida en santuario para los fugitivos de Estados Unidos.

En La Habana, donde falleció, montó su propio negocio de tráfico de cocaína.

La misión de Walters

Muchos se preguntaron entonces cómo un escándalo de semejante magnitud, en el que la SEC estadounidense implicaba a Gonzalo de Borbón junto al sobrino de Nixon, el primogénito del presidente Roosevelt y el cuñado de Fidel Castro nada menos, pudo pasar casi inadvertido en España, donde enseguida se le dio carpetazo.

Añadamos tan sólo, sin que eso desvele todo el misterio, que España tenía entonces un alto valor geoestratégico para

Estados Unidos. Prueba de ello es que, en marzo de 1971, el presidente Nixon encargó a Vernon Walters, agregado militar en Italia y coronel de los servicios de inteligencia, una misión confidencial en España, según revelaba el experto en política internacional Joan E. Garcés, tras exhumar antiguos documentos top-secret de la Administración norteamericana.

Walters transmitió a Franco que «España era vital para el Oeste y Nixon no quería ver desarrollarse una situación caótica o anárquica. Nixon expresó la esperanza de que Franco entronizara al joven Príncipe Juan Carlos», mientras reservaba para sí la jefatura vitalicia de las Fuerzas Armadas.

Garcés recordaba que en otoño de 1971 se habían producido movilizaciones de protesta en Euskadi, así como los juicios del Tribunal Militar de Burgos contra nacionalistas vascos.

Con el mensaje confiado a Walters, Nixon «entendía que ésta sería una situación ideal que aseguraría una transición pacífica y ordenada que el propio Franco supervisaría».

El presidente de Estados Unidos barajaba también la posibilidad de que Franco optase al final por permanecer en la jefatura del Estado, en cuyo caso le pedía que renunciase a las funciones de presidente del Gobierno en beneficio de una persona que asegurase, cuando él falleciese, la «pacífica y ordenada» entronización de don Juan Carlos.

Franco dio garantías a Nixon de que seguiría el plan previsto. «La sucesión se llevará a cabo en orden. No hay alternativa al Príncipe», aseguró.

El propio Vernon Walters consignó en sus memorias: «Todos los oficiales superiores con los que hablé dudaban que Franco pusiera al Príncipe en el trono antes de morir. Creían, sin embargo, que nombraría a un primer ministro. No creían que hubiera disturbios de importancia en el país cuando Franco muriera, y dijeron que las Fuerzas Armadas podrían manejar fácilmente tales problemas».

Franco cumplió con la segunda opción ofrecida por Nixon.

En junio de 1973 designó así presidente del Gobierno a Luis Carrero Blanco, quien, sin embargo, voló por los aires dentro de su automóvil en diciembre del mismo año.

El Caudillo, en cualquier caso, no se desmarcó de la intención última del gobierno de Estados Unidos, pues de su decisión de instaurar la monarquía en la persona de don Juan Carlos se derivó luego la transición de una dictadura a un régimen democrático con la legalización de partidos políticos.

Si algo ponía de manifiesto Joan E. Garcés era el intervencionismo soterrado de Estados Unidos en los planes de Franco.

Don Juan Carlos encarnaba así la esperanza de Estados Unidos en el advenimiento de una democracia en España.

¿Cómo iban a permitir entonces Franco y Nixon que el primo hermano del sucesor en la jefatura del Estado español mancillase el buen nombre de los Borbones, llamados a reinar de nuevo, al verse mezclado con Robert Vesco en uno de los mayores escándalos financieros de todos los tiempos?

LA GRAN EXCLUSIVA

Años después, calmada ya la galerna, Gonzalo volvió a destapar la caja de los truenos con una millonaria exclusiva vendida al semanario *Hola*.

Recordaba yo, a este propósito, la confesión que sobre Gonzalo me hizo en cierta ocasión su tío Leandro de Borbón Ruiz-Moragas, la cual él mismo recogió luego en la primera parte de sus memorias.

Contaba don Leandro que su otro sobrino Juan Carlos, rey de España, le hizo una confidencia en 1992, durante uno de sus contados encuentros con el monarca en La Zarzuela.

Según esta confesión, Gonzalo fue un día a visitar al monarca acompañado de su entonces novia. Enterado por su ayudante de que su primo le aguardaba a la entrada junto con una bella señorita, don Juan Carlos indicó al guarda que le diese largas, asegurándole que ya le avisaría en una mejor ocasión.

Poco después, recibió una llamada del mismo puesto de guardia para decirle que los señores que acababan de marcharse de allí iban acompañados de una espesa nube de fotógrafos y periodistas.

Fue entonces cuando don Juan Carlos le dijo a Leandro, indignado: «Gonzalo es el colmo: cobra por línea».

Así era. En 1983, Gonzalo viajó a Londres, pagado por *Hola*, para reunirse con su hija secreta en una exclusiva de muchas cifras.

Nadie, fuera de su círculo más íntimo, sabía que era padre de una hija nacida en Miami, Florida, el 19 de junio de 1968, fruto de su relación con la atractiva Sandra Lee Davies Landry, divorciada a su vez de Gareth Davies en 1965 y más tarde unida al astronauta Alfred Worden, uno de los primeros en viajar a la Luna a bordo del *Apolo XV*.

La niña fue bautizada el 4 de agosto como Stephanie Michelle de Borbón por el reverendo Roger J. Radloff.

En la ceremonia de rito católico, celebrada en la iglesia de Saint Kieran's de Miami, actuaron como padrinos Joaquín Rodríguez María, en ausencia y por poder, junto a Annette Andre y Ann O'Neill.

El propio Gonzalo explicaba así, en *Hola*, su decisión de revelar al fin su oculta paternidad:

Considero que ha llegado el momento para mí ineludible de romper el silencio sobre un hecho tan trascendental de mi vida, que aun cuando era conocido por los miembros más allegados de mi familia, no había trascendido nunca al conocimiento público. Estefanía es ya una mujer y no quiero, por tanto, mantener por más tiempo silenciada la existencia de mi hija y es natural que yo me interese de algún modo por su futuro. Así que mi hija se llama Estefanía Michelle de Borbón.

Emanuela Dampierre era hasta entonces la principal depositaria del secreto.

Indignada por la decisión de su hijo de anunciar a los cuatro vientos su paternidad, consignó en sus memorias esta cruel e injusta sentencia contra los hijos bastardos, despojados de su propia historia no por su culpa, sino por ligereza y egoísmo de sus progenitores:

Es cierto —admitía la duquesa de Segovia— que los disgustos que me dio Gonzalo a lo largo de los años fueron muchos. Por poner otro ejemplo, considero que también fue una irresponsabilidad por su parte reconocer a una hija que una norteamericana decía haber tenido con él. Cuando mi hijo hizo público tal reconocimiento en 1983, la joven ya era una adolescente de quince años. Podía algún día llegar a reclamar algo en España. Por eso, repito, odio a los bastardos. No lo puedo resistir. Siempre acaban acercándose a uno por interés. Cuando Gonzalo me contó lo que había hecho, por poco me da un ataque. En un intento de justificar lo injustificable, me dijo: «La he reconocido porque era una mujer. Si llega a ser un varón, ¡ni hablar!».

Sin embargo, de haberme consultado, yo le habría aconsejado todo lo contrario: «Aunque sea tuya, no la reconozcas». Y sin lugar a dudas, de haber vivido Alfonso también hubiera tratado de impedirlo. Jamás he mantenido el menor contacto con esta chica que, por lo visto, no es sólo gorda, sino obesa. Pero tampoco lo mantuvo Gonzalo. En cierta ocasión quedaron en París para verse. La madre no le pidió nada, así que él no pagó un duro pero reconoció a la hija de ambos… Tras aquel absurdo encuentro en París, Gonzalo no volvió a hablar con la chica ni tan siquiera por teléfono. De todos modos, ella hizo unas declaraciones en las que decía haber echado en falta a un padre. Es muy fácil. Todo el mundo echa en falta aquello de lo que carece, pero ¡qué le vamos a hacer…!

Acusaba Emanuela Dampierre a Estefanía, y en general al resto de los bastardos como ella, de «acercarse a uno por interés».

Pero la abuela, irascible y rencorosa, parecía ignorar que su hijo había cobrado un dineral por reconocer ante todo el mundo que era padre de una niña a la que ni siquiera llamaba por teléfono, como admitía la propia Emanuela.

Era lógico pensar entonces que el aprovechado por la situación había sido precisamente Gonzalo, necesitado de dinero, y no tanto Estefanía, que reclamaba su legítimo apellido, resignada ante la falta de cariño.

Por último, aunque la chica fuera obesa, no era ésta razón para que su abuela la despreciara con semejante crueldad.

ROMANCE Y RUPTURA

Estefanía no vino al mundo, desde luego, porque ella quisiera.

Sus padres se habían conocido en Madrid, en 1966.

En cuanto clavó su mirada en ella, descendiente de Daniel Emmett, compositor de la canción *Dixie*, auténtico himno musical del sur de Estados Unidos, Gonzalo fue incapaz de renunciar a su nuevo capricho.

Sandra acababa de encontrar trabajo como modelo publicitaria en televisión, gracias a su porte elegante y a su exquisita sensualidad.

Hasta entonces, ella había probado casi todo, incluidos sus cuatro años de novillera en México, entre los quince y los diecinueve.

La pareja empezó a frecuentar las más selectas fiestas y reuniones sociales.

En cierta ocasión, mientras almorzaban en casa de los marqueses de Villaverde, Sandra tuvo que hacer de tripas corazón para seguir comiendo mientras el padre de la futura esposa del duque de Cádiz, médico de profesión, se recreaba como si tal cosa describiendo con pelos y señales las más cruentas operaciones quirúrgicas.

Gonzalo trabajaba ya entonces como agente de cambio y bolsa. Su profesión le llevaría a recorrer medio mundo durante varios años. Muy pronto iba a conocer a Robert Lee Vesco, en Nueva York.

Entre tanto, su relación con Sandra transcurría sin sobresaltos. Hasta que un día sucedió algo que un hombre irresponsable como él rara vez previno: Sandra se quedó embarazada.

En el último mes de gestación, Gonzalo viajó a Filipinas por asuntos de trabajo. La mujer se quedó sola en Madrid. Únicamente sus amigos se preocuparon esos días por ella; entre ellos, Marta, esposa de Joaquín Rodríguez, padrino luego de la recién nacida Estefanía.

Aconsejada por sus amistades, Sandra decidió regresar a la Florida para dar a luz allí. Dos días antes de partir, Gonzalo volvió de Filipinas. Es fácil imaginar la tensa escena entre ambos:

Gonzalo le imploró, con lágrimas en los ojos, que se quedase, pero ella no dio finalmente su brazo a torcer.

Poco después, nació una preciosa niña en el Doctor's Hospital de Miami, que pesó dos kilos y ochocientos cincuenta gramos.

La madre envió a Clotilde Martínez-Bordiú y a Joaquín Rodríguez la partida de nacimiento de Estefanía para que Gonzalo registrase su paternidad, cosa que éste finalmente hizo.

Con apenas cinco meses, Estefanía se trasladó a vivir a México con su madre, donde residía parte de la familia de ésta.

Comenzó así un periplo para madre e hija, que las hizo retornar poco después a Los Ángeles, donde Sandra contrajo matrimonio con el astronauta Alfred Worden, convertido así en padre putativo de la niña.

De Los Ángeles se trasladaron los tres a vivir a San Francisco, y luego a Palm Beach, en Florida, donde Estefanía tuvo que adaptarse sucesivamente a tres nuevas escuelas: Palm Beach Gardens High School, Palm Beach Elementary School y Palm Beach Community College.

En Palm Beach, el apellido Borbón de Estefanía convivió con otros de mayor raigambre en Estados Unidos como los Kennedy, Braganza, Donnahue (dueños del imperio de almacenes Woolworth), o Reynolds, cuyo nombre de pila, Burt, correspondía a uno de los actores más populares del país.

En todo ese tiempo, Gonzalo no mostró el menor interés por su hija. No contestaba a sus cartas, ni la llamaba por teléfono. Tampoco la felicitaba en el día de su cumpleaños.

No resultó extraño así que cuando Rubén González, corresponsal de la revista *Hola*, preguntó a Estefanía por su padre, ésta desvelase su enorme carencia afectiva: «Claro que quiero conocer a mi padre. En el colegio nadie me cree cuando les digo que tengo padre y que es un noble de España…», repuso la infeliz.

Previamente, los padres de Estefanía habían redactado y firmado dos documentos, en el primero de los cuales Sandra se hacía cargo de ella, renunciando a exigir cualquier obligación a Gonzalo; en el segundo, el padre se comprometía a reconocerla formalmente como hija suya, a cambio de ceder la patria potestad a la madre.

Tantos años de incomunicación con su padre provocaron que Estefanía, con catorce años, se llevara la mayor sorpresa y alegría de su vida al enterarse de que Gonzalo deseaba por fin conocerla.

El encuentro tuvo lugar en Londres, muy cerca del palacio de Windsor.

Duró el tiempo que los fotógrafos tardaron en disparar sus flashes y carretes. Exactamente igual que hubieran hecho si, avisados por Gonzalo de Borbón, el rey Juan Carlos hubiera recibido finalmente a su primo en La Zarzuela.

El reportaje fue todo un éxito de ventas en España. Pero, una vez publicado, Gonzalo volvió a olvidarse de su hija como si jamás hubiese existido.

La pobre Estefanía se resistió a entender que su padre había confesado su paternidad tan sólo por dinero.

Pero la cruda realidad le hizo sollozar luego, disculpándole incluso: «Yo le perdono y le exculpo, pues supongo que alguna razón personal o familiar tiene para hacernos eso; además, mi madre, con todo lo que pudiera tener en contra, jamás me dijo nada negativo sobre él, con lo cual yo fui alimentando mis sueños. Así que cuando por fin le encontré —tuve que sentarme en mis manos para que no viera lo nerviosa que estaba—, me di cuenta de que todo lo que me había hecho sentir a lo largo de los años: dolor, ansiedad o ilusión, había sido una pérdida de

tiempo porque mi padre no tenía ninguna intención de que-
rerme. Lo intenté, sin embargo, durante mi estancia en Madrid, donde viví un año, pero no fue capaz de invitarme a una
comida en familia. Ni siquiera a que pasara alguna tarde a saludar a mi abuela, doña Emanuela de Dampierre».

Duras pero certeras palabras de Estefanía, desengañada al
final con el padre que el destino siempre le negó.

Instalada en Madrid durante todo el año 1991, tras matri-
cularse en la Universidad de St. Louis, su padre ni siquiera se
dignó verla.

Decepcionada, Estefanía se trasladó a Washington para proseguir sus estudios de administración de empresas en el Mt.
Vernon College, adscrito a la universidad del distrito de Columbia.

Estaba decidida a olvidarse de su ingrato padre.

EL CONQUISTADOR

A esas alturas, la vida alegre era lo único que le importaba a
«Gonzalón».

En la década de los ochenta irrumpió, como un meteoro,
en el mundo del papel cuché. Sus años de agente de cambio y
bolsa eran ya pura historia. Enseguida halló otro modo muy
rentable de ganarse la vida: vender exclusivas a precios de oro.

Los reportajes en las revistas del corazón requerían caras
nuevas, además de la suya. Coqueteó así con la actriz Victoria
Vera, y mantuvo algún que otro escarceo con Pilar Ferré, María José Martí o Marcia Bell.

No es que él fuera un adonis, pero era muy expansivo y lo-
cuaz. Su compañía resultaba agradable y divertida, de lo cual dio
fe, al principio, su primera esposa Carmen Harto Montealegre.

Diez años más joven que él, Carmen Harto estaba divorciada y era madre de un hijo que trabajaba como relaciones públicas en la discoteca Vanity.

Prendado de ella, Gonzalo se la llevó a México para casarse por lo civil en 1983, el mismo año que vendió la exclusiva de su hija secreta.

Su hermano Alfonso, nada proclive a los efluvios de Gonzalo, rehusó la invitación al enlace celebrado en Puerto Vallarta que, naturalmente, fue portada luego de las revistas del corazón.

El matrimonio duró apenas dos meses; ni siquiera tuvieron tiempo los contrayentes de inscribirlo en el registro, condición imprescindible para que fuese válido en España. Pero a Gonzalo, los trámites burocráticos nunca le importaron, pues con la boda, la luna de miel y el subsiguiente divorcio obtuvo ya los pingües beneficios que buscaba.

La propia Carmen Harto aseguró, años después, que cuando decidió separarse de Gonzalo, éste la amenazó para que no lo hiciera. En vista de ello, la esposa recurrió a don Juan Carlos, a través de Fernando de Baviera. «Fernando —le suplicó Carmen—, voy a pedirte un favor. Yo sé que hablas con el rey y te pido que le digas lo que está haciendo Gonzalo. Aunque no le creo capaz, quién sabe si cumplirá sus amenazas. Por favor, te pido que hables con él y le expliques lo que está ocurriendo para ver si consigue que su primo me deje en paz.»

Días después, Fernando de Baviera le transmitió a Carmen la negativa del rey, que volvió a poner el dedo en la llaga: «No puedo decirle nada a mi primo Gonzalo. Estoy seguro de que, si lo hiciera, él se iría a una revista para vender la exclusiva de nuestra conversación».

Ahí quedó todo. Al año siguiente, Gonzalo se casó, esta vez por la Iglesia, con otra atractiva mujer: la valenciana Mercedes Licer García, modelo de profesión.

Tenía ella sólo veinte primaveras; él, en cambio, cuarenta y siete.

Al enterarse de los planes de boda, Emanuela Dampierre intentó disuadir a su hijo de que no se casara. Habló con él por teléfono para que fuera a verla a casa de su hermano Alfonso. Pero Gonzalo no apareció por allí. Huelga decir que ni Alfonso ni su madre asistieron a la boda celebrada finalmente en la capilla del castillo de Olmedo.

La primera bronca de la pareja estalló sólo una semana después de su compromiso, a raíz de unas fotografías de Mercedes completamente desnuda, publicadas en la revista *Interviú*.

Mercedes juró y perjuró que la mujer que posaba en la revista no era ella. Finalmente, un juzgado de primera instancia de Barcelona le dio la razón, condenando al semanario a pagar cuarenta millones de pesetas.

Un año después de su boda, el matrimonio estaba ya tan distanciado que acabó rompiéndose de forma increíble. Aprovechando que Mercedes se hallaba de vacaciones en Venezuela, Gonzalo desmanteló por completo el hogar con ayuda de una empresa de mudanzas para trasladarse temporalmente a vivir a casa de su hermano Alfonso.

Cuando la señora de Borbón regresó de vacaciones, se encontró el antiguo nido de amor completamente vacío.

Indignada, Mercedes Licer declaró: «A Gonzalo le pierden las malas compañías, bebía y yo no tenía relaciones con él desde que me quedé embarazada hace ocho meses de una criatura que no llegó a nacer».

Algunos periodistas acusaron a la pareja rota de traficar con su intimidad. Algo que Mercedes admitió: «Sí, es cierto que vendimos la exclusiva de nuestra boda, pero es que necesitábamos dinero porque Gonzalo sólo ganaba cien mil pesetas al mes y, con su apellido, figuraos lo que tenemos que aparentar».

A diferencia de Carmen Harto, ella quiso hacer valer su matrimonio con un descendiente de reyes, llegando a ser inscrita en el anuario de la Casa de Borbón publicado por los legitimistas y a estampar su firma bajo una hermosa corona real.

En marzo de 1986 se publicó la sentencia de separación, que dejó a Mercedes Licer en ascuas, sin pensión alguna del marido, dado que éste había alegado carecer de bienes materiales.

Pese a que la justicia le dio la razón, Gonzalo se lamentó públicamente de su comportamiento en el pasado: «No estoy contento de cómo me ha ido la vida estos últimos años. Pero la culpa no es la vida en sí misma, sino mía y de mis propios errores».

A continuación, anunció buenos propósitos que jamás cumplió: «No deseo romper mis esquemas. No soy un niño. Mi pelo blanquea. No voy a estar equivocándome toda la vida. No me casaré ahora, ni este año, ni el que viene, ni el otro… Es que no necesito casarme. Hay quien ha nacido para soltero y otros han nacido para casados. Yo he tardado en darme cuenta, pero lo he visto claro, por fin, aunque haya sido a través de un hecho doloroso para mí como es el de una separación, una ruptura».

Siete años después de separarse, en 1993, Gonzalo obtuvo el divorcio de Mercedes Licer, lo cual le permitió incumplir su promesa a los periodistas y casarse de nuevo en secreto con Emanuela Pratolongo, hija de un acaudalado hombre de negocios genovés, a cuyas órdenes trabajaba ella en una empresa relacionada con fletes de barcos.

DECLIVE Y MUERTE

Gonzalo ya había abandonado España a esas alturas, desengañado de casi todo, para instalarse temporalmente en Lausana.

«Este país —se lamentó, en alusión a España— no nos ha tratado bien ni a mí ni a mi pobre hermano. Y como no soy una persona rencorosa, pues… me voy. Pero con mucha amargura.»

En Suiza, precisamente, correteó él siendo un niño por los jardines del hotel Royal en compañía de su hermano Alfonso y de su abuela la reina Victoria Eugenia.

La muerte violenta de Alfonso, en enero de 1989, degollado por un cable de acero que debía soportar la pancarta de meta en los campeonatos mundiales de esquí alpino celebrados en la estación invernal de Beaver Creek (Colorado, Estados Unidos), mientras descendía por la pista Eagle County junto al campeón austríaco Toni Sayler, fue para él un terrible mazazo del que ya nunca más se recuperó. «He sentido —declaró, pesaroso— más la muerte de mi hermano que la de mi padre. Lo último que me podía esperar es que le fuera a pasar esto a Alfonso. Se me ha caído el mundo encima. Tengo pánico a quedarme solo en la vida. Mi hermano siempre fue como mi padre. Me reñía de niño y también lo hacía ahora que soy mayor, y casi siempre, por cierto, con razón.»

La trágica muerte de su hermano mayor y «padre» hizo que Gonzalo huyese de nuevo hacia delante, viajando constantemente por Europa. En uno de esos fulgurantes viajes conoció a Emanuela Pratolongo, una mujer rica, seria y responsable, a quien Emanuela Dampierre no escatimó elogios en sus memorias.

Anulado su matrimonio con Mercedes Licer por el Tribunal de la Rota, Gonzalo pudo casarse así por la Iglesia con Emanuela Pratolongo, el 16 de septiembre de 1996.

Pero el destino, igual que a su hermano y a su sobrino Francisco, le había condenado ya a muerte.

Su propia madre evocaba así, en la revista *Hola*, la nueva tragedia acaecida el 27 de mayo de 2000:

Gonzalo había pasado por Madrid el fin de semana anterior a que le ingresaran en la clínica. Venía de acompañar a los enfermos a Lourdes, como hacía todos los años por esas fechas, y aprovechó para quedarse un par de días en Madrid para resolver algún asunto. Me llamó el lunes desde el hotel Emperatriz y me dijo que estaba esperando a un amigo para hablar de algo, y que luego le llevaría al aeropuerto. El miércoles se hizo un análisis en un centro médico de Lausana —donde residía con su mujer— porque se sentía muy fatigado. Sabía que algo le pasaba. Al día siguiente le ingresaron. Llegué cuando ya no había nada que hacer. Según me han dicho, murió de una broncopulmonía que se complicó después con una leucemia galopante. Qué cosa más rara, ¿no?… Cuando echo la vista atrás y reflexiono sobre mi existencia, creo que no me ha valido la pena haber vivido.

El 31 de mayo, cuatro días después del inesperado deceso, se publicaron en la prensa europea dos esquelas radicalmente distintas.

Si no fuera porque el nombre era el mismo en ambas, podía pensarse que se trataba de dos personas distintas, a juzgar por el tratamiento dispensado al difunto.

En el diario francés *Le Figaro*, los legitimistas insertaron la siguiente esquela:

Monseñor el príncipe Luis de Borbón, duque de Anjou, jefe de la Casa de Borbón, acompañado por su abuela, la duquesa de Anjou y de Segovia, y S. A. R. la princesa Emanuela de Borbón, participan el fallecimiento en Lausana, el 27 de mayo, de Su Alteza Real el Príncipe Carlos Gonzalo de Borbón, duque de Aquitania.

En España, sin embargo, el diario monárquico *Abc*, en sintonía con la casa reinante, recelosa siempre con los Borbón

Dampierre, otorgó al finado el tratamiento de «excelentísimo señor», a secas; igual que a su madre Emanuela Dampierre.

En Francia, algunos legitimistas de la Casa de Borbón acusaron a la viuda de negligencia e incluso de mala fe, argumentando que había pactado directamente con la Casa Real los términos del anuncio de la muerte de Gonzalo en España, así como la relación de invitados al funeral y al entierro.

Para acabar de soliviantar a los legitimistas, la viuda aceptó que sobre el féretro se colocase tan sólo la insignia española. A nadie sorprendió, por eso, que Emanuela Pratolongo no acudiese a la ceremonia fúnebre oficiada en París.

Luis Alfonso de Borbón, por su parte, sobrino del difunto, retiró su nombre de la esquela española, encargando al Instituto de la Casa de Borbón la redacción de la francesa. De ahí, la abismal diferencia de tratamiento a Gonzalo en una y otra.

Para colmo de resquemores, sobre el mármol blanco de la tumba de Gonzalo, en las Descalzas Reales, no se inscribió el tratamiento de «alteza real» que sí figuraba en la lápida de su hermano Alfonso, situada justo enfrente, sino un escueto y humillante «don».

Ni siquiera recibió la distinción de «excelentísimo señor» que al menos le hubiera correspondido como hijo de un infante de España. Tal y como son considerados hoy los hijos de Marichalar y de Urdangarín, tan hijos de infante y nietos de rey como lo fue el desdichado Gonzalo de Borbón Dampierre.

Pero lo peor de todo no fue eso: cuatro meses después de la muerte de Gonzalo, su hija Estefanía aún seguía esperando que alguien de su propia familia le diese la dolorosa noticia, de la que se había enterado por otro conducto al cabo de quince días. «Lo supe —declaró a *Hola*— por un buen amigo de la familia que llamó desde Argentina. Hablando con mi madre, al darse cuenta de que no sabía nada, le dijo que mi padre había muerto hacía dos semanas. Cuando llegué a casa aquel día, fue muy triste, muy triste. Había hablado con mi padre en marzo y no sospechaba nada. Fue un shock para mí.»

Los organizadores del entierro y del funeral de su padre se habían encargado de borrarla de la lista de invitados.

Tampoco fue invitada Estefanía a la boda de su primo Felipe con la periodista Letizia Ortiz, celebrada en la catedral de La Almudena el 22 de mayo de 2004.

Otro hijo bastardo de la dinastía reinante en España, Leandro de Borbón Ruiz-Moragas, fue tachado, como ella, de la relación de invitados.

Solidarizada con él, Estefanía decidió poner también Leandro, de segundo nombre, a su quinto hijo Alexander, nacido aquel mismo año.

LOS LÍOS DEL TESTAMENTO

Gonzalo murió dejando cuatro nietos varones, nacidos entre 1994 y 2004: Nicholas, Jaime (llamado igual que su bisabuelo), Richard y Alexander.

Los dos mayores decidieron llevar luego el mismo apellido Borbón de su abuelo y de su madre, por delante del de su propio padre.

Estefanía se había casado con el norteamericano Richard McMasters, cuatro años menor que ella, el 27 de julio de 1995, en Palm Beach Gardens.

A esas alturas eran ya padres del primogénito Nicholas.

El benjamín, Alexander, a diferencia de sus hermanos, no llegó a conocer a su abuelo Gonzalo, pues nació cuatro años después de su muerte.

En octubre de 2000, Estefanía explicaba a *Hola* el trato esporádico y distanciado que mantuvo siempre con su padre: «Las relaciones entre mi padre y yo fueron siempre estrictamente privadas y más o menos frecuentes, con grandes paréntesis según épocas, pero siempre en el ámbito de lo privado. En los últimos años hablábamos varias veces por teléfono, cada dos o tres meses. Empezaba a saber cosas de él y él a saber cosas mías. La última vez que hablé con mi padre fue a finales del pasado mes de marzo. Recuerdo que me dijo sentirse algo cansado y que necesitaba parar un poco el ritmo de vida que llevaba. Pero para nada sospechábamos ni él ni yo que tenía una enfermedad tan fulminante».

Pero el distanciamiento entre ambos no significó en modo alguno que Estefanía rechazase las prerrogativas que le correspondían por ser hija de quien era. «Nunca habría renunciado a mis derechos —dijo, taxativa—. No existe razón alguna por la que ni siquiera me lo tendría que haber planteado. Eso está fuera de toda duda. Yo soy la hija legítima y reconocida de Gonzalo de Borbón. Soy Estefanía Michelle de Borbón. Sí, reclamo mis derechos sobre el testamento de mi padre, sea el que sea. Tiene un gran valor para mí, más que ninguna otra cosa en este momento, porque por fin la relación privada que manteníamos mi padre y yo estaba empezando a ser la relación de dos adultos que se deben entre sí un tiempo de sí mismos. Soy su hija y ni quiero ni voy a ser excluida por razones de lejanía geográfica.»

Al abrirse el testamento de Gonzalo, todos sus familiares se llevaron una sorpresa morrocotuda.

La más desconcertada resultó ser, curiosamente, la mayor beneficiada por su última voluntad: Mercedes Licer, cuyo matrimonio había sido anulado por la Iglesia.

En marzo de 2001, el albacea José María Ruiz de Arana, duque de Baena, se puso en contacto con Mercedes Licer para mostrarle el documento redactado por Gonzalo mes y medio después de contraer matrimonio con ella.

El testamento no dejaba lugar a dudas: Mercedes Licer aparecía como heredera universal de todos los bienes del difunto; si bien se otorgaba a Emanuela Dampierre el denominado tercio de mejora y libre disposición, es decir, la legítima.

La declaración de la propia Licer a *Hola* evidencia su desconcierto y alegría iniciales: «La herencia ha sido una sorpresa. Nunca imaginé que me lo dejara todo. No tengo ni idea de cómo ni por qué lo decidió así».

Pero la explicación era muy sencilla; tan sencilla como que a Gonzalo se le olvidó actualizar su testamento tras divorciarse de Mercedes Licer. Prueba evidente de que ni siquiera él mismo sospechaba que su enfermedad le llevaría de forma tan fulminante a la tumba.

Sólo así se explicaba que hubiese excluido del legado a su entonces esposa Emanuela Pratolongo, olvidándose también de su única hija, con quien había estrechado lazos en la etapa final de su vida.

La apertura del testamento puso a Emanuela Dampierre hecha un basilisco: «Cuando éste salió a la luz —evoca ella, en sus memorias dictadas a Begoña Aranguren—, sólo cabía pensar en dos posibilidades: o el día en que lo firmó había bebido, o bien los asuntos crematísticos le importaban tan poco que, sencillamente, había olvidado que lo hubiera hecho. Mercedes Licer dice que, poco antes de su muerte, mi hijo realizó cambios en sus inversiones. Nada de todo eso es cierto».

La herencia de Gonzalo de Borbón Dampierre se complicó cada vez más, hasta el punto de que Mercedes Licer anunció su intención de pleitear por la parte del legado del rey Alfonso XIII que, en su opinión, correspondía a Gonzalo.

Poco antes, la propia Licer había recibido una oferta económica del entorno de Emanuela Dampierre para que renunciase a su participación en la herencia.

Pero ella no claudicó. Recordaba haber visto en el madrileño piso del paseo de La Habana, mientras convivía aún con Gonzalo, un valioso lienzo de Madrazo, el reloj Cartier que regaló Victoria Eugenia a su futuro esposo Alfonso XIII en la petición de mano, así como una vajilla de oro y varias alhajas que habían pertenecido a la reina. Pero todos aquellos bienes desaparecieron.

Al misterio de la herencia se unió la sospecha de que el primo hermano de Gonzalo podía ser también padre de una hija ilegítima…

La condesita

En septiembre de 2001 una noticia hizo temblar los cimientos de La Zarzuela.

Y no precisamente de miedo, sino de indignación: Marie José de la Ruelle, una francesa de cuarenta y siete años, anunció en París que había emprendido acciones legales para que uno de sus presuntos padres se sometiese a la prueba genética que determinase su filiación.

El asunto, tan habitual a finales del siglo xx y en los albores del xxi, de reclamar en los tribunales la preceptiva prueba de ADN no habría revestido mayor importancia si se hubiese tratado de algún famosillo de la farándula. Pero Marie José de la Ruelle apuntaba nada menos que al vértice geodésico de la institución monárquica en España, asegurando que sus padres eran Juan Carlos de Borbón y María Gabriela de Saboya, antigua novia del monarca en su juventud.

En España, la noticia pasó casi inadvertida en medio del rutinario pacto de silencio. Tan sólo el diario *El Mundo*, a través de la ágil pluma de su corresponsal en París, Cristina Frade, se hizo eco de ella con cierto relieve.

La peculiar legislación francesa establecía que las pruebas de paternidad sólo podían efectuarse en el plazo de los dos años siguientes a la mayoría de edad del presunto hijo; es decir,

que Marie José de la Ruelle debió haber reclamado judicial-
mente la prueba genética a don Juan Carlos hacía ya casi treinta años.

La demandante pretendía ahora que María Gabriela de Saboya se sometiese a los análisis de maternidad, dado que éstos
no prescribían en Francia hasta pasados treinta años desde la
mayoría de edad.

Pero ¿quién era realmente aquella mujer morena, con visi-
bles señales de alopecia y nariz borbónica, que había presentado de improviso una demanda de filiación ante el Tribunal de
Gran Instancia de Burdeos?

Divorciada y madre de cinco hijos, Marie José de la Ruelle había adoptado en realidad el apellido de su segundo marido.

Nacida en 1954, en el hospital militar de Blida (Argelia),
fue inscrita enseguida como Brigitte-Odile Gervais.

En su primer año de vida quedó al cuidado de la asistencia
pública, hasta que en 1955 fue adoptada legalmente por la pareja italo-española formada por Marcello y Margarita Caldamone, que cambió a la niña el nombre de Brigitte por el de
Marie José.

Casualmente, así se llamaba también la madre de María
Gabriela de Saboya, María José de Bélgica, esposa de Humberto II, último rey de Italia.

La presunta hija bastarda del rey aseguraba ser fruto de un
apasionado romance surgido en el incomparable marco de
un regio crucero a bordo del yate *Agamemnon*. El mismo barco en el que Juanito conoció a su futura esposa Sofía, en
agosto de 1954, precisamente el año en que nació Marie José
de la Ruelle.

Llamaba la atención la precocidad de aquella supuesta paternidad, pues Juan Carlos tenía entonces sólo dieciséis años y

su novia, catorce. A pesar de lo cual, Marie José insistía en que era hija de ambos.

Su abogada, Dominique Rémy, se amparaba en que la prensa de la época se hizo gran eco del romance; además, esgrimía el «sorprendente parecido» entre don Juan Carlos y su clienta, el cual quedaba a su juicio patente en una colección de fotografías tomadas en distintas épocas.

Entre la documentación aportada en la demanda, figuraba también una imagen captada en los jardines argelinos de Blida, en la que Margarita Caldamone, su madre adoptiva, posaba junto a una mujer embarazada que, según la propia demandante, podía tratarse de María Gabriela de Saboya.

Sin embargo, la letrada Dominique Rémy mostró cierto recelo ante los periodistas: «No tenemos ninguna prueba formal —advirtió—; pero hay una serie de elementos que, vistos en su conjunto, resultan muy turbadores».

La abogada salió también al paso de los comentarios del entorno de María Gabriela de Saboya, según los cuales la actitud de su clienta era consecuencia de un trastorno obsesivo, originado por el trauma de no haber conocido jamás a sus padres: «A mí me parece completamente sana, nada mitómana, y estamos dispuestos a que se le realicen pruebas psiquiátricas para demostrarlo», repuso Dominique Rémy.

Amor imposible

Sea como fuere, era innegable que Juan Carlos y María Gabriela habían protagonizado un apasionado romance de juventud.

Las declaraciones de la propia María Gabriela a Telecinco, en noviembre de 2008, carecen de credibilidad.

Entrevistada en exclusiva en el programa *Está pasando*, la

princesa negó categóricamente que hubiese mantenido una relación sentimental con don Juan Carlos: «Nooo… Es que teníamos todos más o menos la misma edad, y estábamos todos por ahí… pero no, no. Tengo una gran amistad con el rey; seguimos siendo amiguísimos, pero en absoluto», desmintió.

Y añadió, con la misma rotundidad: «Juan Carlos y yo sólo fuimos, y somos, grandes amigos».

Pero la realidad era muy distinta. Para empezar, sus familias eran vecinas en el exilio portugués. La de ella residía en Villa Itálica, Cascais; la de él, en Villa Giralda, Estoril.

María Gabriela acompañó a Juan Carlos en la fiesta de presentación de la infanta Pilar. Ambos compartían otras muchas cosas: habían nacido en Italia (Juan Carlos en Roma, en 1938; María Gabriela en Nápoles, dos años después) y disfrutaban de lo lindo cazando, montando a caballo o conduciendo un coche a gran velocidad por las angostas carreteras de Estoril.

María Gabriela era una intrépida amazona, que solía participar en exhibiciones con su caballo gris Incompreso. Otras veces la invitaban a cacerías de zorro y monterías, cuando no iba a esquiar a la nieve, o disfrutaba siendo remolcada por una lancha neumática en las aguas de Estoril, donde practicaba el esquí náutico.

Era una mujer sagaz e independiente, con una memoria prodigiosa y una carga sensible y emotiva que la hacían más irresistible aún a sus pretendientes.

Tras estudiar en el liceo italiano de Madrid, se matriculó en la escuela de intérpretes de la Universidad de Ginebra, donde se diplomó en inglés, francés y español.

Enseguida aprendió a querer a España. En eso, Juan Carlos fue su consumado maestro. Le entusiasmaban sus geniales pintores, tocaba la guitarra y las castañuelas, bailaba flamenco, e incluso hacía sus pinitos como rejoneadora en las fincas de sus amigos.

La periodista francesa Françoise Laot descubrió en el diario íntimo de la princesa esta estrofa que ella misma dedicó a Juan Carlos:

Tan joven, tan rubio,
bueno sin esfuerzo,
grande sin enemigos.

El propio Paul Preston, en su biografía no autorizada de don Juan Carlos, contaba que éste, siendo cadete en la Academia Militar de Zaragoza, tenía siempre a la vista en su habitación una fotografía enmarcada de la alegre, atractiva y rubia María Gabriela de Saboya. Hasta que un día se le ordenó que la retirase de su mesilla de noche porque «el general Franco podría disgustarse en caso de que viniera a hacer una visita a la Academia».

Al Caudillo no le gustaba la princesa, a la que consideraba en exceso liberal y con «ideas demasiado modernas», según le confesó a su primo Salgado-Araujo. Tampoco le agradaba a don Juan, consciente, como el Caudillo, de que era hija de un rey en el exilio con muy pocas, por no decir ninguna, posibilidades de recuperar su trono.

No fue aquélla la única vez que Franco intervino, directa o indirectamente, en la vida sentimental del príncipe. En 1958, cuando don Juan Carlos visitó Estados Unidos, se encaprichó de una sensual brasileña en uno de los bailes organizados para la tripulación del buque-escuela español.

Meses después, el propio don Juan Carlos descubrió, estupefacto, que todas las cartas de amor enviadas a su brasileña del alma habían acabado sobre el escritorio del Caudillo.

La historia se repitió dos años después, en 1960, cuando Franco avisó al comandante de aviación Emilio García Conde, ayudante del príncipe, para que hiciese retirar de nuevo la fotografía de María Gabriela de Saboya de la mesilla de noche de don Juan Carlos.

Preocupado por el significado que esa imagen podía tener al presidir la habitación de don Juanito, Franco repuso a García Conde: «Al príncipe hay que buscarle una princesa».

De García Conde era precisamente el Mercedes que condujo don Juan Carlos, sin carnet, en un viaje a Mota del Cuervo, en la provincia de Valladolid. Le acompañaba a bordo, además del dueño del vehículo, Alfonso Armada. Al salir el coche de un cruce con barrera de ferrocarril, la aleta izquierda del vehículo golpeó a un ciclista y lo derribó. Por fortuna, el accidente no tuvo mayores consecuencias.

María Gabriela había visitado a don Juan Carlos varias veces en Zaragoza. Ambos coincidieron también en la boda de la princesa Elena, tercera hija de los condes de París, con el conde Everardo de Limburg Stirum, celebrada en Dreux en enero de 1957.

Por su cumpleaños, Juan Carlos le regaló una preciosa pulsera de plata con las insignias del arma de infantería; ella le dijo luego, en una conversación telefónica, que le había gustado mucho.

En julio de 1960 acompañó también a Juan Carlos en la boda del heredero de los duques de Württemberg. Aquel mismo año fue también con él a los Juegos Olímpicos de Roma, donde el príncipe Constantino de Grecia obtuvo una gran victoria en vela.

Entre tanto, María Gabriela debió de quedarse de una pieza al recibir un extravagante anuncio que poco después se confirmó: nada menos que el sha de Persia, Mohammad Reza Pahlavi, tras divorciarse de su segunda esposa, pidió su mano para convertirla en su tercera mujer.

Pero ella le dio calabazas enseguida: «Sólo me casaré con el hombre al que ame y no amo al Sha», zanjó.

Y explicó por qué: «¿Cómo se puede amar a alguien a quien no se conoce? En total, le he visto cuatro horas. Ya no estamos en los tiempos en que se hacían los matrimonios por razones de Estado. Y, además, no entra en mis planes casarme con un hombre mucho mayor que yo».

Pero María Gabriela se equivocaba: aunque ella amase entonces a don Juan Carlos, éste acabó rechazándola por las mismas razones de Estado que ella cuestionaba.

Hasta entonces, su relación era tan del dominio público, que se barajó incluso la posibilidad de que el enlace nupcial se anunciase el 12 de octubre de 1960, coincidiendo con la celebración de las bodas de plata de don Juan y doña María de las Mercedes.

Como advertía, certero, Preston, «la elección de esposa del Príncipe tenía enorme trascendencia tanto para la familia real como para la posible sucesión de Franco».

La candidata elegida debía ser, pues, una princesa de sangre real, a ser posible de una dinastía reinante, y sin apuro económico alguno. Los sentimientos estaban así supeditados a consideraciones estrictamente políticas.

Poco antes del aniversario de los condes de Barcelona, el consejo privado de don Juan abordó la delicada cuestión en una sesión extraordinaria. El simple hecho de que María Gabriela se hubiese divertido en la Feria de Sevilla, la primavera anterior, invitada por los duques de Alba, bastó para que el consejo dictaminase que era una mujer frívola que en nada convenía a los intereses de la monarquía.

A José María Pemán, este argumento le resultó ridículo.

En cualquier caso, don Juan le dijo a Pemán: «No considero a Juanito maduro hasta dentro de un año y medio o dos».

María Gabriela no acudió finalmente a la fiesta de aniversario de los condes de Barcelona. Pero la presencia de su padre, el ex rey Humberto de Italia, junto a don Juan, alimentó aún más los rumores.

El Caudillo fue informado de ello por uno de sus confidentes, cuyo informe, custodiado en la Fundación Nacional Francisco Franco, pone de relieve también el férreo marcaje al que sometía don Juan a su hijo en cuestiones dinásticas y sentimentales:

> Lo cierto es que Juan Carlos —escribía el informador anónimo de Franco— parece cada día más maduro, por mucha que sea su humildad y su paciencia ante su padre, que aun delante de gente, y subrayándolo cuando hay alguien presente, le trata muy duramente y le dice continuamente «tú, ahí detrás», para la discordia. Discordia que seguramente no se dará, porque vendrá el matrimonio y con él la nueva casa, la nueva vida y el alejamiento del padre, que le tiene como los pies de las jóvenes chinas de casta, en zapato de hierro. En estos días, y según sabemos por diversas fuentes, Juan Carlos estaba deseando regresar a España y muy fatigado de su padre y de su abuela doña Victoria Eugenia, cuya frecuentación se le hace cada día más dolorosa. El casamiento, pues, es una solución política, un remedio para que la cuerda no se rompa. Y, si nada se ha confirmado oficialmente, la presencia de Humberto junto a don Juan —inaudita para el que conoce la historia de sus relaciones— lo demuestra.

Así estaban las cosas cuando el 8 de noviembre, el embajador británico, sir George Labouchere, preguntó al duque de Frías si eran ciertos los rumores de boda de don Juan Carlos con María Gabriela de Saboya. «No por el momento, en todo caso», repuso el duque de Frías.

Poco después, don Juan Carlos, presionado por los comentarios interesados de la cúpula política a periodistas y diplomáticos, acabó plegándose a la voluntad de Franco y de su padre, poniendo fin a su relación con la princesa italiana.

Muchos años después de casarse con Sofía de Grecia, él mismo reconoció: «Hubiera podido, es verdad, casarme con María Gabriela».

Revés judicial

¿Significaban esas palabras que el amor entre ambos llegó hasta el extremo de engendrar una hija ilegítima?

Marie José de la Ruelle aseguraba, desde luego, ser fruto de aquel romance imposible.

A finales de mayo de 2002 la justicia francesa se pronunció sobre la demanda de filiación presentada ante el Tribunal de Gran Instancia de Burdeos.

La corresponsal de *El Mundo*, Cristina Frade, resumía atinadamente, en el párrafo inicial de su crónica, el nuevo equilibrio de fuerzas tras la polémica decisión judicial:

> La justicia francesa no ha conseguido echar por tierra los sueños de realeza de una mujer de cuarenta y siete años, Marie José de la Ruelle, que asegura ser hija natural de la princesa María Gabriela de Saboya y del rey Juan Carlos I, pero los jueces sí han procurado desalentar sus fantasías e impedir que importune a otros con ellas.

El tribunal desestimó, en efecto, la prueba genética de maternidad que reclamaba la mujer, condenándola a pagar tan sólo 1.800 euros a la que decía ser su madre, en concepto de daños y perjuicios.

La demandante quedó advertida también de que, si seguía acechando a la princesa, debería desembolsar otros 1.500 euros.

Si era mentira lo que Marie José de la Ruelle alegaba, ¿no merecía acaso semejante calumnia, extendida al mismísimo rey de España, una indemnización mayor?

Máxime cuando la Casa Real española se apresuró a desmentir oficialmente la declaración de filiación a través de un escueto y rotundo comunicado, que decía:

> La embajada de España en Francia, a petición de la Casa Real, manifiesta que las palabras de Marie José de la Ruelle y de su abogada sobre su presunta filiación están desprovistas de todo fundamento y no tienen ninguna base.

La propia María Gabriela de Saboya, entrevistada en Telecinco, respondió con similar firmeza, aludiendo así a su presunta hija: «Como son hijos de nadie buscan tener padres importantes, pero no era verdad… Hablé con Juan Carlos sobre esto y bromeamos».

Pero la elocuencia de la Casa Real española sobre este escandaloso asunto contrastaba con su sepulcral silencio en otro suceso tanto o más embarazoso aún…

Lejos del mundanal ruido

Gassin es una aldea remota y tranquila, enclavada en lo alto de un cerro boscoso a unos veinte kilómetros de Saint-Tropez, en el sur de Francia.

Cuentan los más viejos del lugar que la densa vegetación que discurre por la ladera hasta el mar servía antiguamente de cobijo a los temibles bandidos.

En Gassin no residían más que campesinos en 1959, cuando arranca nuestra última historia.

Pasaban allí, eso sí, algunas temporadas famosos artistas como el coreógrafo y bailarín Maurice Béjart, referente de la danza mundial del siglo xx.

También iba de vez en cuando a inspirarse, en su elegante casa de estilo rústico, la escritora Françoise Quoirez, con cuyo seudónimo literario de Françoise Sagan se había convertido a sus veintiún años en un venerado icono entre los intelectuales de la época.

El destino quiso que en aquel mismo recóndito lugar, Françoise Sagan concibiese su segunda novela titulada *Un certain sourire*, en la cual narraba la historia del amor imposible entre una joven soltera y un hombre casado que, por edad, podía ser su padre.

Sin ser un calco de la historia que a continuación vamos a relatar, el argumento era parecido en lo que a romances imposibles se refiere.

A la apartada aldea de Gassin fue a parar precisamente aquel mismo año una mujer bella y abandonada, de nombre Olghina di Robilant.

Nacida en el seno de una arraigada familia de la aristocracia veneciana, cursó el bachillerato en Suiza y luego residió en Portugal, donde conoció precisamente a su amor imposible.

Antes de escribir novelas románticas y de convertirse en personaje y cronista de la vida mundana de Roma, además de en jefa de redacción del diario *Momento Sera*, Olghina di Robilant expió con creces sus culpas pasadas en una lúgubre y miserable cuadra que ella misma limpió de alacranes y tarántulas lo mejor que pudo. Por ese motivo acabó colocando el somier y el colchón en un altillo al que se subía por una escalera de mano.

Junto al improvisado camastro había un viejo velador y,

justo debajo de la escalera, un tubo con un grifo: su cuarto de baño. Aun tratándose de una mujer, el asunto no tendría mayor trascendencia si no fuera porque Olghina di Robilant estaba embarazada de ocho meses.

Su avanzada gestación le daba, para colmo, no pocos problemas: tenía los tobillos hinchados, sentía fatiga, náuseas y mareos a menudo, y perdía sangre.

Pero lo peor de todo no era eso, sino su completa soledad. Los vecinos pensaban que estaba loca y temían que pudiese morir como consecuencia de un parto prematuro.

En Gassin no había médicos; sólo una especie de farmacia donde le fiaban medicinas de mala gana, apremiándola luego para que pagara sus deudas.

A veces carecía incluso de algo que llevarse a la boca. Su miseria contrastaba con la riqueza de los campesinos. Todos tenían coche y se trasladaban en él a la costa para comprar en sus exclusivas tiendas. El domingo se vestían de parisinos, y casi siempre hablaban de negocios.

Olghina di Robilant, en cambio, se desplazaba a pie. Bajaba por la calle que se adentraba en el bosque hasta la carretera nacional, donde solía hacer autoestop. Una tarde, sentada en el arcén, sintió que el mundo daba vueltas a su alrededor y cayó desplomada sobre el asfalto justo cuando se acercaba un coche.

El conductor frenó, dio marcha atrás y detuvo el auto a su lado.

—*Montez!* —gritó, asomado a la ventanilla.

Olghina obedeció y subió al coche.

—¿Se ha lastimado?

—No, no...

—Me dirijo a Cannes, ¿y usted?

—Me haría un gran favor si me llevase hasta Sainte-Maxime —dijo Olghina.

—¿Le ha dejado tirada su coche?

—No tengo coche.

—¡Ah, entonces la esperan! ¿Su marido, tal vez?

—No tengo marido.

—Ya… pero usted espera una criatura.

—¿Usted cree? —repuso Olghina, mirándose el vientre. Luego añadió, desengañada:

—Yo espero, pero nadie me espera a mí.

—¿Por qué va entonces a Sainte-Maxime?

—Para buscar algo de comida. Si lavo los platos en algún restaurante conseguiré algo de comer.

El conductor frenó bruscamente, arrimándose al arcén.

—Yo soy un hombre serio, señorita… Déjeme invitarla a almorzar, por favor.

Olghina asintió con la cabeza.

—Me llamo Jean de Rothschild.

Ella experimentó un gran alivio al escuchar tan ilustre apellido.

¡Todo un Rothschild la invitaba a comer aquel día!

Al caer la tarde, el hombre la dejó a la puerta de su cuadra de Gassin.

—Buenas noches —se despidió—. Vendré a buscarte mañana a mediodía para almorzar en alguna parte.

Al día siguiente, Olghina salió temprano de casa para dar un paseo. Cuando llevaba unos segundos caminando, oyó a su espalda una voz que le decía, con acento veneciano:

—Buenos días, condesita.

Se giró y vio a un señor con librea. Era el mayordomo de la mansión de sus amigos los Volpi. ¿Qué diablos hacía allí?

—Estoy con el conde Giovanni y el señor Philippe. Nos

alojamos en esa villa —dijo él, señalando el chalecito de los Durazzo.

La mujer no daba crédito, sacudiendo la cabeza. Vio entonces al grupo de inquilinos salir de la casa, en dirección hacia ella. Junto a Philippe y Giovanni, caminaban el príncipe Karageorgievich y... ¡María Gabriela de Saboya, con su hermana Pía!

—¡Menuda sorpresa! ¿Qué haces aquí, Olghina? —inquirió María Gabriela.

—¿Y qué hacéis vosotros? De vacaciones, supongo —conjeturó Olghina, sin saber dónde meterse.

Todos miraron su barriga, pero ella no les dio explicaciones.

La invitaron a comer con ellos. Ella se lo agradeció, tras explicarles que iba a tomar el sol. Pero Philippe Lacloche, a quien Olghina quería como a un hermano, la asió del brazo en cuanto sus compañeros se alejaron.

—Espero que me cuentes qué significa esa barriga —la apremió.

Olghina puso en antecedentes a su amigo, mientras paseaba con él.

—¿Ni siquiera sabes dónde ni cómo vas a dar a luz?

—Aún no lo sé; puede que lo haga en París...

Philippe era un hombre práctico y resolutivo, que además había estado enamorado de ella.

—No te preocupes, yo te dejo dinero. Telefonearé a *maman*, que conoce a los mejores médicos de París.

Acto seguido le entregó una notita con la dirección de uno de los más reputados ginecólogos de la capital francesa.

—*Maman* le llamará —advirtió—. En cuanto llegues a París, vete enseguida a verle; él se ocupará de tu parto. Y no te preocupes de pagarlo, *maman* cuidará de todo.

Philippe consiguió también que Olghina aceptase la invitación para asistir aquella noche a un cóctel en casa de los Durazzo.

Tras despedirse de él, se encaminó hacia su «vivienda», a cuya desvencijada puerta le aguardaba Jean Rothschild desde las doce en punto.

Sentados luego en el coche, Olghina le dejó que hablase.

—Tengo un pisito en París —arrancó Jean—. Bueno, en realidad es una *garçonnière*. Una habitación con baño, teléfono y una cocinita. Está en la calle Singer. Puedes quedarte allí hasta que des a luz. Aquí tienes la dirección completa.

Le tendió un papelito que ella guardó junto al que ya le había entregado Philippe.

Por la noche, durante el cóctel, María Pía de Saboya hizo un aparte con ella, en el porche exterior. Miró entonces fijamente su barriga.

—Está bien —claudicó Olghina—. Estoy esperando un hijo, pero no vayas diciéndolo por ahí.

A la mañana siguiente, Olghina tomó el *train bleu* de París.

Una vez allí, se dirigió en taxi al apartamento de la calle Singer. La habitación era espaciosa, con una cama enorme. Moqueta, butaca estilo siglo XVIII, escritorio, armario empotrado, cuarto de baño y hornillo eléctrico. Un auténtico palacio comparado con la cuadra de Gassin.

Faltaban veinte días para que diera a luz y, como era natural, se sentía cada vez más pesada e incómoda.

Al día siguiente, visitó al doctor Mayer en su lujosa consulta.

—Tiene usted la tensión muy alta —indicó el médico—. Nada de sal en las comidas. Si sucede algo parecido a lo que ya le ocurrió, llámeme enseguida. Cuando llegue la hora, vaya al hospital Américain, en Neuilly-sur-Seine.

—¿Ha hablado con la condesa Volpi? —preguntó ella.

—Sí. Todo está bien. No me debe nada.

Una de aquellas tardes, Olghina se fue sola al cine y allí mismo, mientras se proyectaba la película… ¡rompió aguas!

Como primeriza que era, carecía de la menor noción de un parto. Así que, tras tomar luego un baño de agua caliente en su apartamento, se acostó, en espera de que llegasen las contracciones. Pero no pasó nada.

A la mañana siguiente, fue al hospital para explicarle al doctor Mayer lo que le había sucedido. Una enfermera le preguntó antes por sus síntomas, y ella le contó lo del cine.

—¿Cómo dice? ¿Ha roto aguas ayer y todavía no tiene contracciones? Vaya usted enseguida a la habitación, que yo aviso ahora mismo al ginecólogo.

En cuanto se acostó, empezaron las contracciones. Al principio, ligeras; luego, ya más fuertes.

Al cabo de una hora, llegó el doctor Mayer.

—No está en buena posición y usted no le está ayudando —advirtió—. Creo que aún falta mucho tiempo. No tiene el útero bien dilatado… Voy a almorzar; volveré por la tarde.

A las tres, en la sala de partos, la enfermera jefe dio a Olghina un breve respiro con la mascarilla del gas. El dolor era tan fuerte, que la parturienta se subía a los barrotes de la camilla. Sudaba, temblaba, lloraba, gruñía… De pronto, reparó en que ya no podía más. No lo conseguiría. Agarró la mascarilla y se la puso en la cara, abriendo la llave del todo para aspirar a continuación lo más fuerte que pudo. Pretendía dormirse antes que morir de dolor. Y se durmió.

Al despertar, se hallaba otra vez en la habitación.

—¿Estoy viva? —acertó a decir.

—Sí. De milagro —repuso el doctor Mayer.

—¿Y el niño?

—Es una niña preciosa.

—¿Qué ha sucedido?

—Tendría que regañarla por haber robado el gas, pero al hacer eso se ha salvado usted misma la vida. Tuvo un ataque de tensión alta. No podía con las contracciones y se produjo una hemorragia. Yo llegué justo a tiempo. Reforcé la anestesia e hicimos lo humanamente posible para que bajara la tensión, pues la niña se estaba ahogando. Tuve que sacarla con fórceps. Su iniciativa de dormirse ha sido providencial. Ahora debe descansar.

Cuando volvió a despertar, el famoso pianista Arthur Rubinstein y su esposa, amigos entrañables de los Robilant, estaban sentados junto a la cama.

Olghina divisó un jarrón de flores en la cómoda. Había una tarjeta: «Felicidades a Luca, Francesco, Giovanni o como se llame». Era de Arthur Rubinstein. Ella le había dicho que barajaba esos nombres, en masculino o femenino, según fuese niño o niña.

Me he limitado a recrear fielmente, hasta aquí, las memorias de la propia Olghina di Robilant, tituladas *Sangue Blu* y publicadas por Arnoldo Mondadori hace ya veinte años, en Milán.

Dejo ahora a la protagonista que describa, con sus propias palabras, la inmensa alegría que experimentó al ser madre el 18 de octubre de 1959: «La primera vez que vi a la niña —recuerda Olghina—, a la que después llamé Paola, pensé que me la habían cambiado. Me gustaba, desde luego, era rubia y tierna, pero estaba calva. La cogí en brazos y la estreché.

»"¡Pobre cachorrita, vaya madre que te encuentras! Estaba por no reconocerte." En ese momento me sentí segura de mí misma. Me volvería multimillonaria si ella lo requería. Me casaría con Papá Noel o inventaría algo genial.»

ABORTO TRAUMÁTICO

Pero Olghina jamás pudo olvidar, ni siquiera en aquel momento de suma felicidad, la condena a muerte que escuchó de labios de su madre ocho años atrás, siendo una adolescente:

—Abortarás y luego irás a Portugal… Tía Olga acaba de perder a su hija y le vendrá muy bien tener un poco de compañía.

La pobre Olghina cargaba sobre su conciencia con un terrible aborto.

Y eso que abortar no era fácil en aquella época, ni siquiera en Londres. Hacía falta un certificado que declarase a la embarazada débil mental y propensa al suicidio.

La muchacha emprendió entonces una peregrinación por los psiquiatras de la ciudad, hasta encontrar uno dispuesto a certificar sus intenciones suicidas. Tenía el consultorio en la famosa Half Moon Street, la calle londinense de los médicos.

Luego, se dirigió con su madre a Harley Street, la calle de los ginecólogos, donde halló otro médico sin escrúpulos dispuesto a terminar con la vida de la criatura que llevaba en las entrañas.

Me trasladaron —recordaba ella, con horror— a una clínica tenebrosa, gris y funcional. La única sensación agradable fue la anestesia previa. Morfina, supongo. Me quedé dormida en la sala de operaciones y cuando desperté en la pequeña habitación masculló en el duermevela:

—¿Era niño o niña?

Había pensado mucho en ello en mis sueños positivos.

—No hagas preguntas desagradables. Trata de dormir. En cuanto te pongas bien volarás a Portugal —contestó mamá secamente—. ¡Gracias a Dios que se ha terminado esto!

Se había terminado para ella. Para mí empezaba.

Dormía mucho, pero en realidad me estaba despertando. Estaba volviéndome consciente. Ante todo, de mi impotencia. Me sentía terriblemente inepta, y desde entonces empecé a llorar sin parar. Lloré por lo que había perdido y amputado por inercia y miedo. Lloré por haberme dejado apabullar. Lloré porque empezaba una nueva vida dejando atrás cabos sueltos. Pensé dolorosamente en lo que podría haber sido un hijo mío… A la culpa «social» se sumó la de mi conciencia, mucho más punzante.

Poco después viajó a Portugal para pasar una temporada con su tía Olga Alvares Pereira de Mello. Corría el año 1951. Al llegar a Sintra, en la Quinta da Piedade, comprobó cómo todo allí se movía al ritmo establecido por la severa disciplina de tía Olga. El luto por su hija fallecida se tornó pronto en alegría por el regalo inesperado de aquella otra joven que acabó convirtiéndose en la niña de sus ojos.

En aquella época, tía Olga presidía la Sociedad de Conciertos portuguesa, de modo que todos los músicos y artistas que actuaban en la Ópera de Lisboa pasaban antes o después por su casa de Sintra. Uno de aquellos días, Olghina conoció precisamente a Arthur Rubinstein, que era como de la familia.

Solía entrar en el salón con los brazos en alto, proclamando:

—*Alors, Olga?* ¿Este templo de la música revienta de silencio cuando yo no estoy?

Siempre tan ingenioso. Luego, se sentaba al piano.

—Oh, este *la* se ha ido de vacaciones —gritaba—. Así que os tocaré algo de Chopin sin *la*.

Fue un concierto inolvidable, en la más estricta intimidad.

Otro día apareció también por allí el violinista Yehudi Menuhin, que los deleitó con su Stradivarius.

Portugal acabó convirtiéndose en refugio de reyes y nobles: la familia Saboya; los condes de París; Miguel de Rumanía; Simeón de Bulgaria; el almirante Horthy, ex jefe de Estado de Hungría; los Braganza portugueses que acababan de regresar de Brasil gracias a Salazar; los Karageorgievich de Yugoslavia; los archiduques de Austria… y los Borbones de España.

«TE MUEVES COMO LAS OLAS»

En verano de 1956 Olghina acudió, invitada, a una cena importante en el restaurante Muxaxo, junto a la playa del Guincho.

Se trataba de una regia velada donde iba a conocer a uno de los hombres más importantes de su zarandeada vida.

Ella misma recordaba, como si fuera ayer, con todo lujo de detalles, la primera vez que vio a don Juan Carlos.

El entonces príncipe de España disfrutaba de un permiso militar en la Academia de Zaragoza; semanas atrás, había tenido la mala fortuna de perder a su hermano Alfonso, de casi quince años, mientras manipulaba una pistola que se le disparó accidentalmente, causando al infante la muerte instantánea.

Juan Carlos tenía entonces dieciocho años; Olghina, veintidós.

La chica plasmó luego, en sus desvergonzadas memorias, aquella primera vez:

Ya en el restaurante —recordaba, al cabo de treinta y cinco años— me encontré sentada junto a don Juanito, que era como llamaban entonces a don Juan Carlos de Borbón. El restaurante era un lugar muy concurrido, sin pretensiones. Se comía un marisco al que por su forma llamaban «piececitos de cerdo»... Los grandes ventanales daban al mar, que a veces ofrecía espectáculos apocalípticos. Como esa noche. Mirábamos la luz de una embarcación que aparecía y desaparecía en la oscuridad y en la espuma fosforescente.

—¿No comes? —me preguntó Juanito.

—Estoy mirando esa barca. ¿Y si estuviera naufragando?

—Enviaría un SOS. Y si la ves tú, también la habrá visto la capitanía del puerto... Venga, come el marisco.

—No me gusta. Esperaré al segundo plato.

—Dentro de poco vendrá una orquestina y se podrá bailar.

—Habéis organizado una fiesta a lo grande, ¿acaso es el cumpleaños de alguien?

—Es la fiesta de los exiliados.

Me concentré en un plato de arroz, pero no conseguía llevarme el tenedor a la boca por culpa del codo de Juanito, que no hacía más que entrometerse, haciendo que errase la trayectoria. Le miré con una sonrisa a medias. ¿Podía decirle que se estuviera quietecito con el codo? Decidí que no, y me limité a admirar ese perfil suyo tan borbónico que parecía salido de un cuadro de sus antepasados. No sabía si era un maleducado, si estaba bromeando o trataba de tirarme los tejos...

La orquesta tocó un pasodoble.

—¿Bailas? —dijo Juanito.

Me levanté, le seguí y nos pusimos a bailar... Me ciñó la cintura. Yo estaba abrazando a España entera y estremeciéndome. Quería mucho a España, y él la llevaba encima con tan noble fiereza, que sólo pude pensar: «Ésta es la montaña que viene a Mahoma».

Me gustó, pero estaba en guardia. No decía ni que sí ni que no. Sabía por experiencia que las altezas reales saben ser sociables una noche y distantes la siguiente... Era jovencísimo, y ya tenía un cuerpo atlético y unos movimientos muy hábiles. El pasodoble se convirtió en chotis, el baile lento típico de Madrid. Precisamente la canción que estaba tocando la orquesta se llamaba *Madrid, Madrid*. Juanito acercó su mejilla a la mía. Estaba ardiendo. Sus labios se detuvieron en mi oreja y yo me eché un poco hacia atrás.

—Guapa... —susurró.

Ya estaba acostumbrada a esos piropos españoles. Me acordé de Sevilla y de los poéticos piropos de los andaluces, que a veces llegaban a ser fragmentos de García Lorca...

—Me gustas muchísimo, Olghina, te mueves como las olas... —continuó Juanito.

Noté que mi moño se estaba aflojando, y en cuanto fuimos a sentarnos volví a levantarme.

—Tengo que irme un momento... el pelo...

Se me olvidó el bolso en la mesa... Pasó el camarero y retiró mi plato... En la blanca servilleta que estaba debajo del plato, Juanito había escrito con mi barra de labios las palabras «Te quiero». Un poco pronto para atreverse a tanto. Tapé el letrero con el bolso.

—Has usado mi barra de labios —dije. [...]

—Si te pintas los labios, tarde o temprano te los despintaré —dijo tranquilamente Juanito, y su codo izquierdo se pegó al mío.

Tenía que decidirme enseguida. ¿Sí o no? Ese chico no se andaba con rodeos. Le miré cara a cara y dije en voz alta:

—De acuerdo, pero con mis condiciones.

Volvimos a bailar, y Juanito no habló. Su mano se deslizó hasta mi nuca y desapareció bajo mi pelo. Perdí un poco las

fuerzas. Pero yo era la mayor, y pensaba llevar la voz cantante…
Me moví de forma provocadora y él me ciñó más fuerte…

—No entiendo muy bien cómo te lo puedes permitir
—dije—, he oído que estás prometido a María Gabriela de Saboya.

Juanito se puso serio.

—No estoy prometido con ninguna, por ahora. Y me per-
mito lo que puedo, siempre que puedo. Tengo el tiempo limitado. La vida limitada.

—¿Piensas que serás rey algún día? —le pregunté con
cierta ironía. Muchas veces había oído hablar de él como de
un iluso un poco tonto.

—Lo que importa no es lo que piense —contestó, enojado—. Lo importante es que, si llego a serlo, esté preparado.

Me di cuenta de la seriedad de sus palabras. Él no «pensaba» ser rey. Lo «sabía».

Cuarenta y siete cartas de amor

Uno de aquellos días, Juan Carlos anunció a Olghina que debía partir de inmediato para Suiza.

Ella evocaba así el mal trago que le hizo pasar el príncipe
entonces:

—…Volveré a ver a Gabriela —dijo Juanito—. Luego iré
a Portugal, después de navidades. Y pienso volver a verte.

No se dio cuenta de que me había herido.

—¿Crees que te casarás con María Gabriela? —Ya se lo
había preguntado.

—Yo no tengo mucha libertad de elección, trata de en-
tenderlo. Y la prefiero a ella entre las que se consideran ele-
gibles.

—De acuerdo. Me parece un poco pronto para hacer escenas de celos.

—¿Puedo escribirte? —me preguntó al separarnos.

—Por supuesto.

—Te quiero.

Amanecía cuando entré en casa, y me llevé una reprimenda. Juanito llegó por los pelos al avión para Suiza.

Le escribí a Edith [su niñera y amiga, que se haría cargo luego de su hija Paola durante una temporada] una larga carta en la que me desahogaba. Su respuesta me llegó al mismo tiempo que una carta de Juanito, que fue la primera que abrí. Me decía que pensaba en mí día y noche y quería volver a verme.

Juan Carlos siguió escribiendo a Olghina en 1957, como ésta misma confirmaba en sus memorias. Pero la chica se desengañó finalmente sobre sus posibilidades de compartir la vida con él:

Sus cartas eran constantes, pero también lo era su ausencia, por lo que me había acostumbrado a no pensar en él. Había cortado de raíz todas mis ilusiones sobre nuestra relación y gozaba de mi libertad vengativa de *playgirl*. Él hacía el servicio militar en el buque-escuela *Juan Sebastián Elcano* y afirmaba que soñaba conmigo todas las noches. No era verdad, porque me enteré de que estaba colado por una brasileña. Pero probablemente Juanito era de aquellos a quienes no les gusta romper y olvidar.

Entre 1956 y 1959, Juan Carlos escribió en total cuarenta y siete cartas de amor a Olghina di Robilant, contabilizadas por Paul Preston, las cuales se publicaron en la revista italiana *Oggi* y luego en el semanario español *Interviú*.

En una de ellas, Juan Carlos ratificaba su predilección por María Gabriela de Saboya.

Decía así el entonces príncipe a Olghina, en mayo de 1957:

> Te quiero más que a nadie ahora mismo, pero comprendo, y además es mi obligación, que no puedo casarme contigo y por eso tengo que pensar en otra, y la única que he visto, por el momento, que me atrae, física, moral, por todo, muchísimo, es Gabriela, y espero, o mejor dicho creo prudente, por ahora no hablarle de nada en serio, o darle a entender algo y que lo sepa, pero nada más pues los dos somos muy jóvenes.

En marzo le había dirigido esta otra:

> Esta noche en mi cama he pensado que estaba besándote, pero me he dado cuenta de que no eras tú, sino una simple almohada, arrugada y con mal olor (de verdad desagradable), pero así es la vida. La pasamos soñando una cosa mientras Dios decide otra.

La mujer despechada guardó en su poder todas aquellas cartas íntimas.

«Más adelante —escribe Preston, aludiendo a un espléndido reportaje de la revista *Tiempo*, firmado por Miguel Ángel Mellado— se insinuó que Olghina di Robilant chantajeaba a Juan Carlos, y se dijo que había recibido 10 millones de pesetas por las cartas, a raíz de lo cual envió los originales a La Zarzuela pero se guardó copias, que vendió para su publicación.»

Don Juan dice basta

Entre tanto, con buen criterio, don Juan de Borbón se opuso a que cuajase la relación de su hijo con la condesa italiana, que mantenía a su vez esporádicos romances con otros chicos.

No era el suyo el perfil de princesa discreta y sumisa que el conde de Barcelona reclamaba para su heredero.

Olghina recordaba que, en una visita a Portofino, en verano de 1957, coincidió allí con Marco y Marino Torlonia, primos de Juan Carlos.

—Juanito quiere verte —dijeron ellos casi al unísono.

—¿Dónde está? —repuso ella.

—Vente a comer al yate de Antonella Piaggio, anclado en el muelle. Estaremos todos allí —le indicaron.

Olghina subió luego a bordo con Marco y Marino; al rato llegó Antonella, en una lancha motora pilotada por Juan Carlos.

Cuando estuvieron todos a bordo, Marco Torlonia hizo a Olghina esta confidencia:

—¿Sabes que don Juan padre ha encomendado Juanito a Antonella para que la proteja de ti?

Marino confirmó enseguida la revelación:

—Se ha sabido que estabas aquí y don Juan le ha dicho que no quite ojo a su hijo.

Al día siguiente, Juan Carlos despertó a Olghina hecho una furia, como recordaba ella misma:

> —Nadie quiere decírtelo, así que te lo digo yo. La familia Cinzano, a petición de mi padre, quiere pedirte que no vengas al baile. O sea, retirarte la invitación. Yo me he peleado y he venido aquí. Si se comportan así, tampoco iré yo.
>
> Fue como un puñetazo en el estómago. Nunca he cono-

cido mezquindad semejante. Ante todo, por parte de un hombre anciano en perjuicio de una chica. Como un bofetón en público. Creo que hay precedentes. Me entraron ganas de volver a Roma, pero tengo espíritu guerrero y decidí hacer frente al insulto.

—Me quedaré en Portofino. No quiero que armes un escándalo, Juanito.

—Ya es un escándalo.

—Para mí, no para ti. Ofenderías a tu prima, que no te ha hecho nada.

Don Juan se salió al final con la suya. Igual que sucedió con el romance de su hijo con María Gabriela de Saboya.

Olghina di Robilant se convirtió así en otro pasatiempo en los planes principescos de don Juan Carlos. Pero un pasatiempo que acabó dejando una huella indeleble…

Jarro de agua fría

Olghina fue madre, en efecto, de una preciosa criatura de ojos azules a la que llamó Paola.

Nacida el 18 de octubre de 1959, don Juan Carlos no tuvo noticia de ella hasta casi un año después, cuando Olghina accedió finalmente a revelarle el secreto.

El reencuentro de la pareja se produjo en Roma, en agosto de 1960. Juan Carlos ya había decidido casarse con Sofía de Grecia.

Una madrugada, alrededor de las dos —si la memoria no le fallaba a Olghina di Robilant—, mientras ésta conversaba animadamente con un grupo de amigos en el Club 84, apareció don Juan Carlos.

Le acompañaba Clemente Lequio, padre del conocido Dado Lequio y marido de Alejandra Torlonia, prima a su vez de don Juan Carlos.

Como el lugar estaba atestado de fotógrafos, Olghina le sugirió que fueran juntos al Kit Kat, un local próximo que todavía a esas horas estaba casi vacío.

El príncipe, según recordaba ella, le dijo, cogiéndola del brazo mientras se dirigían a pie al Kit Kat, que debía contarle un montón de cosas. Pero la condesa pensó que, tras más de un año sin verle, ya no tendría nada que decirle. Había nacido Paola, pero decidió guardar silencio entonces. Bailaron allí un rato, descalzos. Luego tomaron un taxi para dirigirse a la pensión Paisiello, donde se alojaron en una horrible habitación con la colcha y la butaca estampadas de flores.

Cuando despertaron, sucedió algo que Olghina recordó siempre con amargura:

A la mañana siguiente —escribió—, Juanito me contó que estaba prometido a Sofía de Grecia. Me enseñó el anillo que le había comprado.

—¡Con mi dinero! —dijo con orgullo.

Eran dos rubíes con forma de corazón. Entonces le conté lo de Paola y él escuchó lo que le decía con distanciamiento borbónico. Esquivo y asustado, masculló algo acerca de mi libertad y de que él no podía tener pretensiones ni derechos. Tal vez le entró miedo de que le atribuyera esa paternidad.

Le dirigí una sonrisa radiante, en un intento de eliminar cualquier sombra de duda. Todo había empezado con un pasodoble y terminó esa mañana romana entre pinos y fuentes con sabor de Respighi. Tuve que pagar la habitación y el taxi. Me devolvió el dinero por correo.

Pero don Juan Carlos no fue el único en saber a destiempo que Olghina había alumbrado a una niña. La propia madre de la condesa de Robilant se quedó estupefacta cuando aquélla se lo contó al cabo de dos años.

DRAMA FAMILIAR

Sucedió en un céntrico restaurante romano.

Olghina almorzaba aquel día con su madre, Carolina de Kent, en compañía de un amigo común, Giulio Marconi, hijo del inventor de la radio.

De repente, Olghina le enjaretó a su madre, la misma que un día la conminó a que abortase:

—¿Sabes que tengo una hija?

—¿Qué has dicho? —replicó aquélla, boquiabierta.

—He dicho que tengo una hija —insistió Olghina—. Tiene casi dos años… nació la última vez que fui a verte a Venecia.

—No te creo, mientes.

—Te digo que es cierto. Se llama Paola.

Carolina de Kent permaneció un rato en silencio, tratando de digerir la sorpresa. Luego lloró, secándose las lágrimas con una servilleta.

Finalmente, explotó:

—¡La quiero! *I want her!*

Desde entonces, los Robilant porfiaron en saber quién era el progenitor de su nieta. Empezando por el conde Carlo Niccolis di Robilant, que el 17 de agosto de 1961 escribió a su hija exigiéndole que revelase su nombre. Pero ella se mantuvo firme.

Olghina buscaba entonces una casa de alquiler en Roma para trasladarse a vivir allí con su hijita, a cuyo cuidado quedó temporalmente su antigua niñera Edith, en Venecia.

Finalmente, Carolina de Kent arrendó un apartamento en el Villaggio dei Cronisti, donde se instaló con su hija y con su nieta.

Enseguida empezaron los roces y las discusiones: «¡No la cojas en brazos!»; «no le des de comer, se ha acostumbrado a mí»; «puedes sacarla de paseo, pero sólo media hora»… La atmósfera se hizo irrespirable. La abuela llegó incluso a prohibir a su hija que durmiese en la casa.

Con el dinero que le pagaron por un trabajo sobre la dinastía de los Saboya, Olghina alquiló un piso de cuatro habitaciones en el barrio de Parioli, donde pronto tuvo todo arreglado para llevarse a Paola.

La abuela se presentó allí luego hecha un mar de lágrimas, suplicándole que le dejase vivir con ellas los primeros días.

Una vez más, Olghina cayó en la trampa de su manipuladora madre.

Aun así, pudo dedicarse por completo a la pequeña. Le daba de comer, la vestía, jugaba con ella. Todo marchaba bien, o al menos eso parecía, hasta que un día Olghina regresó a casa y se la encontró vacía.

Poco después, se enteró de que los *carabinieri* se habían llevado a la niña para entregársela a su abuela, que había denunciado a la madre por carecer de medios para sustentarla y por ser una irresponsable.

El juez tutelar de menores dio finalmente la razón a Carolina de Kent, que obtuvo la custodia de su nieta en 1962.

Desolada tras perder a su hija y enterarse de que Juan Carlos se había casado con Sofía de Grecia aquel mismo año, Olghina se refugió en su trabajo en el periódico ultraconservador *Lo Specchio*.

Su relación con Paola ya nunca más volvió a ser igual.

Entre tanto, supo que su tía Olga vivía aterrada en Portu-

gal ante la posibilidad de que ella se presentase con la niña en
Villa Giralda, la residencia de los condes de Barcelona, montando allí un gran escándalo.

Para desahogar sus penas, escribió un diario íntimo entre
febrero y marzo de 1962.

El 3 de marzo anotó, en alusión a don Juan Carlos, que parecía haberse incomodado ante los Torlonia tras enterarse por
ella del nacimiento de Paola:

> He sabido que Juan Carlos se ha declarado escandalizado
> (con los primos Torlonia) por mi maternidad clandestina. ¡Pre-
> cisamente él! ¡Es el colmo! A menudo me pregunto por qué
> me hago la heroína y cubro las espaldas de los viles. ¡Si supie-
> ses cuánto me debes!

NUEVA VIDA

Olghina intentó olvidar su pesadilla y empezar una nueva
vida.

El 11 de noviembre de 1966 se casó así con el pintor Antonello Aglioti, en la iglesia veneciana de San Juan y San Pablo.

Con treinta y dos años cumplidos no era ya una jovencita.
Pero la ilusión de convertirse en una mujer casada del brazo de
aquel artista que al principio la subyugó, luciendo un vestido
de seda naranja corto de Ognibene-Zendmann y un casquete de
la misma tela mientras caminaba hacia el altar, la hizo rejuve-
necer y olvidar por un momento los dramas del pasado.

A la ceremonia siguió una exquisita cena ofrecida por tía
Olga en el palacete Mocenigo. Luego, los recién casados fueron
agasajados con regalos, como la pareja de enormes candelabros
de plata, digna de una mesa para veinte comensales, enviada

por la princesa Aspasia de Grecia; o el broche de Condognato con una rosa de rubíes, obsequio de su amigo Falello Banfield.

El matrimonio permaneció unos días más en Venecia.

Olghina seguía sin resignarse a perder a su hija Paola, de siete años. Pero Antonello ya había salido en defensa de la pobre criatura, diciéndole a ella lo que nunca quiso escuchar: «Paola no sabe lo que significa la palabra "madre", sólo conoce lo que es una abuela».

Olghina acabó haciéndole caso: «Acepté su consejo. Me quedé destrozada cuando Paola se volvió a Venecia para siempre. Sabía que nunca se volvería a unir ese hilo que se cortaba. Hice de tripas corazón para olvidar ese dolor y me impliqué cada vez más en la actividad pictórica de Antonello».

Pero ese mismo «hilo sentimental» que la unía a Paola, acabó rompiéndose también con Antonello Aglioti. El matrimonio legal duró siete años. El amor verdadero sólo cuatro. La pareja, finalmente, se separó.

«No fueron cuatro años de amor sereno, sino una serie ininterrumpida de peleas y risas, con algunos destellos de felicidad», resumió Olghina, años después.

El destino, sin embargo, le devolvió a ella lo que más anhelaba: una hija.

En la primavera de 1972, cuando Olghina tenía ya treinta y siete años, nació Valentina. «Siempre pensé que me la enviaron como extremo y último regalo, en compensación a la hija que me habían arrebatado», consignó ella en sus memorias.

Ocho años después falleció su madre, Carolina de Kent.

Para entonces, Paola tenía ya veintiún años.

Olghina cuidó de su madre en sus últimos años. «Aunque no llegó a conmoverme —advirtió—, administré sus bienes de modo que no le faltara nada y tuviera los lujos y privilegios que siempre se había concedido, incluyendo una carísima clínica y un tratamiento médico que le ahorró el dolor de sus últimas horas.»

A esas alturas, Paola estaba a punto de concluir sus estudios lingüísticos en la Columbia University de Nueva York, donde colaboró con el renombrado crítico Edward W. Said, profesor de Literatura Comparada.

De hecho, en su libro *Culture and Imperialism*, publicado en Nueva York en 1993, el profesor Said agradecía a Paola di Robilant su ayuda en la revisión del manuscrito.

Poco después, Paola se doctoró por la Columbia University con su tesis titulada *Displacement as Theme and Concept in the Nineteenth-Century Novel*. En ella analizaba la relación de la *Divina Comedia* de Dante con el proceso narrativo y la creatividad características de la novela decimonónica.

Hoy, con cincuenta y un años ya, Paola di Robilant sigue llevando, resignada, el apellido de su madre, a quien ya nada le une.

A diferencia de otros bastardos, ella siempre ha esquivado a los periodistas, celosa de su intimidad.

Por eso no debió de gustarle ver su foto publicada en una revista, bajo este gran titular reivindicativo: «¿Quién es el padre de esta chica?».

CARGA DE PROFUNDIDAD

En septiembre de 1989, Olghina di Robilant rompió sus cuarenta largos años de silencio, necesitada probablemente de dinero.

El semanario milanés *Oggi* salió así, el 13 de septiembre de aquel año, con una sensacional exclusiva que removió, como una precisa carga de profundidad, los cimientos de La Zarzuela.

¿Qué decía Olghina di Robilant en aquella entrevista?

Esto mismo: «El Rey de España es el verdadero padre de mi hija. Hoy puedo declarar tranquilamente que hubiera podido arrastrar a Juan Carlos a los tribunales, pero hubiese comprometido su futuro».

Nueve años después, Juan Balansó y yo recordamos aquella misma explosiva declaración de Olghina di Robilant, mientras almorzábamos en el restaurante madrileño La Fonda.

Balansó estaba convencido de que Paola, la discreta chica que fijó su residencia lejos de España, era hija de quien era.

Meses después, en su libro *Los diamantes de la Corona* deslizó un elocuente párrafo que resume más o menos, con la cautela propia de la letra impresa, lo que ambos comentamos entonces.

Dice así:

> La supuesta hija del Rey, Paola, muy bella y distinguida, con la mirada clara, trabaja en una universidad norteamericana. Dos años antes de esta sorprendente manifestación [la cual acabamos de reproducir], la condesa de Robilant no había tenido reparos en publicar, tanto en Italia como en España, varias cartas de amor a ella dirigidas por el entonces príncipe. Pero la declaración sobre la paternidad de su hija resultó, cuando menos, inesperada y no fue desmentida por la Zarzuela. El caso no merecería mayor atención de no haber nacido Paola Nicolis en 1959 (es decir, cuatro años antes que la infanta Elena), lo que la convertiría en primogénita de don Juan Carlos.

La Zarzuela, en efecto, jamás desmintió las declaraciones de Olghina di Robilant, como sí hizo con las de Marie José de la Ruelle.

Habla la condesa

Olghina di Robilant vive hoy sola, a sus setenta y seis años, en una coqueta casa de campo de Piombino, un pueblo italiano de 35.000 habitantes en la provincia de Livorno, en el corazón de la Toscana.

Gobernado antiguamente por Elisa Bonaparte, hermana de Napoleón, Piombino permanece inalterable al paso del tiempo frente a la isla de Elba, en la denominada costa de los etruscos, donde fue confinado el emperador de los franceses.

Olghina vive también allí su particular reclusión, entre kilómetros de costa y aguas cristalinas, rodeada de parques naturales y de ricos viñedos que dan nombre al delicioso caldo de la Val di Cornia.

Le encanta pasear por las callejuelas empedradas que desembocan en el imponente castillo del siglo XIII; o acercarse caminando a la plaza Bovio, que conduce hasta el mar, desde donde se divisa toda la costa y las paradisíacas islas del archipiélago toscano.

Su salud se mantiene estable, después de sufrir dos intervenciones a causa de un cáncer. «Me encuentro bien físicamente», asegura durante nuestra entrevista celebrada en noviembre de 2010.

«Espero que Juan Carlos también se encuentre bien», añade, preocupada por la reciente operación del monarca en una clínica de Barcelona.

Antigua jefa de redacción del diario italiano *Momento Sera*, esta mujer vitalista como pocas mantiene hoy el contacto con sus lectores a través de su blog, además de publicar libros.

«He escrito dos recientemente —explica—. Uno sobre el exilio del rey Humberto II en Portugal; y otro, titulado *Snob*, que recoge mis opiniones sobre lo que significa de verdad la palabra "snob", que es falta de nobleza de corazón, y no falta de nobleza del hombre».

«Leer y escribir constituyen ahora mi vida», sentencia.

Ella se declara católica practicante y devota del Padre Pío de Pietrelcina, el santo de los estigmas tan popular en Italia: «Conmigo ha hecho un milagro; no le digo cuál, pero lo ha hecho. Un día, necesitada de ayuda, mientras le rezaba sonó el teléfono y sucedió lo que yo estaba pidiendo».

—Es usted creyente pero… ¿también cree en la monarquía?

—Depende —sonríe—. La monarquía resulta hoy algo anacrónica en muchos países. Debería adecuarse a los tiempos. No debe regirse tanto por las leyes dinásticas. Tiene un papel diplomático, representativo, como una especie de embajada ante los ciudadanos del mundo. Sin embargo, mucha gente la ve todavía como en los cuentos de hadas.

—¿Qué le parece la boda del príncipe Felipe con la periodista Letizia Ortiz?

—Creo, insisto, que modernizar la monarquía es bueno. Pero si me pregunta por España, tengo la impresión de que los españoles son mucho más «juancarlistas» que monárquicos. España es un país ejemplar. Tener al rey Juan Carlos como jefe del Estado y a Zapatero como presidente del Gobierno constituye un buen ejemplo.

—¿Ejemplo de contradicción?

—Sí que lo es [risas]. Pero me parece acertada esa convivencia.

—¿Cuándo estuvo en España por última vez?

—Hace diez años, aproximadamente. Fue una estancia fugaz, de camino hacia Portugal.

—¿Conoció a Alfonso de Borbón Dampierre, primo hermano de don Juan Carlos?

—Le conocí en Roma, antes de que se casara con la nieta

de Franco. Alfonso y Gonzalo vivían entonces allí. Eran muy simpáticos. Alfonso era muy guapo; Gonzalo menos. Alfonso tal vez era más reservado en España, donde tenía un problema dinástico. Pero en Italia estaba mucho más tranquilo pues no representaba nada. Los dos hermanos llevaban una vida muy alegre en Roma.

—¿Conoció también a don Juan de Borbón?

—Sí, claro. Se está usted acercando al tema del que yo no quiero hablar, ¿eh?… Don Juan venía a cazar los domingos a la finca de mi tía en Portugal.

—¿Se siente tratada injustamente por los medios de comunicación?

—Me siento utilizada, sí; aunque probablemente yo también, siendo periodista, hubiese hecho lo mismo.

—¿Por qué no quiere hablar del rey de España?

—Le repito que me siento utilizada. No quiero decir nada porque cualquier cosa que diga puede tergiversarse para hacerle daño a él. Tengo mucho respeto y admiración hacia Juan Carlos, a quien yo recuerdo como Juanito. Hace ya cuarenta años que no le veo.

—¡Cuarenta años! ¿Le guarda cariño aún?

—Guardo cariño a todas las personas con las que he tenido una buena relación a lo largo de mi vida.

—¿Le quiso de verdad?

—¡Claro que le quise!

—¿Fue un amor sincero?

—Tan sincero como el que se profesan los jóvenes; un amor cargado del entusiasmo típico de dos veinteañeros.

—¿Le guarda algún rencor?

—No, porque estoy segura de que todo lo que se ha escrito sobre él y sobre mí ha sido manipulado.

—Pero en sus memorias, publicadas por Mondadori, usted

misma reconoce su apasionado idilio con el futuro rey de España…

—Han desvirtuado el sentido de lo que yo he contado. Una cosa es lo que se escribe y otra muy distinta lo que la gente interpreta y comenta. Insisto en que no le guardo ningún rencor a Juan Carlos. Además, ¿es capaz de explicarme alguien cómo se puede guardar rencor a un rey? ¿Qué haces? ¿Le vas a disparar? No, pobrecito. Soy muy feliz al comprobar que la gente le quiere y que ha hecho bien su trabajo.

—¿Está usted casada?

—Hace treinta años que me separé. Ahora vivo sola. Estuve casada casi siete años, pero mantengo buena relación con mi marido. Reconozco que no soy la persona indicada para la convivencia conyugal porque siempre he amado la libertad.

—Entonces, ¿por qué se casó?

—Bueno, estaba muy enamorada y además mi novio era muy tenaz. No aceptaba un «no» por respuesta.

—¿Se casó por la Iglesia?

—Sí, por eso nunca nos divorciamos.

—¿Tienen hijos de su matrimonio?

—Sólo a Valentina, que está casada y reside en Milán con su marido y sus dos hijos, mis nietos.

—¿Mantiene contacto con su otra hija Paola?

—Hace ya muchos años que ni siquiera hablo con ella. Se crió bajo la influencia negativa de mi madre y ahora vive en Inglaterra. Es demasiado tarde para arreglar lo que jamás funcionó.

—Dicen que «nunca es tarde si la dicha es buena»…

—También decimos eso aquí, pero hay cosas que ni siquiera el paso del tiempo es capaz de solucionar.

—¿Paola se casó?

—Sigue soltera. Trabaja como profesora en una universidad inglesa. Ha vivido siempre a caballo entre Inglaterra y Estados Unidos. Tiene una mentalidad anglosajona, razón por la cual no creo que le agradase vivir ya en Italia.

—¿Se parece a su padre?

—A sus abuelos.

—¿Maternos?

—Sí; a mi madre, en concreto. Ella la educó, como le digo, convirtiéndola en un calco de su personalidad. Inicié un proceso judicial contra mi madre para recuperar a mi hija, pero los tribunales no me dieron la razón hasta que ella cumplió los seis años y estaba ya condicionada por su abuela. Paola permaneció un año entero conmigo y luego se la dejé a mi madre, quien, al morir, la había convertido en un clon suyo.

—En 1989, hace ya veintiún años, usted declaró a la revista *Oggi* que Juan Carlos era el verdadero padre de su hija pero que no deseaba comprometer su futuro.

—Yo no he declarado eso nunca.

—Pero la entrevista figura en las hemerotecas…

—Yo no he declarado eso nunca —insiste.

—¿Entonces?

—Se lo inventaron todo.

—¿No hablaron con usted?

—Vino a verme un periodista de *Oggi* para hacer un artículo. Almorzamos juntos y no paró de preguntarme si Juan Carlos era el padre de Paola. «No es así, no es verdad», insistí yo. ¿Puede explicarme alguien por qué montaron luego todo ese jaleo? Llegaron incluso a enviar un reportero gráfico a Estados Unidos para fotografiar a mi hija.

—¿No se defendió usted?

—Demandé a la revista *Oggi*. Pero se daba la circunstancia de que uno de los jefes del grupo Rizzoli, propietario de la re-

vista, era entonces juez de la corte suprema de casación italiana. Para colmo, la hija de este alto ejecutivo era periodista del
grupo Rizzoli. ¿Cómo podía yo ganar de esa manera el pleito
contra Rizzoli? Por si fuera poco, carecía de dinero para con-
tratar a un buen abogado. No fue extraño así que perdiese el
juicio, pese a lo cual insisto en que en el artículo de *Oggi* no
hay una sola palabra pronunciada por mí.

—Pero en sus memorias, publicadas por Mondadori, usted
misma daba a entender que Paola podía ser hija de don Juan
Carlos…

—No, en absoluto. Si se leen bien mis memorias se com-
probará que lo que digo es cierto. Quise comunicarle a él [Juan
Carlos] que tenía una hija pero no lo hice en aquel momento.

—¿Quién es entonces el padre de Paola di Robilant?

—Un señor de Roma.

—Don Juan Carlos nació en Roma…

—Nunca he dicho que Paola sea hija de Juan Carlos.
Nunca lo he dicho. Pero a mi madre, que era muy esnob, le
gustaba decir que Paola era hija de Juan Carlos. Yo le advertí
que eso no era verdad.

—¿Paola sabe quién es su padre?

—Sí, pero ya no le importa. «Yo no he tenido un padre
cuando era pequeña y ahora no me interesa ya quién sea», dice
ella.

—¿Y las cartas de amor que Juan Carlos le escribió a usted
entre 1956 y 1959?

—Las vendí en su día porque necesitaba dinero. Es lo único malo que he hecho. Se las vendí a Peñafiel [Jaime] y me
prometió que no las publicaría jamás y que se las entregaría a
Juan Carlos.

—¿Cuánto dinero recibió usted?

—Setenta millones de liras.

—No me ha dicho aún cómo se llama el verdadero padre de su hija Paola…

—¿Por qué se lo tengo que decir a usted si no se lo he revelado a nadie?

—Pero si usted sigue ocultando la identidad del progenitor de Paola difícilmente ayudará a despejar las dudas que se ciernen sobre don Juan Carlos.

—Jamás diré quién es el padre. Este señor de Roma tiene esposa e hijos, y yo no quiero interferir más en su vida.

—¿Mantiene contacto con él?

—Hablamos por teléfono de vez en cuando; alguna vez quedamos para vernos en Roma.

—¿Por qué la Casa Real española no desmintió jamás las declaraciones publicadas en *Oggi*?

—Las Casas Reales no desmienten nunca.

—No siempre es así: Marie José de la Ruelle, quien aseguró ser también hija de don Juan Carlos, fue desmentida en cambio por la Casa Real…

—Bueno, pues yo juro que jamás he dicho que Paola sea hija de Juan Carlos. Nunca, nunca, nunca.

¿REYES BASTARDOS?

Durante la sobremesa en el restaurante La Fonda, en mayo de 1998, Balansó sacó a relucir una reflexión muy interesante para el tema que nos ha ocupado tantas páginas: la posibilidad de que un hijo extramatrimonial, por muy bastardo que fuera, pudiese optar a la sucesión del trono.

Para nadie es un secreto que la Constitución de 1978, tal y como está hoy redactada, no se pronuncia sobre la legitimidad de la descendencia real.

La Carta Magna garantiza, eso sí, la igualdad de todos los hijos de españoles, con independencia de que hayan nacido de padres casados o no.

En este sentido, la Constitución vigente es menos previsora y más permisiva que otras anteriores, que exigían expresamente su origen legítimo a los candidatos a la Corona.

Tal era el caso, por ejemplo, del artículo 175 de la Constitución liberal de 1812; del artículo 52 de la de 1837; del artículo 51 de la de 1845; o del artículo 61 de la de 1876, vigente hasta la caída de Alfonso XIII.

En la historia de España tampoco faltan ejemplos de bastardos que ciñeron en sus sienes la Corona. No sólo Borbones. Sancho III el Mayor, que reinó en el siglo XI, legó a su hijo natural Ramiro I el condado de Aragón, convertido luego en reino.

Alfonso VI de León y Castilla (1040-1109) designó sucesor a su único hijo varón, Sancho, nacido de su relación extramatrimonial con la mora Zaida de Sevilla. De no haber muerto prematuramente un año antes que su padre, en la célebre batalla de Uclés, Sancho podría haber reinado en lugar de su hermanastra doña Urraca, primogénita legítima de Alfonso VI.

A propósito de reyes bastardos, sería injusto olvidar a los hijos de Alfonso XI de Castilla (1311-1350) y su amante, Leonor de Guzmán, el mayor de los cuales, Enrique, conde de Trastámara, apuñaló a su hermanastro y rey legítimo Pedro I el Cruel, usurpando además el trono de sus sobrinas, las hijas de don Pedro.

Del conde de Trastámara, que reinó como Enrique II, desciende precisamente la familia reinante en España, que en 1714 unió la bastardía real a la papal mediante el matrimonio de Felipe V, el primer Borbón, con Isabel Farnesio. No en vano ésta era la última representante de la estirpe engendrada por Alejandro Farnesio, antes de ser proclamado Papa de la Iglesia con el nombre de Pablo III en 1534, con la plebeya Silvia Ruffina.

Eso, por no hablar de nuevo sobre la bastardía de los hijos de Carlos IV y María Luisa de Parma, de la cual daba fe el propio confesor de la reina, fray Juan de Almaraz, como ya vimos; o de la descendencia ilegítima de Isabel II, con su hijo Alfonso XII a la cabeza, que a su vez tuvo tres hijos bastardos más: dos varones (Alfonso y Fernando Sanz) y una mujer (Mercedes Basáñez), como también comentamos.

Claro que Alfonso XIII fue padre al menos de otros cuatro hijos naturales; y su nieto Gonzalo de Borbón Dampierre, de una hija ilegítima: Estefanía de Borbón, a la cual reconoció.

Retomemos ahora, una vez presentados los principales bastardos reales de la historia de España, con permiso de don Juan de Austria, nuestra reflexión inicial sobre las posibilidades legales para un hijo ilegítimo de heredar el trono de San Fernando.

El escritor e investigador hispano-francés Luis Español Bouché cavilaba muy sensatamente sobre este asunto en su concienzudo estudio *Nuevos y viejos problemas en la sucesión de la Corona española*, publicado hace ya casi catorce años:

> Hay que despreciar —manifestaba Español Bouché— las mentiras y los bulos, pero ¿y si se diera el caso de que don Felipe [príncipe de Asturias] tuviera un hijo natural? La Constitución es taxativa al respecto: el hijo, sea varón o hembra, se convertiría en el heredero virtual de su padre, y que el Príncipe lo reconociese ahora o dentro de diez años, de *motu proprio* o a través de la oportuna sentencia judicial, lo mismo da.

La Constitución española actual no pone, en efecto, cortapisa alguna a los hijos ilegítimos para la sucesión real. Basta simplemente con que sean primogénitos del sucesor. Nada más.

En consecuencia, Español Bouché reclamaba la necesidad de resolver algo tan trascendental para la Corona:

Habrá que plantearse —advertía— la necesidad de revisar la propia Constitución. Imagínese la delirante situación que supondría que, si fallecidos o habiendo renunciado don Juan Carlos y el actual Príncipe de Asturias, proclamaran las Cortes a doña Elena como Reina [hoy sería ya la infanta Leonor, segunda persona llamada constitucionalmente a suceder en el trono, tras su padre] y un hijo natural de don Felipe o de don Juan Carlos interpusiera un recurso ante el Tribunal Constitucional contra lo que él puede entender que sería una arbitrariedad.

Pero la promesa socialista de reformar la Constitución para otorgar a las mujeres los mismos derechos que a los varones en la sucesión real, no se ha llevado a cabo todavía.

La pasividad del gobierno afecta al decisivo asunto de la igualdad de género, pues si se modificase el artículo 57.1 de la Carta Magna para hacer valer los derechos de la infanta Leonor tras el nacimiento de un hipotético hermano suyo, habría seguramente quienes pensarían, con fundamento, que se estaba discriminando al recién nacido en beneficio de su hermana mayor.

Español Bouché advertía además que, con la Constitución actual en la mano, no deben desatenderse futuras reclamaciones al trono provenientes de algún bastardo:

¿Con qué derecho se les podría negar el título de sucesores? Puesto que el actual Derecho Civil ha equiparado a los hijos naturales y a los legítimos, ¿con qué argumentos se podría negar la Corona a un hijo extramatrimonial? En el artículo 39 de nuestra Carta Magna se dice lo siguiente: «Los poderes públicos aseguran la protección integral de los hijos, iguales éstos ante la ley con independencia de su filiación, y de las madres, cualquiera que sea su estado civil. La ley posibilitará la investigación de la paternidad». El problema máximo que supone tocar la Constitución es el mismo que presidió su elaboración: la cuestión nacionalista o la actitud republicana de una fracción de la izquierda. Se tiene miedo a cambiar la Constitución. Se tiene miedo a hablar de cambiar la Constitución. Se tiene miedo a mencionar cualquier cosa que afecte a la Corona y a la concepción del Estado. Quizás ese miedo no es infundado.

Con razón, mantenía Balansó que ilustres bastardos como don Juan de Austria y don Juan José de Austria, que jamás alcanzaron el rango de altezas, podrían ser hoy príncipes reales con derecho al trono.

Nunca, como en la España del siglo XXI, los regios bastardos tuvieron tanto protagonismo ante la ley.

ANEXO DOCUMENTAL

Documento n.° 1

Reproducción del sobre del expediente de fray Juan de Almaraz, confesor de la reina María Luisa de Parma, con la advertencia: «Debe quedar cerrado». (Archivo General del Ministerio de Justicia.)

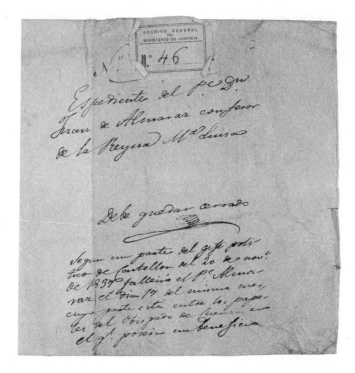

Documento n.º 2

Reproducción manuscrita del testimonio de fray Juan de Almaraz, según el cual «ninguno, ninguno», se repite en el original, de los hijos de la reina María Luisa de Parma son de su legítimo matrimonio con el rey Carlos IV. La dinastía quedaba así «concluida» en España. Almaraz juró *imberbum sacerdotis* que tan trascendental testimonio le había sido revelado en confesión por la propia reina María Luisa de Parma. (Archivo General del Ministerio de Justicia.)

Documento n.º 3

Salvoconducto del ministro Tadeo Calomarde a favor de José Pérez Navarro, encargado de trasladar a fray Juan de Almaraz hasta la prisión de Peníscola. (Archivo General del Ministerio de Justicia.)

D. FRANCISCO TADEO CALOMARDE DE RETASCON,

Vela, Muñoz y Castelblanque, Caballero Gran Cruz de la Real Orden Americana de Isabel la Católica, y Ministro Secretario general perpetuo de su Asamblea suprema; Gran Cruz de Santiago de Avis de Portugal; Caballero pensionado de la Real y distinguida Orden Española de Cárlos Tercero y de la Vendée de Francia; Notario mayor de los Reinos; Ministro Secretario con voto de la Real Cámara de Castilla; Superintendente general de Penas de Cámara y Pósitos del Reino; del Consejo de Estado, y Secretario de Estado y del Despacho Universal de Gracia y Justicia de España é Indias &c. &c.

Por quanto D.ⁿ José Perez Navarro en virtud de Real comision debe conducir un reo de mucha gravedad á la Plaza de Peniscola llegando por Mar á uno de los Puertos de la Costa del Mediterraneo; prevengo de orden del Rey N.ª á las Justicias, Gefes Militares de Mar y tierra y demas autoridades á quienes exiva la presente, que sin escusa ni pretesto le faciliten inmediatamente quantos auxilios pida y necesite para el cumplimiento de su importante encargo por consistir así al servicio de S.M. Dada en S.ⁿ Ildefonso 7. de Setiembre de 1827.

Fran.co Tadeo de Calomarde

Documento n.º 4

El capitán general de los reinos de Valencia y Murcia informa de que el gobernador de Peníscola ha dado cuenta a su vez de que «se halla sumergido en la prisión más dilatada y horrorosa el presbítero don Juan de Almaraz», sin que hasta el momento se haya beneficiado de la amnistía decretada por la reina gobernadora María Cristina de Borbón. (Archivo General del Ministerio de Justicia.)

Documento n.º 5

Escrito de fray Juan de Almaraz pidiendo al rey Fernando VII que se le paguen «32 meses» de atrasos para poder satisfacer sus cuantiosas deudas. (Archivo de Palacio, reinado de Alfonso XIII, caja 47, expediente 20.)

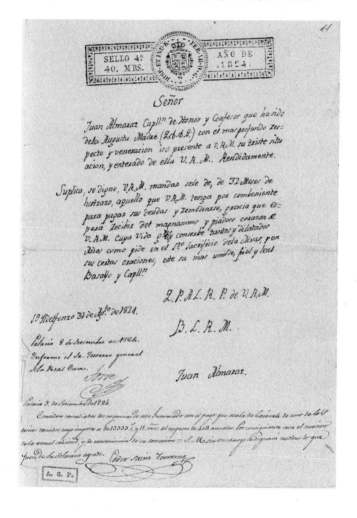

Documento n.º 6

Nueva comunicación de fray Juan de Almaraz al rey Fernando VII en la que, tras informarle de que ha acompañado el cadáver de la reina de Etruria y duquesa de Luca, le pide real audiencia. (Archivo de Palacio, reinado de Alfonso XIII, caja 47, expediente 20.)

Documento n.º 7

Pasaporte falso expedido a nombre de la «Condesa de la Isabela» con el que la reina María Cristina de Borbón cruzaba la frontera de incógnito para visitar a sus ocho hijos ilegítimos en París.

Documento n.º 8

Pasaporte a nombre de Agustín Fernando Muñoz, duque de Riánsares y padre de la prole de la reina María Cristina, viuda de Fernando VII.

Documento n.º 9

Certificado de nacimiento de Miguel Tenorio de Castilla, padre verdadero de la infanta Paz de Borbón, en lugar del rey consorte Francisco de Asís, apodado «Paquita» en las cortes europeas. Tenorio pudo haber sido también padre de las infantas Pilar y Eulalia mientras fue secretario particular de la reina Isabel II.

Documento n.º 10

Testamento de Miguel Tenorio de Castilla en el que instituye heredera universal única a la infanta Paz de Borbón; señal inequívoca de que era su hija.

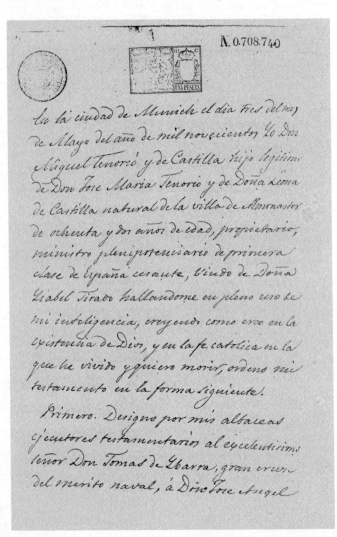

de Cepeda y Cepeda secretario de la diputación provincial de Huelva, y á Don Ignacio Justo de Cepeda y Cordova, caballero maestrante de Sevilla, los tres juntos y cada uno de por si por el orden en que aparecen designados y con todas las facultades en derecho necesarias incluso las prorrogas de ley ó costumbre.

Segundo: Instituyo por unica y universal heredera de todos mis bienes á Su Alteza Real la señora Infanta de España Doña Maria de la Paz, hija de Sus Magestades los Reyes Don Francisco de Asis y Doña Isabel segunda, esposa de Su Alteza Real el señor Principe Don Luis Fernando de Baviera, suplicando

á ambos egregios Señores se dignen
aceptar este pobrísimo y humildísimo
testimonio de mi veneración y gratitud.
Tercero: en uso de las facultades que la
ley me concede prohibo que en mi testamento
intervenga la autoridad judicial.

Esta es mi última y constante voluntad.

Miguel Tenorio

Documento n.º 11

Certificado de nacimiento de la niña «Eulalia de Borbón», expedido en Alcaudete (Jaén) el 13 de febrero de 1883, al día siguiente del alumbramiento, por el juez municipal Serafín Hernández Romero.

DOCUMENTO N.º 12

Certificado de bautismo de la niña «Eulalia de Borbón», expedido por el presbítero Manuel Ocaña Rodríguez, coadjutor de la iglesia parroquial de Santa María de Alcaudete.

LIBRO 36
Folio 47.

EULALIA
SSBORTA.

En la Villa de Alcaudete Provincia y Obispado de Jaen, en el día trece de Febrero de mil ochocientos ochenta y tres: yo el Presbítero Don Manuel Ocaña Coadjutor de la Iglesia Mayor Parroquial de Santa María de la misma, de licencia Parochi, Bauticé solemnemente en ella a una niña que dicen fue entregada en la Casa de Veneficencia de esta Villa, como a las nueve de la mañana de hoy, a la que puse por nombre Eulalia y por Apellido Borbón, con el cual aparece en la papeleta de este Juzgado municipal Fue su padrino nombrado por mi Francisco López y Pérez de estado soltero, de esta naturaleza y Feligresía; al que advertí el parentesco espiritual y demás obligaciones contraídas por este por este Santo Sacramento al que fueron testigos D Nicanor Hidalgo y D José Garrido, vecinos de esta parroquia; y en fé de ello lo firmo con el párroco fecha ut supra

Rubrica. Por Sr. D.
Manuel Ocaña Rodríguez.

Alcaudete a 25-9-05

Documento n.º 13

Carta al autor de Alfonso de Bourbon, presunto hijo del príncipe de Asturias, Alfonso de Borbón y Battenberg, en la que agradece el interés por su persona, deseándole suerte con «su trabajo incansable».

ALFONSO DE BOURBON

7550 EADS AVENUE 105

LA JOLLA, CA 92037

U.S.A.

10 de Octubre 2009

Muy estimado Don José María,

Muchas gracias por su llamada telefónica.

Aquí tiene lo que me había pedido. Le deseo buena suerte con su trabajo incansable,

Con un abrazo muy fuerte,

Alfonso de Bourbon

Documento n.º 14

Carta de Alfonso de Bourbon al autor, informándole de sus encuentros con don Juan y don Jaime de Borbón en Estoril y París, respectivamente, en el año 1969. Asimismo sugiere al autor un capítulo dedicado a él, titulado «El Borbón desconocido».

20 de Noviembre del 2009

Muy estimados amigos:

Acabo de recibir algunos días el libro que me enviaron ustedes y que me causo mucho placer y con muchas interesantes informaciones. Así que ví la obligación de buscar en mi papeles para informarle mas cúm-

En Abril o Mayo del 1969 visité al Conde de Barcelona en Estoril que nunca conocí y que el no sabía de mi existencia tampoco y que no obstante me recibió con mucha cortesía. Después algunos días viaje para París. ~~Lousana en Suiza~~ donde conocí al Don Jaime en Neuilly y su esposa. La bienvenida que me dieron fue tremenda. Vease por favor los fotos aquí y los saludos navideños por años después. ¡Ellos me llevaban a algunas fiestas introduciéndome como su sobrino!

¿En verdad quién era este Alfonso de Bourbon que a los extranjeros alegaba su ser el hijo del Conde de Covadonga y Edelmira Sampedro? Su parecido fisico con Alfonso XIII no es ninguna prueba legal. ¿Y en caso del contrario que ¿empujo a tomar esa decisión? Sea lo que fuera me parece que tenemos aquí un capítulo mas de la todavía incompleta historia de los Borbónes españoles, titulados por ejemplo EL BORBÓN DESCONOCIDO con fotos en color. Napoleón Bonaparte dijo que historia es nada mas que seria de leyendas.

Al menos tengo la satisfacción de llevar a cabo la hermandad de la ciudad de San Diego, California (la 7ª mas grande, en los E.E.U.U.) con Alcalá de Henares en 1982 Y ~~enviado~~ como embajador de buena voluntad* a la cabeza de 40 personas en mayo del 1983 ¡Malas fotos!

Dios bendiga a la familia de José María Zavala

Con un abrazo muy fuerte y feliz Navidad

Alfonso de Borbon

* por el alcalde de San Diego.

DOCUMENTO N.° 15

Tarjetón de felicitación del nuevo año 1970 dirigido a Alfonso de Bourbon por el infante don Jaime y su segunda esposa la prusiana Carlota Tiedemann.

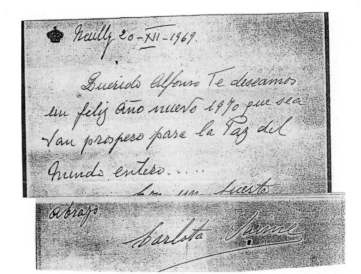

Documento n.º 16

Certificado de defunción del actor Ángel Picazo, expedido en Madrid el 23 de octubre de 1998, en el que no consta, curiosamente, ni su fecha de nacimiento ni la inscripción del mismo en el Registro Civil.

Tomo: 00115____F - Página: 380

MINISTERIO DE JUSTICIA

REGISTROS CIVILES ESPAÑA

L   015171   P   380

Número _4013_

REGISTRO CIVIL DE Madrid

DATOS DE IDENTIDAD DEL DIFUNTO:

Técnica casilla de defunción en virtud de Orden del Ministerio de Justicia e Interior de 6 de Junio de 1994

Nombre ANGEL

Primer apellido PICAZO

Segundo apellido ALCARAZ

hijo de _Angel_ y de _Dolores_

Estado _Viudo_ nacionalidad _Española_

Nacido el día ___ de ___

de _ochenta y un años de edad_

en _BARCELONA_

Inscrito al tomo ___

Domicilio último _Virgen del Puerto, 9_

MADRID

DEFUNCIÓN: Hora _Doce_ día _Veintidos_

de _octubre_ de Mil novecientos noventa y ocho

Lugar _HOSPITAL MADRID_

Causa ___

El enterramiento será en _LA ALMUDENA_

DECLARACIÓN DE _ANTONIO ORTEGA LOPEZ_

En su calidad de _EMPLEADO SERVICIOS FUNERARIOS_

Domicilio _C/ Salvador de Madariaga, S/N_

Comprobación: Médico D. _Eduardo García-Pitos_

Colegiado núm. _49950_ número del parte _9862701_

OTROS TITULOS O DATOS ___

ENCARGADO D. _Oficial delegado: Onasmo García-Piton Ruiea_

SECRETARIO D. ___

A las _Nueve_ horas del _Veintidos_ de

octubre de Mil novecientos noventa y ocho

P: 1/2

Documento n.º 17

Fragmento de la carta de la infanta María de las Nieves de Braganza, casada con Alfonso de Borbón y Austria-Este (Alfonso Carlos I, para los carlistas) a su sobrina la también infanta Elvira de Borbón y Borbón-Parma, en la que expresa su deseo de que «se pueda regularizar tu situación delante de Dios», en alusión a la nulidad eclesiástica de su matrimonio con el pintor Filippo Folchi. (Archivo Carlista, carpeta 3, legajo 101.)

Índice